济源

JIYUAN

统计年鉴

TONGJI NIANJIAN 2015

济源市统计局

编号：________________

单位：________________

济源统计年鉴
2015

济源市统计局编印

图书在版编目（CIP）数据

济源统计年鉴 . 2015 / 济源市统计局编 . -- 北京 : 中国统计出版社 , 2015.10

ISBN 978-7-5037-7647-2

Ⅰ . ①济… Ⅱ . ①济… Ⅲ . ①统计资料－济源市－2015－年鉴 Ⅳ . ① C832.613-54

中国版本图书馆 CIP 数据核字 (2015) 第 221351 号

郑州印之星印务有限公司　承印

《济源统计年鉴 -2015》
编委会和编辑部工作人员名单

编辑说明

一、《济源统计年鉴2015》是一部全面反映济源市经济和社会发展情况的资料性年刊。本书收录了全市2014年及重要历史年份的经济和社会各方面大量的统计数据，并收录全省各省辖市和直管县2014年的主要统计数据。

二、全书内容分为27个部分，即：1、行政区划与自然资源；2、综合；3、国民经济核算；4、人口；5、从业人员与职工工资；6、固定资产投资；7、能源；8、财政；9、物价；10、人民生活；11、城市概况；12、农林牧渔业；13、工业；14、建筑业；15、交通运输、邮政通信业；16、国内贸易；17、对外经济贸易及旅游；18、金融业；19、房地产业；20、文化；21、科技；22、教育；23、卫生；24、社会保障；25、环境保护；26、其他社会活动；27、全省及各省辖市、直管县主要统计指标。各篇首附有《简要说明》，篇末附有《主要统计指标解释》。

三、本年鉴的资料来源于政府统计系统和调查系统的年度统计报表和抽样调查，以及部门统计资料。

四、资料中所使用的度量衡单位均采用国际统一标准计量单位。

五、本年鉴部分数据合计数或相对数由于单位取舍不同而产生的计算误差均未作机械调整。

六、本年鉴各表中，有关注解均在该表下方。

七、本年鉴中符号使用说明："空格"表示该项指标数据不详或无该项数据；"#"表示其中的主要项。

编印过程难免出现差错，恳请广大读者批评指正。

目录

一、行政区划与自然资源
简要说明……3
1-1 行政区划……5
1-2 村（居）民委员会名称……6
1-3 地理与自然资源……8
主要统计指标解释……9
二、综 合
简要说明……13
2-1 按行业分组的法人单位和产业活动单位情况……15
2-2 按登记注册类型分组的基本单位情况……16
2-3 按三次产业分的基本单位数及构成……17
2-4 国民经济和社会发展总量和速度指标……18
2-5 国民经济和社会发展结构指标……26
2-6 国民经济和社会发展比例和效益指标……28
2-7 主要社会经济指标人均水平……30
主要统计指标解释……31
三、国民经济核算
简要说明……35
3-1 分行业生产总值及指数……37
3-2 历年生产总值……38
3-3 历年可比价生产总值……40
3-4 历年生产总值指数（上年 =100）……42
3-5 历年生产总值指数（1978 年 =100）……44
3-6 历年生产总值分产业构成……46
3-7 分行业总产出……48
3-8 生产总值分行业构成项目……49
3-9 历年生产总值构成项目……50
3-10 支出法生产总值……51
3-11 资本形成总额……51
3-12 最终消费……52
3-13 居民消费水平……52
3-14 历年支出法生产总值……53
3-15 历年支出法可比价生产总值……54
3-16 历年支出法生产总值构成……55
3-17 历年支出法生产总值指数（上年 =100）……56
3-18 历年支出法生产总值指数（1978 年 =100）……57
3-19 历年居民消费水平……58
3-20 历年居民消费水平指数……59

3-21　三次产业对GDP增长的贡献率和拉动率……60
3-22 非公有制经济增加值……61
主要统计指标解释……62
四、人　口
简要说明……67
4-1　2004　2014年总户数、总人口数……69
4-2　人口及其变动情况……70
4-3　非农业人口增减情况……72
4-4　各镇、街道农业人口数……74
4-5　计划生育基本情况……75
4-6 人口和出生情况……76
主要统计指标解释……78
五、从业人员与职工工资
简要说明……81
5-1　全部单位从业人员及工资总额……82
5-2　国有单位从业人员及工资总额……85
5-3　集体单位从业人员及工资总额……86
5-4　其他单位从业人员及工资总额……89
主要统计指标解释……90
六、固定资产投资
简要说明……95
6-1　全社会固定资产投资总额……96
6-2　各行业固定资产投资……98
6-3　各种分组的全社会固定资产投资……100
6-4　固定资产投资……102
6-5　民间投资完成情况……104
主要统计指标解释……105
七、能　源
简要说明……109
7-1　历年能源生产总量及构成……111
7-2　历年能源生产弹性系数……112
7-3　历年能源消费弹性系数……112
7-4　工业企业能源购进、消费与库存情况……113
7-5　分品种分行业能源消费……115
7-6　分行业综合能源消费量、取水量……118
7-7　工业企业用水情况……119
7-8　能源转换效率表……119
7-9　主要耗能工业企业单位产品能源消耗情况……120
7-10　历年全社会用电量情况……121
主要统计指标解释……123
八、财　政
简要说明……125
8-1　地方公共财政预算收支决算情况……129

8-2 财政基金预算收支决算情况……130
8-3 镇、街道、集聚区公共财政预算收入情况……131
8-4 镇、街道、集聚区公共财政预算支出情况……132
主要统计指标解释……133
九、物 价
简要说明……137
9-1 商品零售价格指数……139
9-2 居民消费价格指数……143
主要统计指标解释……147
十、人民生活
简要说明……151
10-1 城市居民家庭每百户年末主要耐用消费品拥有量……153
10-2 城市居民家庭住房情况……154
10-3 城市居民家庭现金收支情况……155
10-4 城市居民家庭消费支出情况……156
10-5 农村居民家庭每百户年末主要耐用消费品拥有情况……157
10-6 农村居民家庭基本情况……158
10-7 农村居民家庭平均每人总支出……159
10-8 农民家庭平均每人总收入……160
10-9 农村居民家庭按收入来源分组的平均每人纯收入……161
10-10 农村居民食品消费情况……162
主要统计指标解释……163
十一、城市概况
简要说明……167
11-1 城市公用事业基本情况……169
11-2 国家级风景名胜区综合表……171
11-2 续表……171
主要统计指标解释……172
十二、农林牧渔业
简要说明……175
12-1 农村主要经济指标……176
12-2 农林牧渔业总产值及构成情况……181
12-3 分镇农林牧渔业总产值……182
12-4 农林牧渔业总产值……183
12-5 农林牧渔业总产值年报计算表……185
12-6 农林牧渔业中间消耗……190
12-7 农林牧渔业中间消耗计算表……191
12-8 农林牧渔业分项增加值……195
12 - 9 农业生产条件……196
12-10 农业主要产品生产情况……200
12-11 水果及食用坚果生产情况……206
12-12 畜牧业生产情况……208
12-13 农机化作业情况表……214

12-14 农业机械拥有量表……220
主要统计指标解释……237
十三、工 业
简要说明……241
13-1 历年规模以上工业总产值及指数……242
13-2 全部工业增加值……243
13-3 分行业工业增加值……244
13-4 主要工业产品产量……245
13-5 规模以上工业主要工业产品销售库存量……247
13-6 规模以上工业企业主要经济指标……248
13-7 规模以上工业企业分行业主要经济指标……254
13-8 各种经济类型按行业分组主要经济指标……260
13-9 分镇、街道办事处工业主要经济指标……266
13-10 规模以下工业企业主要经济指标……267
主要统计指标解释……268
十四、建筑业
简要说明……273
14-1 建筑业企业生产情况……274
14-2 建筑业企业主要财务指 标……282
主要统计指标解释……290
十五、交通运输、邮政通信业
简要说明……293
15-1 民用车辆拥有量……295
15-2 邮政业务量……296
15-3 邮政局（所）、房屋、服务点……297
15-4 通信业务情况……298
15-5 公路客货运输量及周转量……298
15-6 邮路……299
主要统计指标解释……300
十六、国内贸易
简要说明……303
16-1 社会消费品零售总额……305
16-2 限额以上批发零售法人企业商品购进、销售和库存……307
16-3 限额以上住宿和餐饮业法人经营情况……310
16-4 限额以上批发和零售法人企业财务状况综合表……312
16-5 限额以上住宿和餐饮业法人企业财务状况综合表……324
主要统计指标解释……330
十七、对外经济贸易及旅游
简要说明……335
17-1 实际利用外资情况……337
17-2 进出口总值……337
17-3 各企业进出口完成情况……338
17-4 旅游接待情况……339

主要统计指标解释......340
十八、金融业
简要说明......343
18-1 金融机构人民币信贷收支情况......345
18-2 农村商业银行人民币信贷收支情况......346
主要统计指标解释......347
十九、房地产业
简要说明......351
19-1 房地产开发、销售情况......353
19-2 房地产开发企业财务状况......354
主要统计指标解释......355
二十、文 化
简要说明......359
20-1 群众艺术馆、文化艺术学校基本情况......361
20-2 文化站管理机构基本情况......361
20-3 艺术表演场所、团体基本情况......362
20-4 公共图书馆、博物馆基本情况......362
20-5 广播、电视基本情况......363
主要统计指标解释......364
二十一、科 技
简要说明......367
21-1 全部规模以上工业企业基本情况......368
21-2 全部规模以上工业企业 R&D 人员情况......372
21-3 全部规模以上工业企业 R & D 经费情况......374
21-4 全部规模以上工业企业办科技机构情况......376
21-5 全部规模以上工业企业自主知识产权保护情况......377
21-6 全部规模以上工业企业新产品开发、生产及销售情况......378
21-7 全部规模以上工业企业政府相关政策落实情况......379
21-8 全部规模以上工业企业技术获取和技术改造情况......380
21-9 全部规模以上工业企业 R&D 项目情况......381
21-10 全部规模以上工业企业限额以上 R&D 项目情况......382
21-10 续表......383
21-11 高新技术产业发展状况表......384
主要统计指标解释......386
二十二、教 育
简要说明......391
22-1 各级各类教育基本情况......392
主要统计指标解释......396
二十三、卫 生
简要说明......399
23-1 卫生机构人员数......400
23-2 医疗机构门诊服务情况......404
23-3 医疗机构病床使用情况......406

主要统计指标解释......407
二十四、社会保障
简要说明......411
24-1　社会保障情况......413
主要统计指标解释......414
二十五、环境保护
简要说明......417
25-1　工业污染排放及处理利用情况......419
25-2　农业污染排放及处理情况......420
25-3　城镇生活污染排放及处理情况......421
25-4　机动车污染排放情况......422
主要统计指标解释......423
二十六、其他社会活动
简要说明......427
26-1　妇女儿童情况表......429
26-1　续表 1......430
26-1　续表 2......431
26-2 婚姻登记情况......432
26-3 调解民间纠纷情况......432
26-4　律师、公证工作基本情况......433
26-5　各类伤亡事故发生情况......433
主要统计指标解释......434
二十七、全省及各省辖市、直管县主要统计指标
27-1　全省主要统计指标......437
27-2　年末总人口和土地面积......438
27-3　常住人口......439
27-4　城镇化率......440
27-5　地区生产总值......441
27-6　第一产业增加值......442
27-7　第二产业增加值......443
27-8　第三产业增加值......444
27-9　人均生产总值......445
27-10　固定资产投资额......446
27-11　房地产开发投资额......447
27-12　公共财政预算收入......448
27-13　公共财政预算支出......449
27-14　城镇居民人均可支配收入......450
27-15　农民人均纯收入......451
27-16　粮食播种面积......452
27-17　粮食产量......453
27-18　规模以上工业增加值......454
27-19　规模以上工业利税总额......455
27-20　社会消费品零售总额......456

27-21 进出口总额......457
27-22 出口总额......458
27-23 实际利用外商直接投资......459
27-24 城乡居民储蓄存款余额......460

一、行政区划与自然资源

资料整理：马艳芝 彭 松 翟鹏博

简要说明

一、主要内容

本篇包括行政区划资料、自然状况和自然资源资料。

二、资料来源

行政区划资料，是根据国务院批准的，截止到上年末行政区划变更的情况，由济源市民政局提供。自然状况包括土地、河流等数据资料，自然资源包括森林、水利、气象、矿产等资料，其中，森林资源数据由济源市林业局提供；水系、水利资源数据由济源市水利局提供；气象资料由济源市气象局提供；区域面积、矿产资源数据由济源市国土资源局提供。本篇资料由市统计局综合核算科编辑整理。

1-1　行政区划

单位：个

镇、街道	总计	街道办事处	镇	总计	居民委员会	社区	村民委员会
合计	**16**	**5**	**11**	**548**	**72**	**23**	**453**
沁园办事处	1	1		20	13	7	
济水办事处	1	1		12	8	4	
北海办事处	1	1		18	13	5	
天坛办事处	1	1		22	17	5	
玉泉办事处	1	1		22	21	1	
克　井　镇	1		1	46			46
五 龙 口 镇	1		1	31			31
轵　城　镇	1		1	69			69
承　留　镇	1		1	50		1	49
邵　原　镇	1		1	50			50
坡　头　镇	1		1	24			24
梨　林　镇	1		1	45			45
大　峪　镇	1		1	30			30
思　礼　镇	1		1	27			27
王　屋　镇	1		1	44			44
下　冶　镇	1		1	38			38

1-2 村（居）民委员会名称

镇、街道办事处	村（居）委会个数	村（居）委会名称	镇、街道办事处	村（居）委会个数	村（居）委会名称
沁园街道办事处	20	东马蓬、西留村、东留村、屯军头、南夫人头、东夫人头、御驾庄、河合、马庄、赵礼庄、邱礼庄、中礼庄、宗庄、沁园社区、世纪苑社区、兴华社区、济水苑社区、园丁苑社区、富康苑社区、济河苑社区	玉泉街道办事处	22	亚桥、北堰头、西水屯、北水屯、南水屯、罡头、西马头、中马头、东马头、苗店、旧河庄、东郭路、西郭路、王庄、石牛新村、白沟新村、刘庄新村、陆家岭新村、竹峪新村、段庄、南堰头、亚桥社区
济水街道办事处	12	西关、西街、南街、北街、东街、东庄、东园、犾庄、周园社区、源园社区、玉仙社区、滨河社区	克井镇	46	克井、原昌、苗庄、任庄、白涧、王才庄、北社、枣庙、阎和、阎营、茶店、勋掌双峰、勋掌后沟河、勋掌金水、勋掌古泉、勋掌新村、南樊、中樊、北樊、酒务、塘石、小郭富、大郭富、贾庄、灵山、青多、新庄、佃头、柿槟、水运、西许、大东许、石河、磨庄、交地、圪针庄、北乔庄、康村、郭庄、南庄、中社、大社、河口、寨河苑、虎尾河、逢南
北海街道办事处	18	三庄、李庄、小刘庄、庙街、下街、纸坊、马寨、东关、东高庄、庙后、药园、碑子、铁岸、望春园社区、新莽园社区、清趣园社区、万泉社区、花园社区	五龙口镇	31	辛庄、里河、山口、白龙庙、省庄、贺坡、西窑头、尚庄前、尚庄后、留村、化村、逯村、马村、东逯寨、西逯寨、任寨、五龙头、河头、和庄、王寨、西正村、董庄、北官庄、休昌、裴村、莲东、阎庄、谷堆头、古杨树庄、西坡、西坡新村
天坛街道办事处	22	西石露头、柴庄、东石露头、北潘村、南潘村、西高庄、泥河头、伯王庄、南白涧、南贾庄、宋庄、西马蓬河西、西马蓬河东、小韩村、大驿、甘河、小庄、商业城社区、鑫源社区、商贸城社区、驿城社区、龙潭社区	轵城镇	69	东轵城、西轵城、桐花沟、东添浆、周楼、河岔、南冢、西添浆、中王、赵村、绮里、南郭庄、南河口、西留养、东留养、金河村、石板沟、王虎、小王庄、柏林、南李庄、庚章、宋沟、源沟、岭头、背坡、张金、彭庄、红土沟、卫沟、黄龙庙、翟庄、泗涧、雁门、丁斗、柿花沟、南王庄、泽南、泽北、枣树岭、聂庄、泥沟河、柏树庄、桥凹、柏平村、王礼庄、毛田新村、富源、大郭庄、牛家庄、南孙村、北孙村、宏泉、曹凹、齐庄、战天洞、洪沟、赵庄、许峰、曹庙、槐滩、长泉新村、张岭新村、交兑新村、良安新村、新峡村、新安村、西滩新村、金桥村

1-2 续表

镇、街道办事处	村（居）委会个数	村（居）委会名称	镇、街道办事处	村（居）委会个数	村（居）委会名称
承留镇	50	承留、周庄、枣林、卫庄、花石、栲栳、安腰、孔庄、小南姚、三皇、东张、栗子、当庄、小寨、南姚河西、南姚河东、南沟、南杜、北杜、西平新村、韩村、西官桥、东官桥、玉阳、谷沱、北石、南石、北勋、南勋、张庄、曲阳、郑窑、李八庄、卫河、上观、下观、虎岭、玉皇庙、山坪、张河、孤树、卫佛安、仓房庄、大沟河、南岭、赵老庄、大峪新村、王拐新村、高沟、中原特殊钢厂社区	大峪镇	30	桥沟、乱石、三岔河、砚瓦河、陡沟、召庄、槐姻、仙口、薛寨、栗园、东沟、寺郎腰、陡岩沟、林仙、曾庄、方山、反头岭、偏看、王坑、鹿岭、朝村、董岭、大奎岭、草沟、上寨、冢崮堆、王拐、小横岭、堂岭、桐树岭
邵原镇	50	邵原、北寨、崔家庄、白坡崖、卫凹、洪村、张凹、李凹、刘寨、牛庄、葛山、王岭、碌碡、田谷沱、坟凹、柴家庄、刘沟、长院、阳安、山院、赵圪塔、刘腰、金沟、南山、唐山、南窑、红院、花园、小沟背、黄背角、二里腰、黄楝树、郝坡、神沟、东阳、杏树凹、双房、院科、河西、段凹、后王庄、茶房、刘下沟、北李凹、前王庄、姜圪塔、史家腰、七沟河、称弯、李家庄	思礼镇	27	思礼、北官桥、三河寨、三河村、荆王、石牛、北姚、范寺、涧南庄、张村、涧北、庆华、西柴庄、高庄、三教堂、立城、城岸、竹园沟、史寨、西宋庄、姬沟、郑坪、水洪池、牛湾新村、洛峪新村、黄庄新村、夏神
坡头镇	24	坡头、西滩、店留、柳峪沟、狄沟、栗树沟、石槽沟、白道河、郝山、留庄、左山、佛涧、毛岭、马住、清涧、连地、大庄、马场、蒋庄、蓼坞、泰山、校庄、双堂、苇园	王屋镇	44	王屋、杨沟、新林、庭芳、大店、谭庄、石匣、罗庄、封门、清虚宫、愚公、迎门、汤洼、林山、西坪、东西山、和平、铁山、麻院、太凹、燕庄、麻庄、前刘沟、毛凹、原庄、上二里桥、桃花洞、柳沟、商庄、寨岭、五里桥、和沟、茶坊、柏木凹、枣园、韩旺、乔庄、风门腰、大路、竹泉、桥后沟、西门、上关、桶沟
梨林镇	45	梨林、沙东、沙后、沙西、良庄、小官庄、小南庄、屈东、屈西、沁市、南程、程村、朱村、大许、东许、安村、西湖、北荣、冢上、薛庄、水东、桥头、水运庄、牛社、裴城、南官庄、后荣、前荣、萧庄、桃园、东蒋、西蒋、赵家庄、永太、阎家庄、南瑞、北瑞、范庄、大交新村、关阳新村、东坡新村、五里沟新村、东逢薛新村、西逢薛新村、敖坪新村	下冶镇	38	下冶、原头、曹腰、上冶、中吴、马岭、北吴、楼沟、南吴、探马庄、官洗沟、圪台、郑山、上河、逢北、大岭、韩彦、朱庄、东河、竹园、三教、砖阳河、下韩旺、圪老圈、下石板、北桐、吴村、南桐、上石板、陶山、前凹、石槽、南崖头、坡池、官窑、逢掌、王树沟、杨木凹

1-3　地理与自然资源

项　目	单　位	2013
地理位置		
东径		112　01'-112　45'
北纬		34　53'-35　16'
区域面积	平方公里	1898.7118
按地势分		
山区丘陵面积／比重	平方公里/%	1534.16/80.8
平原面积／比重	平方公里/%	364.55/19.2
按用途分		
耕地	平方公里/%	460.7262/24.27
园林	平方公里/%	38.1117/ 2.01
林地	平方公里/%	886.0475/46.67
草地	平方公里/%	56.3949/ 2.97
城镇村及工矿用地	平方公里/%	194.5031/10.24
交通运输用地	平方公里/%	46.6942/ 2.46
水域及水利设施用地	平方公里/%	125.3640/ 6.60
其他用地	平方公里/%	90.8702/ 4.79
水系		
黄　河：境内长度／流域面积	公里／平方公里	58/-
沁　河：境内长度／流域面积	公里／平方公里	41/140
北蟒河：境内长度／流域面积	公里／平方公里	32/110.7
淏　河：全长／流域面积	公里／平方公里	35/240
济　水：全长／流域面积	公里／平方公里	34.9/-
铁山河：境内长度／流域面积	公里／平方公里	17/76.7
逢石河：境内长度／流域面积	公里／平方公里	40/290
大店河：境内长度／流域面积	公里／平方公里	38/222.9
气候		
平均气温	摄氏度	15.7
降水总量	毫米	62.1
日照时数	小时	1838.2
林木资源		
森林面积	公顷	85477.4
森林覆盖率	%	44.39
林地面积	公顷	115393.3
活立木蓄积量	万立方米	384.8
水利资源		
水资源总量	亿立方米	2.4761
可利用水资源	亿立方米	1.857
年径流总量	亿立方米	1.6345
矿产资源（保有储量）		
煤炭	亿吨	2.98
铁矿	万吨	1269.43
铝土矿	万吨	747.20
铜矿	吨	5728
其中：富铜（cu>1%)	吨	-
水泥用灰岩	万吨	2058.00
玻璃用白云岩	万吨	204.00
玻璃用石英岩	万吨	2900.0

注：行政区域总面积1898.71平方公里为济源市第二次土地调查面积；各用途面积为年度变更调查后统计面积。

主要统计指标解释

行政区划 指国家对行政区域的划分。根据有关法规规定，我国的行政区域划分如下:(1) 全国分为省、自治区、直辖市；(2) 省、自治区分为自治州、县、自治县、市；(3) 自治州分为县、自治县、市；(4) 自治区、自治州、自治县都是民族自治的地方；县、自治县分为乡、民族乡、镇；(5) 直辖市和较大的市分为区、县；(6) 国家在必要时设立的特别行政区。

森林覆盖率 指一个国家或地区森林面积占土地总面积的百分比。森林覆盖率是反映森林资源的丰富程度和生态平衡状况的重要指标。在计算森林覆盖率时，森林面积包括郁闭度 0.2 以上的乔木林地面积和竹林地面积，国家特别规定的灌木林地面积、农田林网以及四旁 (村旁、路旁、水旁、宅旁) 林木的覆盖面积。计算公式为：

森林覆盖率 (%)=(森林面积 / 土地面积)　100%

活立木蓄积量 指全部土地上树木蓄积的总量。包括森林蓄积，疏林蓄积，散生木蓄积和四旁树蓄积。

水资源 水在自然界中以固体、液体和气态三种聚集状态存在，分布于海洋、陆地（包括土壤）以及大气之中，通过水循环形成水资源。水资源包括经人类控制并直接可供灌溉、发电、给水、航运、养殖等用途的地表水和地下水，以及江河、湖泊、井、泉、潮汐、港湾和养殖水域等。水资源是发展国民经济不可缺少的重要自然资源。

地表水和地下水 陆地上的水因空间分布不同，可以分为地表水和地下水。地表水指分别存在于河流、湖泊、沼泽、冰川和冰盖等水体中水分的总称，又称陆地水。地下水指储存在地面以下饱和岩土孔隙、裂隙及溶洞中的水。

径流量 指在一定时段内通过河流某一过水断面的水量，用以反映一个国家或地区水资源的丰歉程度。计算公式为：

径流量 = 降水量 – 蒸发量

水资源总量 指评价区内降水形成的地表和地下产水总量，不包括过境水量。水资源总量等于地表水资源量与地下水资源量之和减去地表水和地下水资源重复量。

气温 指空气的温度，我国一般以摄氏度（℃）为单位表示。气象观测的温度表是放在离地面约 1.5 米处通风良好的百叶箱里测量的，因此，通常说的气温指的是离地面 1.5 米处百叶箱的温度。其统计计算方法为：月平均气温是全月各日的平均气温相加，除以该月的天数而得。年平均气温是将 12 个月的月平均气温累加后除以 12 而得。

降水量 指从天空降落到地面的液态或固态 (经融化后) 水，未经蒸发、渗透、流失而在地面上积聚的深度。取自水利部门水资源公报。降水量在计量单位上又包括亿立方米和毫米，亿立方米反映降水总量的概念，毫米反映平均降水的多少。其统计计算方法为：月降水量是将全月各日的降水量累加而得。年降水量是将 12 个月的月降水量累加而得。

日照时数 指太阳实际照射地面的时间。其统计方法与降水量相同。

矿产保有储量 指探明的矿产储量 (包括工业储量和远景储量) 扣除已开采部分和地下损失量后的年底实有储量。它反映一个国家或地区矿产资源的现状。

二、综 合

资料整理：马艳芝 李战洲 孙雁伟 翟鹏博

简要说明

一、主要内容

本篇包括基本单位资料，国民经济综合资料。

二、资料来源

基本单位资料主要包括所有法人单位和产业活动单位数，是根据名录库中各部门的单位审批登记资料和经常性统计调查中查到的新增、变动和消亡单位情况，由市统计局普查中心编辑整理。国民经济综合资料是对各章主要统计指标及其速度、结构和效益等加工计算的。本篇资料由市统计局综合核算科编辑整理。

2-1 按行业分组的法人单位和产业活动单位情况

单位：个

行 业	法人单位	产业活动单位
合 计	**5786**	**6449**
农林牧渔业	314	314
采矿业	74	91
制造业	826	856
电力、燃气及水的生产和供应业	25	27
建筑业	138	141
交通运输、仓储和邮政业	105	149
信息传输、计算机服务和软件业	46	89
批发和零售业	1151	1348
住宿和餐饮业	53	54
金融业	43	158
房地产业	154	157
租赁和商务服务业	249	260
科学研究、技术服务和地质勘查业	228	234
水利、环境和公共设施管理业	368	375
居民服务和其他服务业	63	65
教育	284	288
卫生、社会保障和社会福利业	583	590
文化体育娱乐业	157	170
公共管理和社会组织	925	1083

2-2　按登记注册类型分组的基本单位情况

单位：个

分　组	法人单位数	产业活动单位
合　计	5786	6449
内资	5765	6426
国有	451	694
集体	249	260
股份合作	40	50
联营	27	42
有限公司	1712	1798
股份有限公司	117	212
私营	974	1008
其他	2195	2362
港澳台商投资	9	10
外商投资企业	12	13
# 中外合资经营企业	7	8

2-3 按三次产业分的基本单位数及构成

单位：个

年份	单位数	第一产业		第二产业		第三产业	
		绝对数	构成（%）	绝对数	构成（%）	绝对数	构成（%）
法人单位							
2000	1890	14	0.7	928	49.1	948	50.2
2001	2617	23	0.9	877	33.5	1717	65.6
2002	2663	27	0.1	912	34.2	1724	64.8
2003	2740	37	1.3	947	34.6	1756	64.1
2004	2991	31	0.1	1021	34.2	1939	64.8
2005	3088	22	0.7	1047	33.9	2019	65.4
2006	3152	25	0.8	1037	32.9	2090	66.3
2007	2975	24	0.8	918	30.9	2033	68.3
2008	3420			1042	30.5	2378	69.5
2009	3420			1041	30.4	2379	69.6
2010	3543	31	0.9	1096	30.9	2416	68.2
2011	3661	32	0.9	1119	30.6	2510	68.5
2012	3714	32	0.9	1128	30.4	2554	68.7
2013	3802	31	0.8	1175	30.9	2595	68.3
2014	5786	95	1.6	1063	18.4	4628	80.0
产业活动单位							
2000	2710	27	0.1	1030	38.0	1653	61.0
2001	3501	35	0.1	914	26.1	2552	72.9
2002	6569	35	0.1	945	26.7	2559	72.3
2003	3610	40	1.1	983	27.2	2587	71.7
2004	3543	31	0.9	1110	31.3	2402	67.8
2005	3551	24	0.7	1059	29.8	2468	69.5
2006	3619	27	0.7	1075	29.7	2517	69.6
2007	3441	26	0.8	956	27.8	2459	71.4
2008	3792			1075	28.3	2717	71.7
2009	3806			1075	28.2	2731	71.8
2010	3911	31	0.8	1132	28.9	2748	70.3
2011	4023	32	0.8	1155	28.7	2836	70.5
2012	4078	32	0.8	1164	28.5	2882	70.7
2013	4156	31	0.7	1204	29.0	2921	70.3
2014	6449	95	1.5	1115	17.3	5239	81.2

指 标	2000	2005	2006	2007	2008	2009	2010	2011	2012	2013	2014
人口与就业											
人口											
年底总人口（人）	642002	666066	668804	671538	679573	681983	683201	688827	688961	696125	700685
# 男性人口	326594	335719	337943	340338	344790	346208	346896	351477	356481	358359	359611
非农业人口	179055	195329	194260	192258	255722	262261	260160	262442	258093	255094	254313
就业											
年底从业人员（人）	393862	413002	395202	412829	393138	413824	414092	449608	468727	477904	478924
# 在岗职工	71550	65940	68003	66052	61696	72967	68965	73684	102628	111341	125645
城镇登记失业人数	1606	3334	3047	4200	5072	6118	6924	6697	6749	6788	7526
宏观经济											
国民经济核算											
生产总值（万元）	578302	1388024	1711319	2112120	2745529	2876100	3433750	3733626	4308643	4601338	4804626
第一产业	63063	98230	92002	116647	144387	145371	159795	183624	195477	215131	217329
第二产业	315009	953027	1233154	1561394	2064893	2135930	2598510	2781140	3258449	3440915	3272800
# 工业	276806	883323	1157841	1478899	1965808	2019010	2460760	2622702	3079285	3246000	3060114
第三产业	200230	336767	386163	434079	536249	594799	675445	768862	854717	945290	1314497
人均生产总值（元）	9036	21031	25715	31337	40435	42181	50491	55095	62358	64899	66777
固定资产投资											
全社会固定资产投资总额（亿元）	11.0	69.0	78.9	113.7	134.9	179.2	216.9	233.6	286.8	351.4	
# 城镇投资	6.8	56.5	63.3	90.8	109.3	146.3	181.2	228.4	281.3	345.9	412.5
财政											
地方财政收入（万元）	25089	95677	122266	167030	201519	247956	277822	356070	369213	497139	511456
地方财政支出（万元）	35015	128935	169853	219792	271209	358704	397439	514905	569437	726357	732766
物价总指数（上年 =100)											
居民消费价格总指数（%）	97.9	102.7	101.0	105.6	106.1	98.9	103.9	105.8	102.7	102.3	102.0
商品零售价格总指数（%）	96.3	102.4	100.6	104.5	106.2	97.3	104.0	105.4	102.2	101.9	101.5
利用外资											
实际利用外商直接投资（万美元）	495	2374	2807	4075	5255	6549	7860	15288	19904	22508	28125
产业经济											
农林牧渔业											
耕地面积（公顷）	35120	34730	34736	34800	34800	34936	34767	34520	34179	34004	33911
主要农产品产量											
粮食（万吨）	23.9	18.4	20.3	20.8	21.4	21.6	21.6	21.5	22.1	22.2	21.8

注：人口数据为公安报表人口数，2001-2009 年生产总值相关数据为根据第二次经济普查结果修订数。
2014 年生产总值数据为根据第三次经济普查初步调整数

发展总量和速度指标

2014年为以下各年%										年均增长速度(%)	
2000	2005	2006	2007	2008	2009	2010	2011	2012	2013	"十一五时期"	2011-2014
109.14	105.20	104.77	104.34	103.11	102.74	102.56	101.72	101.70	100.66	0.5	0.6
110.11	107.12	106.41	105.66	104.30	103.87	103.67	102.31	100.88	100.35	0.7	0.9
142.03	130.20	130.91	132.28	99.45	96.97	97.75	96.90	98.54	99.69	5.9	-0.6
121.60	115.96	121.18	116.01	121.82	115.73	115.66	106.52	102.18	100.21	0.1	3.7
175.60	190.54	184.76	190.22	203.65	172.19	182.19	170.52	122.43	112.85	0.9	16.2
468.62	225.73	247.00	179.19	148.38	123.01	108.69	112.38	111.51	110.87	15.7	2.1
554.73	279.17	226.43	183.46	141.13	134.73	108.73	115.40	106.79	104.42	14.7	12.0
193.65	169.58	181.06	142.81	115.37	114.59	114.91	106.46	110.05	101.02	4.4	4.6
667.80	278.04	214.88	169.71	128.32	124.06	107.03	117.16	105.60	95.11	16.5	13.6
706.60	274.29	209.26	163.83	123.25	120.00	106.58	117.41	105.41	94.27	16.9	13.9
514.85	337.42	294.26	261.77	211.90	191.04	113.83	111.17	110.60	139.06	11.6	7.3
494.31	256.10	209.45	171.87	133.20	127.69	109.12	113.18	104.07	102.89	14.0	14.3
										25.8	
6027.71	730.48	651.45	454.15	377.40	281.95	227.65	180.58	146.64	119.25	26.3	22.8
2038.57	534.57	418.31	306.21	253.80	206.27	184.09	143.64	138.53	102.88	23.8	16.5
2092.72	568.32	431.41	333.39	270.18	204.28	184.37	142.31	128.68	100.88	25.3	16.5
104.09	99.22	100.89	96.50	96.04	103.03	98.08	96.31	99.22	99.61	0.2	-0.5
105.40	99.12	100.89	97.13	95.57	104.32	97.63	96.30	99.32	99.61	0.3	-0.6
5681.82	1184.71	1001.96	690.18	535.20	429.45	357.82	183.97	141.30	124.96	27.1	37.5
96.56	97.64	97.62	97.45	97.45	97.07	97.54	98.24	99.22	99.73	0.0	-0.6
91.41	118.67	107.73	105.19	102.09	101.15	101.15	101.62	98.67	98.56	3.2	0.3

指 标	2000	2005	2006	2007	2008	2009	2010	2011	2012	2013	2014
棉花（吨）	298	270	332	360	330	279	262	194	129	134	137
油料（吨）	7809	4971	4857	3470	3351	3200	2869	2818	2889	2021	1505
烟叶（吨）	1947	1866	1361	1615	1844	2605	2496	2715	2832	3147	2827
蔬菜（吨）	192684	270269	266094	278293	290078	290721	303877	317213	335359	350450	281325
水果（吨）	23265	40413	44050	47505	40768	43360	45344	47980	49766	39626	37327
年底牛存栏头数（万头）	7.97	7.65	3.51	3.44	3.79	3.81	3.69	3.50	3.22	3.23	3.26
年底生猪存栏头数（万头）	21.56	27.47	34.60	36.63	40.87	41.40	41.57	42.60	44.90	44.90	47.00
年底羊存栏只数（万只）	13.72	10.16	4.97	5.04	4.43	4.34	4.12	4.05	3.97	3.98	4.21
肉类（万吨）	2.46	3.44	3.32	3.49	3.77	4.03	4.64	4.74	4.98	5.17	5.33
工业											
规模以上工业增加值（亿元）	13.1	68.0	92.5	123.3	171.9	185.0	219.0	234.3	277.9	295.0	306.0
主要工业产品产量											
原煤（万吨）	187.0	313.1	208.6	234.1	225.8	88.1	111.2	97.6	130.8	178.1	
平板玻璃（万重量箱）	366.9	197.5	254.1	253.4	244.2	253.1	251.8	255.5	79.6	118.9	150.2
水泥（万吨）	94.8	134.0	163.5	161.2	229.0	191.6	217.1	307.5	234.8	229.9	228.5
钢材（万吨）	38.3	150.7	200.4	250.2	209.0	257.8	275.8	282.5	323.1	354.5	357.1
生铁（万吨）	38.7	140.7	167.1	216.9	239.1	240.0	243.4	244.9	331.9	358.9	365.2
电解铅（万吨）	10.9	53.8	64.9	62.2	85.8	82.4	72.1	90.5	100.7	97.5	91.6
黄金（千克）	782.0	1021.0	1607.0	1994.0	3162.5	4323.0	6035.0	6112.0	5009.0	5256.0	5263.0
发电量（亿千瓦小时）	5.1	80.2	117.1	119.5	147.4	162.7	166.2	191.4	226.8	255.5	251.2
耐火材料（万吨）	1.7	15.9	10.8	8.6	22.9	38.8	42.3	50.7	48.8	24.8	36.4
日用陶瓷（万件）	4072	5063	6588	7970	4626	3801	2440	2550			
中成药（吨）	443	1180	903	564.7	559	674	701	947	870	1072	1305
聚氯乙烯树脂（万吨）	1.5	8.4	13.2	22.8	18.3	22.7	27.9	31.8	25.9	30.0	27.6
主营业务收入（亿元）	34.0	214.4	306.0	465.2	636.5	640.0	844.6	1149.9	1269.2	1335.5	1392.0
利润总额（亿元）	0.8	10.6	19.4	30.3	26.2	38.2	55.5	71.4	76.6	76.1	71.9
建筑业											
施工房屋面积（万平方米）	18.7	79.6	101.2	109.7	156.0	170.0	184.9	246.0	296.9	309.9	285.5
竣工房屋面积（万平方米）	5.2	52.9	67.4	80.6	64.2	68.2	97.0	129.8	175.1	154.0	121.0
运输和邮电											
民用车辆拥有量（辆）	9880	87107	96624	101214	124986	133343	146394	150511	161091	167652	181364
公路客运量（万人）	1739	2076	2242	2445	2160	2317	2442	2651	2891	3095	801
公路客运周转量（万人公里）	43851	52430	57149	62874	57385	62355	64899	68796	74554	81401	57465
公路货运量（万吨）	1123	1609	1799	2118	2096	2602	3070	3693	4285	4772	3906
公路货运周转量（万吨公里）	72780	112143	138000	172505	208581	263207	322034	389896	450285	496149	1012852
邮电业务总量（万元）	14386	27472	29396	33637	80866	101883	123872	67520	52315	61015	66932
批发和零售贸易业、住宿和餐饮业											
社会消费品零售总额（万元）	161820	294111	340741	403916	501969	597600	695134	815686	940110	1063264	1199549

注：2008、2009 年公路客、货运量及周转量为交通部门调整数；2008 年以前民用车辆拥有量不含拖拉机数。
邮电业务总量 2011 年起为最新统计口径数据。2014 年公路客货总量为新方法调查数据

续表 1

2014年为以下各年%										年均增长速度(%)	
2000	2005	2006	2007	2008	2009	2010	2011	2012	2013	十一五时期	2011-2014
45.97	50.74	41.27	38.06	41.52	49.10	52.29	70.62	106.20	102.24	-0.6	-15.0
19.27	30.28	30.99	43.37	44.91	47.03	52.46	53.41	52.09	74.47	-10.4	-14.9
145.20	151.50	207.71	175.05	153.31	108.52	113.26	104.13	99.82	89.83	6.0	3.2
146.00	104.09	105.72	101.09	96.98	96.77	92.58	88.69	83.89	80.28	2.4	-1.9
160.44	92.36	84.74	78.57	91.56	86.09	82.32	77.80	75.01	94.20	2.3	-4.7
40.90	42.61	92.88	94.77	86.02	85.56	88.35	93.14	101.21	100.90	-13.6	-3.1
218.00	171.10	135.84	128.31	115.00	113.53	113.06	110.33	104.69	104.69	8.6	3.1
30.69	41.44	84.71	83.53	95.03	97.00	102.18	103.95	106.05	105.78	-16.5	0.5
216.77	155.02	160.62	152.80	141.45	132.32	114.93	112.50	107.00	103.19	6.2	3.5
1271.70	440.50	357.69	285.93	237.88	202.62	176.04	149.95	130.16	112.50	26.4	15.8
										-18.7	
40.94	76.05	59.11	59.27	61.50	59.35	59.65	58.80	188.60	126.32	5.0	-12.1
241.03	170.52	139.76	141.75	99.80	119.25	105.24	74.32	97.33	99.39	10.1	1.3
932.38	236.90	178.17	142.73	170.87	138.50	129.50	126.40	110.53	100.73	12.8	6.7
943.67	259.65	218.53	168.40	152.76	152.17	150.02	149.15	110.03	101.76	11.6	10.7
838.06	170.23	141.10	147.36	106.71	111.12	127.08	101.18	90.95	93.95	6.0	6.2
673.02	515.48	327.50	263.94	166.42	121.74	87.21	86.11	105.07	100.13	42.7	-3.4
4964.43	313.06	214.57	210.14	170.47	154.40	151.13	131.22	110.78	98.32	15.7	10.9
2141.18	228.50	337.98	422.76	159.30	93.72	86.01	71.78	74.61	146.77	21.6	-3.7
										-13.6	-100.0
294.58	110.59	144.52	231.10	233.45	193.62	186.16	137.80	150.00	121.74	-9.9	16.8
1803.92	328.57	209.25	121.00	150.57	121.69	98.92	86.71	106.56	92.00	27.1	-0.3
4095.26	649.18	454.94	299.22	218.69	217.51	164.80	121.06	109.67	104.23	31.5	13.3
9408.76	681.54	370.37	237.12	274.13	188.20	129.51	100.77	93.89	94.56	39.4	6.7
1526.51	358.61	282.07	260.26	182.99	167.92	154.36	116.05	96.15	92.12	18.4	11.5
2326.35	228.68	179.48	150.16	188.49	177.38	124.76	93.19	69.07	78.56	12.9	5.7
1835.67	208.21	187.70	179.19	145.11	136.01	123.89	120.50	112.58	108.18	10.9	5.5
46.06	38.58	35.73	32.76	37.08	34.57	32.80	30.22	27.71	25.88	3.3	-24.3
131.05	109.60	100.55	91.40	100.14	92.16	88.55	83.53	77.08	70.59	4.4	-3.0
347.82	242.76	217.12	184.42	186.35	150.12	127.23	105.77	91.16	81.85	13.8	6.2
1391.66	903.18	733.95	587.14	485.59	384.81	314.52	259.77	224.94	204.14	23.5	33.2
465.26	243.64	227.69	198.98	82.77	65.69	54.03	99.13	127.94	109.70	35.2	-14.3
741.29	407.86	352.04	296.98	238.97	200.73	172.56	147.06	127.60	112.82	18.8	14.6

指 标	2000	2005	2006	2007	2008	2009	2010	2011	2012	2013	2014
对外经济贸易和国际旅游											
进出口总额（万美元）	3436	75634	72335	109502	149954	140118	143128	165633	239474	145673	172750
进口额	919	52054	32410	62374	111885	111958	117473	120459	214175	113261	149794
出口额	2517	23580	39925	47128	38069	28160	25655	45174	25299	32412	22956
接待入境旅游者人数（人）	1670	3218	5069	5900	7082	7952	8915	10100	11607	11978	11988
旅游外汇收入（万美元）	68.1	72.0	125.3	147.0	176.0	190.0	211.0	243.0	228.2	230.0	179.0
金融											
金融机构年底存款余额（亿元）	36.1	73.8	86.5	92.1	113.9	137.5	168.5	185.0	222.6	256.4	291.2
金融机构年底贷款余额（亿元）	33.3	56.2	63.3	81.0	80.0	109.6	143.7	157.2	175.3	198.0	209.8
教育、科技、文化											
教育											
专任教师数（人）											
普通中学	2841	2940	2852	2965	2945	2998	3050	3194	3173	2947	3243
小学	3025	2528	2525	2596	2648	2636	2608	2485	2459	2701	2453
在校学生数（人）											
普通中学	49185	59703	52369	48171	44132	41619	40513	40755	41615	40817	40643
小学	74656	54284	52136	51517	51500	51000	50518	51257	50792	48258	48913
科技											
当年经费使用总额（万元）	56.0	300.0	360.0	363.0	500.0	600.0	750.6	618.0			
技术市场成交额（万元）	894.5	279.0	566.0	994.0	445.0	394.0	620.0	880.0	1050.0		
文化											
图书总藏量（册）	75072	100916	113046	122516	142401	298321	326144	652192	684727	694203	468814
古籍（册）	885	885	885	885	885	1003	1003	1003	1003	1003	1003
图书（册）	49667	70852	81737	89852	108357	256727	282878	304114	333563	368057	402289
报刊（册）	24518	29764	30959	32314	33694	37194	38394	41824	43867	53067	56686
家庭、生活、环境											
家庭											
家庭总户数（户）	171214	176048	183732	187254	190204	194371	194280	203162	203189	205516	206188
城镇居民平均每户家庭人口（人）	3.53	3.42	3.30	3.30	3.40	3.40	3.24	3.21	3.21	3.20	3.30
农村居民平均每户家庭人口（人）	4.32	4.05	3.80	3.60	3.60	3.60	3.60	3.90	4.02	6.62	3.9
婚姻											
登记结婚（对）	4537	4831	5221	5296	5964	6732	6910	7789	7893	8531	8036

注：家庭总户数、城镇（农村）平均每户家庭人口数均为公安报表数。

续表 2

2014 年为以下各年%										年均增长速度 (%)	
2000	2005	2006	2007	2008	2009	2010	2011	2012	2013	十一五时期	2011-2014
5027.65	228.40	238.82	157.76	115.20	123.29	120.70	104.30	72.14	118.59	13.6	4.8
16299.67	287.77	462.18	240.15	133.88	133.79	127.51	124.35	69.94	132.26	17.7	6.3
912.04	97.35	57.50	48.71	60.30	81.52	89.48	50.82	90.74	70.83	1.7	-2.7
717.84	372.53	236.50	203.19	169.27	150.75	134.47	118.69	103.28	100.08	22.6	7.7
262.85	248.61	142.86	121.77	101.70	94.21	84.83	73.66	78.44	77.83	24.0	-4.0
807.01	394.36	336.69	316.16	255.57	211.78	172.84	157.41	130.81	113.58	17.9	14.7
630.03	372.90	331.28	258.98	262.04	191.38	145.93	133.43	119.68	105.93	20.6	9.9
114.15	110.31	113.71	109.38	110.12	108.17	106.33	101.53	102.21	110.04	0.7	1.5
81.09	97.03	97.15	94.49	92.64	93.06	94.06	98.71	99.76	90.82	0.6	-1.5
82.63	68.08	77.61	84.37	92.09	97.65	100.32	99.73	97.66	99.57	-7.5	0.1
65.52	90.11	93.82	94.95	94.98	95.91	96.82	95.43	96.30	101.36	-1.4	-0.8
										20.1	
										17.3	
624.49	464.56	414.71	382.66	329.22	157.15	143.74	71.88	68.47	67.53	26.4	9.5
113.33	113.33	113.33	113.33	113.33	100.00	100.00	100.00	100.00	100.00	2.5	0.0
809.97	567.79	492.17	447.72	371.26	156.70	142.21	132.28	120.60	109.30	31.9	9.2
231.20	190.45	183.10	175.42	168.24	152.41	147.64	135.53	129.22	106.82	5.2	10.2
120.43	117.12	112.22	110.11	108.40	106.08	106.13	101.49	101.48	100.33	2.0	1.5
										-1.1	0.5
										-2.3	2.0
177.12	166.34	153.92	151.74	134.74	119.37	116.30	103.17	101.81	94.20	7.4	3.8

指 标	2000	2005	2006	2007	2008	2009	2010	2011	2012	2013	2014
登记离婚（对）	118	378	523	686	697	815	978	1184	1418	1721	1906
生活											
城乡居民储蓄存款年底余额（万元）	29.1	53.3	61.7	63.9	80.6	92.5	104.2	114.6	134.6	154.0	175.4
城镇居民人均可支配收入（元）	4723	9017	10298	11945	13809	14983	16481	18821	21240	23185	25219
城镇居民人均消费性支出（元）	3525	6109	6671	7444	8131	8830	10147	12464	14594	17405	18572
农民人均纯收入（元）	2425	3889	4510	5346	6176	6763	7784	9341	10648	11958	13166
农民人均生活消费支出（元）	1501	2416	2626	3297	3401	3969	4252	5461	6566	7438	8578
工资											
在岗职工工资总额（万元）	43512	77462	89908	119026	123153	144754	172009	208615	332625	401723	478741
在岗职工平均工资（元）	6196	11747	13459	18234	19778	21992	24942	28184	32524	35977	40499
卫生											
医院、卫生院数（个）	21	20	21	22	21	21	22	22	22	22	22
卫生机构床位数（张）	1834	1862	1889	1722	2182	2295	2354	2694	2753	2947	2967
# 医院、卫生院	1752	1773	1800	1722	2092	2295	2354	2694	2753	2947	2817
卫生技术人员数（人）	2056	2060	1960	2004	3082	2416	2331	2808	2862	2986	3647
# 医生	910	1002	930	934	1066	1086	1015	1141	1043	1165	1172
市政建设											
供水总量（万立方米）	2190.0	2778.0	2878.0	2907.0	2972.0	2192.0	2330.4	2485.7	2988.5	2060.6	2258.0
供水管道长度（公里）	162.0	232.7	245.0	247.6	269.0	272.4	282.4	296.4	319.8	348.0	363.0
城市煤气、天然气家庭用量（万立方米）	226.0	1085.0	3438.0	3778.0	4084.0	3666.0	2752.0	1529.0	3209.0	1689.0	1938.0
公共汽（电）车总数（标台）	201	249	256	258	273	413	413		386	381	187
道路长度（公里）	111.0	161.0	170.0	164.0	188.0	197.1	205.4	208.2	209.4	217.0	218.3
公园绿地面积（公顷）	99.0	172.5	196.0	223.0	235.0	250.0	258.0	267.0	294.0	326.0	326.0
环境、灾害											
火灾发生数（起）	182	250	146	91	28	25	50	26	26	33	88
交通事故发生数（起）	623	1356	302	300	240	179	152	132	112	83	12

续表 3

2014 年为以下各年%										年均增长速度 (%)	
2000	2005	2006	2007	2008	2009	2010	2011	2012	2013	十一五时期	2011-2014
1615.25	504.23	364.44	277.84	273.46	233.87	194.89	160.98	134.41	110.75	20.9	18.2
602.24	329.22	284.19	274.63	217.60	189.51	168.28	152.98	130.32	113.89	14.4	13.9
533.96	279.68	244.89	211.13	182.63	168.32	153.02	133.99	118.73	108.77	12.8	11.2
526.87	304.01	278.40	249.49	228.41	210.33	183.03	149.01	127.26	106.70	10.7	16.3
542.93	338.54	291.93	246.28	213.18	194.68	169.14	140.95	123.65	110.10	14.9	14.0
571.46	355.03	326.64	260.16	252.21	216.11	201.73	157.07	130.64	115.32	12.0	19.2
1100.25	618.03	532.48	402.22	388.74	330.73	278.32	229.49	143.93	119.17	17.3	29.2
653.63	344.76	300.91	222.11	204.77	184.15	162.37	143.70	124.52	112.57	16.3	12.9
104.76	110.00	104.76	100.00	104.76	104.76	100.00	100.00	100.00	100.00	1.9	0.0
161.78	159.34	157.07	172.30	135.98	129.28	126.04	110.13	107.77	100.68	4.8	6.0
160.79	158.88	156.50	163.59	134.66	122.75	119.67	104.57	102.32	95.59	5.8	4.6
177.38	177.04	186.07	181.99	118.33	150.95	156.46	129.88	127.43	122.14	2.5	11.8
128.79	116.97	126.02	125.48	109.94	107.92	115.47	102.72	112.37	100.60	0.3	3.7
103.11	81.28	78.46	77.67	75.98	103.01	96.89	90.84	75.56	109.58	-3.5	-0.8
224.05	155.98	148.15	146.59	134.93	133.26	128.54	122.46	113.49	104.31	3.9	6.5
857.52	178.62	56.37	51.30	47.45	52.86	70.42	126.75	60.39	114.74	20.5	-8.4
										10.6	-18.0
196.70	135.61	128.44	133.13	116.14	110.78	106.30	104.85	104.27	100.60	5.0	1.5
329.29	188.99	166.33	146.19	138.72	130.40	126.36	122.10	110.88	100.00	8.4	6.0
48.35	35.20	60.27	96.70	314.29	352.00	176.00	338.46	338.46	266.67	-27.5	15.2
1.93	0.88	3.97	4.00	5.00	6.70	7.89	9.09	10.71	14.46	-35.4	-47.0

2-5 国民经济和社会发展结构指标

单位：%

指 标	1995	2000	2005	2008	2009	2010	2011	2012	2013	2014
人口与就业										
人口										
性别结构										
男	51.4	50.9	50.4	50.7	50.8	50.8	51.0	51.7	51.5	51.3
女	48.6	49.1	49.6	49.3	49.2	49.2	49.0	48.3	48.5	48.7
农业与非农业结构										
农业人口	62.6	72.1	70.7	62.4	61.6	61.9	61.9	62.8	63.4	63.7
非农业人口	37.4	27.9	29.3	37.6	38.4	38.1	38.1	37.2	36.6	36.3
就业										
从业人员产业结构										
第一产业	50.2	43.2	36.8	31.8	31.5	31.7	34.9	31.4	28.8	29.1
第二产业	23.7	36.2	28.3	22.5	31.0	31.8	29.9	68.6	36.1	37.4
第三产业	26.1	20.6	34.9	45.7	37.5	36.5	35.2		35.1	33.5
在岗职工人数登记注册类型结构										
国有单位	60.5	67.7	43.2	46.9	36.9	36.0	34.6	28.0	23.4	22.1
城镇集体单位	32.0	23.5	1.4	1.9	0.4	0.5	0.3	1.6	0.3	0.4
其他单位	7.5	8.8	55.4	51.2	62.7	63.5	65.1	70.4	76.2	77.5
宏观经济										
国民经济核算										
生产总值产业结构										
第一产业	17.2	10.9	6.9	5.1	5.0	4.7	4.9	4.5	4.7	4.5
第二产业	52.6	54.5	67.1	73.6	74.3	75.6	74.5	75.7	74.8	68.1
工业	47.2	47.9	62.4	70.3	70.2	71.6	70.2	71.5	70.5	63.7
建筑业	5.4	6.6	4.7	3.3	4.1	4.0	4.2	4.2	4.2	4.4
第三产业	30.2	34.6	26.0	21.3	20.7	19.7	20.6	19.8	20.5	27.4
投资										
全社会固定资产投资结构										
国有经济	35.2	40.9	24.0	22.4	21.7	19.1	11.4	14.0	11.9	10.7
集体经济	46.6	22.1	7.6	9.1	12.5	12.2	8.6	3.7	1.7	0.1
联营经济			0.0	0.0	0.3	1.4	5.2	0.1	0.1	0.1
城乡个体	18.3	37.1	0.0	0.0	2.8	2.5	2.6	2.0	0.0	0.0
股份制经济			30.2	39.2	34.9	39.8	45.4	43.8	40.5	39.9
港澳台投资经济			4.0	3.7	1.1	0.2	0.6	9.3	11.0	2.0
外商投资经济			0.3	0.5	2.2	0.7	2.8	0.3	0.2	0.7
私营经济			17.4	17.2	18.1	17.3	16.6	9.4	12.1	15.3
其他经济			16.4	7.9	6.4	6.7	6.9	17.3	22.6	31.3
城镇固定资产投资产业结构										
第一产业			0.7		2.9	0.6	2.4	3.4	2.7	3.9
第二产业			50.5	52.8	54.4	60.0	64.1	67.7	63.5	52.4
# 工业			50.5	52.8	54.4	60.0	64.1	67.7	63.5	52.4
第三产业			48.8	47.2	42.7	39.4	33.6	28.9	33.8	43.7

2-5 续表

单位：%

指 标	1995	2000	2005	2008	2009	2010	2011	2012	2013	2014
产业经济										
农业										
农林牧渔业增加值结构										
农业	59.1	64.9	46.2	40.7	43.8	44.5	42.8	43.5	43.6	42.5
林业	7.2	9.2	8.8	10.0	8.6	6.5	5.9	6.0	6.7	7.6
牧业	33.4	25.2	41.0	44.3	42.4	44.0	46.0	44.0	42.4	41.8
渔业	0.3	0.7	3.1	4.0	4.2	4.0	4.3	5.4	6.3	6.9
农林牧渔服务业			0.9	1.0	1.0	1.0	1.0	1.0	1.0	1.1
工业										
工业增加值结构										
规模以上		47.1	75.5	84.7	85.7	89.0	89.3	90.3	90.9	91.6
规模以下		17.3	7.1	4.8	4.1	3.0	2.9	2.6	2.4	2.4
城乡个体		35.6	17.4	10.5	10.2	8.0	7.8	7.1	6.7	6.0
工业增加值轻重工业结构										
轻工业	16.2	25.5	14.5	9.8	10.7	12.0	12.4	13.3	13.3	14.6
重工业	83.8	74.5	85.5	90.2	89.3	88.0	87.6	86.7	86.7	85.4
批发零售贸易、住宿和餐饮业										
社会消费品零售总额结构										
批发零售贸易业			79.0	75.4	74.5	81.0	81.3	80.1	80.8	80.8
住宿和餐饮业			18.6	22.8	23.8	19.0	18.7	19.9	19.2	19.2
其它			2.4	1.8	1.7					
基础教育										
专任教师结构										
普通中学	45.0	44.7	45.7	44.7	41.0	47.5	49.5	46.8	42.3	44.7
小学	50.7	47.6	39.3	40.2	36.0	40.6	38.5	36.3	38.8	33.8
在校学生结构										
普通中学	30.1	25.7	36.7	37.1	33.2	37.9	34.6	34.3	34.4	33.8
小学	50.9	38.9	33.4	43.3	40.6	47.2	43.6	41.9	40.7	40.6
生活										
城镇居民消费结构										
食品类		30.8	29.6	26.7	25.7	28.2	29.4	28.3	23.6	23.1
衣着类		14.0	11.4	12.1	12.3	11.6	15.6	13.7	12.5	12.8
日用品及其他		43.4	47.6	53.8	55.0	50.0	48.4	51.9	50.5	52.8
居住		11.8	11.4	7.4	7.0	10.2	6.6	6.1	13.4	11.3
农村居民消费结构										
食品类		32.1	40.7	38.2	36.0	37.8	35.5	33.7	33.0	29.3
衣着类		8.2	7.1	7.8	7.2	7.5	8.0	8.0	8.2	8.5
日用品及其他		44.4	38.5	36.8	34.0	42.2	42.5	44.9	45.3	47.4
居住		15.3	13.7	17.2	22.8	12.5	14.0	13.4	13.5	14.8

2-6　国民经济和社会发展比例和效益指标

指 标	1995	2000	2005	2008	2009	2010	2011	2012	2013	2014
人口和就业										
人口										
出生率( )	11.68	12.54	10.96	10.40	10.10	11.49	11.63	11.60	11.70	12.30
死亡率( )	5.96	5.84	5.70	5.39	5.11	5.70	5.77	5.95	5.85	6.25
自然增长率( )	5.62	4.68	5.26	5.01	4.99	5.80	5.86	5.65	5.85	6.05
城镇化水平（%）			40.00	47.57	49.01	49.44	51.44	53.44	54.81	56.40
就业										
城镇登记失业率(%)	2.8	2.1	2.7	3.0	3.2	3.3	3.5	2.8	2.8	2.9
宏观经济										
国民经济核算										
经济增长贡献率（%）										
第一产业	3.5	9.5	2.8	2.2	1.9	2.1	1.4	1.8	1.5	2.0
第二产业	57.5	60.2	81.4	80.2	80.2	80.0	88.5	85.3	88.8	79.3
第三产业	39.0	30.3	15.8	17.6	17.9	17.9	10.0	12.8	9.6	18.7
人均生产总值(元)	5600	9036	21863	42476	42181	50491	55095	62358	64899	66777
能耗										
单位 GDP 能耗（吨标准煤 / 万元）			2.640	2.375	2.199	2.032	1.830	1.762	1.698	
单位 GDP 电耗（千瓦时 / 万元）			2023.45	2115.98	2164.70	2153.52	1715.98	1708.43	1633.31	
单位工业增加值能耗（吨标准煤 / 万元）			5.850	4.747	4.268	3.804	2.461	2.292	2.159	
固定资产投资										
固定资产投资率(%)	33.6	18.9	47.8	46.8	62.3	63.1	62.6	66.6	75.2	85.9
全社会房屋建筑面积竣工率(%)	83.3	27.8	66.4	41.1	51.9	46.5	30.9	59.0	49.7	42.4
财政										
财政收入相当于生产总值比例(%)	5.3	4.2	6.6	7.0	8.6	8.1	9.5	8.6	10.8	10.6

注：本表价值量指标均按当年价格计算。

2-6 续表

指标	1995	2000	2005	2008	2009	2010	2011	2012	2013	2014
产业经济										
农业										
人均耕地面积（亩）	0.97	0.82	0.78	0.77	0.77	0.77	0.76	0.74	0.72	0.70
每公顷耕地农业机械总动力（千瓦）	9.9	15.0	24.9	28.8	29.2	30.3	31.2	32.1	32.5	32.8
每公顷播种面积农产量（公斤）										
粮食	3971	4934	4400	5175	5167	5179	5167	5298	5281	5300
棉花	485	629	675	917	821	848	928	928	950	895
油料	1244	1979	1726	1659	1693	1702	1728	1741	1670	1392
对外经济贸易										
进出口总额相当于生产总值的比例(%)	2.2	4.8	41.4	35.5	32.5	26.4	28.1	34.9	19.3	22.3
金融保险										
金融机构存款相当于生产总值比例(%)	48.9	62.4	51.2	39.5	47.8	49.1	49.6	51.7	55.7	60.6
金融机构贷款相当于生产总值比例(%)	54.3	57.6	39.0	27.8	38.1	41.9	42.1	40.7	43.0	43.7
教育										
小学毕业生升学率(%)			97.18	100.05	99.83	99.85	102.75	100.00	100.00	100.00
初中毕业生升学率(%)			95.10	96.70	94.98	99.93	106.05	100.00	100.00	100.00
生活										
城乡居民收入比例(农民人均纯收入为1)		1.95	2.32	2.24	2.22	2.12	2.02	1.99	1.94	1.92
恩格尔系数(%)										
城镇居民		30.8	29.6	26.7	25.7	28.2	29.4	28.3	23.6	23.1
农民		32.1	40.7	38.2	36.0	37.8	35.5	33.7	33.0	29.3
环境										
用水普及率（%）		98.73	99.55	99.73	99.77	99.81	99.85	99.89	99.93	99.93
用气普及率（%）		26.59	60.32	79.04	80.73	83.07	83.24	95.20	98.01	98.31
人均公园绿地面积（平方米）		5.49	7.84	9.04	9.63	10.26	10.05	10.86	12.03	12.25

2-7 主要社会经济指标人均水平

指 标	1995	2000	2005	2008	2009	2010	2011	2012	2013	2014
人口密度（人/平方公里）	328	338	349	359	360	359	357	364	373	379
生产总值（元）	5600	9036	21863	42476	42181	50491	55095	62358	64899	66777
全社会固定资产投资额（元）	1881	1703	10463	19836	28868	31913	34487	41508	49568	57331
人民生活										
在岗职工年平均工资（元）	3809	6196	11747	19778	21992	24942	28184	32524	35977	40499
城镇居民人均可支配收入（元）		4723	9017	13809	14983	16481	18822	21240	23185	25219
城镇居民人均消费性支出（元）		3525	6109	8131	8830	10147	12464	15184	17405	18572
农民人均纯收入（元）	1532	2425	3889	6176	6763	7784	9341	10648	11958	13166
农民人均生活消费支出（元）	1051	1501	2047	3401	3969	4252	5461	6566	7438	8578
居民储蓄额（元）	2268	4527	8084	11851	13575	15358	16927	19478	21720	24376
城镇居民人均居住面积（平方米）	18.5	22.7	34.2	34.2	33.2	35.2	39.0	39.1	43.0	43.4
农村居民人均居住面积（平方米）	25.9	31.2	41.7	46.4	47.7	48.3	48.3	48.3	50.7	50.9
农林牧渔业										
农林牧渔业增加值（元）	965	985	1511	2123	2131	2351	2711	2829	3029	3053
主要农产品产量（千克）										
粮食	339.5	371.5	279.4	314.7	316.0	317.8	317.4	320.4	312.6	303.6
油料	6.4	12.1	7.5	4.9	4.7	4.2	4.2	4.2	2.9	2.1
猪、牛、羊肉	40.3	34.1	59.1	50.7	53.9	68.3	70.0	66.2	67.5	67.1
蔬菜	196.8	299.5	410.1	426.5	425.6	447.1	468.3	485.3	494.3	391.0
耕地面积（亩）	1.00	0.80	0.79	0.77	0.77	0.77	0.76	0.74	0.72	0.70
工业										
工业增加值（元）	2641	4325	13648	29823	29557	36204	38723	44566	45783	42531
主要工业产品产量										
原煤（千克）	939.0	2906.7	4751.1	3435.0	1290.0	1637.0	1441.0	1892.8	2512.0	
发电量（千瓦小时）	624.0	787.0	12176.0	21667.0	23820.0	2445.0	2827.0	32817.1	36036.7	34913.1
水泥（千克）	1560.9	1473.6	2025.8	3373.0	2805.0	3194.0	4540.0	3397.8	3242.6	3175.8
生铁（千克）	13.3	601.5	2135.1	3517.0	3513.0	3582.0	3615.0	4803.8	5062.1	5075.7
平板玻璃（重量箱）	1.7	5.7	3.0	3.6	3.7	3.7	3.8	1.2	1.7	2.1
化肥（千克）	26.6	52.6	113.8	122.0	104.0	123.0	381.0	109.6	55.7	89.7
社会消费品零售总额（元）	1947	2515	4463	7381	8748	10227	12043	13606	14997	11672
财政和金融										
财政收入（元）	300	390	1452	2963	3630	4087	5257	5344	7012	7108
财政支出（元）	373	544	1957	3988	5251	5847	7602	8241	10245	10184
金融机构各项存款余额（元）	2732	5611	11206	16754	20131	24897	27316	32221	36164	40475
金融机构各项贷款余额（元）	3039	5175	8535	11769	16044	21147	23127	25365	27927	29152
教育与卫生										
每个教师负担学生（人）	19.7	30.2	26.6	18.0	17.0	16.0	16.0	17.5	17.0	16.3
每万人拥有医院床位（张）	27.3	28.5	28.0	32.1	33.6	34.6	39.8	39.8	41.6	41.2
每万人拥有医生（人）	13.4	14.1	15.2	15.7	15.9	15.0	16.8	15.1	16.4	16.2

主要统计指标解释

可比价格 指计算各种总量指标所采用的扣除了价格变动因素的价格，可进行不同时期总量指标的对比。按可比价格计算总量指标有两种方法：一种是直接用产品产量乘某一年的不变价格计算；另一种是用价格指数进行缩减。

不变价格 指以同类产品某年的平均价格作为固定价格，用于计算各年的产品价值。按不变价格计算的产品价值消除了价格变动因素，不同时期对比可以反映生产的发展速度。新中国成立后，随着工农业产品价格水平的变化，国家统计局先后五次制定了全国统一的工业产品不变价格和农业产品不变价格。从1952年到1957年使用1952年工(农)业产品不变价格，从1957年到1970年使用1957年不变价格，从1971年到1980年使用1970年不变价格，从1981年到1990年使用1980年不变价格，从1991年开始使用1990年不变价格，2001年开始使用2000年不变价格。

平均增长速度 我国计算平均增长速度有两种方法：一种是习惯上经常使用的"水平法"，又称几何平均法，是以间隔期最后一年的水平同基期水平对比来计算平均每年增长（或下降）速度；另一种是"累计法"，又称代数平均法或方程法，是以间隔期内各年水平的总和同基期水平对比来计算平均每年增长（或下降）速度。在一般正常情况下，两种方法计算的平均每年增长速度比较接近；但在经济发展不平衡、出现大起大落时，两种方法计算的结果差别较大。本《年鉴》内所列的平均增长速度，除固定资产投资用"累计法"计算外，其余均用"水平法"计算。从某年到某年平均增长速度的年份，均不包括基期年在内。如建国四十三年的平均增长速度是以1949年为基期计算的，则写为1950-1992年平均增长速度，其余类推。

企业（单位）登记注册类型 是以在工商行政管理机关登记注册的各类企业为划分对象，以工商行政管理部门对企业登记注册的类型为依据，将企业登记注册类型分为内资企业、港澳台商投资企业和外商投资企业三大类。内资企业包括国有企业、集体企业、股份合作企业、联营企业、有限责任公司、股份有限公司、私营公司和其他企业；港澳台商投资企业和外商投资企业分别包括合资经营企业、合作经营企业、独资经营企业和股份有限公司。对不在工商行政管理部门进行登记注册的行政机关、事业单位和社会团体，主要按其经费来源和管理方式进行划分。

国有企业 指企业全部资产归国家所有，并按《中华人民共和国企业法人登记管理条例》规定登记注册的非公司制的经济组织。不包括有限责任公司中的国有独资公司。

集体企业 指企业资产归集体所有，并按《中华人民共和国企业法人登记管理条例》规定登记注册的经济组织。

股份合作企业 指以合作制为基础，由企业职工共同出资入股，吸收一定比例的社会资产投资组建，实行自主经营，自负盈亏，共同劳动，民主管理，按劳分配与按股分红相结合的一种集体经济组织。

联营企业 指两个及两个以上相同或不同所有制性质的企业法人或事业单位法人，按自愿、平等、互利的原则，共同投资组成的经济组织。联营企业包括国有联营企业、集体联营企业、国有与集体联营企业和其他联营企业。

有限责任公司 指根据《中华人民共和国公司登记管理条例》规定登记注册，由两个以上、五十个以下的股东共同出资，每个股东以其所认缴的出资额对公司承担有限责任，公司以其全部资产对其债务承担责任的经济组织。有限责任公司包括国有独资公司以及其他有限责任公司。

股份有限公司 指根据《中华人民共和国公司登记管理条例》规定登记注册，其全部注册资本由等额股份构成并通过发行股票筹集资本，股东以其认购的股份对公司承担有限责任，公司以其全部资产对其债务承担责任的经济组织。

私营企业 指由自然人投资设立或由自然人控股，以雇佣劳动为基础的营利性经济组织。包括按照《公司法》、《合伙企业法》、《私营企业暂行条例》规定登记注册的私营有限责任公司、私营股份有限公司、私营合伙企业和私营独资企业。

其他内资企业 指上述企业之外的其他内资经济组织。

与港澳台商合资经营企业 指港澳台地区投资者与内地企业依照《中华人民共和国中外合资经营企业法》及有关法律的规定，按合同规定的比例投资设立、分享利润和分担风险的企业。

与港澳台商合作经营企业 指港澳台地区投资者与内地企业依照《中华人民共和国中外合作经营企业法》及有关法律的规定，依照合作合同的约定进行投资或提供条件设立、分配利润和分担风险的企业。

港澳台商独资经营企业 指依照《中华人民共和国外资企业法》及有关法律的规定，在内地由港澳台地区投资者全额投资设立的企业。

港澳台商投资股份有限公司 指根据国家有关规定，经外经贸部依法批准设立，其中港、澳、台商的股本占公司注册资本的比例达25%以上的股份有限公司。凡其中港、澳、台商的股本占公司注册资本的比例小于25%的，属于内资企业中的股份有限公司。

中外合资经营企业 指外国企业或外国人与中国内地企业依照《中华人民共和国中外合资经营企业法》及有关法律的规定，按合同规定的比例投资设立、分享利润和分担风险的企业。

中外合作经营企业 指外国企业或外国人与中国内地企业依照《中华人民共和国中外合作经营企业法》及有关法律的规定，依照合作合同的约定进行投资或提供条件设立、分配利润和分担风险的企业。

外资企业 指依照《中华人民共和国外资企业法》及有关法律的规定，在中国内地由外国投资者全额投资设立的企业。

外商投资股份有限公司 指根据国家有关规定，经外经贸部依法批准设立，其中外资的股本占公司注册资本的比例达25%以上的股份有限公司。凡其中外资股本占公司注册资本的比例小于25%的，属于内资企业中的股份有限公司。

行政机关、事业单位和社会团体 参照企业登记注册类型，主要按其经费来源和管理方式划分。具体规定如下：

⑴行政机关：包括国家机关和政党机关，原则上均列为"国有"。但有特殊规定的，如供销社等，则列为"集体"。

⑵事业单位：包括经国家机构编制部门和有关业务主管部门批准成立的各类事业单位，不包括实行企业化管理的事业单位。事业单位的划分办法如下：

①由国家财政预算拨款或列入财政预算外资金管理以及经费主要来源于国有主管部门或国有上级单位的事业单位，列为"国有"。

②经费主要来源于集体单位的事业单位，列为"集体"。

③公民个人（或个人合伙）开办的事业单位，列为"私营"。

④上述以外的其他事业单位，如果其经费来源不明确，按管理方式进行归类。

⑶社会团体：包括经民政部门批准成立以及未纳入社会团体管理条例范围的工会、妇联等各类社会团体。社会团体的划分办法如下：

①未纳入民政部社会团体管理条例范围的工会、妇联、共青团、青联、工商联、科协、侨联等社会团体，国家拨款设立的基金会或基金管理组织以及经费主要来源于国有业务主管部门或国有上级单位的社会团体，列为"国有"。

②经费主要来源于集体单位的社会团体，列为"集体"。

③公民个人（或个人合伙）开办的社会团体，划为"私营"。

④上述以外的其他社会团体，如果其经费来源不明确，改按管理方式进行归类。

法人单位 指具备：

⑴依法成立、有自己的名称、组织机构和场所、能够独立承担民事责任；

⑵独立拥有和使用（或授权使用）资产、承担负债、有权与其它单位签订合同；

⑶会计上独立核算、能够编制资产负债表。

法人单位包括企业法人、事业单位法人、机关法人、会团体法人和其他法人。

单产业法人 指只在一个地点，主要从事一种生产经营活动的法人单位。

多产业法人 指坐落于两个及两个以上地点、或主要从事两种及两种以上生产经营活动的，按照单位划分规定可以划分为两个或两个以上产业活动单位的法人单位。

产业活动单位 是法人单位的附属单位。产业活动单位应具备下列条件：

⑴在一个场所从事一种或主要从事一种社会经济活动；

⑵相对独立组织生产经营和业务活动；⑶能够掌握收入和支出等业务核算资料。

三、国民经济核算

资料整理：马艳芝　彭　松

简要说明

一、主要内容

本篇包括生产总值和非公有制增加值资料。

二、资料来源

生产总值资料是根据不同产业部门、不同支出构成的特点和资料来源情况而采用不同方法计算的。本年鉴公布的地区生产总值历史数据及其有关的指标数据中，2008 年生产总值是根据第二次经济普查资料，按照《经济普查年度 GDP 核算方案》的要求，重新计算的地区生产总值数据，并利用趋势离差法，修订了 2000—2009 年地区生产总值历史数据。同时又根据第二次经济普查资料对 2009 年的生产总值进行了重新核算，由市统计局综合核算科加工整理。

2013 年经济普查后，对 2013 年、2014 年生产总值数据进行了初步调整。公布 2013 年、2014 年各地区 GDP 数据。为了避免 GDP 数据频繁变动，本年鉴收录的各地区生产总值资料为初步核算数据。

3-1　分行业生产总值及指数

单位：万元

指　标	按当年价格计算		构成（%）		按2010年价格计算		上年=100（%）
	2014年	2013年	2014年	2013年	2014年	2013年	
地区生产总值	**4804626**	**4601338**	**100**	**100**	**4724432**	**4304564**	**109.8**
第一产业	217329	212509	4.5	4.6	210801	202383	104.2
第二产业	3272800	3157762	68.1	68.6	3336798	3003696	111.1
工业	3060114	2962864	63.7	64.4	3146684	2829333	111.2
建筑业	212686	194915	4.4	4.2	190114	174381	109.0
第三产业	1314497	1231067	27.4	26.8	1176833	1098485	107.1
交通运输、仓储和邮政业	229828	224199	4.8	4.9	209306	204797	102.2
批发和零售业	272192	259905	5.7	5.6	250983	236165	106.3
住宿和餐饮业	108871	99903	2.3	2.2	90430	82979	109.0
金融业	124080	109385	2.6	2.4	112039	98784	113.4
房地产业	124094	124399	2.6	2.7	97780	94148	103.9
其他服务业	453069	411043	9.4	8.9	413928	379430	109.1
营利性服务业	157894	140730	3.3	3.1	147018	132484	111.0
非营利性服务业	295175	270313	6.1	5.9	266910	246946	108.1

1. 其他服务业分为营利性服务业（信息传输、计算机服务和软件业、租赁和商务服务业、居民服务和其他服务业、文化、体育和娱乐业）和非营利性服务业（科学研究、技术服务和地质勘查业、水利、环境和公共设施管理业、教育、卫生、社会保障和社会福利业、公共管理和社会组织）。
2.2014年数据为根据第三次经济普查初步调整数。

年份	生产总值	第一产业	第二产业	工业	建筑业	第三产业
1978	17820	7305	7493	7150	343	3022
1979	18136	8486	6518	6198	320	3132
1980	15005	6075	6371	5830	541	2559
1981	21177	9919	7570	6913	657	3688
1982	23334	10027	9052	8344	708	4255
1983	27959	11909	10749	9525	1224	5301
1984	28353	10934	11996	10569	1427	5423
1985	31957	11507	14632	12661	1971	5818
1986	42795	13386	20677	18446	2231	8732
1987	50696	15394	24897	23173	1724	10405
1988	70242	25253	30461	28033	2428	14528
1989	88591	32845	36792	34694	2098	18954
1990	102886	31409	47854	44642	3212	23623
1991	116322	31845	54597	50772	3825	29880
1992	146865	36531	74221	69705	4516	36113
1993	210240	47293	113724	103493	10231	49223
1994	271384	60476	140634	127680	12954	70274
1995	348326	60013	183230	164297	18933	105083
1996	441995	66348	222225	206453	15771	153422
1997	446997	66029	234292	212578	21714	146676
1998	465393	70048	238259	221896	16363	157086
1999	527551	71532	283417	239077	44340	172602
2000	578302	63063	315009	276806	38203	200230
2001	643861	64712	360613	314175	46438	218536
2002	766153	73161	461094	413419	47675	231898
2003	899921	66315	575613	524128	51485	257993
2004	1105081	87582	715514	649442	66072	301985
2005	1388024	98230	953027	883323	69704	336767
2006	1711319	92002	1233154	1157841	75313	386163
2007	2112120	116647	1561394	1478899	82495	434079
2008	2745529	144387	2064893	1965808	99085	536249
2009	2876100	145371	2135930	2019010	116920	594799
2010	3433750	159795	2598510	2460760	137750	675445
2011	3733626	183624	2781140	2622702	158438	768862
2012	4308643	195477	3258449	3079285	179164	854717
2013	4061338	212509	3157762	2962864	194915	1231067
2014	4804626	217329	3272800	3060114	212686	1314497

注:1. 本表按当年价计算，2000 年之后，交通运输、仓储及邮电通信业中已不含通信业。
2.2005 年以后第一产业含农林牧渔服务业。
3.2000 年以来人均 GDP 按平均常住人口计算。

生 产 总 值

单位：万元

交通运输、仓储及邮电通信业	批发和零售贸易、餐饮业	金融保险业	房地产业	其他服务业	人均生产总值（元）	附：年平均人口（万人）
589	768	162	1101	402	368	48.5
635	721	168	1197	411	366	49.5
456	573	156	901	473	301	49.8
768	742	280	1248	650	422	50.1
812	1105	282	1296	760	459	50.8
1689	1060	297	1456	799	543	51.5
1745	1010	301	1494	873	545	52.0
1767	1157	324	1523	1047	609	52.5
3530	1560	452	1751	1439	808	53.0
3908	1750	673	2107	1967	945	53.6
5916	2093	1005	2774	2740	1289	54.5
7161	2345	2307	3094	4047	1593	55.6
9085	3225	2529	3554	5230	1801	57.1
11349	4179	3285	4490	6577	1985	58.6
14495	4503	4452	5482	7181	2467	59.5
21837	5503	5842	6099	9943	3475	60.5
26880	10512	9792	9050	14041	4413	61.5
41845	17224	13014	13418	19582	5600	62.2
74006	27118	10204	15028	27066	7038	62.8
72777	25299	7880	13914	26806	7050	63.4
76422	27479	8284	14399	30502	7272	64.0
82894	31005	8153	14781	35769	8243	64.0
93149	36782	6051	16764	47484	9036	64.0
89731	45284	6109	17554	59858	10045	64.1
84402	55287	3802	21592	66815	11860	64.6
78845	68859	7094	23164	80031	13845	65.0
81236	94818	8382	26378	91171	16871	65.5
78319	108556	10399	29619	109874	21031	66.0
85454	129966	12164	34713	123866	25715	66.6
82254	157932	13142	41854	138897	31337	67.4
91824	202651	13269	45711	182794	40435	67.9
104892	216432	20336	49453	203686	42181	68.3
110968	234839	24906	60709	244023	50491	68.0
125422	270422	25764	77812	269442	55095	67.7
137375	301132	30972	83577	301661	62358	69.1
224199	359808	109385	124399	411043	64899	70.9
229828	381063	124080	124094	453069	66777	72.0

3-3 历 年 可

年份	生产总值	第一产业	第二产业	工业	建筑业
按1970年价格计算					
1978	13859	5849	5197	4918	279
1979	13681	5869	4961	4681	280
1980	13331	5538	5493	5070	423
按1980年价格计算					
1980	15005	6075	6371	5830	541
1981	18249	8530	6510	5913	597
1982	19366	8322	7513	6873	640
1983	23486	10004	9029	8199	830
1984	27005	10396	11396	10416	980
1985	27483	9896	12584	11224	1360
1986	36803	11512	17782	16240	1542
1987	41572	12623	20416	19028	1388
1988	50935	14640	24699	22943	1756
1989	60227	16847	29449	27506	1943
1990	68556	16546	35469	32947	2522
按1990年价格计算					
1990	102886	31409	47854	44642	3212
1991	113172	29090	55186	51444	3742
1992	135238	32253	70763	66620	4143
1993	181597	41252	100011	92806	7205
1994	217017	44616	120467	112202	8264
1995	257191	46008	143565	131838	11727
1996	299036	45968	166368	156623	9745
1997	302336	47806	172980	159756	13224
1998	319677	49051	185099	174453	10645
1999	369599	52062	225339	195213	30126
2000	404215	55356	246169	220200	25969
按2000年价格计算					
2000	578302	63063	315009	276806	38203
2001	659068	64647	381509	334182	47327
2002	742185	68318	447624	397124	50500
2003	830765	60867	525592	472318	53274
2004	963619	66750	620633	566209	54424
2005	1149140	72013	771603	713092	58511
按2005年价格计算					
2005	1388024	98230	953027	883323	69704
2006	1606423	101294	1130760	1056559	74201
2007	1886700	104435	1355664	1279188	76476
2008	2164345	110466	1578436	1496560	81876
2009	2468633	116118	1822482	1720375	102107
2010	2769295	122481	2062931	1948307	114624
按2010年价格计算					
2010	3433750	159795	2598510	2460760	137750
2011	3937316	167058	3044344	2900440	143904
2012	4391438	175454	3431805	3271324	160481
2013	4304564	202383	3003696	2829333	174381
2014	4724432	210801	3336798	3146684	190114

比价生产总值

单位：万元

第三产业	交通运输、仓储及邮电通信业	批发和零售贸易、餐饮业	金融保险业	房地产业	其他服务业	人均生产总值（元）
2813	525	737	154	1015	382	286
2851	547	674	157	1088	385	276
2300	386	523	142	812	437	268
2559	456	573	156	901	473	301
3209	639	660	249	1066	595	364
3531	670	921	235	1074	631	381
4453	1425	883	247	1227	671	456
5213	1729	980	292	1416	796	519
5003	1572	1020	286	1225	900	524
7509	2972	1382	400	1519	1236	695
8533	3107	1485	595	1733	1613	775
11596	4641	1842	885	2246	1982	934
13931	5259	1846	1816	2252	2758	1083
16541	6766	2328	1830	2349	3268	1200
23623	9085	3225	2529	3554	5230	1801
28896	11079	3953	3095	4487	6282	1932
32222	12488	4008	3927	5285	6514	2272
40334	17328	4581	4669	5627	8129	3002
51934	20499	7435	7167	7591	9243	3529
67618	27653	9918	8421	10119	11507	4135
86700	41922	13598	6181	10948	14050	4762
81550	40916	11939	4821	10456	13418	4769
85527	41939	12548	5303	10842	14895	4995
92198	44749	13727	5478	11189	17055	5748
102690	50924	15457	4169	12409	19731	6316
200230	93149	36782	6051	16764	47484	9036
212912	88053	42599	6189	17777	58294	10278
226243	87264	49215	3932	22524	63308	11524
244306	82615	56775	7238	23678	74000	12869
276236	71544	89450	7538	23364	84340	14690
305524	70772	101197	9220	26084	98251	17441
336767	78319	108556	10399	29619	109874	21031
374369	78869	128883	11195	33012	122410	24093
426601	81431	156692	11489	39382	137607	28179
475443	83512	175844	10773	36155	169159	31978
530033	96469	191785	17129	38022	186628	36139
583882	101394	200388	17298	44006	220797	40724
675445	110968	234839	24906	60709	244023	50491
725914	120842	254592	24155	65513	260814	58267
784179	127362	274190	28549	68854	285224	63552
1098485	204797	319144	98784	94148	379430	69341
1176833	209306	341413	112039	97780	413928	75027

3-4 历年生产总

年份	生产总值	第一产业	第二产业			第三产业
				工业	建筑业	
1978	119.9	122.4	127.3	129.9	93.6	104.2
1979	98.7	100.3	95.5	95.2	100.4	101.4
1980	97.4	94.4	110.7	108.3	151.1	80.7
1981	121.6	140.4	102.2	101.4	110.4	125.4
1982	106.1	97.6	115.4	116.2	107.2	110.0
1983	121.3	120.2	120.2	119.3	129.7	126.1
1984	115.0	103.9	126.2	127.0	118.1	117.1
1985	101.8	95.2	110.4	107.8	138.8	96.0
1986	133.9	116.3	141.3	144.7	113.4	150.1
1987	113.0	109.7	114.8	117.2	90.0	113.6
1988	122.5	116.0	121.0	120.6	126.5	135.9
1989	118.2	115.1	119.2	119.9	110.6	120.1
1990	113.8	98.2	120.4	119.8	129.8	118.7
1991	110.0	92.6	115.3	115.2	116.5	122.3
1992	119.5	110.9	128.2	129.5	110.7	111.5
1993	134.3	127.9	141.3	139.3	173.9	125.2
1994	119.5	108.2	120.5	120.9	114.7	128.8
1995	118.5	103.1	119.2	117.5	141.9	130.2
1996	116.3	99.9	115.9	118.8	83.1	128.2
1997	101.1	104.0	104.0	102.0	135.7	94.1
1998	105.7	102.6	107.0	109.2	80.5	104.9
1999	115.6	106.1	121.7	111.9	283.0	107.8
2000	109.4	106.3	109.2	112.8	86.2	111.4
2001	114.0	102.5	121.1	120.7	123.9	106.3
2002	112.6	105.7	117.3	118.8	106.7	106.3
2003	111.9	106.2	117.4	118.9	105.5	108.0
2004	116.0	109.7	118.1	119.9	102.2	113.1
2005	119.3	107.9	124.3	125.9	107.5	110.6
2006	115.7	103.1	118.6	119.6	106.5	111.2
2007	117.4	103.1	119.9	121.1	103.1	114.0
2008	114.7	105.8	116.4	117.0	107.1	111.5
2009	114.1	105.1	115.5	115.0	124.7	111.5
2010	112.2	105.5	113.2	113.2	112.3	110.2
2011	114.7	104.5	117.2	117.9	104.5	107.5
2012	111.5	105.0	112.7	112.8	111.5	108.0
2013	112.0	104.6	113.6	113.8	109.1	106.5
2014	109.8	104.2	111.1	111.2	109.0	107.1

注：本表按可比价计算。

值 指 数（上年 =100）

单位：%

交通运输、仓储及邮电通信业	批发和零售贸易、餐饮业	金融保险业	房地产业	其他服务业	人均生产总值
104.0	101.4	98.7	104.9	111.0	116.7
104.2	91.5	101.9	107.2	100.8	96.5
70.6	77.6	90.4	74.6	113.5	97.1
140.1	115.2	159.6	118.3	125.8	120.9
104.9	139.5	94.4	100.8	106.1	104.7
212.7	95.9	105.1	114.2	106.3	119.7
121.3	111.0	118.2	115.4	118.6	113.8
90.9	104.1	97.9	86.5	113.1	101.0
189.1	135.5	139.9	124.0	137.3	132.6
104.5	107.5	148.8	114.1	130.5	111.5
149.4	124.0	148.7	129.6	122.9	120.5
113.3	100.2	205.2	100.3	139.2	116.0
128.7	126.1	100.8	104.3	118.5	110.8
121.9	122.6	122.4	126.3	120.1	107.2
112.7	101.4	126.9	117.8	103.7	117.7
138.8	114.3	118.9	106.5	124.8	132.1
118.3	162.3	153.5	134.9	113.7	117.6
134.9	133.4	117.5	133.3	124.5	117.2
151.6	137.1	73.4	108.2	122.1	115.2
97.6	87.8	78.0	95.5	95.5	100.1
102.5	105.1	110.0	103.7	111.0	104.7
106.7	109.4	103.3	103.2	114.5	109.1
113.8	113.5	76.1	110.9	115.7	109.9
94.5	115.8	102.3	106.0	122.8	113.7
99.1	115.5	63.5	126.7	108.6	112.1
94.7	115.4	184.1	105.1	116.9	111.7
86.6	157.6	104.1	98.7	114.0	114.2
98.9	113.1	122.3	111.6	116.5	118.7
100.7	118.7	107.7	111.5	111.4	114.6
103.2	121.6	102.6	119.3	112.4	117.0
102.7	112.2	93.8	91.8	122.9	113.5
115.5	109.3	159.0	105.2	110.3	113.0
105.1	104.5	101.0	115.7	118.3	112.5
108.9	108.4	97.0	107.9	106.9	115.4
105.4	107.7	118.2	105.1	109.4	109.1
105.1	105.4	117.9	106.7	106.9	109.1
102.2	107.0	113.4	103.9	109.1	108.2

3–5 历年生产总

年份	生产总值	第一产业	第二产业	工业	建筑业	第三产业
1978	100.0	100.0	100.0	100.0	100.0	100.0
1979	98.7	100.3	95.5	95.2	100.4	101.4
1980	96.1	94.7	105.7	103.1	151.7	81.8
1981	116.9	132.9	108.0	104.5	167.5	102.6
1982	124.0	129.7	124.7	121.5	179.5	112.9
1983	150.4	156.0	149.9	144.9	232.9	142.3
1984	173.0	162.0	189.1	184.1	275.0	166.7
1985	176.1	154.3	208.8	198.4	381.7	160.0
1986	235.8	179.4	295.0	287.1	432.9	240.2
1987	266.5	196.8	338.7	336.5	389.6	272.8
1988	326.5	228.3	409.8	405.8	492.8	370.8
1989	385.9	262.8	488.5	486.6	545.1	445.3
1990	439.1	258.0	588.2	582.9	707.5	528.6
1991	483.0	238.9	678.2	671.5	824.2	646.5
1992	577.2	265.0	869.4	869.6	912.4	720.8
1993	775.2	338.9	1228.5	1211.3	1586.7	902.4
1994	926.4	366.7	1480.3	1464.5	1819.9	1162.4
1995	1097.8	378.1	1764.6	1720.8	2582.5	1513.4
1996	1276.7	377.7	2045.1	2044.3	2146.0	1940.2
1997	1290.7	392.8	2126.9	2085.2	2912.2	1825.7
1998	1364.3	403.0	2275.8	2277.0	2344.3	1915.1
1999	1577.1	427.6	2769.7	2548.0	6634.4	2064.5
2000	1725.4	454.5	3024.5	2874.1	5718.8	2299.9
2001	1967.0	465.9	3662.6	3469.1	7085.6	2444.8
2002	2214.8	492.5	4296.3	4121.3	7560.4	2598.8
2003	2478.4	523.0	5043.8	4900.2	7976.2	2806.7
2004	2874.9	573.7	5956.8	5875.3	8151.7	3174.4
2005	3429.7	619.0	7404.2	7397.0	8763.0	3510.9
2006	3968.2	638.2	8781.4	8846.9	9332.6	3904.1
2007	4658.7	658.0	10528.9	10713.6	9621.9	4450.7
2008	5343.5	696.2	12255.7	12534.9	10305.1	4962.5
2009	6096.9	731.7	14155.3	14415.1	12850.5	5533.2
2010	6839.5	771.8	16022.9	16324.9	14425.8	6095.3
2011	7844.9	806.5	1877.9	19247.1	15075.0	6552.4
2012	8747.1	846.8	2116.4	21710.7	16808.6	7076.6
2013	9796.7	885.8	2404.2	24706.8	18338.2	7536.6
2014	10756.8	923.0	2671.1	27474.0	19988.6	8071.7

注：本表按可比价计算。

值指数（1978年=100）

单位：%

交通运输、仓储及邮电通信业	批发和零售贸易、餐饮业	金融保险业	房地产业	其他服务业	人均生产总值（元）
100.0	100.0	100.0	100.0	100.0	100.0
104.2	91.5	101.9	107.2	100.8	96.5
73.6	71.0	92.1	80.0	114.4	93.7
103.1	81.8	147.0	94.6	143.9	113.3
108.1	114.1	138.8	95.4	152.7	118.6
230.0	109.4	145.9	108.9	162.3	142.0
278.9	121.5	172.4	125.7	192.5	161.6
253.6	126.4	168.8	108.7	217.7	163.2
479.5	171.3	236.1	134.8	299.0	216.4
501.1	184.2	351.4	153.8	390.1	241.3
748.6	228.4	522.5	199.3	479.5	290.7
848.1	228.8	1072.2	199.9	667.4	337.2
1091.6	288.6	1080.7	208.5	790.9	373.7
1330.6	353.8	1322.8	263.4	949.9	400.6
1499.6	358.7	1678.7	310.3	985.0	471.5
2081.4	410.0	1995.9	330.4	1229.3	622.8
2462.3	665.5	3063.7	445.7	1397.7	732.4
3321.7	887.8	3599.9	594.2	1740.2	858.4
5035.7	1217.1	2642.3	642.9	2124.7	988.9
4914.8	1068.6	2061.0	614.0	2029.1	989.9
5037.7	1123.2	2267.1	636.7	2252.3	1036.4
5375.2	1228.7	2341.9	657.0	2578.9	1130.7
6117.0	1394.6	1782.2	728.7	2983.8	1242.6
5780.6	1615.0	1823.2	772.4	3664.1	1412.9
5728.5	1865.3	1157.7	978.6	3979.2	1583.8
5424.9	2152.5	2131.4	1028.5	4651.7	1769.1
4698.0	3392.4	2218.8	1015.1	5303.0	2020.4
4646.3	3836.8	2713.6	1132.9	6177.9	2398.2
4678.8	4554.2	2922.5	1263.2	6882.2	2748.3
4828.6	5538.0	2998.5	1507.0	7735.6	3215.5
4958.9	6213.6	2812.6	1383.4	9507.1	3649.6
5727.6	6791.5	4472.0	1455.3	10486.3	4124.1
6019.9	7097.1	4516.1	1684.4	12405.3	4639.6
6555.7	7693.3	4380.6	1817.5	13261.3	5354.1
6909.7	8285.7	5177.9	1910.2	14507.9	5841.3
7262.1	8733.1	6104.7	2038.2	15508.9	6372.9
7421.9	9344.4	6922.7	2117.7	16920.2	6895.5

3–6 历 年 生 产 总

年份	生产总值	第一产业	第二产业	工业	建筑业
1978	100	41.0	42.0	40.1	1.9
1979	100	46.8	35.9	34.2	1.8
1980	100	40.5	42.5	38.9	3.6
1981	100	46.8	35.7	32.6	3.1
1982	100	43.0	38.8	35.8	3.0
1983	100	42.6	38.4	34.1	4.4
1984	100	38.6	42.3	37.3	5.0
1985	100	36.0	45.8	39.6	6.2
1986	100	31.3	48.3	43.1	5.2
1987	100	30.4	49.1	45.7	3.4
1988	100	36.0	43.4	39.9	3.5
1989	100	37.1	41.5	39.2	2.4
1990	100	30.5	46.5	43.4	3.1
1991	100	27.4	46.9	43.6	3.3
1992	100	24.9	50.5	47.5	3.1
1993	100	22.5	54.1	49.2	4.9
1994	100	22.3	51.8	47.0	4.8
1995	100	17.2	52.6	47.2	5.4
1996	100	15.0	50.3	46.7	3.6
1997	100	14.8	52.4	47.6	4.9
1998	100	15.1	51.2	47.7	3.5
1999	100	13.6	53.7	45.3	8.4
2000	100	10.9	54.5	47.9	6.6
2001	100	10.1	56.0	48.8	7.2
2002	100	9.5	60.2	54.0	6.2
2003	100	7.4	63.9	58.2	5.7
2004	100	7.9	64.7	58.7	6.0
2005	100	7.1	68.7	63.6	5.1
2006	100	5.4	72.1	67.7	4.4
2007	100	5.5	73.9	70.0	3.9
2008	100	5.3	75.2	71.6	3.6
2009	100	5.1	74.2	70.1	4.1
2010	100	4.7	75.6	71.6	4.0
2011	100	4.9	74.5	70.2	4.2
2012	100	4.5	75.6	71.5	4.2
2013	100	4.6	68.6	64.4	4.2
2014	100	4.5	68.1	63.7	4.4

注：本表按当年价计算。

值分产业构成

第三产业	交通运输、仓储及邮电通信业	批发和零售贸易、餐饮业	金融保险业	房地产业	其他服务业
17.0	3.3	4.3	0.9	6.2	2.3
17.3	3.5	4.0	0.9	6.6	2.3
17.1	3.0	3.8	1.0	6.0	3.2
17.4	3.6	3.5	1.3	5.9	3.1
18.2	3.5	4.7	1.2	5.6	3.3
19.0	6.0	3.8	1.1	5.2	2.9
19.1	6.2	3.6	1.1	5.3	3.1
18.2	5.5	3.6	1.0	4.8	3.3
20.4	8.2	3.6	1.1	4.1	3.4
20.5	7.7	3.5	1.3	4.2	3.9
20.7	8.4	3.0	1.4	3.9	3.9
21.4	8.1	2.6	2.6	3.5	4.6
23.0	8.8	3.1	2.5	3.5	5.1
25.7	9.8	3.6	2.8	3.9	5.7
24.6	9.9	3.1	3.0	3.7	4.9
23.4	10.4	2.6	2.8	2.9	4.7
25.9	9.9	3.9	3.6	3.3	5.2
30.2	12.0	4.9	3.7	3.9	5.6
34.7	16.7	6.1	2.3	3.4	6.1
32.8	16.3	5.7	1.8	3.1	6.0
33.8	16.4	5.9	1.8	3.1	6.6
32.7	15.7	5.9	1.5	2.8	6.8
34.6	16.1	6.4	1.0	2.9	8.2
33.9	13.9	7.1	0.9	2.7	9.3
30.3	11.0	7.2	0.5	2.8	8.7
28.7	8.8	7.6	0.8	2.6	8.9
27.4	7.4	8.5	0.8	2.4	8.3
24.2	5.6	7.9	0.7	2.1	7.9
22.5	5.0	7.6	0.7	2.0	7.2
20.6	3.9	7.5	0.6	2.0	6.6
19.5	3.3	7.4	0.5	1.7	6.7
20.7	3.6	7.5	0.7	1.7	7.2
19.7	3.2	6.9	0.7	1.8	7.1
20.6	3.4	7.3	0.7	2.1	7.1
19.8	3.2	6.9	0.7	1.9	7.0
26.8	4.9	7.8	2.4	2.7	8.9
27.4	4.8	7.9	2.6	2.6	9.4

3-7 分行业总产出

单位：万元

指标	按当年价格计算		按2010年价格计算			
			绝对数		上年=100（%）	
	2014年	2013年	2014年	2013年	2014年	2013年
总产出	**18082581**	**17726313**	**17529007**	**16483199**	**106.3**	**107.0**
第一产业	363954	356791	353882	340511	103.9	104.4
第二产业	15337535	15155978	15003931	14166911	105.9	107.3
工 业	14573580	14455936	14321147	13540635	105.8	107.0
建筑业	763955	700120	682784	626360	109.0	113.8
第三产业	2381092	2213544	2171194	1975777	109.9	104.1
交通运输、仓储和邮政业	519908	425884	490369	388782	126.1	112.7
信息传输、计算机服务和软件业	79662	70547	76236	68479	111.3	115.3
批发和零售业	356952	307225	336136	279162	120.4	74.0
住宿和餐饮业	239765	296699	201391	246157	81.8	134.7
金融业	261946	230832	245347	208586	117.6	139.5
房地产业	143964	143485	113431	108591	104.5	98.8
租赁和商务服务业	83110	55049	77497	51191	151.4	106.0
科学研究、技术服务和地质勘查业	71983	59136	66007	55259	119.5	176.0
水利、环境和公共设施管理业	49640	51425	45485	48053	94.7	161.0
居民服务和其他服务业	88315	90997	79817	83814	95.2	124.0
教 育	119569	111937	111286	104599	106.4	90.1
卫生、社会保障和社会福利业	92148	83765	85242	78274	108.9	110.0
文化、体育和娱乐业	35710	35281	31257	32497	96.2	138.1
公共管理和社会组织	234785	247795	208052	218920	95.0	109.5

3-8 生产总值分行业构成项目

单位：万元

项目	增加值	劳动者报酬	生产税净额	补贴	固定资产折旧	营业盈余
地区生产总值	**4804626**	**1622857**	**870063**	**6466**	**942623**	**1369083**
第一产业	217329	207406			9923	
第二产业	3272800	899796	742947	6466	721457	908600
工 业	3060114	785499	705798	6466	707692	861125
建筑业	212686	114297	37149		13765	47475
第三产业	1314497	515655	127116		211243	460483
交通运输、仓储和邮政业	229828	86675	13797		72122	57234
信息传输、计算机服务和软件业	45587	8331	4021		17861	15374
批发和零售业	272192	75799	48072		10113	138208
住宿和餐饮业	108871	45850	10279		13589	39153
金融业	124080	30879	9612		4581	79008
房地产业	124094	6344	23113		56744	37893
租赁和商务服务业	41329	5633	3213		523	31960
科学研究、技术服务和地质勘查业	29269	19378	4320		802	4769
水利、环境和公共设施管理业	28551	9830	2774		8807	7140
居民服务和其他服务业	50760	43641	3071		45	4003
教 育	77169	35551	3932		9928	27758
卫生、社会保障和社会福利业	39251	23133			3375	12743
文化、体育和娱乐业	20218	11123	668		3310	5117
公共管理和社会组织	120935	111229	244		9339	123

3-9　历年生产总值构成项目

单位：万元

年份	生产总值	劳动者报酬	生产税净额	固定资产折旧	营业盈余
1978	17820	9941	1561	2433	3885
1979	18136	10117	1589	2476	3954
1980	15005	8370	1315	2049	3271
1981	21177	11813	1855	2891	4618
1982	23334	13017	2044	3186	5087
1983	27959	15597	2450	3817	6095
1984	28353	15816	2484	3871	6182
1985	31957	17827	2800	4363	6967
1986	42795	23873	3749	5843	9330
1987	50696	28280	4442	6922	11052
1988	70242	39184	6154	9591	15313
1989	88591	49420	7762	12096	19313
1990	102886	57394	9014	14048	22430
1991	116322	63875	9908	16856	25683
1992	146865	79021	12801	20499	34544
1993	210240	104061	32074	26080	48025
1994	271384	129182	25520	37990	78692
1995	348326	170351	33991	50486	93498
1996	441995	200854	50830	66017	124294
1997	446997	238519	42841	75270	90367
1998	465393	211964	50232	72789	130408
1999	527551	251063	59492	83857	133139
2000	578302	268218	63681	95259	151144
2001	643861	280167	78277	108256	177161
2002	766153	287618	150247	146177	182111
2003	899921	280992	177508	212317	229104
2004	1105081	293722	187171	165976	458212
2005	1388024	409376	260686	197318	520644
2006	1711319	324107	230012	157713	999487
2007	2112120	622937	396679	300254	792250
2008	2745529	367480	610017	536700	1231332
2009	2876100	613174	667403	629719	965804
2010	3433750	1454756	501870	599207	877917
2011	3733626	1259795	793811	720832	959188
2012	4308643	1569554	762836	1023798	952455
2013	4061338	1960247	684248	827055	1129786
2014	4804626	1622857	870063	942623	1369083

注：本表按当年价格计算。

3-10 支出法生产总值

单位：万元

项目	按当年价格计算		按 2010 年价格计算		
	2014 年	2013 年	绝对数		上年 =100（%）
			2014 年	2013 年	
支出法生产总值	**4804626**	**4601338**	**4724432**	**4304564**	**109.8**
最终消费支出	1455561	1367429	1428419	1340684	106.5
居民消费支出	1162786	1090603	1141104	1012277	112.7
农村居民	345772	317183	339324	316484	107.2
城镇居民	817014	773420	801780	695793	115.2
政府消费支出	292775	276826	287315	328407	87.5
资本形成总额	3854840	2887901	3683940	3211780	114.7
固定资本形成总额	3689133	2527966	3513460	2804091	125.3
存货增加	165707	359935	170480	407689	41.8
货物和服务净流出	-505775	346008	-387927	-247900	156.5

3-11 资本形成总额

单位：万元

项 目	2014 年	2013 年
资本形成总额	**3854840**	**2887901**
固定资本形成总额	3689133	2527966
第一产业	142827	57104
农林牧渔业	145135	57104
第二产业	1979991	1628623
采掘业	7752	62346
制造业	1737090	1379235
电力、煤气及水的生产和供应业	187282	154241
建筑业	47867	32801
第三产业	1566315	842239
交通运输、仓储及邮政业	131402	49627
信息传输、计算机服务和软件业	7512	4569
批发和零售业	98085	106027
住宿和餐饮业	62630	19084
金融业	5184	3038
房地产业	726603	455927
其它行业	532591	203967
存货增加	165707	359935
第一产业	4732	10278
农林牧渔业	4732	10278
第二产业	124379	270166
工业	117733	255730
建筑业	6646	14436
第三产业	36596	79491
交通运输、仓储及邮政业	1158	42522
批发和零售业	19576	2516
住宿和餐饮业	877	1905
其他行业	14985	32548

3-12 最终消费

单位：万元

指 标	2014 年	2013 年
最终消费支出	1455561	1367429
居民消费支出	1162786	1090603
农村居民	345772	317183
食品类支出	80290	77671
衣着类支出	23228	19189
居住类支出（含自有住房）	50576	79987
家庭设备、用品及服务类支出	22461	19336
交通和通信类支出	61664	22818
文化教育娱乐及服务类支出	28819	15295
医疗保健类支出	48466	58657
银行中介服务支出	20544	17710
保险服务消费支出	4388	3783
其它商品和服务支出	5336	2737
城镇居民	817014	773420
食品类支出	171640	161051
衣着类支出	94880	79915
居住类支出（含自有住房）	84120	83825
家庭设备、用品及服务类支出	52440	46205
医疗保健类支出	121560	128747
交通和通信类支出	113280	72169
文化教育娱乐及服务类支出	34560	57985
银行中介服务	70216	68772
保险服务消费支出	22878	22407
其它商品和服务支出	51440	52344
政府消费支出	292775	276826

3-13 居民消费水平

单位：万元

指 标	单位	2014 年	2013 年	上年 =100（%）
当年价格居民消费水平	元 / 人	16161	15382	105.1
农村居民	元 / 人	10822	9741	111.1
城镇居民	元 / 人	20425	20173	101.2
可比价格居民消费水平	元 / 人	15860	14278	111.1
农村居民	元 / 人	10620	9720	109.3
城镇居民	元 / 人	20045	18148	110.5
居民年平均人口	万人	71.95	70.9	101.5
农村居民	万人	31.95	32.56	98.1
城镇居民	万人	40	38.34	104.3

3-14　历年支出法生产总值

单位：万元

年份	支出法生产总值	最终消费支出	居民消费支出			政府消费支出	资本形成总额	固定资本形成总额	存货增加	货物和服务净流出
				农村居民	城镇居民					
1978	17820	7895	5346	3800	1546	2549	5136	3047	2089	4789
1979	18136	9347	6699	4800	1899	2648	5293	3106	2187	3496
1980	15005	9676	6934	4826	2108	2742	4854	2850	2004	475
1981	21177	10218	7187	5000	2187	3031	4373	3317	1056	6586
1982	23334	10732	6908	4728	2180	3824	5403	3103	2300	7199
1983	27959	14933	11396	9106	2290	3537	8247	5324	2923	4779
1984	28353	15302	11248	8510	2738	4054	10020	6425	3595	3031
1985	31957	18059	13411	9966	3445	4648	10394	6158	4236	3504
1986	42795	21650	16219	12955	3264	5431	16214	8947	7267	4931
1987	50696	23791	17898	13973	3925	5893	22656	12563	10093	4249
1988	70242	27312	21058	16691	4367	6254	26435	14669	11766	16495
1989	88591	33869	25959	20634	5325	7910	32875	21625	11250	21847
1990	102886	42494	31334	24817	6517	11160	38845	27224	11621	21547
1991	116322	47649	35124	26643	8481	12525	43425	28491	14934	25248
1992	146865	59213	41688	31199	10489	17525	56918	35437	21481	30734
1993	210240	79924	58259	36246	22013	21665	97303	65131	32173	33013
1994	271384	104840	84889	44229	40661	19950	61091	82609	-21518	105454
1995	348326	138114	111668	47447	64221	26446	146462	120728	25734	63750
1996	441995	168502	138316	54276	84041	30185	156475	101786	54689	117018
1997	446997	179647	143453	55375	88078	36194	123513	127282	-3769	143837
1998	465393	174565	143666	54139	89527	30899	117329	90697	26632	173499
1999	527551	170192	139747	56914	82833	30445	420024	390729	29295	-62665
2000	578302	191527	154911	67888	87023	36616	288440	293721	-5281	98335
2001	643861	192265	154976	69128	85848	37289	374558	310064	64494	77038
2002	766153	220607	178628	76833	101795	41979	426584	349687	76897	118962
2003	899921	241028	195447	83035	112442	45581	528515	486725	41790	130378
2004	1105081	289120	227795	99970	127825	61325	668009	585639	82370	147952
2005	1388024	403911	299688	114567	185121	104223	773635	639271	134364	210478
2006	1711319	480685	354859	120858	234001	125826	936266	774379	161887	294368
2007	2112120	546546	398527	127476	271051	148019	1245994	1081556	164438	319580
2008	2745529	705964	518035	155623	362412	187929	1580575	1288967	291608	458990
2009	2876100	790025	588795	197483	391312	201230	1756995	1543911	213084	329080
2010	3433750	958055	700338	219416	480922	257717	2180519	1868705	311814	295176
2011	3733626	988248	741465	237397	504068	246783	2429917	2136470	293447	315461
2012	4308643	1216172	964283	280445	683838	251889	2776275	2440373	335902	316196
2013	4601338	1367429	1090603	317183	773420	276826	2887901	2527966	359935	346008
2014	4804626	1455561	1162786	345772	817014	292775	3854840	3689133	165707	-505775

注：本表按当年价计算。

3-15 历年支出法可比价生产总值

单位：万元

年份	支出法生产总值	最终消费支出	居民消费支出	农村居民	城镇居民	政府消费支出	资本形成总额	固定资本形成总额	存货增加	货物和服务净流出
按1970年价格计算										
1978	13859	7635	5065	3560	1505	2570	4273	2603	1670	1951
1979	13681	8817	6157	4309	1848	2660	4052	2809	1243	812
1980	13331	7748	5107	3120	1987	2641	4552	2390	2162	1031
按1980年价格计算										
1980	15005	9676	6934	4826	2108	2742	4854	2850	2004	475
1981	18249	10172	7189	5005	2184	2983	4150	3164	986	3927
1982	19366	10652	6944	4795	2149	3708	5125	2890	2235	3589
1983	23486	14754	11402	9216	2186	3352	7744	4980	2764	988
1984	27005	14218	10454	7907	2547	3764	8944	5875	3069	3843
1985	27483	15882	11768	8745	3023	4114	9069	5647	3422	2532
1986	36803	17203	12624	9934	2690	4579	14402	7768	6634	5198
1987	41572	18726	14129	11146	2983	4597	17354	9856	7498	5492
1988	50935	18603	14548	11926	2622	4055	17805	9214	8591	14527
1989	60227	19138	14803	12212	2591	4335	19261	12319	6942	21828
1990	68556	24136	17781	14325	3456	6355	27198	17715	9483	17222
按1990年价格计算										
1990	102886	42494	31334	24817	6517	11160	38845	27224	11621	21547
1991	113172	40959	34721	26653	8068	6238	36750	27523	9227	35463
1992	135238	56972	40298	30544	9754	16674	43079	32477	10602	35187
1993	181597	67645	49517	31935	17582	18128	60891	40727	20164	53061
1994	217017	73688	57917	32159	25758	15771	32977	46184	-13207	110352
1995	257191	84021	66656	30905	35752	17364	77702	63134	14568	95468
1996	299036	92696	74168	32017	42151	18528	89194	50255	38940	117146
1997	302336	97162	76540	32914	43626	20622	59800	61864	-2064	145374
1998	319677	95180	75363	31169	44194	19817	66155	45408	20747	158342
1999	369599	95784	75531	35315	40216	20253	221227	199795	21432	52588
2000	404215	109607	84777	42590	42187	24830	142042	146050	-4008	152566
按2000年价格计算										
2000	578302	191527	154911	67888	87023	36616	288440	293721	-5281	98335
2001	659068	192985	154893	69420	85473	38091	366921	309307	57614	99162
2002	742185	220910	177213	76967	100246	43697	420153	352696	67457	101122
2003	830765	241016	192626	83101	109525	48390	504863	471551	33312	84886
2004	963619	263086	206644	84462	122182	56442	583743	518087	65656	116790
2005	1149140	367736	273840	107731	166109	93896	651615	555898	95717	129789
按2005年价格计算										
2005	1388024	403911	299688	114567	185121	104223	773635	639271	134364	210478
2006	1606423	464269	349282	119876	229406	114988	911252	759596	151656	230902
2007	1886700	492140	369792	120113	249679	122348	1150609	1020576	130033	243951
2008	2164345	596717	448648	149853	298795	148069	1277762	1099234	178528	289866
2009	2468633	681815	510414	154248	356166	171401	1506277	1260149	246128	280571
2010	2769295	773035	565089	177042	388047	207946	1759417	1507820	251597	236843
按2010年价格计算										
2010	3433705	958055	700338	219416	480922	257717	2180519	1868705	311814	295176
2011	3937314	1053283	796946	253255	543691	256337	2559938	2251922	308016	324093
2012	4391438	1190094	895029	291042	603987	295065	2860991	2497955	363036	340353
2013	4304564	1340684	1012277	316484	695793	328407	3211780	2804091	407689	-247900
2014	4724432	1428419	1141104	339324	801780	287315	3683940	3513460	170480	-387927

注：本表按可比价计算。

3-16 历年支出法生产总值构成

单位：%

年份	支出法生产总值	最终消费支出	居民消费支出	农村居民	城镇居民	政府消费支出	资本形成总额	固定资本形成总额	存货增加	货物和服务净流出
1978	100	44.3	30.0	21.3	8.7	14.3	28.8	17.1	11.7	26.9
1979	100	51.5	36.9	26.5	10.5	14.6	29.2	17.1	12.1	19.3
1980	100	64.5	46.2	32.2	14.0	18.3	32.3	19.0	13.4	3.2
1981	100	48.3	33.9	23.6	10.3	14.3	20.6	15.7	5.0	31.1
1982	100	46.0	29.6	20.3	9.3	16.4	23.2	13.3	9.9	30.9
1983	100	53.4	40.8	32.6	8.2	12.7	29.5	19.0	10.5	17.1
1984	100	54.0	39.7	30.0	9.7	14.3	35.3	22.7	12.7	10.7
1985	100	56.5	42.0	31.2	10.8	14.5	32.5	19.3	13.3	11.0
1986	100	50.6	37.9	30.3	7.6	12.7	37.9	20.9	17.0	11.5
1987	100	46.9	35.3	27.6	7.7	11.6	44.7	24.8	19.9	8.4
1988	100	38.9	30.0	23.8	6.2	8.9	37.6	20.9	16.8	23.5
1989	100	38.2	29.3	23.3	6.0	8.9	37.1	24.4	12.7	24.7
1990	100	41.3	30.5	24.1	6.3	10.8	37.8	26.5	11.3	20.9
1991	100	41.0	30.2	22.9	7.3	10.8	37.3	24.5	12.8	21.7
1992	100	40.3	28.4	21.2	7.1	11.9	38.8	24.1	14.6	20.9
1993	100	38.0	27.7	17.2	10.5	10.3	46.3	31.0	15.3	15.7
1994	100	38.6	31.3	16.3	15.0	7.4	22.5	30.4	-7.9	38.9
1995	100	39.7	32.1	13.6	18.4	7.6	42.0	34.7	7.4	18.3
1996	100	38.1	31.3	12.3	19.0	6.8	35.4	23.0	12.4	26.5
1997	100	40.2	32.1	12.4	19.7	8.1	27.6	28.5	-0.8	32.2
1998	100	37.5	30.9	11.6	19.2	6.6	25.2	19.5	5.7	37.3
1999	100	32.3	26.5	10.8	15.7	5.8	79.6	74.1	5.6	-11.9
2000	100	33.1	26.8	11.7	15.0	6.3	49.9	50.8	-0.9	17.0
2001	100	29.9	24.1	10.7	13.3	5.8	58.2	48.2	10.0	12.0
2002	100	28.8	23.3	10.0	13.3	5.5	55.7	45.6	10.0	15.5
2003	100	26.8	21.7	9.2	12.5	5.1	58.7	54.1	4.6	14.5
2004	100	26.2	20.6	9.0	11.6	5.5	60.4	53.0	7.5	13.4
2005	100	29.1	21.6	8.3	13.3	7.5	55.7	46.1	9.7	15.2
2006	100	28.1	20.7	7.1	13.7	7.4	54.7	45.3	9.5	17.2
2007	100	25.9	18.9	6.0	12.8	7.0	59.0	51.2	7.8	15.1
2008	100	25.7	18.9	5.7	13.2	6.8	57.6	46.9	10.6	16.7
2009	100	27.5	20.5	6.9	13.6	7.0	61.1	53.7	7.4	11.4
2010	100	27.9	20.4	6.4	14.0	7.5	63.5	54.4	9.1	8.6
2011	100	26.5	19.9	6.4	13.5	6.6	65.1	57.2	7.9	8.4
2012	100	28.2	22.4	6.5	15.9	5.8	64.4	56.6	7.8	7.3
2013	100	29.7	23.7	6.9	16.8	6.0	62.8	54.9	7.8	7.5
2014	100	30.3	24.2	7.2	17.0	6.1	80.2	76.8	3.4	-10.5

注：本表按当年价计算。

3–17 历年支出法生产总值指数（上年 =100）

单位：%

年份	支出法生产总值	最终消费支出	居民消费支出	农村居民	城镇居民	政府消费支出	资本形成总额	固定资本形成总额	存货增加	货物和服务净流出
1978	119.9	121.8	109.0	106.7	114.6	152.2	114.7	115.6	98.7	104.5
1979	98.7	115.5	121.6	121.0	122.8	103.5	94.8	107.9	74.4	41.6
1980	97.4	87.9	82.9	72.4	107.5	99.3	112.3	85.1	173.9	127.0
1981	121.6	105.1	103.7	103.7	103.6	108.8	85.5	111.0	49.2	826.7
1982	106.1	104.7	96.6	95.8	98.4	124.3	123.5	91.3	226.7	91.4
1983	121.3	138.5	164.2	192.2	101.7	90.4	151.1	172.3	123.7	27.5
1984	115.0	96.4	91.7	85.8	116.5	112.3	115.5	118.0	111.0	389.0
1985	101.8	111.7	112.6	110.6	118.7	109.3	101.4	96.1	111.5	65.9
1986	133.9	108.3	107.3	113.6	89.0	111.3	158.8	137.6	193.9	205.3
1987	113.0	108.9	111.9	112.2	110.9	100.4	120.5	126.9	113.0	105.7
1988	122.5	99.3	103.0	107.0	87.9	88.2	102.6	93.5	114.6	264.5
1989	118.2	102.9	101.8	102.4	98.8	106.9	108.2	133.7	80.8	150.3
1990	113.8	126.1	120.1	117.3	133.4	146.6	141.2	143.8	136.6	78.9
1991	110.0	96.4	110.8	107.4	123.8	55.9	94.6	101.1	79.4	164.6
1992	119.5	139.1	116.1	114.6	120.9	267.3	117.2	118.0	114.9	99.2
1993	134.3	118.7	122.9	104.6	180.3	108.7	141.3	125.4	190.2	150.8
1994	119.5	108.9	117.0	100.7	146.5	87.0	54.2	113.4	-65.5	208.0
1995	118.5	114.0	115.1	96.1	138.8	110.1	235.6	136.7	-110.3	86.5
1996	116.3	110.3	111.3	103.6	117.9	106.7	114.8	79.6	267.3	122.7
1997	101.1	104.8	103.2	102.8	103.5	111.3	67.0	123.1	-5.3	124.1
1998	105.7	98.0	98.5	94.7	101.3	96.1	110.6	73.4	-1005.2	108.9
1999	115.6	100.6	100.2	113.3	91.0	102.2	334.4	440.0	103.3	33.2
2000	109.4	114.4	112.2	120.6	104.9	122.6	64.2	73.1	-18.7	290.1
2001	114.0	100.8	100.0	102.3	98.2	104.0	127.2	105.3	-1091.0	100.8
2002	112.6	114.5	114.4	110.9	117.3	114.7	114.5	114.0	117.1	102.0
2003	111.9	109.1	108.7	108.0	109.3	110.7	120.2	133.7	49.4	83.9
2004	116.0	109.2	107.3	101.6	111.6	116.6	115.6	109.9	197.1	137.6
2005	119.3	139.8	132.5	127.5	136.0	166.4	111.6	107.3	145.8	111.1
2006	115.7	114.9	116.5	104.6	123.9	110.3	117.8	118.8	112.9	109.7
2007	117.4	106.0	105.9	100.2	108.8	106.4	126.3	134.4	85.7	105.6
2008	114.7	121.2	121.3	124.8	119.7	121.0	111.1	107.7	137.3	118.9
2009	114.1	116.2	116.1	116.0	116.2	116.6	116.1	115.5	119.4	100.2
2010	112.2	113.4	110.7	114.8	109.0	121.3	116.8	119.7	102.2	84.4
2011	114.7	109.9	113.8	115.4	113.1	99.5	117.4	120.5	98.8	109.8
2012	111.5	113.0	112.3	114.9	111.1	115.1	111.8	110.9	117.9	105.0
2013	112.0	112.7	113.1	108.7	115.2	111.3	112.3	112.3	112.3	107.0
2014	109.8	106.5	112.7	107.2	115.2	87.5	114.7	125.3	41.8	156.5

注：本表按可比价计算。

3-18 历年支出法生产总值指数（1978 年 =100）

单位：%

年份	支出法生产总值	最终消费支出	居民消费支出	农村居民	城镇居民	政府消费支出	资本形成总额	固定资本形成总额	存货增加	货物和服务净流出
1978	100.0	100.0	100.0	100.0	100.0	100.0	100.0	100.0	100.0	100.0
1979	98.7	115.5	121.6	121.0	122.8	103.5	94.8	107.9	74.4	41.6
1980	96.1	101.5	100.8	87.6	132.0	102.8	106.5	91.8	129.4	52.8
1981	116.9	106.7	104.5	90.8	136.8	111.8	91.0	101.9	63.7	436.8
1982	124.0	111.7	101.0	87.0	134.6	139.0	112.4	93.1	144.3	399.2
1983	150.4	154.7	165.8	167.3	136.9	125.6	169.9	160.3	178.5	109.8
1984	173.0	149.2	152.1	143.5	159.4	141.1	196.2	189.2	198.1	427.0
1985	176.1	166.6	171.2	158.7	189.3	154.2	198.9	181.8	220.9	281.4
1986	235.8	180.4	183.7	180.3	168.4	171.7	315.9	250.2	428.4	577.8
1987	266.5	196.5	205.6	202.3	186.8	172.3	380.7	317.5	484.1	610.7
1988	326.5	195.1	211.7	216.5	164.2	152.0	390.6	296.8	554.8	1615.3
1989	385.9	200.8	215.5	221.7	162.2	162.5	422.6	396.9	448.2	2427.8
1990	439.1	253.2	258.9	260.0	216.4	238.2	596.7	570.7	612.3	1915.5
1991	483.0	244.1	286.8	279.3	267.9	133.2	564.5	577.0	486.2	3152.9
1992	577.2	339.5	333.0	320.0	323.9	355.9	661.6	680.8	558.6	3127.7
1993	775.2	403.0	409.3	334.8	584.0	386.9	934.8	853.8	1062.5	4716.6
1994	926.4	438.9	478.8	337.1	855.6	336.6	506.7	968.2	-695.9	9810.5
1995	1097.8	500.3	551.1	324.0	1187.6	370.6	1193.7	1323.5	767.6	8486.1
1996	1276.7	551.8	613.4	335.6	1400.1	395.4	1370.3	1053.5	2051.8	10412.4
1997	1290.7	578.3	633.1	345.0	1449.1	440.1	918.1	1296.9	-108.7	12921.8
1998	1364.3	566.7	623.6	326.7	1468.0	423.0	1015.5	951.9	1093.1	14071.8
1999	1577.1	570.1	624.8	370.2	1335.8	432.3	3395.7	4188.4	1129.2	4671.9
2000	1725.4	652.2	701.0	446.4	1401.3	530.0	2180.0	3061.7	-211.2	13553.0
2001	1967.0	657.5	701.0	456.7	1376.1	551.2	2773.0	3224.0	2303.7	13661.5
2002	2214.8	752.8	802.0	506.5	1614.1	632.2	3175.1	3675.4	2697.6	13934.7
2003	2478.4	821.3	871.8	547.0	1764.3	699.8	3816.4	4914.0	1332.6	11691.2
2004	2874.9	896.9	935.4	555.8	1968.9	816.0	4411.8	5400.4	2626.6	16087.1
2005	3429.7	1253.8	1239.4	708.6	2677.7	1357.8	4923.6	5794.7	3829.6	17872.8
2006	3968.2	1440.6	443.9	741.2	3317.7	1497.6	5800.0	6884.1	4323.6	19606.4
2007	4660.3	1527.1	1528.7	742.7	3610.9	1593.5	7323.4	9249.3	3707.1	20706.0
2008	5346.4	1851.6	1854.7	926.6	4321.2	1928.5	8132.7	9962.1	5089.7	24613.2
2009	6100.2	2151.6	2153.3	1074.8	5021.2	2248.6	9442.1	11506.3	6077.1	24662.4
2010	6844.4	2439.9	2383.7	1233.9	5473.1	2727.6	11028.4	13773.0	6210.8	20815.1
2011	7850.5	2681.5	2712.7	1423.9	6190.1	2714.0	1294.7	16596.5	6136.3	22855.0
2012	8753.3	3030.1	3046.4	1636.1	6877.2	3123.8	1447.5	18405.5	7234.7	23997.8
2013	9803.7	3414.9	3445.4	1778.4	7922.5	3476.8	1625.5	20669.4	8124.6	25677.6
2014	10764.5	3636.9	3883.0	1906.4	9126.8	3042.2	1864.5	25898.8	3396.1	40185.4

注：本表按可比价计算。

3-19 历年居民消费水平

单位：元

年份	居民消费水平	农村居民	城镇居民
1978	110	85	396
1979	135	107	404
1980	139	107	449
1981	143	111	446
1982	136	103	427
1983	221	197	432
1984	216	183	498
1985	255	214	574
1986	306	277	518
1987	334	295	623
1988	386	347	682
1989	467	423	783
1990	549	499	881
1991	599	526	1074
1992	701	613	1220
1993	963	712	2293
1994	1380	867	3872
1995	1795	918	6116
1996	2202	1044	7782
1997	2263	1092	6935
1998	2245	1096	6132
1999	2173	1150	5597
2000	2409	1366	5960
2001	2406	1382	5962
2002	2748	1528	6925
2003	3007	2060	4550
2004	3553	2415	5570
2005	4540	2795	7405
2006	5296	3060	8509
2007	5913	3351	9232
2008	7631	4269	11527
2009	8619	5591	11862
2010	10304	6521	14009
2011	10947	6993	14918
2012	13955	8709	18532
2013	15382	9741	20173
2014	16161	10822	20425

注：本表按当年价计算。

3-20 历年居民消费水平指数

单位：%

年份	指数（上年=100）			指数（1978年=100）		
	居民消费水平	农村居民	城镇居民	居民消费水平	农村居民	城镇居民
1978	109.0	107.0	116.0	100.0	100.0	100.0
1979	119.1	120.0	101.8	119.1	120.0	101.8
1980	82.6	71.9	107.6	98.4	86.3	109.5
1981	103.3	103.7	99.3	101.6	89.5	108.8
1982	94.7	93.7	94.4	96.2	83.8	102.7
1983	162.6	191.3	97.9	156.5	160.4	100.5
1984	90.8	85.4	112.4	142.1	137.0	113.0
1985	111.3	110.6	108.9	158.1	151.5	123.0
1986	106.3	112.8	84.7	168.1	170.9	104.2
1987	110.7	110.8	110.8	186.1	189.3	115.5
1988	101.5	105.5	86.7	188.9	199.7	100.1
1989	99.7	100.8	92.9	188.3	201.3	93.0
1990	117.0	115.2	122.6	220.3	231.9	114.0
1991	108.0	105.4	115.9	238.0	244.5	132.2
1992	114.3	114.1	111.1	272.0	278.9	146.8
1993	120.8	104.5	161.5	328.6	291.5	237.1
1994	115.1	100.6	134.0	378.2	293.2	317.7
1995	113.8	94.8	138.8	430.4	278.0	441.0
1996	110.2	103.0	114.6	474.3	286.3	505.4
1997	102.2	105.4	88.0	484.7	301.8	444.8
1998	97.5	97.2	88.1	472.6	293.3	391.8
1999	99.8	113.0	89.8	471.6	331.5	351.9
2000	112.2	120.2	106.4	529.2	398.4	374.4
2001	99.8	101.6	99.6	528.1	404.8	372.9
2002	113.3	110.2	114.9	598.3	446.1	428.5
2003	108.7	134.8	65.0	650.4	601.3	278.5
2004	108.7	98.9	120.1	707.0	594.7	334.5
2005	128.7	128.8	124.8	909.9	766.0	417.4
2006	114.8	108.6	112.7	1044.5	831.9	470.4
2007	105.3	104.1	101.9	1099.9	866.0	479.4
2008	120.4	130.2	111.8	1324.3	1127.5	535.9
2009	115.4	119.8	110.7	1528.2	1350.7	593.2
2010	111.3	120.5	104.7	1700.9	1627.6	621.1
2011	114.2	114.4	114.9	1942.5	1862.0	713.7
2012	110.1	121.2	101.7	2138.7	2256.8	725.8
2013	110.2	107.5	110.9	2356.8	2426.0	804.9
2014	111.1	109.3	110.5	2618.4	2651.7	889.5

注：本表按可比价计算。

3-21 三次产业对 GDP 增长的贡献率和拉动率

单位：%

年份	第一产业		第二产业		第三产业	
	贡献率	拉动率	贡献率	拉动率	贡献率	拉动率
1990	-3.61	-0.50	72.28	9.97	31.34	4.32
1995	3.46	0.64	57.49	10.64	39.04	7.22
2000	9.52	0.89	60.17	5.66	30.31	2.85
2001	1.96	0.27	82.34	11.53	15.70	2.20
2002	4.42	0.56	79.54	10.02	16.04	2.02
2003	-8.41	-1.00	88.02	10.47	20.39	2.43
2004	4.43	0.71	71.54	11.45	24.03	3.85
2005	2.84	0.55	81.38	15.71	15.79	3.05
2006	1.40	0.22	81.38	12.78	17.22	2.70
2007	1.12	0.19	80.24	13.96	18.64	3.24
2008	2.17	0.32	80.24	11.79	17.59	2.59
2009	1.86	0.26	80.20	11.31	17.94	2.53
2010	2.12	0.26	79.97	9.74	17.91	2.18
2011	1.44	0.21	88.54	13.01	10.02	1.47
2012	1.85	0.21	85.32	9.81	12.83	1.48
2013	1.54	0.18	88.82	10.66	9.64	1.16
2014	2.00	0.20	79.33	7.77	18.66	1.83

注：1. 产业贡献率指各产业增加值增量与 GDP 增量之比。
2. 产业拉动率指 GDP 增长速度与各产业贡献率之乘积。

3-22 非公有制经济增加值

单位：亿元

年份	指标	非公有制增加值	第一产业	第二产业	# 工业	建筑业	第三产业
2001	绝对值	32.9	2.5	17.8	16.6	1.2	12.6
	比重 %	49.7	38.7	46.2	51.5	18.7	59.4
2002	绝对量	43.5	3.2	26.0	24.1	1.9	14.3
	比重 %	54.7	43.8	52.7	54.6	28.4	62.5
	增长 %	33.4	27.4	48.0	47.1	6.8	14.0
2003	绝对量	58.1	2.7	39.2	35.4	3.7	16.3
	比重 %	61.2	40.5	62.4	65.5	43.2	63.5
	增长 %	30.8	20.3	41.9	38.1	91.1	13.5
2004	绝对量	77.3	3.5	55.3	48.8	6.5	18.5
	比重 %	64.2	39.3	66.4	66.3	67.5	65.3
	增长 %	22.3	9.0	27.8	26.6	38.9	13.2
2005	绝对量	95.0	6.9	64.3	59.7	4.6	23.8
	比重 %	65.8	69.0	66.4	66.3	67.5	63.5
	增长 %	20.2	89.0	14.0	15.7	10.2	11.1
2006	绝对量	120.7	7.2	86.4	81.0	5.4	27.1
	比重 %	66.7	64.0	68.7	68.4	73.8	61.5
	增长 %	17.7	6.9	20.2	20.5	15.6	10.2
2007	绝对量	150.4	7.6	110.7	104.7	5.9	32.1
	比重 %	67.2	64.0	69.2	68.9	74.1	61.9
	增长 %	18.9	1.4	20.7	22.0	3.4	14.9
2008	绝对量	194.6	6.7	150.7	144.1	6.7	37.2
	比重 %	67.5	45.5	71.0	71.0	69.9	60.8
	增长 %	15.3	2.5	17.5	18.8	5.1	8.7
2009	绝对量	194.6	6.8	152.6	144.2	8.5	35.1
	比重 %	67.7	47.0	71.4	71.4	72.3	59.1
	增长 %	14.3	8.6	16.3	15.6	28.5	9.5
2010	绝对量	233.0	7.6	186.4	176.4	10.0	39.0
	比重 %	67.8	47.5	71.7	71.7	72.4	57.7
	增长 %	12.4	2.5	13.5	13.8	12.2	10.5
2011	绝对量	253.5	8.1	202.6	191.1	11.5	42.9
	比重 %	67.9	44.0	72.8	72.9	72.3	55.8
	增长 %	14.9	4.2	17.8	19.5	5.2	8.3
2012	绝对量	296.9	8.2	240.9	228.1	12.8	47.9
	比重 %	68.9	41.7	73.9	74.1	71.3	56.0
	增长 %	11.8	4.8	12.6	12.7	10.6	8.5
2013	绝对量	319.8	8.3	253.0	238.8	14.2	58.5
	比重 %	69.5	38.5	74.6	74.7	73.0	58.0
	增长 %	13.5	4.1	14.2	14.5	10.1	6.7
2014	绝对量	333.9	8.3	252.1	236.1	15.9	73.6
	比重 %	69.5	38.0	77.0	77.2	74.8	56.0
	增长 %	11.9	4.2	14.1	14.5	8.8	5.7

主要统计指标解释

国内生产总值（GDP） 指一个国家所有常住单位在一定时期内生产活动的最终成果（如果指一个地区，就称为地区生产总值）。国内生产总值有三种表现形态，即价值形态、收入形态和产品形态。从价值形态看，它是所有常住单位在一定时期内生产的全部货物和服务价值超过同期中间投入的全部非固定资产货物和服务价值的差额，即所有常住单位的增加值之和；从收入形态看，它是所有常住单位在一定时期内创造并分配给常住单位和非常住单位的初次收入分配之和；从产品形态看，它是所有常住单位在一定时期内最终使用的货物和服务价值与货物和服务净出口价值之和。在实际核算中，国内生产总值有三种计算方法，即生产法、收入法和支出法。三种方法分别从不同的方面反映国内生产总值及其构成。

三次产业 三产业的划分是世界上较为常用的产业结构分类，但各国的划分不尽一致，我国的三次产业划分是：

第一产业包括农业、林业、牧业、渔业和农林牧渔服务业。

第二产业包括采矿业，制造业，电力、燃气及水的生产和供应业，建筑业；

第三产业包括除第一、二产业以外的其他行业，具体包括：交通运输、仓储和邮政业，信息传输、计算机服务和软件业，批发和零售业，住宿和餐饮业，金融业，房地产业，租赁和商务服务业，科学研究、技术服务和地质勘查业，水利、环境和公共设施管理业，居民服务和其他服务业，教育，卫生、社会保障和社会福利业，文化、体育和娱乐业，公共管理和社会组织，国际组织等。

支出法国内生产总值 指一个国家（或地区）所有常住单位在一定时期内用于最终消费、资本形成总额、货物和服务净出口的总额，它反映本期生产的国内生产总值的使用及构成。

最终消费支出 指常住单位在一定时期内对于货物和服务的全部最终消费支出，也就是常住单位为满足物质、文化和精神生活的需要，从本国经济领土和国外购买的货物和服务的支出；不包括非常住单位在本国经济领土内的消费支出。最终消费分为居民消费和政府消费。居民消费支出指常住住户对货物和服务的全部最终消费支出。

居民消费 按市场价格计算，即按居民支付的购买者价格计算。购买者价格是购买者取得货物所支付的价格，包括购买者支付的运输和商业费用。居民消费除了直接以货币形式购买货物和服务的消费之外，还包括以其他方式获得的货物和服务的消费支出，即所谓的虚拟消费支出。居民虚拟消费支出包括以下几种类型：单位以实物报酬及实物转移的形式提供给劳动者的货物和服务；住户生产并由本住户消费了的货物和服务，其中的服务仅指住户的自有住房服务；金融机构提供的金融媒介服务；保险公司提供的保险服务。

政府消费支出 指政府部门为全社会提供公共服务的消费支出和免费或以较低价格向住户提供的货物和服务的净支出。前者等于政府服务的产出价值减去政府单位所获得的经营收入的价值，政府服务的产出价值等于它的经常性业务支出加上固定资产折旧；后者等于政府部门免费或以较低价格向住户提供的货物和服务的市场价值减去向住户收取的价值。

资本形成总额 指常住单位在一定时期内获得的减去处置的固定资产加存货的变动，包括固定资本形成总额和存货增加。

固定资本形成总额 指常住单位购置、转入和自产自用的固定资产，扣除固定资产的销售和转出后的价值，分有形固定资产形成总额和无形固定资产形成总额。

有形固定资产形成总额包括一定时期内完成的建筑工程、安装工程和设备工器具购置（减处置）价值，以及土地改良、新增役、种、奶、毛、娱乐用牲畜和新增经济林木价值。

无形固定资产形成总额包括矿藏的勘探、计算机软件、娱乐和文学艺术品原件等获得减处置。

存货增加 指常住单位存货实物量变动的市场价值，即期末价值减期初价值的差额。存货增加可以是正值，也可以是负值；正值表示存货上升，负值表示存货下降。它包括生产单位购进的原材料、燃料和储备物资等存货，以及生产单位生产的产成品、在制品等存货等。

货物和服务净出口 指货物和服务出口减货物和服务进口的差额。出口包括常住单位向非常住单位出售或无偿转让的各种货物和服务的价值；进口包括常住单位从非常住单位购买或无偿得到的各种货物和服务的价值。由于服务活动的提供与使用同时发生，因此服务的进出口业务并不发生出入境现象，一般把常住单位从国外得到的服务作为进口，非常住单位从本国得到的服务作为出口。货物的出口和进口都按离岸价格计算。

劳动者报酬 指劳动者因从事生产活动所获得的全部报酬。包括劳动者获得的各种形式的工资、奖金和津贴，既包括货币形式的，也包括实物形式的；还包括劳动者所享受的公费医疗和医药卫生费、上下班交通补贴和单位支付的社会保险费等。

对于个体经济来说，其所有者所获得的劳动报酬和经营利润不易区分，这两部分统一作为劳动者报酬处理。

生产税净额 指生产税减生产补贴后的余额。生产税指政府对生产单位生产、销售和从事经营活动以及因从事生产活动使用某些生产要素（如固定资产、土地、劳动力）所征收的各种税、附加费和规费。

生产补贴与生产税相反，指政府对生产单位的单方面收入转移，因此视为负生产税，包括政策亏损补贴、粮食系统价格补贴、外贸企业出口退税收入等。

固定资产折旧 指一定时期内为弥补固定资产损耗按照核定的固定资产折旧率提取的固定资产折旧，或按国民经济核算统一规定的折旧率虚拟计算的固定资产折旧。它反映了固定资产在当期生产中的转移价值。各类企业和企业化管理的事业单位的固定资产折旧是指实际计提并计入成本费中的折旧费；不计提折旧的政府机关、非企业化管理的事业单位和居民住房的固定资产折旧是按照统一规定的折旧率和固定资产原值计算的虚拟折旧。原则上，固定资产折旧应按固定资产的重置价值计算，但是目前我国尚不具备对全社会固定资产进行重估价的基础，所以暂时只能采用上述办法。

营业盈余 指常住单位创造的增加值扣除劳动者报酬、生产税净额和固定资产折旧后的余额。它相当于企业的营业利润加上生产补贴，但要扣除从利润中开支的工资和福利等。

四、人 口

资料整理：孔小兵　翟鹏博

简要说明

一、主要内容

本篇包括历年人口及自然变动资料，城镇化资料、人口结构主要分类等资料。

二、资料来源

2004–2014 年总户数、男女性别数据、全市人口及其变动情况、非农业人口增减情况均来源于公安年报，由济源市公安局提供；城镇化率和年平均常住人口来源于抽样调查汇总数据；计划生育、人口出生情况来源于计生年报，由济源市人口和计划生育委员会提供。本篇资料由市统计局综合核算科、社会科共同编辑整理。

4-1　2004—2014 年总户数、总人口数

年份	总户数（户）	常住人口（万人）	总人口（万人）	按性别分	
				男	女
2004	176914	66.06	65.60	336116	326989
2005	176048	65.83	66.52	335719	330347
2006	183732	67.26	67.31	337943	330861
2007	187254	67.53	67.77	340338	331200
2008	190204	68.25	67.96	344790	334783
2009	194371	68.37	68.20	346208	335775
2010	194280	67.58	67.63	346896	336305
2011	203162	67.89	68.10	351477	337350
2012	203189	70.30	68.49	356481	332480
2013	205516	71.50	68.90	358359	337766
2014	206188	72.40	69.30	359611	341074

4-1　续表

年份	按城乡分		出生率（　）	死亡率（　）	自增率（　）	城镇化率（%）	年平均常住人口（万人）
	市镇	乡村					
2004	23.78	42.28	9.84	5.72	4.12	36.00	65.66
2005	26.33	39.50	10.25	5.48	4.77	40.00	65.92
2006	28.32	38.94	10.48	6.10	4.38	42.10	66.55
2007	30.40	37.13	10.36	5.56	4.80	45.01	66.65
2008	32.47	35.78	10.40	5.39	5.01	47.57	66.98
2009	33.51	34.86	10.10	5.11	4.99	49.01	68.31
2010	33.41	34.17	11.49	5.70	5.80	49.44	67.97
2011	34.92	32.97	11.63	5.77	5.86	51.44	67.73
2012	37.57	32.73	11.60	5.95	5.65	53.44	69.10
2013	39.19	32.31	11.70	5.85	5.85	54.81	70.90
2014	40.83	31.57	12.30	6.25	6.05	56.40	71.95

注：总户数、男女性别数据来源于公安年报，其它均来源于人口与城镇化抽样调查汇总数据。

4-2 人口及

	总户数	年末总人口						
		总人口			性别		年龄	
		合计	非农业人口	未落常住户口人员	男	女	18岁以下	18-35岁
合计	**206188**	**700685**	**254313**		**359611**	**341074**	**145673**	**198054**
沁园街道办事处	13716	45172	45172		22527	22645	9786	12384
济水街道办事处	11737	41864	41864		21205	20659	7899	10154
北海街道办事处	10479	36438	36438		18079	18359	7045	10996
天坛街道办事处	7905	30647	30647		15866	14781	5805	8298
玉泉街道办事处	9176	34529	34529		17167	17362	6858	10294
克井镇	23211	68074	17576		36470	31604	15135	21072
五龙口镇	15379	54561	3136		27530	27031	10295	16400
轵城镇	19556	78242	8010		40092	38150	13216	23040
承留镇	19556	78242	8010		40092	38150	13216	23040
邵原镇	15409	43881	1109		23248	20633	11562	10831
坡头镇	7158	28265	5908		14184	14081	5971	7641
梨林镇	14795	46234	1184		23480	22754	9198	13206
大峪镇	7519	30076	2885		15864	14212	6803	8304
思礼镇	7314	30449	4019		15383	15066	7827	9144
王屋镇	12340	32618	550		17243	15375	8415	8652
下冶镇	10592	34983	3596		18341	16642	8182	9703

其变动情况

单位：户、人

		本年度人口变动									
		出生			死亡			迁入		迁出	
35-60岁	60岁以上	合计	男	女	合计	男	女	省内迁入	省外迁入	迁往省内	迁往省外
254015	**102943**	**13037**	**6631**	**6406**	**5092**	**2911**	**2181**	**6921**	**1657**	**10698**	**1265**
17911	5091	895	457	438	107	67	40	2072	137	1207	156
18595	5216	540	269	271	171	95	76	611	89	3079	82
13213	5184	592	299	293	117	87	30	211	87	93	89
11660	4884	484	240	244	99	79	20	451	112	1433	68
12005	5372	674	340	334	262	125	137	1038	33	867	33
22661	9206	1963	977	986	310	151	159	774	530	72	54
19395	8471	829	425	404	162	91	71	113	65	72	69
28488	13498	1546	773	773	274	149	125	234	155	137	65
28488	13498	1546	773	773	274	149	125	234	155	137	65
15366	6122	521	284	237	204	127	77	226	34	1010	36
9795	4858	425	224	201	115	69	46	64	39	47	38
16366	7464	774	396	378	311	171	140	235	39	242	35
10797	4172	503	270	233	1114	728	386	59	27	270	30
10028	3450	1293	625	668	360	180	180	455	142	667	313
11529	4022	576	317	259	365	193	172	106	24	835	26
12303	4795	546	263	283	586	292	294	56	12	55	35

4–3 非农业人

	年末非农业人口数	增加						
		合计	出生	非农业人口迁入	农业人口转			
					小计	招生	聘用	征用土地
合　　计	**254313**	**9787**	**4048**	**4673**	**949**	**23**	**5**	
沁园街道办事处	45172	2978	895	1513	526			
济水街道办事处	41864	1240	540	700				
北海街道办事处	36438	890	592	298				
天坛街道办事处	30647	1101	484	563				
玉泉街道办事处	34529	1745	674	1071				
克　井　镇	17576	493	179	107	202			
五龙口镇	2136							
轵　城　镇	8010	80	58	5	17	11		
承　留　镇	18690	424	113	239	62		1	
邵　原　镇	1109	321	321					
坡　头　镇	5908	208	92	19	97			
梨　林　镇	1184							
大　峪　镇	2885	30	6	5	17	10	2	
思　礼　镇	4019	206	55	131	18		2	
王　屋　镇	550	24	14	10				
下　冶　镇	3596	47	25	12	10	2		

口增减情况

单位：人

情况							减少情况						
非农业人口				退出现役	刑满释放解除劳教	其他	合计	死亡	非农业人口迁出	迁往港澳台和国外	服现役	服刑及劳教	其他
投靠亲属	落户小城镇	投资、购房	其他										
197	**10**	**392**	**322**	**21**	**2**	**92**	**10568**	**1323**	**7086**		**110**	**4**	**2045**
149		185	192	10	1	33	1344	107	1037		24		176
							3332	171	2094				1067
							299	117	177		5		
				1	1	52	1654	99	1501		18		36
							1162	262	461				439
		91	111	3			78	63	11		1		3
							164	3	161				
6							129	15	86		28		
30	10	12	9	3		7	932	285	484		3	1	159
							10	1	9				
		97					45	20	25				
							49	8	9				32
5				2			39	15	20		4		
3		3	10	2			943	47	866		7	3	20
							300	80	120				100
4		4					88	30	25		20		13

4-4 各镇、街道农业人口数

单位：人

	农业人口
合　　　　计	**446372**
沁园街道办事处	
济水街道办事处	
北海街道办事处	
天坛街道办事处	
玉泉街道办事处	
克　井　镇	50498
五　龙　口　镇	52425
轵　城　镇	70232
承　留　镇	45962
邵　原　镇	42772
坡　头　镇	22357
梨　林　镇	45050
大　峪　镇	27191
思　礼　镇	26430
王　屋　镇	32068
下　冶　镇	31387

4–5　计划生育基本情况

指标	单位	2008 年	2011 年	2012 年	2013 年	2014 年
年初总人口	人	671364	676808	680430	683015	687102
期末总人口	人	674359	680430	683015	687102	689443
平均总人口	人	672862	678619	681723	685059	688273
出生人数	人	6969	7668	7705	8312	8156
出生率		10.38	11.30	11	12	12
政策内出生人数	人	6679	7375	7515	7816	7691
政策生育率	%	95.84	96.18	97.53	94.03	94.32
死亡人数	人	3901			4175	
死亡率		5.79			6.08	6.25
自增人数	人	3068				
自增率		4.59		5.64	5.93	6.05
出生婴儿性别比	人	112.34	110.95	108.92	110.06	109.45
一孩出生人数	人	4862	5346	5355	5856	5812
一孩率	%	69.77	69.72	69.50	70.45	71.26
一孩性别比	%	109.75	107.12	107.40	117.00	107.35
二孩出生人数	人	2084	2308	2339	2436	2328
二孩率	%	29.9	30.1	30.36	29.31	28.54
二孩性别比	%	118.68	120.86	113.02	116.92	114.96
多孩出生人数	人	23	14	11	20	14
多孩率	%	0.33	0.18	0.14	0.24	0.17
多孩性别比		109.09		38	82	100
已婚育龄妇女人数	人	138626	143572	144091	146536	146747
占总人口比例	%	20.6	21.1	21.10	21.39	21.28
采取各种避孕措施人数	人	125096	132220	130331	135875	135903
领独生子女证人数	人	20705	23952	25033	25033	26964
独生子女领证率	%	14.94	16.68	17.37	17.08	18.37

注：本表数据来源于计生委年报。

	总人口	期末已婚育龄妇女	领独生子女证人数	本期	
				一孩	
				男	女
合 计	**689443**	**146747**	**26964**	**3009**	**2803**
沁园街道办事处	57521	13388	2884	241	225
济水街道办事处	49201	11105	4389	221	235
北海街道办事处	37492	7962	2556	211	206
天坛街道办事处	34133	7684	2989	209	198
玉泉街道办事处	31271	6931	993	118	99
克井镇	64356	13668	1602	343	299
五龙口镇	50772	10542	1065	192	174
轵城镇	77869	15728	2601	309	275
承留镇	56082	12130	3597	274	249
邵原镇	40731	8439	242	162	144
坡头镇	27189	5636	1065	104	95
梨林镇	43601	8891	997	164	144
大峪镇	28655	5971	493	116	121
思礼镇	28095	5815	864	112	116
王屋镇	29623	6018	302	125	109
下冶镇	32852	6839	325	108	114

出 生 情 况

单位：人、例

出生人数							往年出生未报人数
出生	二孩出生			多孩出生			
政策内	男	女	政策内	男	女	政策内	
5594	**1245**	**1083**	**2083**	**7**	**7**	**14**	**19**
452	10	9	18	1		1	
440	8	7	14	1	1	2	2
401	9	7	15				1
408	8	9	15		1	1	2
207	55	54	98	1	1	2	1
625	127	103	204				2
346	109	99	195				1
562	161	137	268	1		1	1
510	95	88	160	2	1	3	1
286	118	104	203				1
188	94	82	151	1	1	2	2
299	114	99	199				1
225	103	83	167		1	1	1
222	71	64	117				
210	82	63	130				1
213	81	75	129		1	1	2

主要统计指标解释

人口数 指一定时点、一定地区范围内的有生命的个人的总和。年度统计的年末人口数指每年 12 月 31 日 24 时的人口数。

常住人口 指全年经常在家或在家居住 6 个月以上，而且经济和生活与本户连成一体的人口。外出从业人员在外居住时间虽然在 6 个月以上，但收入主要带回家中，经济与本户连为一体，仍视为家庭常住人口；在家居住，生活和本户连成一体的国家职工、退休人员也为家庭常住人口。但是现役军人、中专及以上（走读生除外）的在校学生、以及常年在外（不包括探亲、看病等）且已有稳定的职业与居住场所的外出从业人员，不算家庭常住人口。

出生率（又称粗出生率） 指在一定时期内（通常为一年）平均每千人所出生的人数的比率，一般用千分率表示。计算公式为：

出生率 = 年出生人数 / 年平均人数　1000

式中：出生人数指活产婴儿，即胎儿脱离母体时（不管怀孕月数），有过呼吸或其他生命现象。年平均人数指年初、年底人口数的平均数，也可用年中人口数代替。

死亡率（又称粗死亡率） 指在一定时期内（通常为一年）一定地区的死亡人数与同期平均人数（或期中人数）之比，一般用千分率表示。计算公式为：

死亡率 = 年死亡人数 / 年平均人数　1000

人口自然增长率 指在一定时期内（通常为一年）人口自然增加数（出生人数减死亡人数）与该时期内平均人数（或期中人数）之比，一般用千分率表示。计算公式为：

人口自然增长率 =（本年出生人数 – 本年死亡人数）/ 年平均人数　1000　= 人口出生率 – 人口死亡率

性别比 总人口中男性人数与女性人数之比。通常用每 100 个女性人口相应有多少男性人口表示。计算公式为：

性别比 = 男性人口数 / 女性人口数　100%。

五、从业人员与职工工资

资料整理：孔小兵　牛思佳

简要说明

一、主要内容

本篇包括人员就业情况和在岗职工工资资料等。

二、资料来源

就业基本情况及分组、职工工资等资料，采用全面调查方法，本篇资料由市统计局社会科技科编辑整理。

5-1 全部单位从业

指标	单位数（个）	期末人数						平均	
		从业人员	其中：女性	其中：非全日制	在岗职工	劳务派遣人员	其他从业人员	从业人员	在岗职工
总计	**836**	**138283**	**60132**	**444**	**125645**	**3846**	**8792**	**129971**	**117576**
按执行会计标准类别分组									
企业	406	114373	48671	416	103032	3249	8092	106193	95091
事业	296	17195	9185	23	16459	295	441	17110	16375
机关	118	6239	2033	5	5745	290	204	6192	5701
其他	16	476	243		409	12	55	476	409
按国民经济行业分组（GB/T4754-2011）									
农、林、牧、渔业	6	268	52	1	230	29	9	268	229
采矿业	6	5593	435	10	5561	16	16	5493	5466
制造业	117	75000	39418	65	73959	909	132	67332	66256
电力、热力、燃气及水生产和供应业	6	1772	693		1627	145		1732	1584
建筑业	81	13864	1334	164	7235	1346	5283	13493	7222
批发和零售业	58	4756	2963		4435	201	120	4775	4451
交通运输、仓储和邮政业	28	7470	790	83	5104	51	2315	7391	5069
住宿和餐饮业	10	726	482	1	658	42	26	746	663
信息传输、软件和信息技术服务业	3	480	232		239	192	49	478	201
金融业	9	1452	726		1190	257	5	1437	1178
房地产业	63	1331	475	5	1270	28	33	1339	1249
租赁和商务服务业	13	245	117		213		32	248	216
科学研究和技术服务业	12	446	222	24	399	21	26	444	404
水利、环境和公共设施管理业	19	1456	718	40	1403		53	1518	1403
居民服务、修理和其他服务业	4	210	110	24	108	29	73	209	112
教育	139	7942	4432	22	7741	97	104	7855	7659
卫生和社会工作	26	7942	2610		3537	3	136	3664	3524
文化、体育和娱乐业	16	610	304		550	24	36	612	552
公共管理、社会保障和社会组织	220	10986	4019	5	10186	456	344	10937	10138

人员及工资总额

单位：人、千元

人数		工资总额								平均工资（元）				
劳务派遣人员	其他从业人员	从业人员	在岗职工	基本工资	绩效工资	工资性津贴和补贴	其他工资	劳务派遣人员	其他从业人员	从业人员	在岗职工（含劳务派遣）	在岗职工（不含劳务派遣）	劳务派遣人员	其他从业人员
4072	**8323**	**5251347**	**4787411**	**2974807**	**1196607**	**474731**	**141266**	**139242**	**324694**	**40404**	**40499**	**40718**	**34195**	**39012**
3477	7625	4231338	3794298	2586003	872046	276467	59782	126946	310094	39846	39782	39902	36510	40668
294	441	755118	740036	284046	277681	113197	65112	6943	8139	44133	44812	45193	23616	18456
289	202	248728	238541	95654	42393	84409	16085	5140	5047	40169	40681	41842	17785	24985
12	55	16163	14536	9104	4487	658	287	213	1414	33956	35033	35540	17750	25709
30	9	8857	8288	4103	3152	847	186	507	62	33049	33958	36192	16900	6889
11	16	197593	196981	174982	11295	7439	3265	252	360	35972	36011	36038	22909	22500
938	138	2691332	2660132	1777840	618043	226197	38052	26935	4265	39971	39990	40149	28715	30906
148		130547	124426	30612	81964	9765	2085	6121		75374	75374	78552	41358	
1461	4810	451987	242881	203249	27731	9250	2651	61727	147379	33498	35081	33631	42250	30640
204	120	155473	142293	93084	41015	3334	4860	10100	3080	32560	32737	31969	49510	25667
51	2271	342281	194223	173576	18556	865	1226	1653	146405	46311	38257	38316	32412	64467
57	26	20098	18307	16264	1731	277	35	1216	575	26941	27115	27612	21333	22115
228	49	18657	9085	4487	4424	174		6926	2646	39031	37322	45199	30377	54000
256	3	107451	97772	39405	49083	6621	2663	9337	342	74775	74692	82998	36473	114000
28	62	53281	49743	38541	5345	1491	4366	749	2789	39792	39540	39826	26750	44984
	32	7641	7043	4638	1620	765	20		598	30810	32606	32606		18688
30	10	15481	14685	9003	2464	2969	249	606	190	34867	35233	36349	20200	19000
22	93	47429	44908	23796	9024	11639	449	540	1981	31244	31893	32009	24545	21301
31	66	4800	2957	1521	1313	96	27	576	1267	22967	24706	26402	18581	19197
94	102	385225	381177	148608	143812	73247	15510	2048	2000	49042	49429	49769	21787	19608
3	137	168408	165472	58855	59570	10252	36795	54	2882	45963	46931	46956	18000	21036
24	36	19413	18155	7904	7855	2381	15	469	789	31721	32333	32889	19542	21917
456	343	425393	408883	164339	108610	107122	28812	9426	7084	38895	39485	40332	20671	20653

5-2 国有单位从

指标	单位数（个）	期末人数						平均	
		从业人员	其中：女性	其中：非全日制	在岗职工	劳务派遣人员	其他从业人员	从业人员	在岗职工
合 计	**437**	**27469**	**12815**	**28**	**26135**	**656**	**678**	**27307**	**25976**
按隶属关系分组									
中央	4	495	157		449	46		495	449
省、自治区、直辖市	8	1028	411		938	70	20	1020	930
地区	10	1535	449		1499	30	6	1500	1464
县及县级以下	409	24209	11706	28	23047	510	652	24091	22932
其他	6	202	92		202			201	201
按执行会计标准类别分组									
企业	32	4528	1832		4418	64	46	4487	4376
其中：地方	30	4284	1769		4192	46	46	4240	4147
事业	277	16519	8840	23	15801	292	426	16447	15730
其中：地方	276	16503	8832	23	15785	292	426	16431	15714
机关	118	6239	2033	5	5745	290	204	6192	5701
其中：地方	117	6004	1947	5	5538	262	204	5960	5497
其他	10	183	110		171	10	2	181	169
按国民经济行业分组（GB/T 4754-2011）									
农、林、牧、渔业	6	268	52	1	230	29	9	268	229
采矿业									
制造业	1	54	18		54			54	54
电力、热力、燃气及水生产和供应业	3	1204	501		1204			1175	1175
建筑业	4	864	130		864			858	858
批发和零售业	10	753	327		697	18	38	754	698
交通运输、仓储和邮政业	5	384	113		346	30	8	385	346
住宿和餐饮业									
信息传输、软件和信息技术服务业									
金融业	3	229	103		225	4		223	219
房地产业	2	80	33		80			80	80
租赁和商务服务业	5	122	56		114		8	122	114
科学研究和技术服务业	9	217	99		217			216	216
水利、环境和公共设施管理业	13	1203	645		1193		10	1203	1193
居民服务、修理和其他服务业	2	72	3		72			72	72
教育	121	7236	4109	22	7035	97	104	7176	6980
卫生和社会工作	20	3298	2372		3164	1	133	3283	3148
文化、体育和娱乐业	14	522	247		474	21	27	524	476
公共管理、社会保障和社会组织	219	10963	4007	5	10166	456	341	10914	10118

业人员及工资总额

单位：人、千元

人数		工资总额								平均工资（元）				
劳务派遣人员	其他从业人员	从业人员	在岗职工	基本工资	绩效工资	工资性津贴和补贴	其他工资	劳务派遣人员	其他从业人员	从业人员	在岗职工（含劳务派遣）	在岗职工（不含劳务派遣）	劳务派遣人员	其他从业人员
654	**677**	**1196478**	**1168801**	**457530**	**416500**	**213502**	**81269**	**13848**	**13829**	**43816**	**44410**	**44995**	**21174**	**20427**
46		34826	33855	9514	16549	7743	49	971		70356	70356	75401	21109	
70	20	52276	50442	16239	15301	18891	11	1426	408	51251	51868	54239	20371	20400
30	6	42914	42107	31057	7940	2854	256	750	57	28609	28686	28762	25000	9500
508	651	1057420	1033355	397932	374129	180341	80953	10701	13364	43893	44542	45062	21065	20528
		9042	9042	2788	2581	3673				44985	44985	44985		
64	47	220766	218250	84983	109935	22579	753	1611	905	49201	49518	49874	25172	19255
46	47	197364	195315	78240	93743	22579	753	1144	905	46548	46854	47098	24870	19255
291	426	721096	706350	272717	263515	105964	64154	6922	7824	43844	44521	44905	23787	18366
291	426	720324	705578	272483	263158	105832	64105	6922	7824	43839	44517	44901	23787	18366
289	202	248728	238541	95654	42393	84409	16085	5140	5047	40169	40681	41842	17785	24985
261	202	238076	228393	93117	42393	76798	16085	4636	5047	39946	40470	41549	17762	24985
10	2	5888	5660	4176	657	550	277	175	53	32530	32598	33491	17500	26500
30	9	8857	8288	4103	3152	847	186	507	62	33049	33958	36192	16900	6889
		2918	2918	2070	828	20				54037	54037	54037		
		96310	96310	14994	71597	9419	300			81966	81966	81966		
		20892	20892	18984	1002	806	100			24350	24350	24350		
18	38	36522	35249	16166	16816	2267		467	806	48438	49883	50500	25944	21211
30	9	11701	10852	8687	2117		48	750	99	30392	30856	31364	25000	11000
4		20670	20484	6434	12907	1132	11	186		92691	92691	93534	46500	
		2190	2190	1573	617					27375	27375	27375		
	8	3584	3401	2000	894	507			183	29377	29833	29833		22875
		8802	8802	4367	2464	1722	249			40750	40750	40750		
	10	39099	38856	19623	7835	11145	253		243	32501	32570	32570		24300
		2113	2113	842	1247	24				29347	29347	29347		
94	102	346905	342857	135010	127048	66203	14596	2048	2000	48342	48757	49120	21787	19608
1	134	154104	151251	51665	52635	10252	36699	16	2837	46940	48037	48047	16000	21172
21	27	17292	16271	7162	6783	2311	15	448	573	33000	33640	34183	21333	21222
456	340	424519	408067	163850	108558	106847	28812	9426	7026	38897	39483	40331	20671	20665

5-3 集体单位从业

指标	单位数（个）	期末人数						平均	
		从业人员	其中：女性	其中：非全日制	在岗职工	劳务派遣人员	其他从业人员	从业人员	在岗职工
总计	**11**	**658**	**236**	**78**	**516**	**22**	**120**	**617**	**514**
按执行会计标准类别分组									
企业	9	554	173	78	414	20	120	514	413
事业	1	37	18		37			36	36
机关									
其他	1	67	45		65	2		67	65
按国民经济行业分组（GB/T4754-2011）									
农、林、牧、渔业									
采矿业									
制造业	1	190	52		190			188	188
电力、热力、燃气及水生产和供应业									
建筑业	1	82	15		50	20	12	81	50
批发和零售业	2	49	11		19		30	49	19
交通运输、仓储和邮政业	1	78	16	78			78	40	
住宿和餐饮业									
信息传输、软件和信息技术服务业									
金融业									
房地产业	2	25	9		25			25	25
租赁和商务服务业	1	3	1		3			3	3
科学研究和技术服务业	1	127	69		127			128	128
水利、环境和公共设施管理业									
居民服务、修理和其他服务业									
教育	1	37	18		37			36	36
卫生和社会工作	1	67	45		65	2		67	65
文化、体育和娱乐业									
公共管理、社会保障和社会组织									

人 员 及 工 资 总 额

单位：人、千元

人数		工资总额								平均工资（元）				
劳务派遣人员	其他从业人员	从业人员	在岗职工	基本工资	绩效工资	工资性津贴和补贴	其他工资	劳务派遣人员	其他从业人员	从业人员	在岗职工（含劳务派遣）	在岗职工（不含劳务派遣）	劳务派遣人员	其他从业人员
22	**81**	**18619**	**16427**	**10696**	**3128**	**2580**	**23**	**480**	**1712**	**30177**	**31543**	**31959**	**21818**	**21136**
20	81	14555	12401	8082	2058	2238	23	442	1712	28317	29661	30027	22100	21136
		1898	1898	1026	530	342				52722	52722	52722		
2		2166	2128	1588	540			38		32328	32328	32738	19000	
		5700	5700	2855	1813	1032				30319	30319	30319		
20	11	1805	1101	880	165	33	23	442	262	22284	22043	22020	22100	23818
	30	1545	645	585	60				900	31531	33947	33947		30000
	40	550							550	13750				13750
		358	358	338	20					14320	14320	14320		
		108	108	108						36000	36000	36000		
		4489	4489	3316		1173				35070	35070	35070		
		1898	1898	1026	530	342				52722	52722	52722		
2		2166	2128	1588	540			38		32328	32328	32738	19000	

5-4 其他单位从业

指标	单位数（个）	期末人数						平均	
		从业人员	其中：女性	其中：非全日制	在岗职工	劳务派遣人员	其他从业人员	从业人员	在岗职工
合计	**388**	**110156**	**47081**	**338**	**98994**	**3168**	**7994**	**102047**	**91086**
按登记注册类型分组									
内资	381	75273	20149	338	64338	2942	7993	74536	63839
股份合作	1	601	319		369	232		599	368
联营									
有限责任公司	325	65772	17560	310	60252	1936	3584	65448	59770
其中：国有独资	5	6790	1532		6578	212		6779	6559
股份有限公司	27	7857	1780	4	2739	750	4368	7472	2742
其他	28	1043	490	24	978	24	41	1017	959
港、澳、台商投资	4	34331	26669		34247	84		26963	26874
外商投资	3	552	263		409	142	1	548	373
按执行会计标准类别分组									
企业	365	109291	46666	338	98200	3165	7926	101192	90302
事业	18	639	327		621	3	15	627	609
其他	5	226	88		173		53	228	175
按国民经济行业分组（GB/T 4754-2011）									
农、林、牧、渔业									
采矿业	6	5593	435	10	5561	16	16	5493	5466
制造业	115	74756	39348	65	73715	909	132	67090	66014
电力、热力、燃气及水生产和供应业	3	568	192		423	145		557	409
建筑业	76	12918	1189	164	6321	1326	5271	12554	6314
批发和零售业	46	3954	2625		3719	183	52	3972	3734
交通运输、仓储和邮政业	22	7008	661	5	4758	21	2229	6966	4723
住宿和餐饮业	10	726	482	1	658	42	26	746	663
信息传输、软件和信息技术服务业	3	480	232		239	192	49	478	201
金融业	6	1223	623		965	253	5	1214	959
房地产业	59	1226	433	5	1165	28	33	1234	1144
租赁和商务服务业	7	120	60		96		24	123	99
科学研究和技术服务业	2	102	54	24	55	21	26	100	60
水利、环境和公共设施管理业	6	253	73	40	210		43	315	210
居民服务、修理和其他服务业	2	138	107	24	36	29	73	137	40
教育	17	669	305		669			643	643
卫生和社会工作	5	311	193		308		3	314	311
文化、体育和娱乐业	2	88	57		76	3	9	88	76
公共管理、社会保障和社会组织	1	23	12		20		3	23	20

人员及工资总额

单位：人、千元

人数		工资总额								平均工资（元）				
劳务派遣人员	其他从业人员	从业人员	在岗职工	基本工资	绩效工资	工资性津贴和补贴	其他工资	劳务派遣人员	其他从业人员	从业人员	在岗职工（含劳务派遣）	在岗职工（含劳务派遣）	劳务派遣人员	其他从业人员
3396	**7565**	**4036250**	**3602183**	**2506581**	**776979**	**258649**	**59974**	**124914**	**309153**	**39553**	**39448**	**39547**	**36783**	**40866**
3133	7564	2875117	2448752	1699398	599731	118262	31361	117245	309120	38574	38314	38358	37423	40867
231		39430	30792	6158	18475	4619	1540	8638		65826	65826	83674	37394	
2104	3574	2516309	2247486	1603817	519341	102754	21574	86259	182564	38447	37718	37602	40998	51081
220		251775	241515	100582	105187	35247	499	10260		37140	37140	36822	46636	
765	3965	270229	122457	71677	39795	3816	7169	21721	126051	36166	41111	44660	28393	31791
33	25	49149	48017	17746	22120	7073	1078	627	505	48327	49036	50070	19000	20200
89		1144250	1141033	798803	173341	140276	28613	3217		42438	42438	42459	36146	
174	1	16883	12398	8380	3907	111		4452	33	30808	30804	33239	25586	33000
3393	7497	3996017	3563647	2492938	760053	251650	59006	124893	307477	39489	39368	39464	36809	41013
3	15	32124	31788	10303	13636	6891	958	21	315	51234	51975	52197	7000	21000
	53	8109	6748	3340	3290	108	10		1361	35566	38560	38560		25679
11	16	197593	196981	174982	11295	7439	3265	252	360	35972	36011	36038	22909	22500
938	138	2682714	2651514	1772915	615402	225145	38052	26935	4265	39987	40006	40166	28715	30906
148		34237	28116	15618	10367	346	1785	6121		61467	61467	68743	41358	
1441	4799	429290	220888	183385	26564	8411	2528	61285	147117	34195	36386	34984	42529	30656
186	52	117406	106399	76333	24139	1067	4860	9633	1374	29558	29600	28495	51790	26423
21	2222	330030	183371	164889	16439	865	1178	903	145756	47377	38844	38825	43000	65597
57	26	20098	18307	16264	1731	277	35	1216	575	26941	27115	27612	21333	22115
228	49	18657	9085	4487	4424	174		6926	2646	39031	37322	45199	30377	54000
252	3	86781	77288	32971	36176	5489	2652	9151	342	71484	71378	80592	36313	114000
28	62	50733	47195	36630	4708	1491	4366	749	2789	41113	40908	41254	26750	44984
	24	3949	3534	2530	726	258	20		415	32106	35697	35697		17292
30	10	2190	1394	1320		74		606	190	21900	22222	23233	20200	
22	83	8330	6052	4173	1189	494	196	540	1738	26444	28414	28819	24545	20940
31	66	2687	844	679	66	72	27	576	1267	19613	20000	21100	18581	19197
		36422	36422	12572	16234	6702	914			56644	56644	56644		
	3	12138	12093	5602	6395		96		45	38656	38884	38884		15000
3	9	2121	1884	742	1072	70		21	216	24102	24114	24789	7000	24000
	3	874	816	489	52	275			58	38000	40800	40800		19333

主要统计指标解释

从业人员期末人数 指报告期末最后一日24时在本单位工作，并取得工资或其他形式劳动报酬的人员数。该指标为时点指标，不包括最后一日当天及以前已经与单位解除劳动合同关系的人员，是在岗职工、劳务派遣人员及其他从业人员之和。从业人员不包括：

1. 离开本单位仍保留劳动关系，并定期领取生活费的人员；

2. 利用课余时间打工的学生及在本单位实习的各类在校学生；

3. 本单位因劳务外包而使用的人员，如：建筑业整建制使用的人员。

在岗职工 指在本单位工作且与本单位签订劳动合同，并由单位支付各项工资和社会保险、住房公积金的人员，以及上述人员中由于学习、病伤、产假等原因暂未工作仍由单位支付工资的人员。在岗职工还包括：

1. 应订立劳动合同而未订立劳动合同人员（如使用的农村户籍人员）；

2. 处于试用期人员；

3. 编制外招用的人员，如临时人员；

4. 派往外单位工作，但工资仍由本单位发放的人员（如挂职锻炼、外派工作等情况）。

在岗职工不包括：

1. 本单位使用的且由本单位直接支付工资的劳务派遣人员，应统计在本单位　劳务派遣人员　指标中；

2. 本单位因劳务外包而使用的人员，由承包劳务的单位统计为在岗职工。

劳务派遣人员 根据《中华人民共和国劳动合同法》规定，指与劳务派遣单位签订劳动合同，并被劳务派遣单位派遣到实际用工单位工作，且劳务派遣单位与实际用工单位签订《劳务派遣协议》的人员。

注意：无论用工单位是否直接支付劳动报酬，劳务派遣人员均由实际用工单位填报，而劳务派遣单位（派出单位）不填报这些人员。

其他从业人员 指在本单位工作，不能归到在岗职工、劳务派遣人员中的人员。此类人员是实际参加本单位生产或工作并从本单位取得劳动报酬的人员。具体包括：非全日制人员、聘用的正式离退休人员、兼职人员和第二职业者等，以及在本单位中工作的外籍和港澳台方人员。

从业人员平均人数 指报告期内（年度、季度、月度）平均拥有的从业人员数。季度或年度平均人数按单位实际月平均人数计算得到，不得用期末人数替代。

从业人员工资总额 指根据《关于工资总额组成的规定》（1990年1月1日国家统计局发布的一号令）进行修订，本单位在报告期内（季度或年度）直接支付给本单位全部从业人员的劳动报酬总额。包括计时工资、计件工资、奖金、津贴和补贴、加班加点工资、特殊情况下支付的工资，是在岗职工工资总额、劳务派遣人员工资总额和其他从业人员工资总额之和。

工资总额是税前工资，包括单位从个人工资中直接为其代扣或代缴的房费、水费、电费、住房公积金和社会保险基金个人缴纳部分等。工资总额不论是计入成本的还是不计入成本的，不论是以货币形式支付的还是以实物形式支付的，均应列入工资总额的计算范围。

在岗职工工资总额 指本单位在报告期内直接支付给本单位全部在岗职工的劳动报酬总额。在岗职工工资总额由基本工资、绩效工资、工资性津贴和补贴、其他工资四部分组成。工资总额不包括病假、事假等情况的扣款。各单位在填报在岗职工工资总额四项构成时，应根据实际情况调整对应项目；如不能确定调整项，可扣减基本工资项。

基本工资 也可称为标准工资、合同工资、谈判工资。指本单位在报告期内（季度或年度）支付给本单位在岗职工的按照法定工作时间提供正常工作的劳动报酬。各单位给个人确定的底薪可作为基本工资。包括工龄工资。基本工资不含定时、定额发放的各种奖金、各种津贴和补贴、加班工资，也不包括补发的上一季度或上一年度的基本工资。

绩效工资 也可称为效益工资、业绩工资。指根据本单位利润增长和工作业绩定期支付给本单位在岗职工的奖金；支付给本单位从业人员的超额劳动报酬和增收节支的劳动报酬。具体包括：值加班工资、绩效奖金（如年度、季度、月度等）、全勤奖、生产奖、节约奖、劳动竞赛奖和其他名目的奖金；以及某工作事项完成后的提成工资、年底双薪等。但不包括入股分红、股权激励兑现的钱和各种资本性收益。

工资性津贴和补贴 指本单位制定的员工相关工资政策中，为补偿本单位在岗职工特殊或额外的劳动消耗和因其他特殊原因支付的津贴，以及为保证其工资水平不受物价影响而支付的物价补贴。具体包括：补偿特殊或额外劳动消耗的津贴及岗位性津贴、保健性津贴、技术性津贴、地区津贴和其他津贴。如：过节费、通讯补贴、交通补贴、不休假补贴、无食堂补贴、单位发的可自行支配的住房补贴以及为员工缴纳的各种商业性保险等。上述各种项目既包括货币性质的，也包括实物性质的以及各种形式的充值卡、购物卡（券）等。

其他工资 指上述基本工资、绩效工资、工资性津贴和补贴三类工资均不能包括的发给在岗职工的工资，如补发上一年度的工资等。

劳务派遣人员工资总额 指实际用工单位（派遣人员的使用方）在一定时期内为使用劳务派遣人员而付出的劳动报酬总额，包括用工单位负担的基本工资、加班工资、绩效工资以及各种津贴、补贴等，但不包括因使用派遣人员而支付的管理费用和其他用工成本。

六、固定资产投资

资料整理：郝荷苒

简要说明

一、主要内容

本篇包括固定资产投资的规模、结构和比例关系、资金来源等资料。

二、统计范围

全社会固定资产投资包括固定资产投资和农户投资。其中固定资产统计范围包括：建设项目投资和房地产开发投资。自 2011 年起，建设项目投资的统计起点由 50 万元提高到 500 万元，主要包括城镇和农村各种登记注册类型的企业、事业、行政单位，以及城镇个体户进行的计划总投资 500 万元及 500 万元以上的建设项目。

三、资料来源

农村个人固定资产投资资料采用抽样调查方法，由济源市农村社会经济调查队提供；除此以外的固定资产投资统计资料均为全面统计报表。本篇资料由市统计局固定资产投资科编辑整理。

6-1 全社会固定资产投资总额

单位：万元

指 标	全社会固定资产投资总额	城镇投资	工业投资	基础设施投资	房地产开发投资	农村投资	非农户投资	农户投资	民间投资（不含农村农户）
一五　时期	332	332	115	41					55
1953	18	18	2	5					3
1954	65	65	33	5					11
1955	52	52	19	6					9
1956	76	76	14	13					17
1957	121	121	47	12					15
二五　时期	2937	2937	1755	323					18
1958	906	906	638	24					
1959	849	849	501	110					
1960	885	885	513	153					
1961	242	242	103	31					13
1962	55	55		5					5
三五　时期	3504	3504	1757	571					27
1966	101	101	52	11					4
1967	82	82	8	5					3
1968	207	207	59	5					20
1969	900	900	369	212					
1970	2214	2214	1269	338					
四五　时期	5938	5938	3121	617					10
1971	1442	1442	566	303					
1972	908	908	413	107					10
1973	978	978	364	64					
1974	1076	1076	596	77					
1975	1534	1534	1182	66					
五五　时期	4262	4242	2723	647		20			406
1976	1070	1070	830	59					4
1977	440	440	344	33					8
1978	778	778	522	63					41
1979	825	825	514	56					66
1980	1149	1129	513	436		20			287
六五　时期	7666	7441	3074	310		225			2449
1981	600	600	428	6					111
1982	798	768	700	54		30			253
1983	1521	1471	881	64		50			341

注：1.1997　2003年全社会投资总额中含规模为5　50万元地方项目投资，其他指标均不包括。（下同）
2.2005年及以前年度全社会、城镇投资及各种分组中包括城镇工矿区私人建房投资。（下同）

6-1 续表

单位：万元

指 标	全社会固定资产投资总额	城镇投资	工业投资	基础设施投资	房地产开发投资	农村投资	非农户投资	农户投资	民间投资（不含农村农户）
1984	2675	2615	759	50		60			634
1985	2072	1987	306	136		85			1110
七五　时期	24684	24063	9580	4597		621			10063
1986	2539	2449	592	286		90			922
1987	4868	4758	2588	2041		110			1646
1988	4843	4735	1817	1357		108			1603
1989	5406	5308	1566	266		98			3246
1990	7028	6813	3017	647		215			2646
八五　时期	295373	182651	86950	24318	8598	112722			183249
1991	9398	8848	3954	1413		550			2977
1992	19905	13672	5221	1932	380	6233			11990
1993	68277	41675	20240	6521	458	26602			46410
1994	80768	52952	22144	7032	2716	27816			45985
1995	117025	65504	35391	7420	5044	51521			75887
九五　时期	504504	320390	148724	82972	7647	184114			308371
1996	97920	66299	43207	6252	2187	31621			66601
1997	121100	76289	51445	25484	1277	44811			73984
1998	86147	54835	21041	10571	800	31312			49260
1999	89734	54533	15980	18420	945	35201			53717
2000	109603	68434	17051	22245	2438	41169			64809
十五　时期	2075882	1719612	1072331	956577	48132	356270			1446971
2001	138953	95303	42591	29308	2464	43650			70345
2002	244784	196783	118715	123733	4086	48001			170957
2003	409047	350795	258343	189458	4455	58252			324951
2004	593617	512033	367708	330327	12494	81584	47313	34271	426569
2005	689481	564698	284974	283751	24633	124783	84846	39937	454149
十一五　时期	6446942	5276359	3012090	1764522	802646	1170583			
2006	788801	633151	310049	321280	37437	155650	112404	43246	525547
2007	1136827	908344	500794	465529	89568	228483	184924	43559	840994
2008	1349039	1093153	577315	318524	117038	255886	211178	44708	939822
2009	1791969	1462942	850183	364212	301616	329027	279848	49179	1235006
2010	2169107	1811920	1083798	616257	294424	357187	307959	49228	1427124
十二五　时期									
2011	2335811	2284269	1464140	361228	206865	51542		51542	1925602
2012	2868004	2812906	1904729	481114	271820	55098		55098	2007630
2013	3514387	3458903	2195832	859221	319355	55484		55484	2334918
2014		4124975	2160389	628693	255771				3521079

6-2 各行业固定资产投资

单位：万元

指 标	本年完成投资	建筑工程	安装工程	设备工器具购置	其他费用	新建	扩建	改建
总计	4124975	1690025	104463	1850358	480129	3103397	215646	488172
农、林、牧、渔业	162282	65124	6344	66404	24410	128542		15400
农业	67060	25678	3054	28998	9330	67060		
林业								
畜牧业	49518	12166	740	25112	11500	31178		
渔业								
农、林、牧、渔服务业	45704	27280	2550	12294	3580	30304		15400
工业	2160389	341149	76537	1589629	153074	1843578	148902	128300
采矿业	8668	2550	1031	5037	50			8668
煤炭开采和洗选业	8668	2550	1031	5037	50			8668
石油和天然气开采业								
黑色金属矿采选业								
有色金属矿采选业								
非金属矿采选业								
开采辅助活动								
其他采矿业								
制造业	1942313	295762	68324	1437793	140434	1667018	128902	106784
农副食品加工业	29039	9182	1032	11825	7000	18480	10559	
食品制造业	30000			30000				
酒、饮料和精制茶制造业	92158	11671	1360	70718	8409	80165	11993	
烟草制造业								
纺织业	45000	3000	500	38500	3000	45000		
纺织服装、服饰业								
皮革、毛皮、羽毛及其制品和制鞋业	10600		200	10400		10600		
木材加工及木、竹、藤、棕、草制品业	17017	3400	335	10582	2700	17017		
家具制造业								
造纸及纸制品业	15000	4500	300	9500	700	15000		
印刷和记录媒介复制业								
文教、工美、体育和娱乐用品制造业	38400	2500	2000	33900		38400		
石油加工、炼焦及核燃料加工业	200			200		200		
化学原料及化学制品制造业	188208	23850	11935	150023	2400	180158	8050	
医药制造业	3800	1500	20	2280		3800		
化学纤维制造业	4200	1700	300	1700	500	4200		
橡胶和塑料制品业	56650	9200	1750	39900	5800	38850	17800	
非金属矿物制品业	241293	39943	17098	156902	27350	231493	9800	
黑色金属冶炼和压延加工业	98700	16230	1900	80570		18120		80580
有色金属冶炼及压延加工业	67868	10240	3570	53758	300	63600		4268
金属制品业	90390	11720	4990	70780	2900	74600	1500	13700
通用设备制造业	159865	38360	5100	101705	14700	152365		
专业设备制造业	166519	22160	7009	126050	11300	105800	59200	
汽车制造业	65600	12800	100	36540	16160	55600	10000	
铁路、船舶、航空航天和其他运输设备制造业	9020	5310		3710		9020		
电气机械及器材制造业	220460	50050	3445	140685	26280	220460		
计算机、通信和其他电子设备制造业	247400	11470	1970	223025	10935	247400		
仪器仪表制造业	1890			1890		1890		

6-2 续表

单位：万元

指 标	本年完成投资	建筑工程	安装工程	设备工器具购置	其他费用	新建	扩建	改建
其他制造业								
废弃资源综合利用业	43036	6976	3410	32650		34800		8236
金属制品、机械和设备修理业								
电力、燃气及水的生产和供应业	209408	42837	7182	146799	12590	176560	20000	12848
电力、热力生产和供应业	162600	30500	4056	117654	10390	142600	20000	
燃气生产和供应业	30443	5892	1496	20855	2200	26297		4146
水的生产和供应业	16365	6445	1630	8290		7663		8702
建筑业								
房屋建筑业								
批发和零售业	109673	65455	3649	32669	7900	98427	8216	3030
批发业	22516	10800	738	7278	3700	14300	8216	
交通运输、仓储和邮政业	146926	126497	750	4425	15254	58923		88003
铁路运输								
道路运输业	113981	100101			13880	52258		61723
仓储业	1375	576		425	374	1375		
邮政业								
住宿和餐饮业	70029	42841	2600	10738	13850	53473		16556
住宿业	53529	33941	2500	7288	9800	36973		16556
信息传输、软件和信息技术服务业	8400	3710	300	4390		8400		
电信、广播电视和卫星传输服务业	8400	3710	300	4390		8400		
互联网和相关服务								
金融业								
货币金融服务								
保险业								
房地产业	924259	734982	1125	11663	176489	590308	8580	69600
租赁和商务服务业	14000	9400	300	3200	1100	14000		
商务服务业	2000	1300			700	2000		
科学研究和技术服务业	63600	20000	640	31960	11000	63600		
研究和试验发展	63510	20000	640	31870	11000	63510		
专业技术服务业	90			90		90		
水利、环境和公共设施管理业	333390	211404	10558	63270	48158	152333	12632	164385
水利管理业	68056	42317	800	5091	19848	54976		9040
生态保护和环境治理业	9825	9465			360			9825
公共设施管理业	255509	159622	9758	58179	27950	97357	12632	145520
居民服务业、修理和其他服务业	11017	3557	500	6460	500		11017	
居民服务业								
教育	21472	18519	103	350	2500	6300	12274	2898
卫生和社会工作	40018	20498	120	15400	4000	25993	14025	
卫生	40018	20498	120	15400	4000	25993	14025	
文化、体育和娱乐业	58820	26889	937	9100	21894	58820		
广播、电视、电影和影视录音制作业								
文化艺术业	10183	5446	187	4550		10183		
公共管理、社会保障和社会组织	700			700		700		
国家机构	700			700		700		
社会保障								
国际组织								

6-3 各种分组的全

指 标	2005 年	2006 年	2007 年	2008 年
投资总额	**689481**	**788801**	**1136827**	**1349039**
按产业分				
第一产业	12840	22147	12133	19371
第二产业	327698	368962	630988	734905
其中：工业	321578	368962	630898	734905
第三产业	348943	397692	493706	594763
按登记注册类型分				
国有经济	165816	273024	295789	302092
集体经济	52656	43168	36342	122732
联营经济				
城乡个人				
股份制经济	208506	211178	528259	529104
港澳台投资经济	27598	25580	36500	50406
外商投资经济	1981			7083
私营经济	119885	101534	156031	231369
其他经济	113039	134317	83906	106253
按隶属关系分				
中央	67362	120680	17540	36072
地方	622119	668121	1119287	1312967
按资金来源分				
国家预算内资金	26866	11599	1866	580
国内贷款	156884	165580	172175	184545
利用外资	4715	1446	27000	35000
自筹资金	354941	557282	765834	991647
其他资金来源	81457	46957	83987	137267
按构成分				
建筑安装工程	478561	545608	703946	799996
设备工器具购置	152178	194576	370357	443226
其他费用	58742	48617	62524	105817
房屋建筑面积				
施工面积	2177086	2897436	4060149	5293373
其中：住宅	1335339	1659869	2532361	2588419
竣工面积	1630925	1880001	2277433	2418883
其中：住宅	969376	1154674	1314106	1177802

注：2013 2014 年不含农户投资

社会固定资产投资

单位：万元、平方米

2009年	2010年	2011年	2012年	2013年（不含农户）	2014年（不含农户）
1791969	**2169107**	**2335811**	**2868004**	**3458903**	**4124975**
51986	73571	59557	99794	94150	162282
975620	1209739	1499302	1910722	2195832	2160389
975620	1206239	1499302	1910722	2195832	2160389
764363	885797	776952	857488	1168921	1802304
389718	414223	266233	402289	410844	443107
224260	264834	200910	106020	60217	3600
5650	30820	120600	3650	2612	2950
49859	54823	59958	58178		
624744	863720	1059566	1255778	1400723	1646279
20084	4405	13500	267270	379769	80460
38875	14600	64787	9860	6070	28000
324729	375418	388190	268587	418190	630195
114050	146264	162067	496372	780478	1290384
140295	255411	87494	169887	325035	72352
1651674	1913696	2248317	2698117	3133868	4052623
9167	11743	37213	113038	158407	181361
212855	274022	266686	325460	185523	195144
28680	12703		225100	358010	142605
1231139	1590748	1770942	1913292	2579580	3516612
310128	475588	248526	263881	557757	179401
1072796	1399985	1417952	1604520	1576287	1794488
608165	612009	746482	1081551	1756532	1850358
111009	157113	171377	181933	126084	480129
6052701	5690186	7659207	17822270	8306863	8531022
3027704	2929398	3286912	3630095	3504259	4208697
3139141	2648740	2368841	10754903	1240403	2459021
1317226	957901	686641	533951	280107	1026941

6-4 固定

指标名称	2005	2006	2007	2008
投资总额	**564698**	**633151**	**908344**	**1093153**
按产业分				
第一产业	3920	2950	1250	
第二产业	285274	310049	500794	577315
第三产业	275504	320152	406300	515838
按控股情况分				
国有控股	160189	251639	287986	329512
集体控股	42613	26045	24070	151765
港澳台控股	27598	25080	36500	14906
外商控股				7083
私人及其他控股	334298	330387	559788	589887
按资金来源分				
国家预算内资金	24226	10112	1615	580
国内贷款	156884	163558	168375	183095
利用外资	4215	1100	27000	35000
自筹资金	283778	407193	548209	742303
其他资金	70721	38367	72696	132175
按隶属关系分				
中央	67362	120680	17540	36072
地方	497336	512471	890804	1057081
按构成分				
建筑安装工程	383301	448603	567223	641807
设备工器具购置	128047	147071	292941	356309
其他费用	53350	37477	48180	95037
按建设性质分				
新建	477981	516471	671550	592007
扩建	57422	29824	193829	266898
改建	26410	83521	40665	114910
新增固定资产（万元）	415065	277984	271256	1128306
房屋建筑面积（平方米）				
施工面积	1205811	1791063	2345949	3769743
#住宅	567886	723387	1259364	1555219
竣工面积	783022	908660	915403	1629253
#住宅	273223	372698	260159	714602

资产投资

单位：万元、平方米

2009年	2010年	2011年	2012年	2013年	2014年
1462942	**1811920**	**2284269**	**2812906**	**3458903**	**4124975**
10885	11400	53629	95266	94150	162282
850183	1087298	1464140	1904729	2195832	2160389
601874	713222	766500	812911	1168921	1802304
420331	651885	354667	577576	352744	513496
241590	215968	374253	228317	60217	15100
20084	2905		227700	379769	62400
33875	8600	4000		6070	28000
747062	926562	1551349	1779313	2660103	3505979
8517	10207	37213	113038	158407	181361
198645	271282	262099	320660	185523	195144
28680	12200		225100	358010	142605
1028434	1261521	1732587	1872094	2579580	3516612
155570	212450	239926	254781	557757	179401
140295	255411	87494	169887	325035	72352
1322647	1556509	2196775	2643019	3133868	4052623
818635	1125855	1382324	1563213	1576287	1794488
539905	546189	731715	1068783	1756532	1850358
104402	139876	170230	180910	126084	480129
684286	782048	1020288	1700738	2330444	3103397
407470	544761	626354	428519	425704	215646
199590	291586	352771	363698	343123	488172
1183569	1113255	1636162	2020986	2570712	2687345
5397593	5215700	7659207	17822120	8306863	8531022
2831585	2780765	3286912	3629955	3504259	4208697
2570972	2224146	2368841	10754813	1240403	2459021
1121107	842853	686641	533871	280107	1026941

6-5 民间投资完成情况

单位：万元、%

主要行业	2014 年	2013 年	增长（%）
民间投资	**3521079**	**2334918**	**50.8**
按行业分			
A 农、林、牧、渔业	154182	78750	95.8
工业	1908571	1335295	42.9
B 采矿业	8668	22678	-61.8
C 制造业	1701666	1228196	38.6
D 电力、燃气及水的生产和供应业	198237	84421	134.8
E 建筑业			
F 批发和零售业	109673	110683	-0.9
G 交通运输、仓储和邮政业	72616	44316	63.9
H 住宿和餐饮业	70029	14950	368.4
I 信息传输、软件和信息技术服务业	8400		
J 金融业			
K 房地产业	858170	500447	71.5
L 租赁和商务服务业	14000		
M 科学研究和技术服务业	63510	12890	392.7
N 水利、环境和公共设施管理业	154332	182558	-15.5
O 居民服务、修理和其他服务业	11017	7670	43.6
P 教育	14167	19370	-26.9
Q 卫生和社会工作	33075	6787	387.3
R 文化、体育和娱乐业	48637	16351	197.5
S 公共管理、社会保障和社会组织	700	4851	-85.6
T 国际组织			
本年资金来源小计	3585765	2372334	51.1
(1) 国家预算资金	5740	22908	-74.9
(2) 国内贷款	144924	96416	50.3
(3) 债券			
(4) 利用外资	52200	30000	74.0
(5) 自筹资金	3206720	2043284	56.9
(6) 其他资金来源	176181	179726	-2.0

主要统计指标解释

固定资产投资额 又称固定资产投资完成额，是以货币形式表现的在一定时期内建造和购置固定资产的工作量以及与此有关的费用的总称。它是反映固定资产投资规模、结构和发展速度的综合性指标，又是观察工程进度和考核投资效果的重要依据。

新建 一般指从无到有 平地起家 开始建设的项目。现有企业、事业、行政单位投资的项目一般不属于新建。但如有的单位原有的基础很小，经过建设后其新增加的固定资产价值超过企业、事业、行政单位原有固定资产价值(原值)三倍以上的，也应作为新建。

扩建 指在厂内或其他地点，为扩大原有产品的生产能力(或效益)或增加新的产品生产能力，而增建的生产车间(或主要工程)、分厂、独立的生产线的企业、事业单位。行政、事业单位在原单位增建业务性用房(如学校增建教学用房、医院增建门诊部、病房等)也作为扩建。

现有企业、事业单位为扩大原有主要产品生产能力或增加新的产品生产能力，增建一个或几个主要生产车间(或主要工程)、分厂，同时进行一些更新改造工程的，也应作为扩建。

改建和技术改造 指现有企业、事业单位，对原有设施进行技术改造或更新(包括相应配套的辅助性生产、生活福利设施)的建设项目。改建项目包括现有企业、事业单位为适应市场变化的需要，而改变企业的主要产品种类(如军工企业转民用产品等)的建设项目，原有产品生产作业线由于各工序(车间)之间能力不平衡，为填平补齐充分发挥原有生产能力而增建不增加本企业主要产品设计能力的车间的建设项目。技术改造是指企业、事业单位在现有基础上，用先进的技术代替落后的技术，用先进的工艺和装备代替落后的工艺和装备，以改变企业落后的技术经济面貌，实现以内涵为主的扩大再生产，达到提高产品质量、促进产品更新换代、节约能源、降低消耗、扩大生产规模、全面提高社会经济效益的目的。技术改造具体包括以下内容：机器设备和工具的更新改造；生产工艺改革、节约能源和原材料的改造；厂房建筑和公共设施的改造；保护环境进行的 三废 治理改造；劳动条件和生产环境的改造等。

本年新增固定资产 指报告期内交付使用的固定资产价值。包括本年内建成投入生产或交付使用的工程投资和达到固定资产标准的设备、工具、器具的投资及有关应摊入的费用。它是以价值形式表示的固定资产投资成果的综合性指标，可以综合反映不同时期、不同部门、不同地区的固定资产投资成果。

七、能 源

资料整理：李　焱　李金洲

简要说明

一、主要内容

本篇包括能源生产、消费及品种构成，能源生产和消费弹性系数、能源加工转换效率、单位能耗、规模以上工业分行业分品种的能源消费及用水情况等资料。

二、统计范围

能源统计范围为全社会。单位工业增加值能耗的统计范围是规模以上工业法人企业。能源加工转换效率表中，电力折算标准煤系数采用当量值计算，每千瓦小时折 0.1229 千克标准煤。

三、资料来源

能源统计数据分别来自于规模以上工业企业《能源生产、销售与库存》、《能源购进、消费及库存》及附表、《主要耗能工业企业单位产品能源消耗情况》、《工业企业用水情况》、《全社会用电量情况》等各项报表的统计年报。能源生产与消费弹性系数分别以能源生产、消费增长速度与国内生产总值增长速度相比求得。本篇资料由市统计局能源统计科编辑整理。

7-1 历年能源生产总量及构成

年份	能源生产总量（万吨标准煤）	分品种生产总量及比重			
		原煤（万吨）	比重 (%)	电力（亿千瓦时）	比重 (%)
1998	82.5	114.6	99.28	0.5	0.72
1999	74.6	103.7	99.23	0.5	0.77
2000	134.5	187.0	99.30	0.8	0.70
2001	113.0	157.4	99.50	0.5	0.50
2002	94.9	132.1	99.43	0.4	0.57
2003	210.3	293.3	99.63	0.6	0.37
2004	165.0	229.4	99.31	0.9	0.69
2005	224.4	313.1	99.69	0.6	0.31
2006	198.4	226.7	81.64	29.6	18.36
2007	204.1	234.1	81.94	30.0	18.06
2008	204.1	233.6	81.75	30.3	18.25
2009	94.8	88.1	66.42	25.9	33.58
2010	112.5	111.2	70.61	26.9	29.39
2011	105.7	92.6	62.57	32.2	37.43
2012	149.9	130.8	62.34	45.9	37.66
2013	173.7	178.1	73.23	37.8	26.77
2014	156.6	166.2	75.81	30.8	24.19

注：电力折算系数为当量值，每千瓦小时折 0.1229 千克标准煤。

7-2　历年能源生产弹性系数

年份	能源生产比上年增长(%)	电力生产比上年增长(%)	生产总值比上年增长(%)	能源生产弹性系数	电力生产弹性系数
1999	-9.5	-5.5	15.6	-0.6	-0.4
2000	80.2	14.1	9.4	8.5	1.5
2001	-16.0	-1.8	15.8	-1.0	-0.1
2002	-16.0	-4.5	14.2	-1.1	-0.3
2003	121.6	15.6	13.1	9.3	1.2
2004	-21.5	-4.2	15.5	-1.4	-0.3
2005	36.0	1425.7	19.8	1.8	72.0
2006	-11.6	45.9	16.5	-0.7	2.8
2007	2.9	2.1	18.5	0.2	0.1
2008	0.0	23.3	14.8	0.0	1.6
2009	-53.6	10.4	14.1	-3.8	0.7
2010	18.7	3.9	12.2	1.5	0.3
2011	-6.0	19.7	14.8	-0.4	1.3
2012	69.7	31.8	11.6	3.6	2.7
2013	15.9	10.6	12.0	1.3	0.9
2014	-9.9	-1.6	10.0	-1.0	-0.2

7-3　历年能源消费弹性系数

指标	能源消费比上年增长（%）	电力消费比上年增长（%）	生产总值比上年增长(%)	能源消费弹性系数	电力消费弹性系数
2006	15.1	13.5	16.5	0.9	0.8
2007	14.5	18.7	18.5	0.8	1.0
2008	7.8	22.7	14.8	0.5	1.5
2009	5.7	10.7	14.1	0.4	0.8
2010	3.8	11.7	12.2	0.3	1.0
2011	10.3	13.3	14.8	0.7	0.9
2012	7.5	11.1	11.6	0.6	1.0
2013	7.9	6.9	12.0	0.7	0.6
2014	5.3	3.3	10.0	0.5	0.3

7-4　工业企业能源购进、消费与库存情况

能源名称	计量单位	企业单位数（个）	年初库存量	购进量		消费量					年末库存量
				实物量	金额（千元）	合计	1. 工业生产消费	用于原材料	2. 非工业生产消费	合计中：运输工具消费	
原煤	吨	65	759466	11176566	6346141	11039150	11007378	3010	31772		889380
其中：无烟煤	吨	6	105169	1292648	507333	1237267	1237267				153559
炼焦烟煤	吨										
一般烟煤	吨	61	654297	9883918	5838808	9801883	9770111	3010	31772		735821
褐煤	吨										
洗精煤	吨	5	213589	4868649	4284763	4819799	4819799				262438
其它洗煤	吨	2	1430	137185	127582	138520	138520				94
煤制品	吨	1									0
焦炭	吨	6	37675	1499854	1888659	1520788	1520788				16742
其它焦化产品	吨	5	6797	54298	67655	144804	144804				1822
焦炉煤气	万立方米	21		30798	200437	40556	40553		3		
高炉煤气	万立方米	1				657424	657424				
转炉煤气	万立方米	1				36843	36843				
发生炉煤气	万立方米										
天然气（气态）	万立方米	19	5	5280	135216	5282	5230	17	52		3
液化天然气（液态）	吨	1	3								
煤层气（煤田）	万立方米	2		2044	63430	2044	2044				
原油	吨										
汽油	吨	134	5	1692	13831	1795	516		1279	770	7
煤油	吨	4	0	6	63	6	6				1
柴油	吨	37	406	6000	47738	6085	5260	10	825	69	321
燃料油	吨										
液化石油气	吨										
炼厂干气	吨										
石脑油	吨										
润滑油	吨	7	6	232	2678	229	214		15		9
石蜡	吨										
溶剂油	吨										
石油焦	吨	1	435	33	57	45	45				423
石油沥青	吨										
其它石油制品	吨										
热力	百万千焦	14		1473282	87322	1473282	1471022		2260		
电力	万千瓦时	222		578091	3580241	670853	669102		1751	1	
煤矸石用于燃料	吨										
城市垃圾用于燃料	吨										
生物质废料用于燃料	吨										
余热余压	百万千焦	2				1479575	1479575				
其它工业废料用于燃料	吨										
其他燃料	吨标准煤										
能源合计	吨标准煤	222				16246395	16216578		29816		

注：此表统计范围为规模以上工业企业。

7-4 续表

能源名称	计量单位	工业生产消费量	加工转换投入合计	火力发电	供热	原煤入洗	炼焦	加工煤制品	能源加工转换产出	回收利用
原煤	吨	10845437	10203187	8589241	168581	1392808		52557		
其中：无烟煤	吨	1222320	1208257	844253	168581	195423				
炼焦烟煤	吨									
一般烟煤	吨	9623117	8994930	7744988		1197385		52557		
褐煤	吨									
洗精煤	吨	4819799	4353960				4353960		952216	
其它洗煤	吨	138520							6030	
煤制品	吨								42046	
焦炭	吨	1497893							3341465	
其它焦化产品	吨	144804							185324	
焦炉煤气	万立方米	17655	9561	9561					49434	
高炉煤气	万立方米	657424	77875	77875						657424
转炉煤气	万立方米	36843								36843
发生炉煤气	万立方米									
天然气（气态）	万立方米	2383								
液化天然气（液态）	吨									
煤层气（煤田）	万立方米	1584								
原油	吨									
汽油	吨	86								
煤油	吨									
柴油	吨	4326								
燃料油	吨									
液化石油气	吨									
炼厂干气	吨									
石脑油	吨									
润滑油	吨	164								
石蜡	吨									
溶剂油	吨									
石油焦	吨									
石油沥青	吨									
其它石油制品	吨									
热力	百万千焦	73315							2103025	
电力	万千瓦时	441474							2203562	
煤矸石用于燃料	吨									
城市垃圾用于燃料	吨									
生物质废料用于燃料	吨									
余热余压	百万千焦	1479575	1479575	1479575						2297948
其它工业废料用于燃料	吨									
其他燃料	吨标准煤									
能源合计	吨标准煤	15569495	11486135	6445951	89196	994883	3918564	37541	7394135	1023799

注：此表统计范围为规模以上工业企业。

7–5 分品种分行业能源消费

单位：吨

指 标	原煤	无烟煤	一般烟煤	洗精煤	其他洗煤	焦炭	其他焦化产品
合 计	**11039150**	**1237267**	**9801883**	**4819799**	**138520**	**1520788**	**144804**
按轻重工业分							
轻工业	64422		64422				
重工业	10974728	1237267	9737461	4819799	138520	1520788	144804
按工业行业门类分							
采矿业	1398862	195423	1203439	1		65551	
煤炭开采和洗选业	1394298	195423	1198875	1		65551	
黑色金属矿采选业	4455		4455				
有色金属矿采选业	109		109				
制造业	850771	29010	821761	4819798	138520	1455237	144804
农副食品加工业	880		880				
食品制造业	1534		1534				
酒、饮料和精制茶制造业	7646		7646				
纺织业	61		61				
皮革、毛皮、羽毛及其制品和制鞋业							
木材加工及木、竹、藤等							
造纸及纸制品业							
石油加工、炼焦和核燃料加工业				4353960		1	85531
化学原料及化学制品制造业	36995		36995				
医药制造业	46		46				
化学纤维制造业							
橡胶和塑料制品业							
非金属矿物制品业	23503	14947	8556				
黑色金属冶炼及压延加工业	154481		154481	465838	138520	1403840	56070
有色金属冶炼及压延加工业	562239	14063	548176			51396	3203
金属制品业	5735		5735				
通用设备制造业	263		263				
专用设备制造业	124		124				
汽车制造业							
铁路、船舶、航空航天和其他运输设备制造业	87		87				
电气机械和器材制造业	1611		1611				
计算机、通信和其他电子设备制造业							
仪器仪表制造业							
其他制造业	52557		52557				
废弃资源综合利用业	3010		3010				
电力、热力、燃气及水生产和供应业	8789517	1012834	7776683				
电力、热力生产和供应业	8789517	1012834	7776683				
燃气生产和供应业							

注：此表统计范围为规模以上工业企业。

7-5 续表 1

单位：万立方米

指 标	焦炉煤气	高炉煤气	转炉煤气	天然气	煤层气（煤田）	汽油（吨）	煤油（吨）
合 计	**40556**	**657424**	**36843**	**5282**	**2044**	**1795**	**6**
按轻重工业分							
轻工业	7705			855	460	147	
重工业	32852	657424	36843	4427	1584	1647	6
按工业行业门类分							
采矿业				393		158	
煤炭开采和洗选业				393		51	
黑色金属矿采选业						85	
有色金属矿采选业						21	
制造业	40556	657424	36843	4880	2044	1200	6
农副食品加工业				12		6	
食品制造业						8	
酒、饮料和精制茶制造业				572		31	
纺织业						3	
皮革、毛皮、羽毛及其制品和制鞋业							
木材加工及木、竹、藤等						7	
造纸及纸制品业							
石油加工、炼焦和核燃料加工业	9375					60	
化学原料及化学制品制造业	87					80	
医药制造业				50		8	
化学纤维制造业						4	
橡胶和塑料制品业						22	
非金属矿物制品业	17967			879	460	221	2
黑色金属冶炼及压延加工业	2258	657424	36843	197		165	
有色金属冶炼及压延加工业	9692			2947	1584	97	
金属制品业						72	
通用设备制造业						38	
专用设备制造业						119	0
汽车制造业						11	2
铁路、船舶、航空航天和其他运输设备制造业				61		2	
电气机械和器材制造业	1178			161		205	
计算机、通信和其他电子设备制造业				2		3	2
仪器仪表制造业						2	
其他制造业						3	
废弃资源综合利用业						33	
电力、热力、燃气及水生产和供应业				9		437	
电力、热力生产和供应业				9		409	
燃气生产和供应业						28	

注：此表统计范围为规模以上工业企业。

7–5 续表 2

指标	柴油（吨）	润滑油（吨）	石油焦（吨）	其他石油制品（吨）	热力（百万千焦）	电力（万千瓦时）
合 计	**6085**	**229**	**45**		**1473282**	**670853**
按轻重工业分						
轻工业	119	4			162034	28133
重工业	5966	225	45		1311247	642720
按工业行业门类分						
采矿业	431					9376
煤炭开采和洗选业	130					7876
黑色金属矿采选业	90					1167
有色金属矿采选业	210					333
制造业	3502	229	45		1473282	569283
农副食品加工业	90				103846	2315
食品制造业						317
酒、饮料和精制茶制造业	29	4			49977	7369
纺织业					300	1200
皮革、毛皮、羽毛及其制品和制鞋业						
木材加工及木、竹、藤等						38
造纸及纸制品业					511	93
石油加工、炼焦和核燃料加工业	564				73315	24834
化学原料及化学制品制造业	117				934759	115363
医药制造业					7400	422
化学纤维制造业						327
橡胶和塑料制品业					2503	282
非金属矿物制品业	153		45			15883
黑色金属冶炼及压延加工业	1713	87				165207
有色金属冶炼及压延加工业	832	119			2260	186881
金属制品业	2	19				3254
通用设备制造业						774
专用设备制造业		0				4145
汽车制造业						470
铁路、船舶、航空航天和其他运输设备制造业						279
电气机械和器材制造业	2					13482
计算机、通信和其他电子设备制造业					298410	25810
仪器仪表制造业						45
其他制造业						152
废弃资源综合利用业						340
电力、热力、燃气及水生产和供应业	2153					92195
电力、热力生产和供应业	2153					92027
燃气生产和供应业						168

注：此表统计范围为规模以上工业企业。

7-6　分行业综合能源消费量、取水量

指 标	综合能源消费量（吨标准煤）	取水总量（万立方米）	地表水	地下水	自来水	其它水（万立方米）
合 计	**7798644**	**7191.09**	**3802.36**	**1965.62**	**396.34**	**1026.77**
按轻重工业分						
轻工业	124586	292.97		240.56	52.41	
重工业	7674058	6898.12	3802.36	1725.06	343.93	1026.77
按工业行业门类分						0
采矿业	219445	33.18	1.4	18.87	4.56	8.35
煤炭开采和洗选业	213786	11.78	1.4	3.34	0.04	7
黑色金属矿采选业	4840	13.22		7.68	4.19	
有色金属矿采选业	819	8.18		7.85	0.33	
制造业	3871578	2872.76	1027.58	1297.5	387.94	159.74
农副食品加工业	7299	33.5		25.67	7.83	
食品制造业	1485	2.67		2.15	0.52	
酒、饮料和精制茶制造业	23589	174.86		153.35	21.51	
纺织业	1523	3.77		3.63	0.14	
木材加工及木、竹、藤等	47	1.28			1.28	
印刷和记录媒介复制业	131	0.6			0.6	
石油加工、炼焦和核燃料加工业	357761	373.45	151.17	62.01	17.17	143.1
化学原料及化学制品制造业	200488	685.8	627.07	57.38	1.34	
医药制造业	1450	5.13		5.13		
化学纤维制造业	392	0.7			0.7	
橡胶和塑料制品业	432	0.58		0.16	0.42	
非金属矿物制品业	158859	50.82	0.5	47.84	2.49	
黑色金属冶炼及压延加工业	2250008	360.95	0.01	360.43	0.51	
有色金属冶炼及压延加工业	765051	788.01	243.04	516.97	11.37	16.63
金属制品业	7946	4.93		4.36	0.56	
通用设备制造业	1129	7.52		6.53	0.99	
专用设备制造业	5247	5.01		4.26	0.75	
汽车制造业	580	8.29	4.57	2.6	1.12	
铁路、船舶、航空航天和其他运输设备制造业	1212	0.97		0.64	0.33	
电气机械和器材制造业	26920	69.41	1.22	42.57	25.62	
计算机、通信和其他电子设备制造业	41909	292.47			292.47	
仪器仪表制造业	51	0.8		0.58	0.23	
其他制造业	15500	1.12		1.12		
废弃资源综合利用业	2568	0.14		0.14		
电力、热力、燃气及水生产和供应业	3707622	4285.14	2773.38	649.25	3.84	858.67
电力、热力生产和供应	3707428	4284.71	2773.38	649.25	3.41	858.67
燃气生产和供应业	194	0.43	0	0	0.43	0
燃气生产和供应业	151	0.5	0	0	0.5	

注：此表统计范围为规模以上工业企业。

7-7 工业企业用水情况

指标	数量 （万立方米）
合计	7191
1. 地表淡水	3802
2. 地下淡水	1966
3. 自来水	396
4. 海水	
5. 陆地苦咸水	
6. 矿井水	
7. 雨水	17
8. 再生水（中水）	1002
9. 海水淡化水	
10. 其他水	8
外排水量	974
重复用水量	71402

注：此表统计范围为规模以上工业企业。

7-8 能源转换效率表

单位：%

指 标	火力发电	供热	原煤入洗	炼焦	热电联产	炼焦与制气	总效率
2005	39.37	58.64	84.87	68.68	40.30	68.68	55.95
2006	39.60	70.04	86.28	72.37	40.57	72.37	59.06
2007	39.76	72.17	92.36	89.18	40.75	89.18	66.86
2008	39.96	76.76	89.62	89.94	40.56	89.94	65.39
2009	40.64	82.78	86.14	91.28	41.11	91.28	65.74
2010	40.42	79.77	86.03	92.01	41.03	92.09	64.82
2011	40.73	82.01	86.96	92.87	41.45	92.87	66.15
2012	41.00	84.80	86.60	94.50	41.60	94.50	66.20
2013	41.80	80.20	89.10	95.10	42.40	95.10	65.00
2014	42.20	80.20	87.80	94.80	43.20	94.80	65.60

注：此表统计范围为规模以上工业企业。

7-9　主要耗能工业企业单位产品能源消耗情况

指 标	计量单位	数值
吨原煤生产综合能耗	千克标准煤 / 吨	3.35
吨原煤生产耗电	千瓦时 / 吨	20.99
选煤电力单耗	千瓦时 / 吨	6.48
炼焦工序单位能耗	千克标准煤 / 吨	144.68
单位烧碱生产综合能耗 (离子膜法 30%)	千克标准煤 / 吨	365.14
单位烧碱生产耗交流电 (离子膜法 30%)	千瓦时 / 吨	2318.07
吨钢综合能耗	千克标准煤 / 吨	631.40
吨钢耗电	千瓦时 / 吨	448.86
炼铁工序单位能耗	千克标准煤 / 吨	381.49
转炉炼钢综合工序单位能耗	千克标准煤 / 吨	5.40
轧钢工序单位能耗	千克标准煤 / 吨	57.27
轧钢工序单位电力消耗	千瓦时 / 吨	107.39
吨钢耗新水	吨 / 吨	1.00
单位粗铅综合能耗	千克标准煤 / 吨	357.39
单位铅冶炼综合能耗	千克标准煤 / 吨	403.52
析出铅直流电单耗	千瓦时 / 吨	106.57
单位精锌 (电锌) 综合能耗	千克标准煤 / 吨	947.74
析出锌 (湿法) 直流电单耗	千瓦时 / 吨	2923.22
电厂火力发电标准煤耗	克标准煤 / 千瓦时	287.91
电厂火力供电标准煤耗	克标准煤 / 千瓦时	303.71
发电厂用电率	%	4.14

7-10 历年全社会用电量情况

单位：万千瓦时

指 标	2010	2011	2012	2013	2014
总 计	**596752.94**	**676141.07**	**751017.11**	**802977.93**	**829712.72**
全行业用电合计	573964.93	651577.52	721548.12	768098.89	795236.70
第一产业	4968.22	6481.80	6910.29	7192.85	7027.41
第二产业	536709.99	610022.64	676911.67	722002.72	748724.83
第三产业	32286.72	35073.08	37726.16	38903.32	39484.46
城乡居民生活用电合计	22788.01	24563.55	29468.99	34879.04	34476.02
城镇居民	7003.55	7253.21	8772.08	11145.22	10913.42
乡村居民	15784.46	17310.34	20696.91	23733.82	23562.60
全行业用电分类	573964.93	651577.52	721548.12	768098.89	795236.70
农、林、牧、渔业	4968.22	6481.80	6910.29	7192.85	7027.41
农业	1681.80	2356.05	2512.11	2443.48	2227.06
林业	58.38	68.94	81.57	81.48	55.36
畜牧业	1336.25	1689.71	1955.90	2366.07	2450.69
渔业	156.67	234.57	254.29	260.98	258.21
农、林、牧、渔服务业	1735.12	2132.53	2106.42	2040.84	2036.09
其中：排灌	1704.11	2085.11	2050.26	1965.89	1948.26
工业	535072.38	607306.82	673091.10	717540.01	744665.09
轻工业	18156.46	20048.46	23494.44	25876.42	26238.99
重工业	516915.92	587258.36	649596.66	691663.59	718426.10
采矿业	9629.21	11476.58	12828.18	12708.46	13514.89
煤炭开采和洗选业	7296.93	9076.19	9947.93	9851.85	9998.16
石油和天然气开采业	7.03	9.36	23.26	22.27	22.74
黑色金属矿采选业	215.01	242.80	270.38	262.73	167.92
有色金属矿采选业	428.89	347.92	584.40	254.47	233.14
非金属矿采选业	486.98	324.57	492.62	735.29	801.74
其他采矿业	1194.37	1475.74	1509.59	1581.85	2291.19
制造业	380739.14	447503.03	495625.73	516251.37	593124.00
食品、饮料和烟草制造业	7106.97	6208.70	7282.14	9325.45	12410.63
其中：农副食品加工业	3035.50	2551.66	3082.69	2685.78	2535.54
纺织业	2700.48	1795.24	1294.90	695.22	367.85
服装鞋帽、皮革羽绒及其制品业	135.14	159.30	124.18	125.66	212.55
木材加工及制品和家具制品业	219.00	174.53	198.71	195.72	216.27
其中：轻工业	30.81	27.62	44.39	47.91	56.68
造纸及纸制品业	1603.55	3015.52	4941.49	4429.56	2446.31
印刷业和记录媒介的复制	127.79	115.84	123.72	131.59	140.67
文体用品制造业	1.64	1.50	2.03	1.44	0.41
石油加工、炼焦及核燃料加工业	6747.91	7906.54	6115.93	9139.78	15111.31
化学原料及化学制品制造业	99486.99	122063.67	119452.51	120971.54	128579.58
其中：轻工业	243.84	233.00	166.12	135.78	118.93
其中：氯碱	94464.08	114558.90	111092.05	112760.71	118607.39
电石	1.79	1.51	0.00	0.00	0.00
黄磷	0.00	0.00	0.00	0.00	0.00
其中：肥料制造	4426.31	5846.22	6258.31	5335.03	5872.53
医药制造业	200.38	213.60	257.88	289.16	422.59
化学纤维制造业	1351.83	2057.73	1776.64	1969.87	1372.04
橡胶和塑料制品业	718.45	1008.28	1056.10	1391.27	1593.21
其中：轻工业	251.54	271.13	385.13	540.78	750.21
非金属矿物制品业	24171.16	26369.74	23505.41	25398.09	29639.63
其中：轻工业	1719.45	2095.20	1614.29	1801.22	1768.08
其中：水泥制造	9821.34	10319.46	8591.83	9410.76	10098.50

7-10 续表 1

单位：万千瓦时

指 标	2010	2011	2012	2013	2014
黑色金属冶炼及压延加工业	110844.59	118588.69	144006.85	134622.86	163240.76
其中：铁合金冶炼	53.36	36.90	30.30	23.83	40.74
有色金属冶炼及压延加工业	105543.98	135515.43	159310.97	166417.90	188575.89
其中：铝冶炼	136.75	85.22	145.93	153.65	29.00
金属制品业	1600.19	2589.97	3103.71	4548.94	4248.53
其中：轻工业	10.16	148.60	1004.31	1947.05	1415.64
通用及专用设备制造业	13894.78	14245.48	12293.34	11398.44	12800.68
其中：轻工业	5.43	48.73	10.03	0.56	0.00
交通运输、电气、电子设备制造业	2834.82	3445.29	8165.39	21150.40	27972.18
其中：轻工业	1418.12	1883.50	2067.89	884.50	1027.23
其中：交通运输设备制造业	58.01	51.73	60.59	75.19	57.29
工艺品及其他制造业	1085.74	1605.67	2241.43	3385.77	3501.00
废弃资源和废旧材料回收加工业	363.75	422.31	372.40	662.71	271.89
电力、燃气及水的生产和供应业	144704.03	148327.21	164637.19	188580.18	138026.20
电力、热力的生产和供应业	143781.39	147280.53	163560.73	187428.96	136753.95
其中：电厂生产全部耗用电量	98861.89	100124.83	118128.95	135782.44	116623.23
线路损失电量	19164.58	21785.51	19480.73	24542.52	19540.45
抽水蓄能抽水耗用电量	0.01	0.02	0.00	0.01	0.00
燃气生产和供应业	265.33	331.52	295.08	302.74	314.37
水的生产和供应业	657.31	715.16	781.38	848.48	957.88
其中：轻工业	163.59	167.58	157.87	164.90	228.17
建筑业	1637.61	2715.82	3820.57	4462.71	4059.74
交通运输、仓储和邮政业	17296.22	17683.89	16323.29	13665.39	12398.01
交通运输业	17043.72	17421.53	16055.90	13401.64	12104.86
其中：城市公共交通	9.66	9.42	7.00	6.23	9.24
其中：管道运输业	0.00	0.00	0.00	0.00	0.00
其中：电气化铁路	16314.57	16753.09	15310.31	12677.62	11561.09
仓储业	168.08	171.99	162.91	160.39	200.94
邮政业	84.42	90.37	104.48	103.36	92.20
信息传输、计算机服务和软件业	1021.56	1148.22	1324.66	1508.84	1731.98
电信和其他信息传输服务业	995.28	1124.02	1284.98	1465.71	1692.14
计算机服务和软件业	26.28	24.20	39.68	43.13	39.84
商业、住宿和餐饮业	5262.98	6251.94	7583.07	8952.93	10641.98
批发和零售业	3799.14	4558.95	5423.54	6569.74	7905.63
住宿和餐饮业	1463.84	1692.99	2159.53	2383.19	2736.35
金融、房地产、商务及居民服务业	2302.69	2728.59	3761.24	4734.16	4891.08
金融业	488.71	512.27	620.25	754.29	767.80
房地产业	311.07	553.44	1126.54	1738.91	2100.80
租赁和商务服务业、居民服务和其它服务业	1502.91	1662.88	2014.45	2240.96	2022.48
公共事业及管理组织	6403.27	7260.44	8733.90	10042.00	9821.41
科学研究、技术服务和地质勘查业	251.02	269.92	290.44	295.99	316.61
其中：地质勘查业	0.00	0.03	0.06	0.04	0.03
水利、环境和公共设施管理业	1628.49	1911.31	2349.89	2555.05	2335.14
其中：水利管理业	172.72	178.96	261.10	344.65	329.78
其中：公共照明业	1260.60	1516.70	1842.30	1960.52	1734.35
教育、文化、体育和娱乐业	1560.12	1541.35	2128.94	2882.97	3013.17
其中：教育	1135.75	1168.90	1733.61	2452.67	2551.80
卫生、社会保障和社会福利业	828.40	1024.66	1257.08	1437.43	1414.59
公共管理和社会组织、国际组织	2135.24	2513.20	2707.55	2870.56	2741.90

主要统计指标解释

能源生产总量 指一定时期内一个地区一次能源生产量的总和。该指标是观察一个地区能源生产水平、规模、构成和发展速度的总量指标。一次能源生产量包括原煤、原油、天然气、水电、核能及其他动力能（如风能、地热能等）发电量，不包括低热值燃料生产量、生物质能、太阳能等的利用和由一次能源加工转换而成的二次能源产量。

能源消费总量 指一定时期内本地区物质生产部门、非物质生产部门和生活消费的各种能源的总和。该指标是观察能源消费水平、构成和增长速度的总量指标。能源消费总量包括原煤和原油及其制品、天然气、电力，不包括低热值燃料、生物质能和太阳能等的利用。能源消费总量分为终端能源消费量、能源加工转换损失量和能源损失量三部分。

能源生产弹性系数 研究能源生产增长速度与国民经济增长速度之间关系的指标。

计算公式为：

能源生产弹性系数 = 能源生产总量年平均增长速度 / 国民经济年平均增长速度

国民经济年平均增长速度，可根据不同的目的或需要，用国民生产总值、国内生产总值等指标来计算，本年鉴是采用国内生产总值指标计算的。

能源消费弹性系数 反映能源消费增长速度与国民经济增长速度之间比例关系的指标。计算公式为：

能源消费弹性系数 = 能源消费量年平均增长速度 / 国民经济年平均增长速度

能源加工转换效率 指一定时期内能源经过加工、转换后，产出的各种能源产品的数量与同期内投入加工转换的各种能源数量的比率。该指标是观察能源加工转换装置和生产工艺先进与落后、管理水平高低等的重要指标。计算公式为：

能源加工转换效率 = 能源加工转换产出量 / 能源加工转换投入量　100%

单位 GDP 能耗 指一定时期内，一个国家或地区每生产一个单位的国内生产总值所消耗的能源。计算公式为：

单位 GDP 能耗 = 能源消耗总量 /GDP

单位 GDP 电耗 指一定时期内，一个国家或地区每生产一个单位的国内生产总值所消耗的电力。计算公式为：

单位 GDP 电耗 = 全社会用电量 /GDP

单位工业增加值能耗 指一定时期内，一个国家或地区每生产一个单位的工业增加值所消耗的能源。计算公式为：

单位工业增加值能耗 = 工业能源消耗量 / 工业增加值

八、财 政

资料整理：马艳芝　翟鹏博

简要说明

一、主要内容

本篇包括地方公共财政预算收支决算资料，财政基金预算收支决算资料，镇、街道、集聚区分级财政收支资料。

二、资料来源

本篇资料由济源市财政局提供，由市统计局综合核算科编辑整理。

8-1　地方公共财政预算收支决算情况

单位：万元

预算科目	决算数	预算科目	决算数
税收收入	269703	一般公共服务	74663
增值税	52192	外交	
营业税	66542	国防	1301
企业所得税	55514	公共安全	22928
企业所得税退税		教育	116938
个人所得税	5934	科学技术	8349
资源税	1676	文化体育与传媒	6265
固定资产投资方向调节税		社会保障和就业	55288
城市维护建设税	17590	医疗卫生	70422
房产税	9713	节能环保	28091
印花税	5160	城乡社区事务	33601
城镇土地使用税	15440	农林水事务	71260
土地增值税	12073	交通运输	34014
车船税	2819	资源勘探电力信息等事务	12300
耕地占用税	16943	商业服务业等事务	4569
契税	7610	金融监管等事务支出	192
烟叶税	497	地震灾后恢复重建支出	
其他税收收入		援助其他地区支出	611
非税收入	114395	国土资源气象等事务	6535
专项收入	15577	住房保障支出	12455
行政事业性收费收入	24237	粮油物资储备管理事务	1453
罚没收入	8452	预备费	
国有资本经营收入	207	国债还本付息支出	
国有资源（资产）有偿使用收入	59612	其他支出	27482
其他收入	6310		
本年收入合计	**384098**	**本年支出合计**	**588717**

8-2 财政基金预算收支决算情况

单位：万元

预算科目	决算数	预算科目	决算数
政府性基金收入	127358	一般公共服务	
		教育	3562
		文化体育与传媒	357
		社会保障和就业	4005
		城乡社区事务	132244
		农林水事务	885
		交通运输	7
		资源勘探电力信息等事务	336
		商业服务业等事务	260
		其他支出	2380
本年收入合计	127358	**本年支出合计**	144036
上级补助收入	16119	上解上级支出	
其中：地震灾后恢复重建补助收入			
省补助计划单列市收入		计划单列市上解省支出	
上年结余	1637	调出资金	230
调入资金		年终结余	848
1. 一般预算调入		其中：本级	
2. 财政专户管理资金调入			
3. 其他调入			
收入总计	**145114**	**支出总计**	**145114**

8-3　镇、街道、集聚区公共财政预算收入情况

单位：万元

镇、街道、集聚区	2014年	2013年	增长%
合　　计	**125744**	**110164**	**14.1**
沁园办事处	19583	16839	16.3
济水办事处	14998	13761	9.0
北海办事处	7376	6798	8.5
天坛办事处	10721	9733	10.2
玉泉办事处	8560	7584	12.9
克井镇	7318	6162	18.8
五龙口镇	7853	6931	13.3
轵城镇	5872	5089	15.4
承留镇	11374	10559	7.7
邵原镇	1808	1566	15.5
坡头镇	2417	2047	18.1
梨林镇	2062	1914	7.7
大峪镇	2115	1818	16.3
思礼镇	8986	8163	10.1
王屋镇	1930	1679	14.9
下冶镇	2529	2334	8.4
高新技术产业集聚区	3483	2886	20.7
虎岭产业集聚区	4195	2727	53.8
玉川产业集聚区	2564	1274	101.3

8-4　镇、街道、集聚区公共财政预算支出情况

单位：万元

镇、街道、集聚区	2014 年	2013 年	增长 %
合　　计	**90248**	**87270**	**3.4**
沁园办事处	10533	8808	19.6
济水办事处	9007	8696	3.6
北海办事处	3670	3745	-2.0
天坛办事处	7485	6560	14.1
玉泉办事处	6448	6327	1.9
克井镇	4578	5100	-10.2
五龙口镇	4679	4286	9.2
轵城镇	4380	4050	8.1
承留镇	7017	9810	-28.5
邵原镇	2958	2687	10.1
坡头镇	2843	2649	7.3
梨林镇	2684	3144	-14.6
大峪镇	2525	2812	-10.2
思礼镇	7030	6060	16.0
王屋镇	2683	2906	-7.7
下冶镇	3255	2825	15.2
高新技术产业集聚区	2891	3122	-7.4
虎岭产业集聚区	3735	2503	49.2
玉川产业集聚区	1847	1180	56.5

主要统计指标解释

财政收入 指国家财政参与社会产品分配所取得的收入，是实现国家职能的财力保证。公共财政预算收入主要包括税收收入和非税收入。

（1）**税收收入** 包括国内增值税、国内消费税、进口货物增值税和消费税、出口货物退增值税和消费税、营业税、企业所得税、个人所得税、资源税、城市维护建设税、房产税、印花税、城镇土地使用税、土地增值税、车船税、船舶吨税、车辆购置税、关税、耕地占用税、契税、烟叶税等。

（2）**非税收入** 包括专项收入、行政事业性收费收入、罚没收入、国有资本经营收入、国有资源（资产）有偿使用收入和其他收入。

财政支出 指国家财政将筹集起来的资金进行分配使用，以满足经济建设和各项事业的需要。公共财政预算支出主要包括：

（1）**一般公共服务** 指政府提供基本公共管理与服务的支出，包括人大事务、政协事务、政府办公厅（室）及相关机构事务、发展与改革事务、统计信息事务、财政事务、税收事务、审计事务、海关事务、人力资源事务、纪检监察事务、人口与计划生育事务、商贸事务、知识产权事务、工商行政管理事务、质量技术监督与检验检疫事务、国土资源事务、海洋管理事务、测绘事务、地震事务、气象事务、民族事务、宗教事务、港澳台侨事务、档案事务、共产党事务、民主党派及工商联事务、群众团体事务、彩票发行事务、国债事务、债券投资、其他一般公共服务支出。

（2）**国防** 指政府用于国防方面的支出，包括现役部队、预备役部队、民兵、国防科研事业、专项工程、国防动员等方面的支出。

（3）**公共安全** 指政府维护社会公共安全方面的支出，包括武装警察、公安、国家安全、检察、法院、司法行政、监狱、劳教、国家保密、缉私警察等。

（4）**教育** 指政府教育事务支出，包括教育管理、学前教育、小学教育、初中教育、普通高中教育、普通高等教育、中专教育、技校教育、职业高中教育、高等职业教育、广播电视教育、留学生教育、特殊教育、干部继续教育、教育机关服务等。

（5）**科学技术** 指用于科学技术方面的支出，包括科学技术管理事务、基础研究、应用研究、技术研究与开发、科技条件与服务、社会科学、科学技术普及、科技交流与合作等。

（6）**文化体育与传媒** 指政府在文化、文物、体育、广播影视、新闻出版等方面的支出。

（7）**社会保障和就业** 指政府在社会保障与就业方面的支出，包括社会保障和就业管理事务、民政管理事务、财政对社会保险基金的补助、补充全国社会保障基金、行政事业单位离退休、企业改革补助、就业补助、抚恤、退役安置、社会福利、残疾人事业、城市居民最低生活保障、其他城镇社会救济、农村社会救济、自然灾害生活救助、红十字事务等。

（8）**医疗卫生** 指政府在医疗卫生方面的支出，包括医疗卫生管理事务、医疗服务、社区卫生服务、医疗保障、疾病预防控制、卫生监督、妇幼保健、农村卫生、中医药等。

（9）**节能环保** 指政府节能环保的支出，包括环境保护管理事务、环境监测与监察、污染防治、自然生态保护、天然林保护工程、退耕还林、风沙荒漠治理、退牧还草、已垦草原退耕还草、能源节约利用、污染减排、可再生能源和资源综合利用等支出。

（10）**城乡社区事务** 指政府城乡社区事务支出，包括城乡社区管理事务、城乡社区规划与管理、城乡社区公共设施、城乡社区住宅、城乡社区环境卫生、建设市场管理与监督等。

（11）**农林水事务** 指政府农林水事务的支出，包括农业、林业、水利、扶贫、农业综合开发等。

（12）**交通运输** 指政府交通运输和邮政业方面的支出，包括公路运输、水路运输、铁路运输、民用航空运输、邮政业支出等。

（13）资源勘探电力信息等事务 指政府对资源勘探电力信息等事务支出，包括资源勘探业、制造业、建筑业、电力监管、工业和信息产业监管、安全生产监管、国有资产监管、支持中小企业发展和管理支出等。

（14）**商业服务业等事务** 指政府对商业服务业等事务的支出，包括商业流通事务、旅游业管理与服务、涉外发展服务支出等。

（15）**金融监管等事务** 指政府对金融保险业监管等事务方面的支出。

（16）**国土资源气象等事务** 指政府用于国土资源、海洋、测绘、地震、气象等公益服务事业方面的支出。

（17）**住房保障支出** 指政府用于住房保障方面的支出。

（18）**粮油物资储备事务** 指政府用于粮油物资储备事务方面的支出。

（19）**国债还本付息支出** 指政府在国债还本、付息、发行等方面的支出。

九、物 价

资料整理：彭会莲 许蓓蓓

简要说明

一、主要内容

本篇包括居民消费价格指数、商品零售价格指数等资料。

二、资料来源

本篇资料采用抽样调查和重点调查相结合的方法取得，即在全市选择不同区域和分布合理的地区，以及有代表性的商品作为样本，对其市场价格进行定期调查，以样本推断总体。由市统计局城市社会经济调查队编辑整理。

9-1　商品零售价格指数

单位：%

指 标	全年平均	城市	指 标	全年平均	城市
商品零售价格总指数	101.5	101.9	虾 蟹 类	101.1	101.4
一、食品	102.6	102.4	其　他	100.9	100.9
1. 粮食	103.5	102.6	8. 菜	92.2	91.6
大　米	103.9	103.9	鲜　菜	91.7	91.2
面　粉	103.2	103.2	干菜及菜制品	99.9	100.4
粮食制品	99.8	99.3	薯　类	91.3	91.4
其　他	125.4	125.8	9. 调味品	94.6	92.6
2. 淀粉及制品	97.9	98.1	食 用 盐	80.1	69.3
淀粉及制品	97.9	98.1	酱　油	104.2	103.9
3. 干豆类及豆制品	112.6	113.2	食　醋	93.8	94.5
干　豆	113.7	113.5	味　精	128.6	137.9
豆 制 品	112.1	113.0	其　他	102.9	103.9
4. 油脂	100.5	101.0	10. 糖	101.9	97.5
食用植物油	100.4	100.5	食　糖	101.7	91.4
植物油制品	101.1	101.6	糖　果	104.5	104.2
其　他	93.4	108.3	巧克力制品	94.7	94.6
5. 肉禽及其制品	97.7	98.4	糖类小食品	104.0	107.0
(1) 食用畜肉及副产品	96.0	97.0	11. 干鲜瓜果	106.7	107.1
猪　肉	94.4	94.0	鲜 瓜 果	110.0	110.4
牛　肉	104.7	104.7	干(坚)果	96.0	97.3
羊　肉	101.0	101.0	12. 糕点饼干面包	101.6	102.1
畜肉副产品	99.4	99.7	糕　点	116.8	130.6
其　他	100.0	100.0	饼　干	86.0	77.1
(2) 禽	100.1	100.2	面　包	97.9	101.7
鸡	100.1	100.3	13. 液体乳及乳制品	114.7	117.0
鸭	100.0	100.0	巴氏杀菌奶或消毒奶	117.9	119.1
其　他	97.2	95.8	酸 牛 乳	111.5	117.3
(3) 加工肉禽	102.4	101.3	乳　粉	109.6	109.0
畜肉制品	99.7	99.7	其　他	114.7	114.8
禽 制 品	105.0	103.5	14. 在外用膳食品	106.9	106.3
6. 蛋	112.6	112.4	主　食	107.9	109.7
鲜　蛋	113.5	113.5	炒　菜	100.3	100.3
蛋 制 品	99.1	99.3	地方小吃	115.6	113.9
7. 水产品	104.0	102.5	其　他	150.0	150.0
(1) 鱼	104.9	102.9	15. 其他食品	105.1	99.5
淡 水 鱼	105.2	103.0	其他食品	105.1	99.5
海 水 鱼	102.4	102.4	二、饮料、烟酒	100.2	101.2
(2) 其他水产品	101.0	101.1	1. 茶及饮料	100.0	100.5

9-1 续表 1

单位：%

指 标	全年平均	城市	指 标	全年平均	城市
(1) 茶叶	98.4	98.4	运动衫裤	112.2	109.9
茶 叶	98.4	98.4	内 衣	100.6	99.7
(2) 饮料	100.8	101.6	其 他	100.0	100.0
固体饮料	108.1	110.3	(3) 儿童服装	112.0	109.3
液体饮料	98.6	98.7	上 衣	116.0	115.4
冷冻饮品	100.0	100.0	裤 子	115.8	111.6
2. 烟草	102.1	102.4	裙 子	97.4	95.0
高档卷烟	100.0	100.0	其 他	99.3	98.0
中档卷烟	103.1	102.5	2. 鞋袜帽	101.4	101.2
其 他	100.0	100.0	(1) 鞋	101.1	101.1
3. 酒	98.6	100.7	男 鞋	100.0	100.0
白 酒	98.3	101.0	女 鞋	100.0	100.0
葡萄酒	103.7	102.1	童 鞋	106.7	106.3
啤 酒	98.2	98.8	(2) 袜子	104.6	103.4
其 他	100.8	102.1	男 袜	108.4	105.0
三、服装、鞋帽	102.7	102.0	女 袜	101.8	102.3
1. 服装	103.2	102.4	(3) 帽子	100.0	100.0
(1) 男式服装	101.4	100.7	男 帽	100.0	100.0
大 衣	100.0	100.0	女 帽	100.0	100.0
毛线衣	100.5	100.5	3. 其他	100.0	100.0
夹克衫	101.1	100.0	领 带	100.0	100.0
衬 衫	101.0	100.4	四、纺织品	105.3	101.0
T 恤衫	98.8	97.8	1. 衣着材料	101.0	97.8
裤 子	102.7	100.0	棉 布	111.3	106.1
西 服	107.0	111.0	化纤布	96.5	92.6
运动衫裤	100.1	99.6	毛 线	100.0	100.0
内 衣	90.8	89.3	其 他	100.0	100.0
羽绒衣	107.0	104.5	2. 床上用品	106.8	102.4
其 他	100.0	100.0	被 子	113.5	100.4
(2) 女式服装	102.4	102.5	床上套件	103.9	103.7
大 衣	100.0	100.0	五、家用电器及音像器材	92.0	97.3
毛线衣	100.0	100.0	1. 家庭设备	87.9	96.8
羽绒衣	102.9	100.0	洗衣机	99.2	98.9
套 装	93.9	98.9	电风扇	101.2	109.0
衬 衫	102.8	98.9	电冰箱(柜)	100.1	99.8
T 恤衫	101.5	102.6	吸排油烟机	98.1	98.4
裙 子	113.6	113.6	空调器	64.3	87.5
裤 子	99.5	99.2	热水器	109.7	116.8

9-1 续表 2

单位：%

指 标	全年平均	城市	指 标	全年平均	城市
微波炉	98.5	98.3	其 他	108.1	106.2
其 他	100.0	100.0	3. 洗涤用品	107.1	100.0
2. 文娱用耐用消费品	98.8	98.9	洗衣粉（液）	101.7	97.8
电视机	98.3	98.1	肥皂类	120.4	99.9
激光视盘机	100.0	100.0	清洁洗涤剂	103.1	105.2
摄像机	99.5	100.1	4. 其他日用品	102.4	103.1
照相机	100.0	100.0	儿童玩具	100.1	100.2
家用音响	100.4	100.5	照明器具	105.4	105.9
便携式音响	97.5	96.9	钟表眼镜及配件	101.5	101.6
其 他	100.0	100.0	日用普通饰品	100.0	100.0
3. 专业音像器材	79.0	74.7	日用皮革制品	103.8	108.0
专业音响器材	74.5	59.5	其 他	100.0	100.0
专业声像器材	85.7	93.4	八、体育娱乐用品	98.6	98.0
六、文化办公用品	99.2	99.7	1. 体育用品	96.8	95.6
纸张本册	100.8	101.1	球 类	92.0	87.7
文 具	105.3	106.0	棋 牌	100.0	100.0
电 脑	93.2	93.0	健身器材	99.0	99.8
电脑附件	99.3	100.5	2. 娱乐用品	100.7	101.2
电子存储器	100.5	100.7	游艺器材	99.9	99.9
打印机及配件	99.8	99.9	乐 器	101.2	102.0
扫描仪	102.1	101.8	九、交通、通信用品	99.2	98.8
复印机	90.5	90.8	1. 交通运输机械	99.2	98.7
计算器	100.3	100.4	轿 车	99.8	99.5
教学设备	133.1	147.2	客 车	95.9	95.9
其 他	100.0	100.0	货 车	99.6	99.6
七、日用品	102.6	102.0	其 他	101.9	105.5
1. 日用百货	103.3	105.1	2. 通信器材	99.5	99.1
自行车	100.7	100.3	固定电话机	100.0	100.0
助动自行车	101.8	102.0	移动电话机	99.4	99.0
雨 具	140.6	108.0	传真机	98.8	99.0
剃须刀具	100.0	100.0	其 他	98.4	98.4
电 池	96.5	95.7	十、家具	111.6	112.6
卫生用纸制品	119.5	125.2	柜	112.0	112.0
其 他	98.4	100.0	床	107.8	107.8
2. 日用杂品	95.3	95.8	桌	110.3	108.5
茶 具	81.2	78.8	椅	122.2	128.4
餐 具	95.1	96.6	沙 发	110.5	110.5
厨 具	100.5	100.7	其 他	104.0	109.6

9-1 续表 3

单位：%

指 标	全年平均	城市	指 标	全年平均	城市
十一、化妆品	99.3	100.2	参 考 书	100.0	100.0
护 肤 品	100.7	100.6	教育软件	99.6	99.7
美容、装饰类化妆品	100.0	100.0	2. 书报杂志	100.5	100.5
护发美容品	96.7	95.2	书 籍	100.0	100.0
洗发用品	101.4	101.8	报 纸	101.1	101.1
洗浴用品	92.9	101.3	杂 志	100.0	100.0
药物美容用品	100.1	100.0	3. 电子音像制品	98.7	102.4
十二、金银珠宝	87.2	87.6	音像光盘和视盘	105.5	110.7
金 饰 品	84.1	84.1	计算机软件	91.7	92.7
银 饰 品	100.0	100.0	十五、燃料	95.4	97.1
铂金饰品	84.8	84.1	1. 煤炭及制品	85.3	84.8
其 他	100.0	100.0	原 煤	84.5	84.5
十三、中西药品及医疗保健用品	110.2	108.9	煤 制 品	85.4	85.0
1. 医疗器具及用品	100.6	100.3	2. 石油及制品	98.1	98.3
医疗器具及用品	100.6	100.3	液化石油气	100.9	100.8
2. 中药材及中成药	116.9	116.2	管道燃气	100.0	100.0
中 药 材	120.1	114.1	汽 油	96.7	96.7
中 成 药	115.0	117.3	柴 油	96.6	96.9
3. 西药	109.0	107.6	其 他	103.6	104.0
抗菌素（抗感染药）	119.3	117.8	十六、建筑材料及五金电料	103.8	106.8
消化系统用药	102.9	103.4	1. 建筑装璜材料	98.4	98.5
呼吸系统用药	112.6	112.0	木 材	100.4	100.0
解热镇痛药	104.0	104.7	木 地 板	101.2	101.6
抗肿瘤药	88.2	88.4	钢 材	87.5	86.8
激素类药	100.8	100.5	砖	97.0	98.7
心血管系统用药	107.0	106.7	水 泥	97.7	97.7
中枢神经系统用药	111.9	109.6	涂 料	112.1	115.7
消毒防腐及创伤外科用药	106.2	107.2	板 材	104.6	103.8
泌尿系统用药	91.4	92.2	玻 璃	100.0	100.0
维生素类	106.4	106.8	粘 胶	100.1	100.1
其 他	148.1	144.4	管 材	102.8	100.0
4. 保健器具及用品	103.1	102.5	厨卫设备	103.5	107.1
保健器具	100.0	100.0	其 他	99.6	94.9
滋补保健用品	104.4	103.5	2. 五金电料	116.7	117.3
十四、书报杂志及电子出版物	100.1	100.4	五金工具	122.3	123.5
1. 教材及参考书	100.0	100.0	电工电料	118.5	119.2
工 具 书	100.0	100.0	水暖器材	111.4	111.4
教 材	100.0	100.0	其 他	100.0	100.0

9-2 居民消费价格指数

单位：%

指 标	全年平均	城市	指 标	全年平均	城市
居民消费价格总指数	**102.0**	**102.4**	其 他	100.9	100.9
非食品价格指数	101.7	102.3	8. 菜	92.1	91.6
服务项目价格指数	102.5	103.4	鲜 菜	91.6	91.2
消费品价格指数	101.8	102.1	干菜及菜制品	99.9	100.4
一、食品	102.5	102.6	薯 类	91.3	91.4
1. 粮食	103.7	102.6	9. 调味品	95.7	92.0
大 米	103.9	103.9	食用盐	85.6	69.3
面 粉	103.2	103.2	酱 油	104.5	103.9
粮食制品	100.1	99.3	食 醋	93.0	94.5
其 他	125.3	125.8	味 精	122.9	137.9
2. 淀粉及制品	98.0	98.1	其 他	102.1	103.9
淀粉及制品	98.0	98.1	10. 糖	103.9	98.6
3. 干豆类及豆制品	112.7	113.1	食 糖	107.0	91.4
干 豆	113.7	113.5	糖 果	104.6	104.2
豆制品	112.4	113.0	巧克力制品	94.8	94.6
4. 油脂	100.4	101.0	糖类小食品	104.0	107.0
食用植物油	100.3	100.5	11. 茶及饮料	99.9	100.6
植物油制品	100.9	101.6	(1) 茶叶	98.4	98.4
其 他	93.0	108.3	茶 叶	98.4	98.4
5. 肉禽及其制品	97.3	97.7	(2) 饮料	100.1	101.3
(1) 食用畜肉及副产品	95.7	96.5	固体饮料	105.3	110.3
猪 肉	94.4	94.0	液体饮料	98.4	98.7
牛 肉	104.7	104.7	冷冻饮品	100.0	100.0
羊 肉	100.9	101.0	12. 干鲜瓜果	106.4	106.7
畜肉副产品	99.6	99.7	鲜瓜果	110.0	110.4
其 他	100.0	100.0	干(坚)果	96.1	97.3
(2) 禽	98.2	97.6	13. 糕点饼干面包	101.5	102.0
鸡	99.3	100.3	糕 点	113.7	130.6
鸭	100.0	100.0	饼 干	88.8	77.1
其 他	96.1	95.8	面 包	97.9	101.7
(3) 加工肉禽	101.8	100.5	14. 液体乳及乳制品	114.9	117.0
畜肉制品	99.7	99.7	巴氏杀菌乳或灭菌乳	118.0	119.1
禽制品	105.3	103.5	酸牛乳	111.9	117.3
6. 蛋	112.8	112.9	乳 粉	109.6	109.0
鲜 蛋	113.5	113.5	其 他	114.7	114.8
蛋制品	99.0	99.3	15. 在外用膳食品	107.2	106.9
7. 水产品	106.2	102.2	主 食	108.1	109.7
(1) 鱼	109.0	102.8	炒 菜	100.3	100.3
淡水鱼	110.6	103.0	地方小吃	115.1	113.9
海水鱼	102.4	102.4	其 他	150.0	150.0
(2) 其他水产品	100.9	101.2	16. 其他食品	104.8	99.5
虾蟹类	100.9	101.4			

9-2 续表 1

单位：%

指标	全年平均	城市	指标	全年平均	城市
其他食品	104.8	99.5	化纤布	104.0	92.6
二、烟酒	100.5	101.1	毛线	100.0	100.0
1. 烟草	101.6	101.5	其他	100.0	100.0
高档卷烟	100.0	100.0	3. 鞋袜帽	101.4	101.1
中档卷烟	103.2	102.5	(1) 鞋	101.1	101.0
其他	100.0	100.0	男鞋	100.0	100.0
2. 酒	99.5	100.8	女鞋	100.0	100.0
白酒	99.6	101.0	童鞋	106.9	106.3
葡萄酒	105.1	102.1	(2) 袜子	105.0	103.4
啤酒	98.3	98.8	男袜	109.4	105.0
其他	101.4	102.1	女袜	101.7	102.3
三、衣着	102.7	102.1	(3) 帽子	100.0	100.0
1. 服装	103.2	102.5	男帽	100.0	100.0
(1) 男式服装	101.5	100.9	女帽	100.0	100.0
大衣	100.0	100.0	4. 衣着加工服务费	100.0	100.0
毛线衣	100.5	100.5	缝纫	100.0	100.0
夹克衫	100.9	100.0	清洗	100.0	100.0
衬衫	100.9	100.4	其他	100.0	100.0
T 恤衫	98.8	97.8	四、家庭设备用品及维修服务	103.0	105.8
裤子	103.0	100.0	1. 耐用消费品	99.7	104.2
西服	107.4	111.0	(1) 家具	111.2	111.7
运动衫裤	100.0	99.6	柜	112.0	112.0
内衣	90.7	89.3	床	107.8	107.8
羽绒衣	106.5	104.5	桌	111.1	108.5
其他	100.0	100.0	椅	121.1	128.4
(2) 女式服装	102.1	102.0	沙发	110.5	110.5
大衣	100.0	100.0	其他	107.2	109.6
毛线衣	100.0	100.0	(2) 家庭设备	90.4	97.6
羽绒衣	102.3	100.0	洗衣机	99.3	98.9
套装	95.0	98.9	电风扇	101.7	109.0
衬衫	102.8	98.9	电冰箱（柜）	100.1	99.8
T 恤衫	101.6	102.6	吸排油烟机	98.3	98.4
裙子	113.6	113.6	空调器	64.3	87.5
裤子	99.5	99.2	热水器	109.2	116.8
运动衫裤	111.7	109.9	微波炉	99.2	98.3
内衣	100.7	99.7	其他	100.0	100.0
其他	100.0	100.0	2. 室内装饰品	102.3	102.6
(3) 儿童服装	110.9	108.5	纺织装饰品	100.0	100.1
上衣	115.9	115.4	装饰灯具	105.1	105.9
裤子	115.2	111.6	其他	100.0	100.0
裙子	96.6	95.0	3. 床上用品	105.9	102.4
其他	98.7	98.0	被子	110.9	100.4
2. 衣着材料	105.0	99.2	床上套件	103.9	103.7
棉布	115.7	106.1	其他	104.9	102.5

9–2 续表 2

单位：%

指 标	全年平均	城市	指 标	全年平均	城市
4. 家庭日用杂品	100.2	99.8	化妆美容器具	100.0	100.0
茶 具	80.2	78.8	美容化妆品	100.0	100.0
餐 具	95.7	96.6	护肤品	100.7	100.6
厨 具	100.6	100.7	护发美容品	96.8	95.2
家用手工工具	100.0	100.0	(2) 清洁类化妆品	101.1	102.1
洗涤用品	102.2	101.5	洗发用品	101.4	101.8
其 他	107.1	106.2	洗浴用品	92.8	101.3
5. 家庭服务及加工维修服务	141.7	154.0	其 他	113.9	106.0
家庭服务	162.0	162.0	(3) 个人饰品	93.8	94.9
加工维修服务	133.0	147.8	首 饰	84.1	84.1
五、医疗保健和个人用品	106.0	106.1	皮 件	105.8	108.0
1. 医疗保健	108.6	108.1	手 表	101.4	103.1
(1) 医疗器具及用品	101.6	100.3	领 带	100.0	100.0
医疗器具及用品	101.6	100.3	其 他	100.0	100.0
(2) 中药材及中成药	116.9	115.9	(4) 个人服务	104.0	106.6
中药材	120.4	114.1	美 容	100.0	100.0
中成药	114.0	117.3	理(烫)发	109.7	116.8
(3) 西药	109.0	107.6	洗 浴	100.0	100.0
抗菌素（抗感染药）	119.3	117.8	其 他	100.0	100.0
消化系统用药	102.8	103.4	六、交通和通信	100.0	99.8
呼吸系统用药	112.5	112.0	1. 交通	100.1	99.7
解热镇痛药	104.1	104.7	(1) 交通工具	100.6	100.2
抗肿瘤药	88.2	88.4	助动自行车	101.8	102.0
激素类药	100.9	100.5	轿 车	99.5	99.5
心血管系统用药	107.0	106.7	自行车	101.6	100.3
中枢神经系统用药	112.5	109.6	其 他	100.0	100.0
消毒防腐及创伤外科用药	106.2	107.2	(2) 车用燃料及零配件	97.8	97.7
泌尿系统用药	91.7	92.2	汽 油	96.7	96.7
维生素类	106.6	106.8	柴 油	96.5	96.9
其 他	148.0	144.4	零配件	100.0	100.0
(4) 保健器具及用品	103.7	102.0	其 他	100.0	100.0
保健器具	100.0	100.0	(3) 车辆使用及维修费	103.8	103.4
滋补保健用品	105.5	103.5	保险费	100.0	100.0
(5) 医疗保健服务	106.1	107.0	停车费	115.6	129.1
挂号诊疗费	90.2	87.7	车辆修理服务费	100.3	100.0
注射费	104.0	103.7	其 他	125.7	125.7
检查费	110.2	112.7	(4) 市区公共交通费	95.9	96.1
手术费	103.3	104.4	公共汽车票	93.2	93.2
床位费	111.0	111.4	出租汽车	100.0	100.0
理疗费	100.0	100.0	其 他	100.0	100.0
化验费	100.9	100.9	(5) 城市间交通费	99.9	99.8
其 他	107.9	107.9	飞机票	100.2	100.2
2. 个人用品及服务	100.2	101.6	火车票	100.0	100.0
(1) 化妆美容用品	99.7	99.4	长途汽车	99.9	100.0

9-2 续表 3

单位：%

指 标	全年平均	城市	指 标	全年平均	城市
短途汽车	100.0	100.0	纸张本册	100.5	101.1
其 他	98.5	98.0	文 具	104.7	106.0
2. 通信	99.9	99.9	体育用品	100.0	100.0
(1) 通信工具	99.5	99.1	其 他	100.0	100.0
固定电话机	100.0	100.0	(2) 书报杂志	100.4	100.4
移动电话机	99.4	99.0	书 籍	100.0	100.0
其 他	104.1	103.2	报 纸	101.1	101.1
(2) 通信服务	100.0	100.0	杂 志	100.0	100.0
移动通信费	100.0	100.0	(3) 文娱费	100.8	101.1
市内电话费	100.0	100.0	电 影 票	100.0	100.0
长途电话费	100.0	100.0	景点门票	100.0	100.0
月 租 费	100.0	100.0	有线电视	100.3	100.6
上 网 费	100.0	100.0	健身活动	108.2	108.5
邮政邮寄	100.7	102.2	其 他	100.0	100.0
其他邮寄	100.0	100.0	4. 旅游	101.3	104.0
其 他	100.0	100.0	旅行社收费	97.7	100.0
七、娱乐教育文化用品及服务	100.1	100.9	宾馆住宿	141.3	141.4
1. 文娱用耐用消费品及服务	96.7	96.3	其他住宿	116.9	116.9
电 视 机	98.3	98.1	八、居住	99.9	100.9
激光视盘机	100.0	100.0	1. 建房及装修材料	99.9	101.5
摄 像 机	99.8	100.1	木 材	100.2	100.0
照 相 机	100.0	100.0	木 地 板	101.4	101.6
家用音响	100.2	100.5	砖	97.1	98.7
便携式音响	97.7	96.9	水 泥	97.7	97.7
电 脑	93.3	93.0	涂 料	112.5	115.7
修理服务	101.8	102.5	板 材	104.4	103.8
其 他	100.0	100.0	玻 璃	100.0	100.0
2. 教育	100.9	101.5	粘 胶	100.1	100.1
(1) 教材及参考书	100.0	100.0	厨卫设备	103.1	107.1
工 具 书	100.0	100.0	其 他	99.4	94.9
教 材	100.0	100.0	2. 住房租金	109.4	111.4
参 考 书	100.0	100.0	公房房租	100.0	100.0
教育软件	99.6	99.7	私房房租	112.6	114.5
(2) 教育服务	101.0	101.7	其他费用	100.0	100.0
学前教育	100.0	100.0	3. 自有住房	100.0	100.0
中等教育	100.0	100.0	住房估算租金	100.0	100.0
高等教育	100.0	100.0	物业管理费用	100.0	100.0
专业技能培训	100.0	100.0	维护修理费用	100.0	100.0
其 他	105.3	105.5	其 他	100.0	100.0
3. 文化娱乐类	100.9	101.3	4. 水、电、燃料	98.6	99.7
(1) 文化娱乐用品	101.4	102.1	水	102.1	102.1
乐 器	101.7	102.0	电	100.0	100.0
音像光盘和视盘	104.0	110.7	液化石油气	100.9	100.8
电子存储器	100.3	100.7	管道燃气	100.0	100.0
儿童玩具	100.1	100.2	其他燃料	85.4	85.0

主要统计指标解释

商品零售价格指数 是反映城乡商品零售价格变动趋势的一种经济指数。零售物价的调整变动直接影响到城乡居民的生活支出和国家的财政收入，影响居民购买力和市场供需平衡，影响消费与积累的比例。因此，计算零售价格指数，可以从一个侧面对上述经济活动进行观察和分析。

居民消费价格指数 是反映一定时期内城乡居民所购买的生活消费品价格和服务项目价格变动趋势和程度的相对数，是对城市居民消费价格指数和农村居民消费价格指数进行综合汇总计算的结果。利用居民消费价格指数，可以观察和分析消费品的零售价格和服务价格变动对城乡居民实际生活费支出的影响程度。

城市居民消费价格指数 是反映城市居民家庭所购买的生活消费品价格和服务项目价格变动趋势和程度的相对数。城市居民消费价格指数可以观察和分析消费品的零售价格和服务项目价格变动对职工货币工资的影响，作为研究职工生活和确定工资政策的依据。

农村居民消费价格指数 是反映农村居民家庭所购买的生活消费品价格和服务项目价格变动趋势和程度的相对数。农村居民消费价格指数可以观察农村消费品的零售价格和服务项目价格变动对农村居民生活消费支出的影响，直接反映农民生活水平的实际变化情况，为分析和研究农村居民生活问题提供依据。

农业生产资料价格指数 是反映工业、商业及其他单位和个人向农民出售农业生产资料价格变动趋势和变动程度的相对数。编制农业生产资料价格指数，目的在于掌握农业生产资料的平均价格水平，为国家制定经济政策提供依据；同时，为研究市场流通和国民经济核算提供参考依据。

工业品出厂价格指数 是反映全部工业产品出厂价格总水平的变动趋势和程度的相对数，包括工业企业售给本企业以外所有单位的各种产品和直接售给居民用于生活消费的产品。通过工业品出厂价格指数能观察出厂价格变动对工业总产值的影响。

固定资产投资价格指数 是反映固定资产投资额价格变动趋势和程度的相对数。固定资产投资额是由建筑安装工程投资完成额、设备、工器具购置投资完成额和其他费用投资完成额三部分组成的。编制固定资产投资价格指数应首先分别编制上述三部分投资的价格指数，然后采用加权算术平均法求出固定资产投资价格总指数。

编制固定资产投资价格指数可以准确地反映固定资产投资中涉及的各类商品和取费项目价格变动趋势和变动幅度，消除按现价计算的固定资产投资指标中的价格变动因素，真实地反映固定资产投资的规模、速度、结构和效益，为国家科学地制定、检查固定资产投资计划并提高宏观调控水平，为完善国民经济核算体系提供科学的、可靠的依据。

原材料、燃料和动力购进价格指数 是反映工业企业作为生产投入，而从物资交易市场和能源、原材料生产企业购买原材料、燃料和动力产品时，所支付的价格水平变动趋势和程度的统计指标，是扣除工业企业物质消耗成本中的价格变动影响的重要依据。

十、人民生活

资料整理：彭会莲　杨卫霞

简要说明

一、主要内容

本篇反映全市人民生活现状及变化情况，包括居民家庭情况、收入、消费等资料，分为城镇居民生活和农村居民生活两部分。

二、资料来源

城镇居民生活状况的数据来源于城镇住户调查，该调查采用抽样调查的方法，采用固定样本户连续记帐的调查方式，调查网点实行样本轮换制度,每三年为一个周期。调查户是按“二阶段”、“划类选点”、“等距抽样”随机抽选的。全市共抽选出调查户 80 户。由市统计局城市社会经济调查队编辑整理。

农村居民生活状况的数据来源于农村住户调查，该调查采用抽样调查的方法，共抽取了 120 个样本农户，采用调查户常年记账与一次性调查相结合的调查方式。调查网点实行样本轮换制度，每四年为一个周期。由国家统计局济源调查队编辑整理。

10-1 城市居民家庭每百户年末主要耐用消费品拥有量

指 标	单位	2001	2005	2008	2010	2011	2012	2013	2014
摩托车	辆	48.0	48.0	47.5	48.8	35.0	35.0	34.0	33.5
助力车	辆		42.0	91.3	105.0	118.8	121.3	122.5	123.0
家用汽车	辆	6.0	12.0	13.8	20.0	28.8	32.5	35.0	43.3
洗衣机	台	98.0	106.0	108.0	108.8	108.8	108.8	108.8	108.4
电冰箱	台	80.0	90.0	95.0	100.0	100.0	101.3	101.3	100.0
彩色电视机	台	120.0	136.0	146.0	150.0	152.5	156.3	156.8	152.8
家用电脑	台	8.0	42.0	61.5	76.3	88.8	90.0	91.0	95.5
组合音响	套	24.0	10.0	13.0	10.0	17.5	17.5	17.5	14.5
摄像机	架	2.0	4.0	5.0	7.5	8.8	8.8	8.8	6.5
照相机	架	50.0	50.0	54.0	58.8	60.0	60.0	60.0	54.0
钢琴	架	2.0	4.0	4.0	6.3	7.5	7.5	7.5	7.7
其他中高档乐器	件	10.0	8.0	10.0	11.3	16.3	16.3	16.3	12.4
微波炉	台	10.0	30.0	37.0	41.3	41.3	45.0	45.0	44.5
空调器	台	60.0	110.0	138.8	155.0	190.0	192.5	195.0	195.8
淋浴热水器	台	14.0	26.0	40.0	78.0	92.5	93.8	94.3	94.3
健身器材	套		6.0	4.0	6.0	7.5	8.8	9.3	8.5
普通电话	部		82.0	75.0	77.0	72.5	70.5	70.0	68.8
移动电话	部	58.0	192.0	208.8	231.3	233.8	245.0	246.3	249.5

10-2 城市居民家庭住房情况

指 标	单位	数值
住房情况		
家庭人口	人 / 户	3.30
现住房总建筑面积	平方米 / 人	43.40
房屋来源	%	
租赁住房	%	
自建住房	%	53.20
购买商品房	%	46.80
其他	%	
居住房间样式	%	
单栋楼房	%	47.30
单栋平房	%	5.90
单元房	%	46.80
其他	%	
就业人口数	人	1.94
就业状况		
雇主	%	
公职人员	%	7.6
事业单位人员	%	6.1
国有企业雇员	%	1.1
其他雇员	%	62.6
农业自营	%	6.4
非农自营	%	16.2
平均每人全年总收入	元	26011.89
# 可支配收入	元	25218.66
工资性收入	元	14456.01
经营净收入	元	9982.66
财产性收入	元	216.60
转移性收入	元	1356.61
平均每人全年总支出	元	23798.79
# 消费支出	元	18571.64

10-3 城市居民家庭现金收支情况

单位：元

指 标	数值	指 标	数值
家庭总收入	**26011.89**	医疗保健	863.96
# 可支配收入	25218.66	交通和通信	3038.60
工薪收入	14456.01	教育文化娱乐服务	2831.96
工资及补贴收入	13983.19	居住	2103.00
其他劳动收入	459.35	其他商品和服务	1260.00
从单位得到的实物收入和服务	13.47	财产性支出	131.36
经营净收入	9982.66	非生产性贷款利息支出	42.15
财产性收入	216.60	转移性支出	2694.24
利息收入	128.15	交纳所得税	62.75
股息与红利收入	37.22	捐赠支出	2244.29
其他财产性收入	51.23	购买彩票	12.38
转移性收入	1356.61	赡养支出	255.86
养老金或离退休金	784.50	各种非储蓄性保险支出	67.12
赡养收入	44.42	其他转移性支出	51.84
捐赠收入	358.70	社会保障支出	548.66
记帐补贴	181.82	个人交纳的养老基金	318.35
借贷收入	121.45	个人交纳的住房公积金	175.05
家庭总支出	**23798.79**	个人交纳的医疗基金	45.15
消费支出	18571.64	购房与建房支出	1852.89
食品	4290.59	借贷支出	1044.48
衣着	2371.95	借出款	45.14
家庭设备用品及服务	1811.00	储蓄性保险支出	189.28

10-4 城市居民家庭消费支出情况

单位：元

指 标	2001	2005	2008	2010	2011	2012	2013	2014
合 计	**4348.59**	**6108.91**	**8130.72**	**10147.08**	**12464.27**	**14594.45**	**17405.47**	**18571.64**
#服务性消费支出		1758.36	2266.82	2410.86	2938.96	3512.18	4214.61	
食品	1112.81	1807.08	2184.41	2858.40	3659.93	4130.00	4105.83	4290.59
粮食	154.21	127.60	180.24	224.66	264.28	281.91	318.37	339.70
淀粉及薯类	13.12	13.48	13.69	36.77	47.62	46.38	33.40	35.64
干豆类及豆制品	31.62	20.15	39.45	47.04	34.89	37.73	36.73	39.19
油脂类	24.97	20.10	59.53	43.50	42.39	49.70	55.32	59.03
肉禽蛋水产品类	201.34	312.18	409.44	501.50	613.95	668.80	781.35	833.70
蛋类	70.19	71.70	86.01	101.95	111.95	113.63	124.11	140.43
水产品类	16.98	8.41	13.52	24.26	25.52	28.01	30.60	32.65
蔬菜类	122.36	144.61	226.54	262.59	310.93	322.31	363.25	387.59
调味品	23.07	17.02	23.28	35.37	46.09	52.60	49.14	52.43
糖类	11.98	11.81	6.70	12.96	23.18	29.09	11.14	10.89
烟草类	43.79	80.57	60.75	80.49	75.75	97.03	181.74	170.92
酒类		37.23	27.54	45.27	66.81	49.64	55.08	52.77
饮料		38.34	42.91	46.08	64.25	85.06	127.63	144.18
干鲜瓜果类	61.95	108.79	130.19	193.20	252.10	292.18	301.48	365.68
糕点	40.43	38.01	37.02	55.00	84.10	80.62	80.47	85.86
奶及奶制品	40.82	110.62	192.85	240.50	341.96	342.76	285.98	325.14
食品加工服务费	0.68	0.06	0.60	0.15	0.29	0.08	0.20	0.21
在外饮食	159.19	561.10	698.60	876.76	1215.26	1527.50	1287.05	1373.28
衣着	590.53	698.01	981.98	1176.62	1943.96	1996.17	2176.10	2371.95
服装	434.05	525.93	723.14	877.60	1435.66	1527.66	1589.08	1732.10
衣着材料	23.46	2.66	2.53	2.80	5.37	2.07	1.04	1.13
鞋类		135.57	200.58	251.79	386.94	384.39	408.81	445.60
其他衣着用品		29.84	50.00	36.46	104.17	68.44	75.80	82.62
衣着加工服务费	10.62	4.01	5.73	7.97	11.83	13.61	1.38	5.52
家庭设备用品及服务	247.71	614.53	437.60	887.26	1084.74	1161.33	1915.51	1811.00
耐用消费品	79.87	365.17	227.22	524.20	453.22	570.19	696.20	658.22
室内装饰品	8.64	17.81	4.34	43.53	21.57	47.62	33.19	45.18
床上用品	28.82	34.99	34.92	43.85	207.97	120.78	99.13	101.35
家庭日用杂品	82.47	151.58	132.48	211.61	338.14	358.11	365.77	345.81
家具材料	5.72	21.06	18.97	34.60	10.54	3.04	1.12	12.14
家庭服务	42.19	23.74	19.67	29.47	53.32	61.59	51.23	48.43
医疗保健	351.08	472.51	963.60	610.52	748.43	852.50	713.43	863.96
药品费	265.00	257.17	259.21	290.76	295.08	385.06	391.59	431.98
交通和通讯	475.58	657.58	1731.44	2070.03	2221.56	3139.17	2287.70	3038.60
交通	235.18	241.29	1320.67	1510.45	1690.54	2450.98	1116.36	1580.07
通信	240.39	416.30	410.76	559.58	531.02	688.19	1171.34	1458.53
教育文化娱乐服务	518.58	959.04	1003.13	1119.08	1518.42	1729.28	1962.89	2831.96
文化娱乐用品		282.17	307.19	420.23	523.06	510.20	547.83	810.80
文化娱乐服务		130.69	239.19	324.98	449.19	436.89	532.93	788.14
教育	319.81	546.17	456.76	373.87	546.17	782.19	882.13	1233.02
居住	798.71	698.31	599.55	1036.61	822.81	893.46	2328.05	2103.00
住房	549.70	294.32	59.25	386.93	187.55	139.77	1330.17	1116.54
水电燃料及其他	249.01	377.91	464.77	555.97	581.83	692.55	849.18	904.29
居住服务费		26.09	75.53	93.71	53.42	61.13	148.70	82.17
其它商品和服务	253.60	202.01	229.00	388.56	464.43	692.54	815.75	1260.00
其它商品	30.60	146.84	127.08	232.02	304.95	485.76	578.40	893.34
服务	0.69	55.17	101.92	156.54	159.48	206.79	237.55	366.66

10-5　农村居民家庭每百户年末主要耐用消费品拥有情况

指 标	单位	2000	2005	2008	2010	2011	2012	2013	2014
洗衣机	台 / 百户	40.7	61.7	81.7	90.8	96.0	98.0	100.0	100.0
电冰箱	台 / 百户	16.0	25.0	45.0	69.2	83.0	89.0	93.0	94.3
空调机	台 / 百户	1.3	15.8	30.8	44.2	61.0	70.0	90.0	92.4
抽油烟机	台 / 百户			4.2	5.8	13.0	21.0	21.0	23.0
微波炉	台 / 百户	2.0	0.8	7.5	10.8	27.0	29.0	30.0	33.2
自行车	辆 / 百户	164.0	105.0	98.3	127.5	144.0	150.0	150.0	144.2
摩托车	台 / 百户	32.0	70.0	65.8	65.0	55.0	49.0	46.0	46.0
汽车 (生活用)	台 / 百户			3.3	10.0	25.0	30.0	31.0	38.2
固定电话机	部 / 百户	40.7	69.2	61.7	70.0	50.0	45.0	45.0	43.6
移动电话	部 / 百户	1.3	64.2	109.2	146.7	209.0	226.0	232.0	235.0
彩色电视机	台 / 百户	78.0	100.0	106.7	115.0	124.0	130.0	130.0	131.4
其中：接入有线电视网的	台 / 百户		38.3	56.7	72.5	102.0	110.0	110.0	110.0
黑白电视机	台 / 百户	24.7	4.2	1.7	5.0	3.0			
摄像机	台 / 百户						8.0	8.0	6.0
影碟机	台 / 百户	8.0	31.7	40.0	45.0	22.0	28.0	28.0	28.0
照相机	架 / 百户	0.7	4.2	1.7	3.3	11.0	19.0	20.0	20.8
家用计算机	台 / 百户		2.0	9.2	27.5	35.0	48.0	50.0	59.0
# 接入互联网的	台 / 百户		0.8	8.3	25.0	25.0	45.0	47.0	50.0

10-6 农村居民家庭基本情况

指 标	单位	指数
调查户数	户	40
常住人口	人	156
就业劳动力数	人	100
每百就业劳动力中受教育程度数	人	
文盲或半文盲	人	1.5
小学程度	人	16.0
初中程度	人	47.9
高中程度	人	30.1
中专	人	
大专及以上	人	4.5
拥有住房面积	平方米 / 人	50.9
拥有住房价值	元 / 平方米	986.0
实际住房结构		
钢筋混凝土结构	平方米 / 人	2.5
砖木结构	平方米 / 人	47.8
饮用水是否有管道设施		
管道供水入户	%	79.2
没有管道设施	%	20.8
主要饮用水来源		
经过净化处理的自来水	%	24.4
受保护的井水和泉水	%	75.6
住宅内厕所状况		
卫生旱厕	%	51.2
普通旱厕	%	48.8
主要炊用能源		
煤炭	%	77.3
电	%	2.0
沼气	%	20.7

10–7 农村居民家庭平均每人总支出

单位：元

指 标	2014	2013	增长
全年总支出	**15699.66**	**14412.4**	**8.9**
家庭经营费用支出	6312.12	6283.70	0.5
第一产业生产费用支出	5710.22	5668.50	0.7
# 农业生产费用支出	653.156	672.10	-2.8
牧业生产费用支出	5012	4985.40	0.5
第二产业生产费用支出	30.69	23.00	33.4
第三产业生产费用支出	571.2	592.20	-3.5
购置生产性固定资产支出	50	45.00	11.1
税费支出	19	21.00	-9.5
生活消费支出	8577.61	7395.20	16.0
食品消费支出	2513.24	2450.20	2.6
衣着消费支出	727.29	611.10	19.0
居住消费支出	1269.97	1005.40	26.3
家庭设备 . 用品及服务	702.88	606.40	15.9
交通和通讯	1929.836	1632.73	18.2
文教娱乐用品及服务	902	695.79	29.6
医疗保健	264.84	241.96	9.5
其他商品和服务	267.13	103.70	157.6
财产性支出	34.5	26.00	32.7
转移性支出	706.43	639.40	10.5

10-8 农民家庭平均每人总收入

单位：元

指 标	2014	2013	增幅(%)
全年总收入	**21981.40**	**19551.20**	**12.4**
工资性收入	6003.01	5301.00	13.2
家庭经营收入	15020.75	13443.00	11.7
第一产业收入	11641.08	10619.10	9.6
农业收入	3043.09	2568.30	18.5
林业收入	103.18	85.00	21.4
牧业收入	8438.58	7965.80	5.9
渔业收入	56.23		
第二产业收入	210.29	165.60	27.0
# 工业收入	1.25	0.66	89.4
第三产业收入	3169.38	2658.30	19.2
# 交通．运输．邮电业收入	1679.77	1395.80	20.3
批零贸易业．饮食业收入	1236.06	1087.50	13.7
社会服务业收入	199.67	175.00	14.1
其他行业收入	53.88		
财产性收入	161.07	150.00	7.4
转移性收入	796.57	657.20	21.2

10-9 农村居民家庭按收入来源分组的平均每人纯收入

指标名称	2014	2013	增幅（%）
全年纯收入	**13165.90**	**11958.00**	**10.1**
工资性收入	6003.02	5301.00	13.2
家庭经营纯收入	6395.10	5963.00	7.2
第一产业纯收入	4801.72	4475.40	7.3
农业收入	1582.46	1526.00	3.7
林业收入	81.12	64.50	25.8
牧业收入	3097.99	2884.90	7.4
渔业收入	40.15		
第二产业纯收入	122.41	109.00	12.3
# 工业收入	1.02	0.65	56.9
第三产业纯收入	1470.97	1378.60	6.7
交通 . 运输 . 邮电业收入	675.74	630.00	7.3
批零贸易业 . 饮食业收入	614.50	592.00	3.8
社会服务业收入	170.73	156.60	9.0
其他行业收入	10.00	0.00	
财产性纯收入	**161.09**	**150.00**	**7.4**
转移性纯收入	**606.48**	**544.00**	**11.5**

10-10 农村居民食品消费情况

指标名称	2010	2011	2012	2013	2014
粮食	188.55	180.65	178.10	212.53	218.9
#小麦	140.10	137.43	134.84	135.00	128.15
稻谷	15.57	11.05	9.32	9.40	10.21
玉米	29.93	28.55	28.26	28.00	29.4
薯类	0.42	0.29	0.54	0.60	3.8
豆类	0.67	2.20	4.28	4.40	5.62
油脂类	4.65	4.37	4.05	4.20	6.7
蔬菜及菜制品	97.73	100.09	117.96	119.20	120.15
瓜类	2.76	6.30	4.60	4.61	10.28
水果类	12.24	9.74	38.82	39.30	45.21
肉禽及其制品	16.87	18.29	17.74	18.20	21.69
猪肉	15.55	14.12	14.19	14.60	15.2
牛肉	0.27	0.45	0.59	0.60	1.11
羊肉	0.05	0.15	0.16	0.17	0.2
家禽	0.50	0.84	0.92	0.94	2.45
蛋类及蛋制品	5.74	6.05	7.89	8.10	14.4
奶和奶制品	7.55	7.58	21.34	22.00	11.9
水产品	0.13	0.40	0.45	0.47	1
食糖	0.59	0.97	0.97	0.97	1.4
酒类	2.63	1.90	2.74	2.70	7.8

主要统计指标解释

居民消费价格指数 是度量消费商品及服务项目价格水平随着时间而变动的相对数，反映居民家庭购买的消费品及服务价格水平的变动情况。它是宏观经济分析和决策、价格总水平监测和调控以及国民经济核算的重要指标。其按年度计算的变动率通常被用来作为反映通货膨胀（或紧缩）程度的指标。

居民消费价格内容及分类 按用途划分为8大类，包括食品、烟酒及用品、衣着、家庭设备用品及维修服务、医疗保健和个人用品、交通和通讯、娱乐教育文化用品及服务、居住等。全国确定263个基本分类。

商品零售价格指数 是反映市场商品零售价格的变动趋势和变动程度的一种经济指数。零售物价的调整变动直接影响到城乡居民的生活支出和国家的财政收入，影响居民购买力和市场供需平衡，影响消费与积累的比例。因此，计算零售价格指数，可以从一个侧面对上述经济活动进行观察和分析。

商品的零售价格 是商品在流通过程中最后一个环节的价格，是工业、商业、餐饮业和其他零售企业向城乡居民、机关团体出售生活消费品和办公用品的价格。

商品零售价格调查范围和内容 商品零售价格的调查范围涉及到各种类型的工业、商业、餐饮业和其它行业的零售商品以及农民对非农业居民出售商品的价格。包括食品、饮料烟酒、服装鞋帽、纺织品、家用电器及音像器材、文化办公及品、日用品、体育娱乐用品、交通通信用品、家具、化妆品、金银珠宝、中西药品及医疗保健用品、书报杂志及电子出版物、燃料、建筑材料及五金电料等16个大类，229个基本分类的商品零售价格。

城镇居民家庭全部收入 指被调查城镇居民家庭全部的实际收入，包括经常或固定得到的收入和一次性收入。不包括周转性收入，如提取银行存款、向亲友借款、收回借出款以及其他各种暂收款。

城镇居民家庭可支配收入 指被调查的城镇居民家庭在支付个人所得税、个人交纳的社会保障支出、记帐补贴后所余下的实际收入。

城镇居民家庭消费性支出 指被调查的城镇居民家庭用于日常生活的全部支出，包括购买商品支出和文化生活、服务等非商品性支出。不包括罚没、丢失款和缴纳的各种税款(如个人所得税、牌照税、房产税等)，也不包括个体劳动者生产经营过程中发生的各项费用。

农村居民家庭总收入 指调查期内农村住户和住户成员从各种来源渠道得到的收入总和。按收入的性质划分为工资性收入、家庭经营收入、财产性收入和转移性收入。

农村居民家庭可支配收入 指农村住户获得的经过初次分配与再分配后的收入。可支配收入可用于住户的最终消费、非义务性支出以及储蓄。

农村居民纯收入 指农村住户当年从各个来源得到的总收入相应地扣除所发生的费用后的收入总和。

十一、城市概况

资料整理：马艳芝　翟鹏博

简要说明

一、主要内容

本篇包括城市建设的规模及综合水平的资料。其中城市公用事业部分主要包括：城市建设、供水、供气、供热、市政设施、公共交通、城市绿化、环境卫生等资料。

二、资料来源

本篇资料由济源市住房和城乡建设局提供。由市统计局综合核算科编辑整理。

11-1　城市公用事业基本情况

指　标	单 位	数 量
人口和建设用地		
1. 市区面积	平方公里	1898.71
2. 市区人口	万人	70.90
3. 市区暂住人口	万人	1.62
4. 城区面积	平方公里	50.00
5. 城区人口	万人	27.43
6. 城区暂住人口	万人	1.62
7. 建成区面积	平方公里	44.19
8. 城市建设用地面积	平方公里	40.62
其中：居住用地	平方公里	14.80
公共管理与公共服务用地	平方公里	3.28
商业服务业设施用地	平方公里	2.11
工业用地	平方公里	7.16
物流仓储用地	平方公里	1.12
道路与交通设施用地	平方公里	6.62
公用设施用地	平方公里	1.88
绿地与广场用地	平方公里	3.65
9. 市区辖建制镇个数	个	11
公用设施水平		
1. 人口密度	人/平方公里	5810
2. 人均日生活用水量	升	136.94
3. 用水普及率	%	99.93
4. 燃气普及率	%	98.31
5. 建成区供水管道密度	公里/平方公里	8.29
6. 人均城市道路面积	平方米	19.12
7. 建成区排水管道密度	公里/平方公里	9.43
8. 污水处理率	%	96.70
其中：污水处理厂集中处理率	%	96.70
9. 人均公园绿地面积	平方米	12.25
10. 建成区绿化覆盖率	%	41.93
11. 建成区绿地率	%	39.26
12. 生活垃圾处理率	%	100.00
其中：生活垃圾无害化处理率	%	100.00
供水		
1. 综合生产能力	万立方米/日	8.00
#地下水	万立方米/日	8.00
2. 供水管道长度	公里	362.96
3. 供水总量	万立方米	2258.00
#售水量	万立方米	1933.80
其中：生产运营用水	万立方米	462.80
公共服务用水	万立方米	269.00
居民家庭用水	万立方米	1112.00
其他	万立方米	90.00
免费供水量	万立方米	95.20
漏损水量	万立方米	229.00
4. 用水户数	户	76003
其中：家庭用户	户	75652
5. 用水人口	万人	27.83
燃气		
1. 人工煤气		
储气能力	万立方米	10.80
供气管道长度	公里	234.33
供气总量	万立方米	5365.00
#销售气量	万立方米	5285.00
其中：居民家庭	万立方米	101.00
燃气损失量	万立方米	80.00
用气户数	户	2219
其中：家庭用户	户	2194
用气人口	万人	0.76
2. 天然气		
储气能力	万立方米	6.00
供气管道长度	公里	173.59
供气总量	万立方米	11206.00
#销售气量	万立方米	11024.00
其中：居民家庭	万立方米	1837.00
燃气损失量	万立方米	182.00
用气户数	户	80214
其中：家庭用户	户	79460
用气人口	万人	26.80
天然气汽车加气站	座	2

11-1 续表

指 标	单 位	数 量	指 标	单 位	数 量
3. 液化石油气			干污泥产生量	吨	3370
储气能力	万立方米	60.00	干污泥处置量	吨	
供气管道长度	公里		本年运行费用	万元	1896
供气总量	万立方米	680.00	4. 污水处理总量	万立方米	2902.00
# 销售气量	万立方米	680.00	5. 再生水		
其中：居民家庭	万立方米	680.00	生产能力	万立方米 / 日	5.00
燃气损失量	万立方米		利用量	万立方米	1360.00
用气户数	户	3225	管道长度	公里	19.00
其中：家庭用户	户	3225	**园林绿化**		
用气人口	万人	1.00	1. 绿化覆盖面积	公顷	1953
集中供热			其中：建成区	公顷	1853
1. 蒸汽供热能力	吨 / 小时	720.00	2. 园林绿地面积	公顷	1765
2. 蒸汽供热总量	万吉焦	297.09	其中：建成区	公顷	1735
3. 管道长度	公里	136.20	3. 公园绿地面积	公顷	356
4. 供热面积	万平方米	699.40	4. 公园个数	个	8
其中：住宅	万平方米	549.20	5. 公园面积	公顷	112
道路和桥梁			**环境卫生**		
1. 道路长度	公里	218.34	1. 道路清扫保洁面积	万平方米	421
2. 道路面积	万平方米	555.53	其中：机械化	万平方米	124
其中：人行道	万平方米	186.13	2. 生活垃圾		
3. 桥梁	座	27	清运量	万吨	16.30
4. 道路照明灯	盏	29305	处理量	万吨	16.30
5. 按照路灯的道路长度	公里	213.30	无害化处理厂数	座	1
6. 城市照明总用电量	万千瓦时	1273	其中：卫生填埋	座	1
7. 城市照明装灯总功率	千瓦	4650.00	无害化处理能力	吨 / 日	300
排水和污水处理			其中：卫生填埋	吨 / 日	300
1. 污水排放量	万立方米	3001.00	无害化处理量	万吨	16.30
2. 排水管道长度	公里	416.76	其中：卫生填埋	万吨	16.30
# 污水管道	公里	144.90	3. 生活垃圾处理厂运行费用	万元	185
雨水管道	公里	58.48	4. 粪便清运量	万吨	0.50
雨污合流管道	公里	213.38	5. 生活垃圾转运站座数	座	95
3. 污水处理厂			6. 公共厕所	座	104
座数	座	1	其中：三类以上	座	104
处理能力	万立方米 / 日	10.00	7. 市容环卫专用车辆设备数	辆	64
处理量	万立方米	2902			

11-2　国家级风景名胜区综合表

风景区名称	风景名胜区面积（平方公里）	可游览面积	游人量（万人次）	境外游人
济源市	265	265	142.30	2.60
王屋山风景名胜区	265	265	142.30	2.60

11-2　续表

风景区名称	景区资金收入（万元）	国家拨款	经营收入	门票	景区资金支出（万元）	固定资产投资支出	经营支出	维护支出
济源市	2498		2498	2498	760		760	760
王屋山风景名胜区	2498		2498	2498	760		760	760

主要统计指标解释

年末自来水生产能力 指年底城建部门管理的自来水厂和自备水源的社会单位取水、净化、送水、出厂输水干管等环节的实际生产能力。

年末供水管道长度 指从送水泵到用户水表之间所有管道的长度。

全年供水总量 指公用自来水厂和自备水源的社会单位全年的供水总量，包括有效供水量及损失水量。

生活用水量 指居民日常生活与公共福利设施的用水量，包括居民、饮食店、旅馆、医院、理发店、浴池、洗衣店、游泳池、商店、学校、机关、部队等单位的用水量。

城市人口用水普及率 指城市用水的非农业人口数（不包括临时人口和流动人口）与城市非农业人口总数之比。计算公式为：

用水普及率＝城市用水的非农业人口数／城市非农业人口数　100%

全年供气总量 指全年售给各类用户的全部煤气量，包括工业用量、家庭用量和其他用量。

城市用气普及率 指使用煤气（包括人工煤气、液化石油气、天然气）的城市非农业人口数（不包括临时人口和流动人口）与城市非农业人口总数之比。计算公式为：

城市煤气普及率＝城市用气的非农业人口数／城市非农业人口总数　100%

年底实有铺装道路长度 指除土路外，路面经过铺装宽度在3.5米以上的道路，包括高级、次高级道路和普通道路。

年末实有公共汽（电）车　指年底可参加营运的全部车辆数，包括营运车辆数和库存查封未参加营运的车辆。不包括非营运车辆，如架线车、油罐车、工程车、货车及其他专用车辆和借入的客运车辆。

公共绿地 指供游览休息的各种公园、动物园、植物园、陵园以及花园、游园和供游览休息用的林荫道绿地、广场绿地，不包括一般栽植的行道树及林荫道的面积。

十二、农林牧渔业

资料整理：杨卫霞　刘良杰

简要说明

一、主要内容

本篇包括农村基本情况、农林牧渔业总产值、农林牧渔业中间消耗、农林牧渔业增加值、农业主要产品生产情况、畜牧业生产情况等方面的资料。

二、统计范围

包括农村各种经济组织和农户经营的农林牧渔业生产活动；各种专业性农、林、牧、渔场的农业生产活动；国家各级机关、团体、学校、部队进行的农业生产活动；集体所有制的乡、镇、村办农场的农业生产活动；以及工矿企业经营的农、林、牧、渔业生产活动

三、资料来源

农村基层组织、乡村从业人员和农业生产基本情况等资料，由济源市统计局农业科整理提供。粮食产量是统计局在全市范围内统一抽选样本调查、推算。农业机械年末拥有量和农机化作业情况，由济源市农业机械管理局提供。灌溉面积情况，由济源市水利局提供。本篇资料由市统计局农业科编辑整理。

12-1 农村主

指　标	单位	1985	1990	1995	2000	2001	2002	2003
年末总人口	人	526842	579230	625131	642002	646861	652848	653070
村民委员会数	个	514	515	520	520	518	524	525
乡村户数	户	104938	119737	126339	130188	131368	134638	134971
年末乡村人口数	万人	46.52	50.27	50.02	49.88	49.99	50.50	50.60
年末乡村劳动力资源数	万人	19.47	21.71	23.13	30.56	30.06	32.26	32.35
年末耕地面积	公顷	40892	40880	40239	35120	33341	34910	34874
农林牧渔业总产值（现价）	万元	17743	51137	122021	136643	114277	123188	112398
农业产值（现价）	万元	12461	37653	74683	92955	67187	71316	52885
林业产值（现价）	万元	2005	4727	7412	9103	8205	9039	9389
牧业产值（现价）	万元	3258	8590	39545	33779	36939	40147	46032
渔业产值（现价）	万元	19	167	381	806	1949	2686	2843
农林牧渔服务业（现价）	万元						1167	1249
农林牧渔业增加值	万元	11507	31409	60013	72008	64288	73611	66927
农作物播种面积	公顷	66123	64720	62386	59359	56194	57075	54592
复种指数	%	161.7	158.1	155.0	169.0	168.5	163.5	156.5
粮食播种面积	公顷	54763	53787	53194	48446	43254	42160	38043
总产量	吨	188440	246781	211230	239028	189190	172220	166866
每公顷产量	公斤	3441	4588	3971	4934	4374	4085	4386
按农业人口平均产量	公斤	405	491	424	479	378	341	330
稻谷播种面积	公顷	1647	1173	893	868	740	757	490
总产量	吨	8160	7812	4350	6269	4965	4782	2310
小麦播种面积	公顷	28300	28133	27827	24390	20664	21217	19376
总产量	吨	90915	130817	117877	120702	94246	95573	90525
玉米播种面积	公顷	17505	18220	18792	16700	16736	15085	13621
总产量	吨	73473	81628	78461	93235	77872	63165	63654
薯类播种面积	公顷	2092	2053	1748	2174	1566	1527	1437
总产量	吨	7480	15000	5892	11085	6677	4810	6440
大豆播种面积	公顷	2582	2560	2818	3325	2879	2912	2611
总产量	吨	3860	7187	3894	6081	4642	3423	3408

注：2006、2007 年为农业普查修正数。

要经济指标

2004	2005	2006	2007	2008	2009	2010	2011	2012	2013	2014
663105	666066	668804	671538	679573	681983	683201	688827	688961	696125	700685
525	484	484	484	454	455	454	455	456	457	453
136446	133613	123682	124370	115341	117674	119407	119524	120373	120275	122027
51.50	51.60	47.80	48.00	44.65	45.05	45.75	46.26	46.54	47.20	48.30
32.70	31.90	29.80	30.51	29.00	29.36	29.81	30.18	30.32	30.64	31.62
34870	34730	34736	34800	34800	34936	34767	34520	34179	34004	33911
148274	166776	172338	198828	242005	243538	268402	309622	328845	360200	367589
69397	76276	86502	95125	99459	110308	119511	131764	142740	156848	156634
10749	12005	14166	17676	19759	18049	17362	15240	16568	20153	23623
63008	72423	64308	76333	111778	103524	118217	147998	150572	159537	160848
3690	4487	5658	7611	8686	9201	10647	11679	15812	20253	22849
1430	1585	1704	2080	2323	2456	2665	2941	3153	3409	3635
88662	99746	93709	119176	144387	145371	159795	183624	195477	214725	219692
56495	59778	59590	57320	57300	57744	57481	57425	57480	57790	55115
162.0	172.0	171.2	164.7	164.7	165.3	165.3	166.4	168.2	170.0	162.5
39006	41840	44070	40550	41360	41773	41783	41704	41788	41976	41218
179402	184100	208054	207711	214036	215837	216405	215467	221410	221661	218476
4599	4400	4721	5122	5175	5167	5179	5167	5298	5281	5300
348	391	438	433	479	479	473	466	476	470	452
481	465	310	30	20	39	13	13	13	0	0
2641	1820	1219	118	92	211	52	53	32	0	0
19299	19800	20280	18660	19270	19440	19460	19460	19500	19580	19600
95787	98000	106355	100501	105503	107146	107699	107361	109841	109961	112602
14744	17593	20140	18960	18710	19057	19304	19282	19540	19613	19730
71078	76920	93722	101341	99955	99720	100489	100641	104386	105045	100734
1452	1324	870	750	1150	1133	1109	1005	957	949	716
5023	4810	3655	2683	4959	5506	5170	4490	4425	3771	3310
2514	2057	2190	1800	1900	1773	1586	1497	1461	1486	1067
4120	2190	2744	2671	3095	2837	2582	2290	2357	2422	1604

指　标	单位	1985	1990	1995	2000	2001	2002	2003
棉花播种面积	公顷	2443	1740	2050	474	527	503	599
总产量	吨	1161	1289	994	298	364	307	388
每公顷产量	公斤	475	741	485	629	691	610	648
油料播种面积	公顷	154	2627	3191	3947	3664	3572	3009
总产量	吨	1608	5188	3968	7809	6746	4381	4783
每公顷产量	公斤	1055	1975	1243	1978	1841	1226	1587
烟叶播种面积	公顷	3498	3167	865	1318	1229	1267	1598
总产量	吨	6079	4424	533	1947	2287	1121	1535
每公顷产量	公斤	1738	1397	616	1000	1860	885	961
蔬菜总产量	吨	58360	106957	122447	192684	213226	228191	222931
水果产量	吨	5683	12114	11331	23265	26384	28543	31157
肉类总产量	吨	7251	11960	27616	24637	25116	27211	30339
当年出栏肉猪头数	万头	8.7	12.8	23.8	22.8	24.0	26.2	30.0
当年猪牛羊肉产量	吨	7054	11458	25049	21910	21973	23842	26968
绵羊毛产量	吨	5.00	11.00	142.30	69.00	65.00	84.00	83.00
年末猪存栏数	万头	17.80	17.20	23.45	21.56	22.50	23.80	25.85
年末羊存栏数	万只	5.65	4.50	9.54	13.72	13.16	13.37	13.28
年末大牲畜存栏数	万头	8.32	10.62	12.96	7.97	7.65	7.89	7.83
年末农业机械总动力	万千瓦	20.40	26.82	39.98	52.73	59.08	63.34	70.80
大中型拖拉机	台	1718	1171	1164	1628	1649	1736	1811
小型及手扶拖拉机	台	3964	7374	12262	9357	9916	10584	11104
农用排灌动力机械	万千瓦	3.32	3.78	6.62	6.87	7.95	8.22	8.89
机耕地面积	公顷	19240	23333	24477	25330	25333	25330	25330
占耕地面积	%	47.05	57.10	60.80	72.10	75.98	72.56	72.63
有效灌溉面积	公顷	22360	23420	23940	24298	23728	22449	21512
占耕地面积	%	54.70	57.30	59.50	69.20	71.20	64.30	61.68
化肥施用量（折纯量）	吨	8810	14523	21322	22392	21420	21086	21146
每公顷耕地施用量	公斤	215.0	360.0	530.0	638.0	642.0	604.0	606.0
农村用电量	万千瓦时	3416	6301	17282	17322	18051	18872	19439

续 表

2004	2005	2006	2007	2008	2009	2010	2011	2012	2013	2014
602	400	440	460	360	340	309	209	139	141	153
452	270	332	360	330	279	262	194	129	134	137
751	675	755	783	917	821	848	928	928	950	895
2886	2880	2530	2180	2020	1890	1686	1631	1659	1210	1081
5053	4971	4857	3470	3351	3200	2869	2818	2889	2021	1505
1751	1726	1920	1592	1659	1693	1702	1728	1741	1670	1392
1701	1650	1320	1550	1770	2178	2180	2386	2163	2328	1706
1661	1866	1361	1615	1844	2605	2496	2715	2832	3147	2827
976	1131	1031	1042	1042	1196	1145	1138	1309	1352	1657
247216	270269	266094	278293	290078	290721	303877	317213	335359	350450	281325
35524	40413	44050	47505	40768	43360	45344	47980	49766	39626	37327
33406	34411	36614	34900	37692	40330	46353	47383	49837	51676	53226
33.3	31.8	41.4	40.5	46.2	49.5	58.2	59.7	63.0	64.2	67.3
29606	30653	31552	30388	34455	36799	42655	43620	45759	47886	50144
69.00	64.00	19.00	37.00	39.00	40.00	41.00	41.00	41.00	40.00	37.00
28.66	27.47	34.60	36.63	40.87	41.40	41.60	42.60	44.90	44.90	47.00
11.08	10.16	4.97	5.04	4.43	4.34	4.12	4.05	3.97	3.98	4.21
8.17	7.65	3.51	3.44	3.79	3.81	3.69	3.50	3.22	3.23	3.26
77.57	86.31	94.33	99.65	100.24	102.02	105.22	107.86	109.58	110.47	111.37
1782	1879	1955	2190	2100	2450	2833	2960	3182	3404	3545
12060	13475	14253	16655	17869	16980	17462	17917	18076	18094	17978
9.91	10.74	11.98	12.27	12.63	12.83	13.02	12.38	12.50	11.70	11.70
28000	28670	28670	28670	29603	29297	30000	18778	21400	22950	23158
80.30	83.00	83.00	83.00	85.00	83.90	86.30	54.40	62.60	67.50	68.29
20773	20651	20677	20371	20349	20170	20005	20053	20173	22970	22586
59.57	59.46	59.53	58.60	58.50	57.70	57.50	58.10	59.02	67.60	66.60
21253	21983	22889	23346	20969	22388	23406	23721	24409	23997	24368
609.0	633.0	659.0	672.0	603.0	641.0	673.0	687.2	714.2	705.7	718.6
19976	20759	23275	19537	15172	16557	17023	17814	18854	19066	21462

指标	总产值（万元）													
	2001	2002	2003	2004	2005	2006	2007	2008	2009	2010	2011	2012	2013	2014
农林牧渔业总产值	114277	123188	112398	148274	166776	188430	198828	242005	243538	268402	309622	328845	360200	367589
农业产值	67187	71316	52885	69397	76276	86005	95126	99459	107335	119511	131764	142740	156848	156634
林业产值	8205	9039	9389	10749	12005	14166	17677	19759	21002	17362	15240	16568	20153	23623
牧业产值	36936	40147	46032	63008	72423	80897	76333	111778	103524	118217	147998	150572	159537	160848
渔业产值	1949	2686	2843	3690	4487	5658	7612	8686	9201	10647	11679	15812	20253	22849
服务业产值			1249	1430	1585	1704	2080	2323	2456	2665	2941	3153	3409	3635
按行政区划分														
沁园办事处	2320	2499	1526	2226	889	1102	1098	1164.52	982	805	929	1275	1380	1386
济水办事处														
北海办事处	964	1012	464	1297	698	675	866	1283.62	1002	1342	1238	1658	1787	1796
天坛办事处	2359	2548	1732	2692	2398	1466	1010	1806.33	1520	2147	2167	2087	2287	2318
玉泉办事处	9618	10650	10869	13276	15177	16194	24135	24259	15920	15836	19197	15373	16670	16732
克井镇	14907	16114	13981	17767	19721	23308	24210	25789	29783	35161	39632	46157	49883	50763
五龙口镇	10296	11223	8583	10129	11578	13463	12675	14677	16452	16909	21364	23747	25843	26104
轵城镇	19323	20999	19236	23794	27695	30761	39531	53278	48981	52875	60376	63871	69687	70510
承留镇	12695	13867	11893	15817	18318	20272	18605	20529	24730	28987	32820	34300	37271	37815
邵原镇	4634	4727	4586	8929	10334	13151	11695	16977	13906	26840	26318	20696	22954	23905
坡头镇	5229	5485	5673	7785	8929	10062	7112	10181	12369	14225	15481	17735	19491	31619
梨林镇	9574	10425	10465	13082	14639	17197	20779	23768	27300	15300	24151	28845	31312	19994
大峪镇	5035	5239	5598	7812	8871	10132	8920	12255	13483	17446	17958	22835	26082	27480
思礼乡	6904	7450	6918	8421	9676	10595	8532	9395	12500	13152	15481	16471	18260	18783
王屋乡	5897	6040	5933	7377	8481	10088	7754	10258	10825	12346	15791	15529	17036	17482
下冶乡	3535	3631	3973	6788	7691	9710	10898	15379	12966	13957	15791	17366	19269	19915
其它	987	1279	968	1082	1681	254	1008	1006	819	1074	929	900	988	988

注：本表按生产者价格计算（统计口径包括农林牧渔服务业、不包括农民家庭兼营商品性工业）.

总产值及构成情况

构成（%）													
2001	2002	2003	2004	2005	2006	2007	2008	2009	2010	2011	2012	2013	2014
100	100	100	100	100	100	100	100	100	100	100	100	100	100
58.8	57.9	42.7	46.8	45.7	45.6	47.8	41.1	44.1	44.5	42.6	43.4	43.5	42.6
7.2	7.3	8.4	7.2	7.2	7.5	8.9	8.2	8.6	6.5	4.9	5.0	5.6	6.4
32.3	32.6	41.0	42.5	43.4	42.9	38.4	46.2	42.5	44.0	47.8	45.8	44.3	43.8
1.7	2.2	2.5	2.5	2.7	3.0	3.8	3.6	3.8	4.0	3.8	4.8	5.6	6.2
		5.4	1.0	1.0	0.9	1.0	1.0	1.0	1.0	0.9	1.0	1.0	1.0
2.0	2.0	1.4	1.5	0.5	0.6	0.6	0.5	0.4	0.3	0.3	0.4	0.4	0.4
0.8	0.8	0.4	0.9	0.4	0.4	0.4	0.5	0.4	0.5	0.4	0.5	0.5	0.5
2.1	2.1	1.5	1.8	1.4	0.8	0.5	0.7	0.6	0.8	0.7	0.6	0.6	0.6
8.4	8.6	9.7	9.0	9.1	8.6	12.1	10.0	6.5	5.9	6.2	4.7	4.6	4.6
13.0	13.1	12.4	12.0	11.8	12.4	12.2	10.7	12.2	13.1	12.8	14.0	13.8	13.8
9.0	9.1	9.3	6.8	6.9	7.1	6.4	6.1	6.8	6.3	6.9	7.2	7.2	7.1
16.9	17.0	17.1	16.0	16.6	16.3	19.9	22.0	20.1	19.7	19.5	19.4	19.3	19.2
11.1	11.3	10.6	10.7	11.0	10.8	9.4	8.5	10.2	10.8	10.6	10.4	10.3	10.3
4.1	3.8	4.1	6.0	6.2	7.0	5.9	7.0	5.7	10.0	8.5	6.3	6.4	6.5
4.6	4.5	5.0	5.3	5.4	5.3	3.6	4.2	5.1	5.3	5.0	5.4	5.4	5.4
8.4	8.5	7.6	8.8	8.8	9.1	10.5	9.8	11.2	5.7	7.8	8.8	8.7	8.6
4.4	4.3	5.0	5.3	5.3	5.4	4.5	5.1	5.5	6.5	5.8	6.9	7.2	7.5
6.0	6.0	6.2	5.7	5.8	5.6	4.3	3.9	5.1	4.9	5.0	5.0	5.1	5.1
5.2	5.0	5.3	5.0	5.1	5.4	3.9	4.2	4.4	4.6	5.1	4.7	4.7	4.8
3.1	2.9	3.5	4.6	4.6	5.2	5.5	6.4	5.3	5.2	5.1	5.3	5.3	5.4
0.9	1.0	0.9	0.7	1.0	0.1	0.5	0.4	0.3	0.4	0.3	0.3	0.3	0.3

12-3 分镇农林牧渔业总产值

单位：万元

单位名称	合计	农业	林业	牧业	渔业	农林牧渔服务业
合　　计	**367589**	**156634**	**23623**	**160848**	**22849**	**3635**
克井镇	50763	13802	4001	32461	271	229
五龙口镇	26104	14846	1273	9806	54	125
轵城镇	70510	38037	2241	27133	2571	527
承留镇	37815	14152	694	19975	2165	828
邵原镇	23905	6938	4466	10512	1850	140
坡头镇	19994	7075	1538	9448	1782	152
梨林镇	31619	16360	1333	13604	72	250
大峪镇	27480	6227	1273	9857	9924	199
思礼镇	18783	8667	1613	6261	2075	167
王屋镇	17482	8110	2468	6211	45	648
下冶镇	19915	8023	2481	7338	2012	62
其　　它	23219	14396	242	8243	27	310

注：其它含五个办事处。

12-4 农林牧渔业总产值

单位：万元

指 标	现行价格		可比价格	
	本年	上年	本年	增长（%）
总产值	**367589**	**360199**	**375408**	**4.2**
一、农业产值	156634	156847	160141	2.1
（一）谷物及其他作物	61032	59434	59197	-0.4
1、谷物	48664	46817		
其中：小 麦	26574	24411		
稻 谷				
玉 米	22061	22375		
2、薯 类	1192	1207		
3、油 料	847	1220		
其中：花 生	593	901		
油菜籽	171	247		
4、豆 类	866	1337		
其中：大 豆	764	1146		
5、棉 花	229	378		
6、生 麻				
7、糖 料				
8、烟 草	6474	5702		
9、其他农作物	2761	2773		
其中：饲料作物				
（二）蔬菜、食用菌及花卉盆景园艺产品	62120	65973	65218	-1.1
1、蔬菜（含菜用瓜）	48487	55058		
2、食用菌	7016	5779		
3、花 卉	4486	3400		
4、盆景园艺	2132	1736		
（三）水果、食用坚果、茶、饮料和香料	32176	28572	35727	25
1、水果（含果用瓜）	12015	10808		
其中：苹 果	3708	3408		
梨	1148	1593		
柑 橘				
2、食用坚果	19525	17127		
其中：核桃	19520	17126		
板栗	5	1		
松子				
3、茶及饮料原料				
其中：茶叶				

12-4 续表

单位：万元

指 标	现行价格		可比价格	
	本年	上年	本年	增长（%）
4、香料原料	636	637		
其中：花椒	636	637		
八角				
（四）中草药材	1306	2868		-100
二、林业产值	23623	20153	22022	9.3
（一）林木的培育和种植	14160	11393	12600	10.6
1. 育种育苗	3557	2925		
2. 造 林	4175	3365		
3. 抚育和管理	6428	5103		
（二）竹木采运	6111	5828	6133	5.2
其中：村及村以下	1029	4954		
（三）林产品	3352	2932	3290	12.2
三、牧业产值	160848	159537	166297	4.2
（一）牲畜饲养	38670	37213	39989	7.5
1. 牛的饲养	20920	20739		
2. 羊的饲养	4012	4066		
3. 其他牲畜饲养				
4. 奶产品	13678	12143		
其中：生牛奶	13678	12143		
5. 毛绒产品	59	265		
其中：羊 毛	30	99		
山羊绒	8	121		
6. 其他牲畜副产品				
（二）猪的饲养	86328	91995	96563	5
（三）家禽饲养	30932	26050	25152	-3.4
其中：肉 禽	3087	3554		
禽 蛋	27845	22496		
（四）狩猎和捕捉动物	1280	1102	1280	16.2
（五）其他畜牧业	3639	3177	3312	4.3
其中：蚕 茧				
家 兔	1314	1196		
四、渔业产品	22849	20253	23355	15.3
其中：养殖	21020	19645		
（一）鱼 类	21751	19381	22309	15.1
（二）虾蟹类	1016	800	968	21
（三）贝 类				-100
（四）其 他	82	72	78	8.8
五、农林牧渔服务业	3635	3409	3592	5.4

12-5 农林牧渔业总产值年报计算表

指 标	单位	本期产品产量	上年同期产品产量	本期价格（元）	缩减指数（%）	产值（万元）	
						现价	可比价
农林牧渔业总产值						**367589**	**375408**
一、农业						156634	160141
（一）谷物及其他作物					103.1	61032	59197
1. 谷物						48664	
（1）小麦	吨	112602	109961	2360		26574	
（2）稻谷	吨			2480			
（3）玉米	吨	100734	105045	2190		22061	
（4）大麦	吨						
（5）谷子	吨	50	51	4050		20	
（6）高粱	吨	30	53	3000		9	
（7）其它谷物	吨						
2. 薯类（红薯）	吨	3310	3771	3600		1192	
3. 油料			2036			847	
（1）花生	吨	1111	1462	5340		593	
（2）油菜籽	吨	335	505	5090		171	
（3）芝麻	吨	44	54	15890		70	
（4）向日葵	吨	26		5000		13	
（5）其他油料作物	吨						
4. 豆类产量（必录项）	吨	1727	2780			866	
（1）大豆	吨	1604	2422	4760		764	
（2）绿豆	吨	99	157	9200		91	
（3）红小豆	吨	24	38	4800		12	
（4）其他豆	吨		163	4000			
5. 棉花（皮棉产量，必录项）	吨	137	134			229	
棉花（籽棉产量）	吨	411	482	5570		229	
6. 生麻							
（1）黄红麻	吨			4850			
（2）苎麻	吨						
（3）线麻	吨						
（4）其他麻类	吨						
7. 糖料							
（1）甘蔗	吨			1150			
（2）其他	吨						
8. 烟草						6474	
（1）烤烟叶	吨	2827	3147	22900		6474	
（2）晒烟叶	吨						
（3）其他烟叶	吨						
9. 其他农作物						2761	
（1）饲料作物	吨						
（2）谷物副产品	吨					2672	
小麦秸	吨	112602	109961	170		1914	
稻草	吨			110			
玉米秆	吨	151101	157568	50		756	

12–5　续表 1

指 标	单位	本期产品产量	上年同期产品产量	本期价格（元）	缩减指数（%）	产值（万元）	
						现价	可比价
大麦杆	吨			120			
谷子杆	吨	75	77	150		1	
高粱杆	吨	45	80	180		1	
其他谷物秸杆	吨			90			
（3）红薯藤	吨	1986	2263	70		14	
（4）油料类副产品						17	
花生蔓	吨	1444	1901	90		13	
油菜籽杆	吨	503	758	60		3	
芝麻杆	吨	132	162	70		1	
向日葵杆	吨	62		50			
其他	吨						
（5）豆秸	吨	3109	5004	70		22	
（6）棉花杆	吨	1850	2171	70		13	
（7）麻类副产品							
黄红麻杆	吨			180			
苎麻杆	吨			140			
线麻杆	吨			90			
其他麻杆	吨						
（8）烟杆						22	
烤烟杆	吨	3675	4091	60		22	
晒烟杆	吨			60			
其他烟杆	吨			60			
（9）其他		1				1	
（二）蔬菜、食用菌及花卉盆景园艺产品					95.25	62120	65218
1. 蔬菜（含菜用瓜）		281325	343985			48487	
（1）叶菜类	吨	21493	35625			3284	
芹 菜	吨	13429	26163	1460		1961	
油 菜	吨	598	766	2000		120	
菠 菜	吨	3867	4477	1810		700	
其他叶菜类	吨	3599	4219	1400		504	
（2）白菜类	吨	67477	80096			5253	
大白菜	吨	56891	72967	780		4437	
圆白菜	吨	67		800		5	
其他白菜类	吨	10519	7129	770		810	
（3）块根、块茎类	吨	56480	89820			5015	
白萝卜	吨	45577	73460	780		3555	
红萝卜	吨	10167	11246	1330		1352	
马铃薯	吨	578	716	1600		92	
其他块根块茎类	吨	158	4398	1000		16	
（4）瓜菜类	吨	39187	53719			9997	
黄瓜	吨	31106	36490	2980		9270	
其他	吨	8081	17229	900		727	
（5）菜用豆类	吨	16990	17407			6553	

12–5 续表 2

指 标	单位	本期产品产量	上年同期产品产量	本期价格（元）	缩减指数（%）	产值（万元）	
						现价	可比价
长豆角	吨	11077	11539	3000		3323	
四季豆	吨	5899	5846	5470		3227	
其他菜用豆类	吨	14	22	2600		4	
（6）茄果菜类	吨	43990	42225			10901	
茄子	吨	14998	16408	1830		2745	
西红柿	吨	24818	20436	2950		7321	
其他茄果菜类	吨	4174	5381	2000		835	
（7）葱蒜类	吨	25580	20731			5456	
大葱	吨	22524	16510	2240		5045	
蒜头	吨	3039	3314	1340		407	
其他葱蒜类	吨	17	907	2000		3	
（8）水生菜类	吨	122	482			46	
莲 藕	吨	120	481	3770		45	
其他水生菜类	吨	2	1	4000		1	
（9）其他蔬菜产量	吨	10006	3880	1980		1981	
2. 食用菌（干鲜混合）	吨	5787	6465			7016	
香菇（干重）	吨	590	532	45000		2655	
黑木耳（干重）	吨	310	91	55000		1705	
蘑菇（鲜品）	吨	3826	5589	5500		2104	
其他食用菌	吨	1061	253	5200		552	
3. 花卉						4486	
鲜切花	万枝	1350	1135	20000		2700	
盆栽花	盆	991000	952510	15.96		1582	
其他花卉		204	150	10000		204	
4. 盆景园艺		609000	620000	35		2132	
（三）水果、食用坚果、茶、饮料和香料					90.06	32176	35727
1. 水果（含果用瓜）						12015	
（1）水果	吨	37327	39626			11177	
苹果	吨	11999	13525	3090		3708	
梨	吨	4013	5401	2860		1148	
柑橘	吨			2000			
葡萄	吨	1524	174	6400		975	
红枣	吨	208	171	8030		167	
柿子	吨	4714	4841	2000		943	
桃子	吨	5580	5688	3980		2221	
猕猴桃	吨	1		2200			
其他水果	吨	9288	9826	2170		2015	
（2）果用瓜类	吨	5051	7350			837	
西瓜	吨	4070	6314	1320		537	
香瓜（甜瓜）	吨	730	1020	3260		238	
其他果用瓜	吨	251	16	2480		62	
2. 食用坚果	吨					19525	
（1）核桃	吨	7042	4893	27720		19520	

12-5 续表 3

指 标	单位	本期产品产量	上年同期产品产量	本期价格（元）	缩减指数（%）	产值（万元）	
						现价	可比价
（2）板栗	吨	8	3	5950		5	
（3）白果	吨						
（4）松子	吨						
（5）其他坚果	吨						
3. 茶及饮料原料	吨						
# 茶叶	吨			300000			
4. 香料原料	吨	289	295	22000		636	
# 花椒	吨	289	295	22000		636	
（四）中草药材	吨	3680	3631	3550		1306	
二、林业						23623	22022
（一）林木的培育和种植					112.38	14160	12600
1. 育种育苗	公顷	912	750	39000		3557	
2. 造林						4175	
人工造林	公顷	2700	2500	15000		4050	
飞播造林	公顷	1562	1434	800		125	
3. 未成林、成林抚育管理						1586	
未成林抚育	公顷	7850	7000	1500		1178	
成林抚育	公顷	3400	3100	1200		408	
4. 零星植树	万株	2380	2130	20000		4760	
5. 更新造林	公顷	550	400	1500		83	
（二）竹木采运					99.65	6111	6133
# 村及村以下	立方米	17115	16762	601		1029	
1. 木材	立方米	15838	14763	587.95		931	
2. 竹材	根			30			
3. 其他		5180	4957	10000		5180	
（三）林产品的采集					101.9	3352	3290
天然生漆	吨	7	5	63000		44	
油桐籽	吨			6000			
油茶籽	吨			10000			
乌桕籽	吨			4000			
五倍子	吨			20000			
竹笋干	吨			50000			
野生菌类	吨	40	30	7000		28	
松脂	吨						
其他林产品	吨	3280	2877	10000		3280	
三、牧业						160848	166297
（一）牲畜饲养					96.7	38670	39989
1. 牛	吨	8068	7989	25930		20920	
2. 羊	吨	1395	1325	28760		4012	
3. 其他牲畜							
马	吨			10000			
驴	吨			12000			

12-5 续表 4

指 标	单位	本期产品产量	上年同期产品产量	本期价格（元）	缩减指数（%）	产值（万元）	
						现价	可比价
骡	吨			10000			
其他牲畜	吨						
4. 奶产品	吨	34026	32040	4020		13678	
# 生牛奶	吨	34026	32040	4020		13678	
5. 毛绒产品						59	
山羊毛	吨	22	37	8200		18	
绵羊毛	吨	20	40	6000		12	
山羊绒	吨	6	11	13000		8	
其他毛绒产品	吨	21	45	10000		21	
6. 其他牲畜副产品	吨						
（二）猪的饲养	吨	66457	63314	12990	89.4	86328	96563
（三）家禽饲养					122.98	30932	25152
1. 肉禽		3400	3453			3087	
(1) 鸡	吨	2521	2443	12120		3055	
(2) 鸭	吨	29	1010	10980		32	
(3) 鹅	吨			11000			
2. 禽蛋		29000	29350			27845	
(1) 鸡蛋	吨	28792	29199	9600		27640	
(2) 鸭蛋	吨	208	151	9830		204	
(3) 鹅蛋	吨			10000			
3. 羽绒	吨						
（四）狩猎和捕捉动物		1280	1102	10000	100	1280	1280
（五）其他畜牧业					109.87	3639	3312
1. 蚕茧							
桑蚕茧	吨						
柞蚕茧	吨						
2 家兔	只	469289	469163	28		1314	
3. 蜂蜜	吨	450	400	25000		1125	
4. 其他	吨	1200	1071	10000		1200	
四、渔业						22849	23355
# 养殖	吨	17730	16887			21020	
（一）鱼类		20500	19525		97.5	21751	22309
鲢鱼	吨	3043	2898	8010		2437	
鲤鱼	吨	7389	7037	11490		8490	
鲫鱼	吨	323	308	10000		323	
草鱼	吨	3780	3619	12000		4536	
其他鱼类	吨	5965	4663	10000		5965	
（二）虾蟹类	吨	242	200	42000	105	1016	968
（三）贝类	吨			8000	114.29		
（四）其他	吨	17	15	50000	104.17	82	78
# 甲鱼	吨	17	15	48000		82	
五、农林牧渔服务业		3635	3409	10000	101.2	3635	3592

12-6 农林牧渔业中间消耗

单位：万元

指 标	数值
合 计	**147895**
一、农业中间消耗合计	63224
（一）物质消耗	58727
(1) 用种量	3605
(2) 役畜用饲料、饲草	3603
(3) 肥料	27717
(4) 燃料	6923
(5) 农药	1125
(6) 农用塑料薄膜	1037
(7) 用电量	9443
(8) 小农具购置	4500
(9) 办公用品购置	254
(10) 其 他	520
（二）生产服务支出	4497
二、林业中间消耗合计	6819
（一）物质消耗	6170
1. 用种量	1424
2. 肥 料	2091
3. 燃 料	754
4. 农 药	623
5. 用电量	882
6. 小农机具购置	252
7. 办公用品购置	79
8. 其 他	66
（二）生产服务支出	649
三、牧业中间消耗合计	68978
（一）物质消耗	65435
1. 用种量	789
2. 饲料、饲草	60574
3. 燃 料	413
4. 用电量	1272
5. 畜牧用药品	1871
6. 其 他	516
（二）生产服务支出	3543
四、渔业中间消耗合计	7602
（一）物质消耗	6957
1. 饲 料	5585
2. 燃 料	528
3. 用电量	766
4. 办公用品购置	32
5. 其 他	46
（二）生产服务支出	645
五、农林牧渔服务业中间消耗合计	1272
（一）物质消耗	1038
（二）生产服务支出	234

12-7 农林牧渔业中间消耗计算表

指 标	单位	数量	价格（元）	金额（万元）
合 计				**147895**
一、农业				63224
（一）中间物质消耗				58727
1. 用种量				3605
谷 物				2887
稻 谷	吨			
小 麦	吨	4276	3600	1539
玉 米	吨	900	14940	1345
高 粱	吨			
其他杂粮	吨	10	2600	3
豆 类	吨	180	3750	68
薯 类	吨	112	2600	29
油 料	吨			196
花 生	吨	188	9450	178
油菜籽	吨	10	5000	5
芝 麻	吨	8	13100	10
其他油料作物	吨	11	3000	3
棉 籽	吨	62	1800	11
麻 类	吨			
糖 类	吨			
烟草类	吨	8	10900	9
中药材	吨	40	9150	37
蔬菜、瓜类	吨	76	48600	369
其他用种	吨			
2. 役畜用饲料、饲草				3603
饲料用粮	吨	5505	2700	1486
饲料用油饼	吨	397	3730	148
糠 麸	吨	1942	1740	338
饲料作物	吨			
农作物秸秆	吨	56821	260	1477
饲 草	吨	5013	160	80
其 他	吨	2221	330	73
3. 肥料				27717
化学肥料	吨			21055
氮 肥	吨	55091	2150	11845
钾 肥	吨	6147	3500	2151
磷 肥	吨	29854	2000	5971
复合肥	吨	4351	2500	1088
绿 肥	吨			
饼 肥	吨	5012	3950	1980

12-7 续表 1

指 标	单位	数量	价格（元）	金额（万元）
其他肥料	吨	260144	180	4683
4. 燃料				6923
柴 油	吨	7304	7588	5542
汽 油	吨	921	8450	778
煤	吨	12054	450	542
其 他	吨	7541	80	60
5. 农药	吨	632	17800	1125
6. 农用塑料薄膜	吨	602	17220	1037
7. 用电量	万千瓦时	16862	5600	9443
8. 小农具购置费				4500
9. 办公用品购置费				254
10. 其他物质消耗				520
（二）生产服务支出				4497
1. 修理费				1136
2. 外雇运输费				591
3. 外雇排灌费				735
4. 外雇机械作业费				623
5. 技术服务费				198
6. 管理费				213
7. 保险费				209
8. 销售费				216
9. 财务费				268
10. 其它费用				308
二、林业				6819
（一）中间物质消耗				6170
1. 用种量				1424
种 籽	吨	632	9802	619
树 苗	株	587	13700	804
2. 肥料				2091
化学肥料	吨			2091
氮 肥	吨	3785	2150	814
钾 肥	吨	1793	3500	628
磷 肥	吨	2806	2000	561
复合肥	吨	354	2500	89
其他肥料	吨			
3. 燃 料				754
柴 油	吨	620	7588	470
汽 油	吨	335	8450	283
煤	吨			

12-7　续表 2

指 标	单位	数量	价格（元）	金额（万元）
其 他	吨			
4. 农 药	吨	350	17800	623
5. 用电量	万千瓦时	1575	5600	882
6. 小农机具购置费				252
7. 办公用品购置费				79
8. 其他物质消耗				66
（二）生产服务支出				649
1. 修理费				80
2. 外雇运输费				82
3. 外雇排灌费				75
4. 外雇机械作业费				45
5. 技术服务费				49
6. 管理费				67
7. 保险费				51
8. 销售费				53
9. 财务费				41
10. 其它费用				106
三、牧业				68978
（一）中间物质消耗				65435
1. 用种量				789
种 蛋	吨	578	13650	789
种 蚕	张			
其 他	吨			
2. 饲料、饲草				60574
饲料用粮	吨	187559	2700	50641
饲料用油饼	吨	5182	3730	1933
糠 麸	吨	19189	1740	3339
饲料作物	吨			
农作物秸杆	吨	170203	260	4425
饲 草	吨	2314	160	37
青饲料作物	吨	6021	330	199
其 他	吨			
3. 燃料				413
柴 油	吨	204	7588	155
汽 油	吨	284	8450	240
煤	吨	385	450	17
其 他	吨	124	80	1
4. 用电量	万千瓦时	2271	5600	1272
5. 畜牧用药品				1871

12-7 续表 3

指 标	单位	数量	价格（元）	金额（万元）
6. 其他物质消耗				516
（二）生产服务支出				3543
1. 修理费				253
2. 外雇运输费				546
3. 配种费				421
4. 防疫费				1262
5. 技术服务费				234
6. 管理费				156
7. 保险费				103
8. 销售费				241
9. 财务费				176
10. 其它费用				151
四、渔业				7602
（一）中间物质消耗				6957
1. 饲料				5585
饲料用粮	吨	8015	2750	2204
复合饲料	吨	13015	2598	3381
其 他				
2. 燃料				528
柴 油	吨	582	7588	442
汽 油	吨	102	8450	86
其 他	吨			
3. 用电量	万千瓦时	1367	5600	766
4. 办公用品购置费				32
5. 其他物质消耗				46
（二）生产服务支出				645
1. 修理费				103
2. 外雇运输费				128
3. 外雇排灌费				
4. 外雇机械作业费				58
5. 技术服务费				20
6. 管理费				33
7. 保险费				126
8. 销售费				53
9. 财务费				41
10. 其它费用				83
五、农林牧渔服务业				1272
（一）中间物质消耗				1038
（二）生产服务支出				234

12-8 农林牧渔业分项增加值

单位：万元

指 标	现行价格		可比价格	
	本年	上年	本年	增长（%）
农林牧渔业增加值	**219692**	**214725**	**223850**	**4.2**
农业增加值	93408	93537	95415	2.0
林业增加值	16804	14336	15658	9.2
牧业增加值	91870	91121	94871	4.1
渔业增加值	15247	13515	15570	15.2
农林牧渔服务业增加值	2363	2216	2336	5.4

单位	一、农村基础设施（个）						
	自来水受益村数	通汽车村数	通电话村数	乡村户数（户）	乡村人口数	#男	#女
合　计	**453**	**453**	**453**	**122027**	**483453**	**251617**	**231836**
克井镇	46	46	46	15428	61004	31477	29527
五龙口镇	31	31	31	13139	51028	25832	25196
轵城镇	69	69	69	21564	82709	42805	39904
承留镇	49	49	49	13527	55787	28631	27156
邵原镇	50	50	50	10067	39210	19984	19226
坡头镇	24	24	24	6948	27434	14266	13168
梨林镇	45	45	45	10781	42781	23522	19259
大峪镇	30	30	30	7574	28132	14468	13664
思礼镇	27	27	27	6851	31108	16080	15028
王屋镇	44	44	44	7627	30456	16026	14430
下冶镇	38	38	38	8521	33804	18526	15278

二、乡村人口与从业人员(人)

乡村按劳动力资源数	# 男	# 女	乡村从业人员数	# 男	# 农业从业人员数	# 女
316159	**168844**	**147315**	**267955**	**142902**	**74720**	**125053**
37899	20608	17291	28000	15511	9509	12489
31253	16327	14926	28821	15114	6881	13707
59235	31724	27511	51547	27466	10299	24081
34979	17595	17384	31599	16268	10727	15331
24585	12786	11799	22806	11765	7752	11041
16775	9393	7382	13894	7509	3408	6385
26990	14760	12230	24204	12845	8455	11359
16059	8437	7622	14533	7612	6312	6921
23081	12581	10500	17937	9878	6725	8059
19767	10400	9367	13890	7331	4908	6559
25536	14233	11303	20723	11603	4497	9120

镇	# 农业从业人员	1. 农村用电量（千瓦时）	2. 农用化肥使		
			合　计	氮　肥	磷　肥
合　　计	**63139**	**214621263**	**24368**	**8252**	**5186**
克 井 镇	6914	40275100	3035	957	622
五龙口镇	6606	14941999	1670.21	760.84	383.82
轵 城 镇	8890	50507000	3276	1263	590
承 留 镇	9435	21442600	1808	577	373
邵 原 镇	7509	8171448	2452	964	540
坡 头 镇	2803	11930000	924	252	120
梨 林 镇	6294	19100000	2458	1203	798
大 峪 镇	5529	7800380	901	350	260
思 礼 镇	5388	20300000	672	246	142
王 屋 镇	4338	2956736	4023	1181	937
下 冶 镇	3499	17196000	3149	498	420

续 表

三、农业主要物资消耗						
用量（折纯量）		3. 农用塑料薄膜使用量（吨）	# 地膜使用量	地　　膜覆盖面积（公顷）	4. 农用柴油使用量（吨）	5. 农药使用量（吨）
钾　肥	复合肥					
2987	**7943**	**553**	**152**	**2332**	**9496**	**500**
262	1194	24	24	1.6	515	62
150.3	375.25	61.1	16.9	10.39	568.3	30.17
432	991	128	38.8	51.73	1871	107
82	776	10.4	5.9	8.73	712	16.2
570	378	37	8.7	841.6	1867	97
92	460	53.2	9.3	69.33	652	24.7
180	277	138	3.73	4.93	611	88.5
76	215	8.3	7.2	8.07	459	20
145	139	45.5		546	477	8.4
598	1307	28.2	19.8	600.6	1059	12.2
400	1831	19.2	18.05	189.2	474.7	34

单位	农作物总播种面积	一、粮食作物		1. 夏收粮食		2. 秋收粮食	
		播种面积	总产量	播种面积	产量	播种面积	产量
合计	**55115**	**41218**	**218476**	**19600**	**112602**	**21618**	**105874**
沁园办事处	248	238	1901	119	1014	119	887
北海办事处	352	298	1898	159	1063	139	835
天坛办事处	535	523	3236	264	1643	259	1593
玉泉办事处	2693	2050	14475	1025	7287	1025	7188
克井镇	5981	4922	27365	2372	14756	2550	12609
五龙口镇	4990	4068	24133	2150	13061	1918	11072
轵城镇	11836	9017	60822	4602	32290	4415	28532
承留镇	4059	3257	14031	1607	8825	1650	5206
邵原镇	4382	2548	11197	1267	4400	1281	6797
坡头镇	2835	2437	11073	1181	4951	1256	6122
梨林镇	5104	4348	27847	2086	15183	2262	12664
大峪镇	3735	2123	8401	988	2700	1135	5701
思礼镇	2610	1907	11863	942	6598	965	5265
王屋镇	3454	2088	11793	847	4412	1241	7380
下冶镇	4276	3211	4350	1850	312	1361	4038

产品生产情况

(一)谷物合计		1. 稻谷		2. 小麦		3. 玉米		4. 谷子	
播种面积	产量	播种面积	产量	播种面积	产量	播种面积	产量	播种面积	产量
39355	**213439**			**19600**	**112602**	**19730**	**100734**	**10**	**49**
238	1901			119	1014	119	887		
268	1826			159	1063	109	763		
523	3236			264	1643	259	1593		
2050	14475			1025	7287	1025	7188		
4673	26951			2372	14756	2301	12195		
3813	23488			2150	13061	1663	10427		
8833	59890			4602	32290	4231	27600		
3089	13805			1608	8820	1481	4980		
2360	10485			1267	4400	1068	6000	10	31
2275	10277			1181	4951	1094	5326		
4119	27338			2086	15183	2033	12155		
1993	7917			989	2700	1004	5217		
1795	11678			942	6598	853	5080		
1812	10948			847	4412	965	6536		
3110	3830			1898	312	1212	3500		18

镇（办）	5. 高粱		（二）豆类合计		1. 大豆		2. 绿豆		3. 红小豆	
	播种面积	产 量	播种面积	产 量	播种面积	产 量	播种面积	产 量	播种面积	产 量
合　　计	**15**	**54**	**1147**	**1727**	**1067**	**1604**	**70**	**99**	**10**	**24**
沁园街道办事处										
北海街道办事处			30	72	30	72				
天坛街道办事处										
玉泉街道办事处										
克　井　镇			215	282	215	282				
五 龙 口 镇			247	621	242	614	5	7		
轵　城　镇			50	92	50	92				
承　留　镇			148	180	135	164	13	16		
邵　原　镇	15	54	128	370	128	370				
坡　头　镇			19	26	10	18	9	8		
梨　林　镇			188	357	183	349	3	5	2	3
大　峪　镇			26	22	16	15	10	8		
思　礼　镇			112	185						
王　屋　镇			153	215	118	177	27	30	8	9
下　冶　镇			52	210	38	172	3	26		12

续 表 1

单位：公顷 吨

（三）红著（折粮）		二、油料作物		1. 花生		2. 油菜籽		3. 芝麻		三、棉花	
播种面积	产 量	播种面积	总产量	播种面积	产 量	播种面积	产 量	播种面积	产 量	播种面积	产 量
716	**3310**	**1081**	**1505**	**674**	**1119**	**337**	**347**	**70**	**39**	**153**	**137**
34	132	9	11	9	11					8	7
8	24	219	485	210	473	6	9	3	3	10	10
134	840	47	116	36	99	11	17			35	32
20	46	81	126	57	110	8	5	16	11	18	15
60	342	90	210	90	210					50	315
143	770	176	377	140	335	17	24	19	18	23	15
41	152	76	109	43	65	33	44			97	93
104	462	167	183	85	94	59	74	23	15	122	77
		3	5	3	5					4	2
123	629	30	83	27	79			3	4		
49	310	88	278	6	50	76	210	6	18	9	59

12-10

镇（办）	四、烟叶合计		#烤烟		五、中草药材		六、蔬菜类及食用菌	
	播种面积	产量	播种面积	产量	播种面积	产量（公斤）	播种面积	产量
合计	**1706**	**2827**	**1706**	**2827**	**1120**	**6509926**	**6820**	**281325**
沁园街道办事处							10	785
北海街道办事处							54	1649
天坛街道办事处							12	158
玉泉街道办事处							502	38351
克井镇					300	2616176	427	22829
五龙口镇					50	25000	352	18818
轵城镇	9	7	9	7	67	40000	1854	63113
承留镇					35	5000000	576	23438
邵原镇	600	1800			62	825000	612	22968
坡头镇					58	44	134	2040
梨林镇							535	19812
大峪镇	240	448	240		135		730	19155
思礼镇							639	30313
王屋镇	459	595	459	595		3506	585	15158
下冶镇	398	56	398		413	200	115	5281

续 表2

七、瓜果类		1、西瓜		2、甜瓜		3、草莓		八、其他农作物面积	#青饲料面积
播种面积	产量	播种面积	产量	播种面积	产量	播种面积	产量		
207	**5051**	**155**	**4070**	**40**	**730**	**12**	**251**	**2810**	**193**
10	176					10	176	131	
								315	
4	192	4	192					288	140
								808	
56	1600	46	1300	8	225	2	75	36	7
20	540	20	540					400	
7	190	4	100	3	90				
29	584	29	584					19	13
18	135			18	135			200	
								57	
								292	32
20	610	9	330	11	280			22	1

12-11 水果及食用

镇（办）	一、园林水果产量											
	合计	1. 苹果	# 红富士苹果	# 国光苹果	2. 梨	# 雪花梨	# 鸭梨	3. 其他	# 桃子	# 猕猴桃	# 葡萄	# 红枣
合计	37327	11999	8872	710	4013		1200	21315	5580	1	1524	208
北海街道办事处												
天坛街道办事处												
克井镇	964	600	600					364	213		95	
五龙口镇	5558	2413	1550	700	1770			1375	806		315	
轵城镇	3111	523	523		509			2079	609		480	65
承留镇	1842	193	193					1649	700		150	
邵原镇	4163	2605	800					1558	1330			
坡头镇	192	21	21					171	20		12	
梨林镇	2444	935	935		1200		1200	309	214		60	35
大峪镇	1681	26			85			1570	80		140	
思礼镇	2463	397			183			1883	962		270	108
王屋镇	7739	4241	4241		254			3244	620			
下冶镇	7172	46	9	10	12			7114	27	1	2	

坚果生产情况

单位：公顷、吨

	二、食用坚果		三、年末果园面积						
#柿子	合计	#核桃	合　计	#苹果园	#梨　园	#桃　园	#葡萄园	#枣园	#柿园
4714	**8304**	**8254**	**4097**	**443**	**239**	**236**	**73**	**40**	**343**
	23	23							
	182	182	51	20		7	22	95	
5	124	124	309	55	95	52	20	315	1
418	133	133	115	19	18	22	13	480	13
799	225	225	66	6		23	10	150	27
228	625	625	1482	200		44			38
131	1857	1857	12	1		1	1	12	8
			177	48	100	25	2	60	
1350	3614	3614	105	1	4	3	4	140	93
			116	23	20	38	1	270	
1683	117	117	417	71	3	20			162
101	1405	1355	1247	0				2	1

镇（办）	一、猪				二、牛		
	期末存栏	#能繁母猪	当年出栏	猪肉产量	期末存栏	1. 肉牛	2. 奶牛
	头	头	头	吨	头	头	头
合　　计	**469610**	**46755**	**673450**	**46520**	**32568**	**20593**	**8875**
沁园办事处							
北海办事处			4003	302	585	565	20
玉泉办事处	13446	2441	27216	2041.21	235	185	50
克　井　镇	128700	12309	230477	17285.7	4203	1102	3101
五 龙 口 镇	59623	6225	76039	5780.9	1435	535	900
轵　城　镇	114185	11660	177377	13300	3871	1109	2762
承　留　镇	83966	7666	150164	10962	2097	1424	673
邵　原　镇	57870	6242	87812	6586	2675	2675	
坡　头　镇	57415	6330	61740	4630.5	3306	3306	
梨　林　镇	62613	8086	111554	7941	2681	1940	741
大　峪　镇	39826	5976	76355	5726.98	2239	1964	275
思　礼　镇	25777	4654	40950	3071	425	372	53
王　屋　镇	13938	1346	38736	2877.4	1933	1633	300
下　冶　镇	26070	3821	49180	3358	725	725	

		三、羊			1. 山羊		
当年出栏	肉产量	期末存栏	当年出栏	肉产量	期末存栏	当年出栏	肉产量
头	吨	只	只	吨	只	只	吨
19738	**3066**	**42088**	**42965**	**558**	**27411**	**26100**	**338**
217	33	1960	2460	29.6			
298	44.7	603	795	9.53			
912	145.9	12990	7470	112	8458	4785	71.7
274	42.6	8509	4895	64.7	312	148	2.1
923	138	3507	2343	28	1948	1490	17.8
861	129	8942	6234	93.5	8410	5862	88
3143	471	8744	10151	122	8744	10151	122
1298	194.7	7905	4169	50	5456	2824	33.9
3118	387	4487	4114	49	112	70	3
1606	209.82	3749	2357	35.36	3749	2357	35.36
127	19	1421	1351	16	1421	1351	16
2882	450.6	19740	2521	29.87	18475	2521	29.87
498	60	5435	2595	31.2	1869	820	9.8

镇（办）	2. 绵羊			四、家禽			1、鸡		
	期末存栏	当年出栏	肉产量	期末存栏	当年出栏	肉产量	期末存栏	# 肉鸡存栏	# 蛋鸡存栏
	只	只	吨	只	只	吨	只	只	只
合　　计	**14677**	**16865**	**220**	**2530242**	**2170964**	**2550**	**2514572**	**342568**	**2172004**
沁园办事处									
北海办事处	1960	2460	29.6		9500	12.4			
玉泉办事处	603	795	9.53	40000	33000	42.9	34000		34000
克 井 镇	4532	2685	40.3	198884	235701	306.4	198884	11588	187296
五龙口镇	8197	4747	62.6	166469	149412	209.6	166439	17000	149439
轵 城 镇	1559	853	10.2	177120	521900	678	167120	91620	75500
承 留 镇	532	372	5.5	199650	244025	317	199650	16400	179250
邵 原 镇				484600	530126	689	484600		484600
坡 头 镇	2449	1345	16.1	79977	61616	80.1	79977	18256	57811
梨 林 镇	4375	4044	46	134919	125442	156	134919	5069	129850
大 峪 镇				137510	127050	165.17	137510	18740	118770
思 礼 镇				159025	111885	145	159025		159025
王 屋 镇	1265			45779	52804	68.71	45779		39279
下 冶 镇	3566	1775	21.4	136040	122530	183.8	136036	200	78900

续 表 1

		2、鸭			3、鹅			五、家兔		
当年出栏	肉产量	期末存栏	当年出栏	肉产量	期末存栏	当年出栏	肉产量	期末存栏	当年出栏	肉产量
只	吨	只	只	吨	头	头	吨			
2149613	**2480**	**15636**	**21341**	**70**	**34**	**10**	**0.02**	**143221**	**147027**	**253.4**
9500	12.4									
21000	27.3	6000	12000	15.6						
235701	306.4									
149402	209.58				30	10	0.02	6135	11781	24.8
511900	665	10000	10000	13				2000	800	1.6
244025	317							92000	85000	128
530126	689									
61616	80.1									
125442	156							43086	49446	99
127050	165.17									
111885	145									
52804	68.71									
122530	183.8				4					

镇（办）	六、其他肉产量	七、禽蛋产量	#鸡蛋	#鸭蛋	3、鹅蛋	4、其他禽蛋产量	八、牛奶产量
	吨	吨	吨	吨	吨	吨	吨
合　　计	**278.6**	**29000**	**28792**	**207.85**	**0.15**		**34052**
沁园办事处							
北海办事处		15	15				91
玉泉办事处		429	351	78			180
克 井 镇		2435.8	2435.8				15178.8
五龙口镇		1993.49	1993.34		0.15		3150
轵 城 镇		1101	971	130			8126
承 留 镇		2382.5	2382.5				3532
邵 原 镇	10	5815.2	5815.2				
坡 头 镇		290.4	290.4				
梨 林 镇		1754	1754				4200
大 峪 镇		1560.31	1560.31				
思 礼 镇		3867	3867				
王 屋 镇		471.34	471.34				
下 冶 镇	3	1243.3	1243.3				

续 表 2

1、牛奶	2、其他奶产量	九、山羊毛产量	#山羊粗羊毛产量	#山羊绒产量	十、绵羊毛产量	#细羊毛	#半细羊毛	十一、天然蜂蜜	十二、肉类总产量
		公斤	公斤	公斤	公斤	公斤	公斤	公斤	吨
34026	**26**	**11397**	**9579**	**1818**	**37287**	**2212**	**34601**	**257820**	**53226**
91									377
180									2138.34
15178.8					473			1620	17850
3150									6122.6
8126		346	230	116					14145.6
3532		3269	2203	1066	286	189.5	96.5	23	11629.5
									7878
		185	185		220	120	100	10000	4955.3
4200					33700	2000	31700		8632
		1830.3	1830.3					7098.7	6137.33
179		663	663						3251
		4897.5	4327.75	569.75	12.5	12.5		4950	3426.58
					2881	80	2801	2090	3636

镇（办）	一、农机化作业总体情况（*）	（一）机耕面积（公顷）	（二）机播面积（公顷）	（三）机电灌溉面积（公顷）	（四）机械植保面积（公顷）	（五）机收面积（公顷）	二、主要农作物农机化作业情况（*）	（一）小麦（*）
合　　计		**23158**	**47179**	**24916**	**23806.1**	**48663**		
沁园街道办事处		125	182	192	187	182		
北海街道办事处		310	280	380	360	280		
天坛街道办事处		340	400	210	260	400		
玉泉街道办事处		1235	2188	2420	2250	2760		
梨　林　镇		2530	5950	3550	3260	6210		
五　龙　口　镇		2498	4762	3286	2990	4910		
克　井　镇		2686	5171	998	1890	5930		
思　礼　镇		1969	2996	2010	2570	3113.2		
承　留　镇		1182	4285	1770	4170	4878		
轵　城　镇		3410	7336	4369	4100	7200		
坡　头　镇		1330	3349	2351	59.1	3154.4		
大　峪　镇		1223	2310	160	1100	2438		
下　冶　镇		1550	2480	370	360	2285.4		
王　屋　镇		850	3300	2850	250	2382		
邵　原　镇		1920	2190			2540		

作业情况表

1、小麦机耕面积（公顷）	2、小麦机播面积（公顷）	3、小麦机收面积（公顷）	（二）水稻（*）	（三）玉米（*）	1、玉米机耕面积（公顷）	2、玉米机播面积（公顷）	3、玉米机收面积（公顷）	（四）大豆（*）	1、大豆机耕面积（公顷）
10710	**19150**	**19274**				**18522**	**17578**		**882**
	100	100				125	91		
	100	100				220	180		
60	200	200				240	200		
520	726	735				750	740		
1000	2100	2100				2760	2670		
1110	1840	1840				1960	1890		100
1100	2400	2450				2790	2650		140
1020	1170	1215				950	900		
1010	2100	2120				1784	1765		82
1500	3200	3313				2990	2960		280
650	1370	1370				1180	1132		
720	1126	1120				540	450		
750	877	861				618	526		100
620	841	840				840	710		
650	1000	910				775	714		180

镇（办）	2、大豆机播面积	3、大豆机收面积	（五）油菜	（六）马铃薯	（七）花生	（八）棉花	三、单项农机化作业情况	1、机械深耕面积
	（公顷）	（公顷）	（*）	（*）	（*）	（*）	（*）	（公顷）
合　　计	**809**	**227**						**19803.9**
沁园街道办事处								91
北海街道办事处								160
天坛街道办事处								214
玉泉街道办事处								980
梨　林　镇								2430
五　龙　口　镇	98	65						1950
克　井　镇	130	92						2440
思　礼　镇								1940
承　留　镇	81	70						1340
轵　城　镇	250							5310
坡　头　镇								795
大　峪　镇								220
下　冶　镇	100							504.9
王　屋　镇								485
邵　原　镇	150							944

续 表 1

2、机械深松面积	3、机械化免耕播种面积	其中：机械化免耕覆盖播种面积	4、保护性耕作面积	5、精少量播种面积	6、机械深施化肥面积	7、机械铺膜面积	8、农田机械节水灌溉面积	9、机械播种牧草面积	10、机械收获牧草数量
（公顷）	（公顷）	（公顷）	（公顷）	（公顷）	（公顷）	（公顷）	（公顷）	（公顷）	（吨）
2602	**21815**	**3704.7**	**11377**	**31193**	**4649**	**749**	**2398**		**400**
	91								
	180								
	200								
67	1080	180	701	1220	209				
467	2640	685	1150	3610	667				
500	2475	396.8	1200	4000	638				
467	2739	425	1325	3697	708				
200	1372	324	840	3340	432.4		1325		
200	2290	504	1110	2546	731.7				400
367	3630	465	1360	3730	499				
65	1580	133.8	980	2610	156.6				
68	990	129.1	639	1830	149.3		220		
65	1300	309	675	1650	285				
67	450	153	710	1550	173	612	589		
69	798		687	1410		137	264		

镇（办）	11、机械化秸秆还田面积（公顷）	12、秸秆检拾打捆面积（公顷）	13、机械脱粒粮食数量（吨）	14、机械烘干粮食数量（吨）	15、机械初加工农产品数量（吨）	其中：（1）加工粮食数量（吨）	（2）加工油料数量（吨）	（3）加工棉花数量（吨）
合　　计	**25121**	**14**	**115285**		**87955**	**78668**	**3793**	**102**
沁园街道办事处	182		850		92	85		
北海街道办事处	144		870		111	90		
天坛街道办事处								
玉泉街道办事处	1330		3299		5400	5100	10	
梨　林　镇	2820	7	25240		9785	9720		13
五　龙　口　镇	3100	4	3156		9580	8920		8
克　井　镇	4510	3	14630		9870	8550	611	2
思　礼　镇	1910		13580		8852	8450	406	
承　留　镇	3350		12690		15200	13581	2218	11
轵　城　镇	3820		19800		8600	8100	151	7
坡　头　镇	1895		2487		9900	9000	110	12
大　峪　镇	250		4432		2560	0	241	
下　冶　镇	300		3878		99	72	8	12
王　屋　镇	950		4381		2546	2100	29	23
邵　原　镇	560		5992		5360	4900	9	14

续 表2

17、农机运输作业量（万吨·公里）	其中：农业运输作业量（万吨·公里）	18、农田基本建设作业量（立方米）	19、农用飞机作业面积（公顷）	20、农机跨区作业面积（公顷）	其中：(1)跨区机耕面积（公顷）	(2)跨区机播面积（公顷）	(3)跨区机收面积（公顷）	其中：跨区机收小麦（公顷）	跨区机收水稻（公顷）	跨区机收玉米（公顷）
60093	**37554**	**46400**		**6661**	**545**		**6116**	**4700**		**1416**
1210	194	9000		214			214	120		94
4256	2646			2692	180		2512	2380		132
3841	2420			1140			1140	590		550
9286	3417			280			280	200		80
12000	6450			970			970	590		380
2450	145	12900		715	365		350	170		180
8800	6350			600			600	600		
950	62	18000								
450	450									
11000	10130									
5100	4780									
750	510	6500		50			50	50		

12-14 农业机

镇（办）	一、农业机械总动力	1、柴油发动机动力	2、汽油发动机动力	3、电动机动力	（一）拖拉机	
	（千瓦）	（千瓦）	（千瓦）	（千瓦）	（台）	（千瓦）
合　　计	**1114386**	**915227**	**4095**	**195064**	**21500**	**319184**
沁园街道办事处	1917	1505		412	26	608
北海街道办事处	7387	6425	11	951	12	460
天坛街道办事处	7401	5643	32	1726	68	1713
玉泉街道办事处	39329	34392	284	4653	686	14298
梨　林　镇	150198	137230	378	12590	4954	78743
五　龙　口　镇	100782	86585	235	13962	734	15788
克　井　镇	147281	120091	295	26895	1701	36100
思　礼　镇	51039	41201	312	9526	1626	10879
承　留　镇	134877	104545	770	29562	1895	34233
轵　城　镇	151741	95849	554	55338	2199	39383
坡　头　镇	86379	71028	393	14958	1524	20678
大　峪　镇	64861	54768	272	9821	1934	20063
下　冶　镇	51050	43650	250	7150	1339	15280
王　屋　镇	57398	53195	309	3894	1294	14608
邵　原　镇	62746	59120		3626	1508	16350

二、拖拉机及配套机械（＊）									
1、大中型（14.7 千瓦以上）		(1) 其中：14.7-18.4 千瓦（含 14.7 千瓦）		18.4-58.8 千瓦（含 18.8 千瓦）		58.8 千瓦（含 18.9 千瓦）以上		（2）其中：轮式	
（台）	（千瓦）	（台）	（千瓦）	（台）	（千瓦）	（台）	（千瓦）	（台）	（千瓦）
3408	**133320**	**599**	**9665**	**2248**	**74859**	**561**	**48796**	**3259**	**128963**
26	608	20	355	4	113	2	140	26	613
12	460	0	0	11	386	1	74	10	431
68	1713	0	0	65	1503	3	210	74	2744
185	8391	1	18	149	5440	35	2933	183	8192
641	30787	32	523	401	11794	208	18470	570	28913
318	11286	12	204	237	5360	69	5722	309	11050
456	19853	84	1360	307	12976	65	5517	452	19429
116	6479	14	324	54	1729	48	4426	106	6358
598	17886	262	4077	304	10626	32	3183	589	17784
503	20868	4	73	443	15963	56	4832	490	19136
123	4442	30	505	84	3137	9	800	123	4326
86	2727	22	408	57	1683	7	636	80	2588
49	1606	12	218	33	1117	4	271	40	1411
129	3172	89	1338	26	826	14	1008	119	3120
98	3042	17	262	73	2206	8	574	88	2868

镇（办）	2、小型（2.2-14.7千瓦，含2.2千瓦）		其中：手扶式		（二）拖拉机配套农具	1、大中型	2、小型
	（台）	（千瓦）	（台）	（千瓦）	（部）	（部）	（部）
合　　计	**18092**	**185864**	**7100**	**53735**	**54910**	**9438**	**45472**
沁园街道办事处					111	111	
北海街道办事处					74	73	1
天坛街道办事处					190	190	
玉泉街道办事处	501	5907	25	209	2226	574	1652
梨　林　镇	4313	47956	7	68	2576	1186	1390
五 龙 口 镇	416	4502	19	183	3160	1299	1861
克　井　镇	1245	16247	12	99	5631	1956	3675
思　礼　镇	1510	4400	9	79	5572	640	4932
承　留　镇	1297	16347	310	3166	5181	930	4251
轵　城　镇	1696	18515	15	135	6969	1086	5883
坡　头　镇	1401	16236	1102	8182	4246	357	3889
大　峪　镇	1848	17336	1838	12562	5836	204	5632
下　冶　镇	1290	13674	1279	9868	4095	120	3975
王　屋　镇	1165	11436	1153	9761	4318	376	3942
邵　原　镇	1410	13308	1331	9423	4725	336	4389

续 表 1

三、种植业机械（*）							
（一）耕整地机械（*）							
1、耕整机		2、机耕船		3、机引犁	4、旋耕机	5、深松机	6、机引耙
（台）套	（千瓦）	（艘）	（千瓦）	（台）	（台）	（台）	（台）
179	**986**			**9783**	**4469**	**127**	**5609**
1	6			2	7		
				12	18		
1	6			43	48		22
8	48			200	171	2	82
19	116			27	441	15	0
8	64			188	279	19	0
0	0			382	440	16	245
5	60			117	118	18	51
14	88			423	551	13	
30	114			2430	735	28	1910
9	70			1233	331	3	61
8	34			1085	216	6	935
11	44			1121	447		
46	250			1013	162	5	982
19	86			1507	505	2	1321

镇（办）	（二）种植施肥机械（*）					
	1、播种机	其中：免耕播种机	精少量播种机	2、水稻种植机械	3、化肥深施机	4、地膜覆盖机
	（台）	（台）	（台）	（*）	（台）	（台）
合　　　计	**11486**	**387**	**5917**		**31**	**147**
沁园街道办事处	6	1	4			
北海街道办事处	13	1	11			
天坛街道办事处	48	4	2			
玉泉街道办事处	482	21	192			
梨　林　镇	2272	94	1103		2	
五 龙 口 镇	225	52	650			
克　井　镇	506	50	539			
思　礼　镇	169	32	145			
承　留　镇	1522	16	560			
轵　城　镇	1846	53	1858		1	
坡　头　镇	791	29	226		1	
大　峪　镇	2003	8	110		7	4
下　冶　镇	390	6	65		1	
王　屋　镇	919	13	230			
邵　原　镇	294	7	222		19	143

续 表 2

(三)农用排灌机械(*)							
1、排灌动力机械		其中：柴油机		其中：电动机		2、农用水泵	3、节水灌溉类机械
(台)	(千瓦)	(台)	(千瓦)	(台)	(千瓦)	(台)	(套)
14324	**116839**	**305**	**1267**	**14019**	**115572**	**13138**	**210**
						17	
128	475			128	475	201	
637	4995			637	4995	159	
459	3089			459	3089	832	30
1344	15160			1344	15160	1716	
656	9525			656	9525	435	
342	7143			342	7143	825	74
578	8041			578	8041	425	
2808	15318	195	675	2613	14643	1379	11
5532	32270	49	219	5483	32051	3986	62
762	10069			762	10069	1036	
396	4064	50	250	346	3814	538	6
449	4690			449	4690	758	5
153	1467	11	123	142	1344	371	16
80	533			80	533	460	6

镇（办）	（四）田间管理机械						
	1、机动喷雾（粉）机		1、联合收获机		(1) 稻麦联合收割机		其中：自走式
	（台）	（千瓦）	（台）	（千瓦）	（台）	（千瓦）	（台）
合　　计	**3735**	**3278**	**1615**	**86989**	**1033**	**59509**	**908**
沁园街道办事处			1	51			
北海街道办事处	25	11	7	291	3	100	3
天坛街道办事处	27	45	14	1364	12	1280	12
玉泉街道办事处	272	286	90	6177	48	4125	48
梨　林　镇	491	396	312	16910	189	11290	189
五　龙　口　镇	343	281	164	8876	90	5185	90
克　井　镇	402	295	141	8002	87	5459	86
思　礼　镇	338	169	101	6915	64	5126	62
承　留　镇	720	615	147	9881	114	8393	111
轵　城　镇	388	617	342	13412	247	8816	154
坡　头　镇	392	311	129	6618	83	5016	67
大　峪　镇	201	107	49	2996	33	1912	33
下　冶　镇	117	72	24	1476	13	771	9
王　屋　镇	19	73	47	2016	19	990	13
邵　原　镇			47	2004	31	1046	31

续表 3

（五）收获机械（*）								
其中：半喂入式		(2) 玉米联合收获机		其中：自走式	2、割晒机		3、其他收获机械	
（台）	（千瓦）	（台）	（千瓦）	（台）	（台）	（千瓦）	（台）	（千瓦）
		582	**27480**	**401**	**899**		**2019**	**1118**
		1	51				4	
		4	191	4				
		2	84	2			5	
		42	2052	29	1		86	130
		123	5620	99	1		407	132
		74	3691	49			224	96
		54	2543	47	19		237	530
		37	1789	20	5		64	
		33	1488	23			440	130
		95	4596	60	2		407	90
		46	1602	20	351		73	
		16	1084	11	95		18	
		11	705	8	79		11	
		28	1026	14	131		32	10
		16	958	15	215		11	

镇（办）	油菜籽收获机		马铃薯收获机		花生收获机		青饲料收获机	
	（台）	（千瓦）	（台）	（千瓦）	（台）	（千瓦）	（台）	（千瓦）
合　　计	3	**210**	**6**		**3**	**40**	**9**	**828**
沁园街道办事处								
北海街道办事处								
天坛街道办事处								
玉泉街道办事处							1	130
梨　林　镇	1	70	1		1	14	3	48
五　龙　口　镇	1	70	1		2	26		
克　井　镇							4	520
思　礼　镇								
承　留　镇							1	130
轵　城　镇	1	70	1					
坡　头　镇			1					
大　峪　镇			1					
下　冶　镇			1					
王　屋　镇								
邵　原　镇								

续 表 4

牧草收获机		秸秆粉碎还田机	秸秆捡拾打捆机		玉米收获专用割台	大豆收获专用割台	油菜籽收获专用割台	1、机动脱粒机
（台）	（千瓦）	（台）	（台）	（千瓦）	（台）	（台）	（台）	（台）
4	**40**	**1757**	**8**		**229**			**4997**
		4						
								1
		5						
		65			20			159
		334	1		66			13
		193	1		26			299
1	10	211	2		19			692
		48			16			426
		425	2		12			81
2	20	375			28			643
		59			13			683
		13			4			782
		5			5			298
1	10	13	2		16			526
		7			4			394

镇（办）	（六）收获后处理机械（*）			（七）设施农业设备（*）			
	2、谷物烘干机	3、种子加工机械	4、保鲜储藏设备	1、水稻工厂化育秧设备	2、温室	其中：连栋温室	日光温室
	（台）	（台）	{台（套）}	（套）	（平方米）	（平方米）	（平方米）
合　计	**51**	**7**			**7140200**	**37000**	**2218000**
沁园街道办事处							
北海街道办事处							
天坛街道办事处							
玉泉街道办事处	2				4866500		980000
梨　林　镇	10				291600		223100
五　龙　口　镇	9				427800	5000	415200
克　井　镇	19	7			114200		103100
思　礼　镇	1				298000		104000
承　留　镇	1				178000		169000
轵　城　镇	2				893600	32000	223000
坡　头　镇	2						
大　峪　镇	1				33600		600
下　冶　镇	2				800		
王　屋　镇	2				24000		
邵　原　镇					12100		

续 表 5

塑料大棚	四、农产品初加工机械（*）							
	（一）农产品初加工动力机械		其中：1、柴油机		2、电动机		（二）农产品初加工作业机械（万台）	其中：1、粮食加工机械
（平方米）	（台）	（千瓦）	（台）	（千瓦）	（台）	（千瓦）	（台）	（台）
4803817	**4767**	**33226**	**20**	**140**	**4747**	**33086**	**3107**	**2857**
	45	234			45	234		
	11	48			11	48		
							87	87
3406000	99	404			99	404	129	124
122900	741	6384			741	6384	306	293
23900	200	1384			200	1384	206	187
29027	415	2677			415	2677	401	386
265500	160	1092			160	1092	94	93
35900	290	3072			290	3072	334	323
778000	690	5480			690	5480	224	196
49600	323	2948			323	2948	348	326
39600	601	859	20	140	581	719	364	334
2100	838	6961			838	6961	316	233
29600	203	934			203	934	109	96
21690	151	749			151	749	189	179

镇（办）	2、油料加工机械	3、棉花加工机械	4、果蔬加工机械	5、茶叶加工机械	五、畜牧业机械		其中：1、饲草料加工机械	
	（台）	（台）	（台）	（台）	（台）	（千瓦）	（台）	（千瓦）
合计	**148**	**97**	**5**		**5881**	**31188**	**4930**	**27782**
沁园街道办事处								
北海街道办事处					2	19	2	19
天坛街道办事处					18	135	18	135
玉泉街道办事处	3	2			140	1117	134	1045
梨林镇	2	11			509	4312	505	4282
五龙口镇	15	4			117	723	117	723
克井镇	2	13			531	5137	511	4815
思礼镇	0	1			127	1689	121	1661
承留镇	4	7			2481	5867	2465	5734
轵城镇	15	13			458	3877	248	2599
坡头镇	14	8			871	2533	193	1121
大峪镇	21	9			213	2105	213	2105
下冶镇	67	16			33	276	33	276
王屋镇	2	6	5		115	1312	104	1181
邵原镇	3	7			266	2086	266	2086

续 表 6

2、畜牧饲养机械		3、畜产品采集加工机械		其中：挤奶机		剪羊毛机		六、渔业机械	
（台）	（千瓦）	（台）	（千瓦）	（台）	（千瓦）	（台）	（千瓦）	（台）	（千瓦）
808	**2116**	**144**	**1290**	**138**	**971**			**2035**	**3572**
								21	46
6	72								
1	8	3	22	3	22			52	98
								65	100
1	8	19	314	15	57			78	162
1	8	5	20	5	20			756	1419
1	4	15	129	15	97			488	885
114	558	96	720	96	720			155	300
677	1411	1	1	1	1			154	378
								244	135
7	47	5	84	3	54				
								22	49

镇（办）	其中：1、增氧机		2、投饵机		七、林果业机械		其中：1、挖坑机	
	（台）	（千瓦）	（台）	（千瓦）	（台）	（千瓦）	（台）	（千瓦）
合　　计	**1205**	**3443**	**830**	**129**	**10**	**239**	**5**	**212**
沁园街道办事处								
北海街道办事处								
天坛街道办事处	21	46						
玉泉街道办事处								
梨　林　镇	37	94	15	4				
五　龙　口　镇	37	94	28	6	1	30	1	30
克　井　镇	58	157	20	5				
思　礼　镇	465	1378	291	41				
承　留　镇	291	856	197	29				
轵　城　镇	104	293	51	7	3	152	3	152
坡　头　镇	129	370	25	8				
大　峪　镇	41	106	203	29				
下　冶　镇								
王　屋　镇					5	27		
邵　原　镇	22	49			1	30	1	30

续 表 7

2、果树修剪机		八、运输机械					
		1、农用运输车		其中：三轮汽车		低速载货汽车	
（台）	（千瓦）	（台）	（千瓦）	（台）	（千瓦）	（台）	（千瓦）
5	**27**	**31224**	**428669**	**26611**	**295502**	**4613**	**133167**
		12	164	12	164		
		95	1319	25	290	70	1029
		1172	15121	955	11198	217	3923
		3673	59870	2731	32130	942	27740
		3904	51624	3619	34912	285	16712
		3644	56154	2752	31322	892	24832
		1502	24529	1138	13428	364	11101
		4005	65702	2930	32951	1075	32751
		2735	33102	2454	27714	281	5388
		3225	35506	3112	33952	113	1554
		335	5585	250	4475	85	1110
		345	4719	192	3664	153	1055
5	27	3107	38179	2971	32207	136	5972
		3470	37095	3470	37095		

12-14 续表 8

镇（办）	2、手扶变型运输机		3、农用挂车	九、农田基本建设机械		十、其他机械 其中：农用飞机	十一、农业机械原值和净值 1、农业机械原值	2、农业机械净值
	（台）	（千瓦）	（台）	（台）	（千瓦）	（架）	（元）	（元）
合　　计			**65**	**410**	**42927**		**122530**	**96320**
沁园街道办事处							228	176
北海街道办事处			9	22	4681		1342	983
天坛街道办事处							1531	1141
玉泉街道办事处				26	2575		5595	4645
梨　林　镇				11	674		22181	17291
五　龙　口　镇			31				11672	10013
克　井　镇				210	21063		17758	12062
思　礼　镇				1	50		8249	7443
承　留　镇				77	7049		12855	10585
轵　城　镇				1	50		17249	13428
坡　头　镇				48	5600		5655	4062
大　峪　镇							3520	2512
下　冶　镇							3066	2605
王　屋　镇				4	485		6719	6103
邵　原　镇			25	10	700		4910	3271

主要统计指标解释

农林牧渔业增加值 指农、林、牧、渔业生产及农林牧渔服务业提供服务活动所增加的价值，为农林牧渔业现价总产值扣除农林牧渔业现价中间投入后的余额，是农、林、牧、渔及其服务业各单位生产经营对社会所作的贡献。从宏观上来说，农林牧渔业增加值是计算国内生产总值的基础；从微观上来说，农林牧渔业增加值能客观反映农林牧渔业各生产单位或行业的投入、产出、效益、速度和收入等情况。

粮食产量 指全社会的产量。包括国有经济经营的、集体统一经营的和农民家庭经营的粮食产量，还包括工矿企业办的农场和其他生产单位的产量。粮食除包括稻谷、小麦、玉米、高粱、谷子及其他杂粮外，还包括薯类和豆类。其产量计算方法，豆类按去豆荚后的干豆计算；薯类（包括甘薯和马铃薯，不包括芋头和木薯）1963 年以前按每 4 公斤鲜薯折 1 公斤粮食计算，从1964年开始改为按5公斤鲜薯折1公斤粮食计算。城市郊区作为蔬菜的薯类（如马铃薯等）按鲜品计算，并且不作粮食统计。其他粮食一律按脱粒后的原粮计算。

油料产量 指全部油料作物的生产量。包括花生、油菜籽、芝麻、向日葵籽、胡麻籽（亚麻籽）和其他油料。不包括大豆、木本油料和野生油料。花生以带壳干花生计算。

水产品产量 指人工养殖的水产品和天然生长的水产品的捕捞量。包括海水的鱼类、虾蟹类、贝类和藻类以及内陆水域的鱼类、虾蟹类和贝类，不包括淡水生植物。

猪、牛、羊肉产量 指当年出栏并已屠宰、除去头蹄下水后带骨肉（即胴体重）的重量。

期初（末）畜禽存栏头（只）数 指报告期初（末）农村各种合作经济组织和国营农场、农民个人、机关、团体、学校、工矿企业、部队等单位以及城镇居民饲养的大牲畜、猪、羊、家禽等畜禽的存栏数。

常用耕地 指耕地总资源中专门种植农作物并经常进行耕种、能够正常收获的土地。包括当年实际耕种的熟地；弃耕、休闲不满三年，随时可以复耕的地；开荒利用三年以上的地。不包括临时种植农作物的坡度在 25 度以上的陡坡地；在河套、湖畔、库区临时开发的成片或零星土地；也不包括已列为国家和省（区、市）退耕计划但临时耕种的土地。

农作物播种面积 指实际播种或移植有农作物的面积。凡是实际种植有农作物的面积，不论种植在耕地上还是种植在非耕地上，均包括在农作物播种面积中。在播种季节基本结束后，因遭灾而重新改种和补种的农作物面积，也包括在内。

有效灌溉面积 指具有一定的水源，地块比较平整，灌溉工程或设备已经配套，在一般年景下当年能够进行正常灌溉的耕地面积。

农用化肥施用量 指本年内实际用于农业生产的化肥数量，包括氮肥、磷肥、钾肥和复合肥。化肥施用量要求按折纯量计算数量。折纯量是指把氮肥、磷肥、钾肥分别按含氮、含五氧化二磷、含氧化钾的百分之一百成份进行折算后的数量。复合肥按其所含主要成分折算。

农业机械总动力 指主要用于农、林、牧、渔业的各种动力机械的动力总和。包括耕作机械、排灌机械、收获机械、农用运输机械、植物保护机械、牧业机械、林业机械、渔业机械和其他农业机械〔内燃机按引擎马力折成瓦（特）计算、电动机按功率折成瓦（特）计算〕。不包括专门用于乡镇、村、组办工业、基本建设、非农业运输、科学试验和教学等非农业生产方面用的动力机械与作业机械。

农林牧渔业劳动力 指全社会直接参加农林牧渔业生产活动的劳动力。

乡村从业人员 指乡村人口中劳动年龄在 16 周岁以上实际参加生产经营活动并取得实物或货币收入的人员，包括劳动年龄内经常参加劳动的人员，也包括超过劳动年龄但经常参加劳动的人员，但不包括户口在家的在外学生、现役军人和丧失劳动能力的人，也不包括待业人员和家务劳动者。从业人员按从事主业时间最长（时间相同按收入）分为农业从业人员、工业从业人员、建筑从业人员、交运仓储及邮电业从业人员、批零贸易及餐饮业从业人员、其它从业人员。

十三、工 业

资料整理：原红亮 王 甄 薛将将

简要说明

一、主要内容

本篇包括济源市工业企业单位数，工业增加值，规模以上主要工业产品产量和生产能力，规模以上工业主要财务指标和经济效益指标，规模以下工业，个体工业以及工业企业集团的资料。

二、统计范围

工业统计调查范围为济源市全部工业法人企业和个体工业单位。1997 年以前，我国工业的统计范围按隶属关系划分，分为乡及乡以上独立核算工业企业和非独立核算生产单位、村办工业、城镇合作工业、农村合作工业、城镇个体工业、农村个体工业六大部分（其中，1984 年以前不包括村办工业）。1998 年至 2005 年，工业统计调查对象由按隶属关系划分，改变为按企业规模划分，分为全部国有及年主营业务收入在 500 万元以上非国有工业企业（简称规模以上工业）和年主营业务收入在 500 万元以下非国有工业企业（简称规模以下工业）及个体工业三部分。2006 年年报起，规模以上工业企业统计范围由全部国有及年主营业务收入在 500 万元以上非国有工业企业改为年主营业务收入在 500 万元以上的工业企业。2011 年月报起，规模以上工业企业统计范围由全部国有及年主营业务收入在 500 万元以上非国有工业企业改为年主营业务收入在 2000 万元以上的工业企业。

三、资料来源

年主营业务收入 2000 万元以上的法人工业企业实行全数调查，年主营业务收入 2000 万元以下的工业企业实行目录抽样调查，个体工业经营户实行整群抽样调查。本篇资料由市统计局工业科整理编辑。

2008 年规模以上工业数据为年度快报数据，规模以下数据为年度测算数据，均非第二次经济普查数据。

13-1　历年规模以上工业总产值及指数

单位：万元、%

年份	工业总产值	指数（上年=100）
1978	20151	118.5
1979	17827	105.2
1980	13831	101.7
1981	13133	101.7
1982	19362	107.5
1983	20612	105.9
1984	21070	114.4
1985	25465	116.0
1986	23133	97.4
1987	28268	114.1
1988	36175	121.4
1989	50773	116.3
1990	56648	114.6
1991	67135	123.1
1992	91130	29.4
1993	142115	142.7
1994	212586	144.2
1995	400728 342205	137.3
1996	367549	104.2
1997	385064	106.8
1998	352932	96.9
1999	358721	107.1
2000	411628	108.6
2001	493268	113.7
2002	617404	117.5
2003	857907	117.9
2004	1360667	121.8
2005	2195158	124.3
2006	3145815	118.6
2007	4361147	123.9
2008	6040787	118.4
2009	7509492	116.8
2010	9535803	114.2
2011	11909157	120.3
2012	14255284	114.7
2013	15023422	120.3
2014	15829640	112.3

说明：1、本表总产值按当年价格计算，指数按可比价格计算。
　　2、工业总产值 1995 年以前为乡及乡以上的统计口径，1995 年以后为规模以上工业。

13-2　全部工业增加值

单位：个、万元、%

指 标	企业（单位）数	工业增加值	增长
全部工业总计	**4132**	**3352585**	**11.2**
总计中：轻工业	3050	490853	13.9
重工业	1082	2861732	10.3
总计中：国有企业	4	162391	7.1
集体企业	11	92813	7.9
股份制企业	426	2502863	13.1
外商和港澳台商投资企业	6	455701	27.2
个体经营工业	3254	200511	-13.4
其他经济类型工业	431	218733	6.7
规模以上工业总计	**225**	**3070085**	**12.5**
总计中：轻工业	46	378899	19.7
重工业	179	2691187	11.2
总计中：国有企业	2	84002	-6.6
集体企业	2	12085	33.9
股份制企业	207	2489541	12
外商和港澳台商投资企业	6	455701	18.2
其他经济类型工业	8	28756	32.5
规模以下工业企业总计	**653**	**82032**	**5.9**
总计中：轻工业	172	23850	4.5
重工业	481	58182	6.5
总计中：国有企业	2	613	
集体企业	9	15220	5.9
股份制	219	13322	5.1
外商及港澳台商投资企业			
其他经济类型企业	423	52877	5.2
个体经营工业	**3254**	**200511**	**-6**
总计中：轻工业	2832	88104	-5.8
重工业	422	112407	-6.1

注：1. 增加值按当年价格计算，增长速度按可比价格计算。
2. 规模以上工业企业：全部国有及年产品销售收入 2000 万元以上非国有工业企业。
3. 规模以下工业企业：年产品销售收入 2000 万元以下非国有工业企业和非工业法人单位附营的工业产业活动单位。

13-3 分行业工业增加值

单位：万元、%

指 标	完成	增长 %
合计	3070085	12.5
煤炭开采和洗选业	106220	-10.1
黑色金属矿采选业	55804	48.6
有色金属矿采选业	92739	24.5
农副食品加工业	63669	8.9
食品制造业	26524	5.1
酒、饮料和精制茶制造业	73762	74.1
纺织业	19119	-0.8
纺织服装、服饰业	1155	-47.7
皮革、毛皮、羽毛及其制品和制鞋业	0	0.0
木材加工和木、竹、藤、棕、草制品业	9222	-12.1
造纸和纸制品业	13578	-12.4
印刷和记录媒介复制业	8921	14.7
文教、工美、体育和娱乐用品制造业	1912	-54.8
石油加工、炼焦和核燃料加工业	143942	-10.3
化学原料和化学制品制造业	104584	0.5
医药制造业	11659	1.0
化学纤维制造业	5157	85.2
橡胶和塑料制品业	13323	-9.6
非金属矿物制品业	259059	34.8
黑色金属冶炼和压延加工业	403811	5.9
有色金属冶炼和压延加工业	565824	11.9
金属制品业	123768	18.1
通用设备制造业	50422	12.3
专用设备制造业	59024	14.6
铁路、船舶、航空航天和其他运输设备制造业	5852	13.8
电气机械和器材制造业	191311	24.9
计算机、通信和其他电子设备制造业	313796	38.3
仪器仪表制造业	11011	-63.8
其他制造业	14953	18.3
废弃资源综合利用业	25265	6.6
电力、热力生产和供应业	286548	-0.3
燃气生产和供应业	8152	16.3

13-4 主要工业产品产量

指标	单位	数值
原煤	万吨	
发电量	亿千瓦时	251.2
焦炭	万吨	
氢氧化钠（烧碱）（折 100%）	万吨	36.8
磷酸一铵	万吨	39.1
聚氯乙烯树脂	万吨	27.6
中成药	吨	1305
水泥	万吨	228.5
平板玻璃	万重量箱	150.2
耐火材料制品	万吨	36.4
生铁	万吨	365.2
粗钢	万吨	355.2
钢材	万吨	357.1
铅	万吨	91.6
黄金	千克	5263
白银	吨	1504.7
液体乳	吨	10548
软饮料	吨	451696
果汁及果汁饮料	吨	436871
纱	吨	18600
布	万米	
棉布	万米	
毛皮（折羊毛皮）	张	
纸浆	吨	
机制纸及纸板	吨	
纸制品	吨	380655
瓦楞纸箱（纸箱）	吨	380655
机械化焦炉生产的焦炭	吨	
硫酸（折 100%）	吨	1419344
盐酸（含量 31%以上）	吨	81668
离子膜法烧碱	吨	330233
合成氨	吨	

13-4 续表

指标	单位	数值
农用氮、磷、钾化学肥料总计（折纯）	吨	64535
磷肥（折合 P2O5100%）	吨	64535
初级形态的塑料(塑料树)	吨	275903
聚氯乙烯树酯	吨	275903
塑料制品	吨	18169
塑料制管子及其附件	吨	
塑料编织袋	吨	
钢化玻璃	平方米	21536823
盘条（线材）	吨	1389260
十种有色金属	吨	1232381
铝材	吨	89634
阀门	吨	23064
锻件	吨	293643
采矿设备（矿山设备）	吨	
石油钻采设备	台（套）	42210
互感器	台	246657
高压开关板	面	1310
矿灯	盏	

13-5 规模以上工业主要工业产品销售库存量

指 标	单位	年初	年末
水泥	吨	235270	343948
粗钢	吨		
氧化铝	吨		
硫酸（折 100%）	吨	51707	126138
十种有色金属	吨	63236	68454
铅	吨	22125	21037
锌	吨	41111	48087
软饮料	吨	24199	48769
原煤	吨	81910	77018
机制纸及纸板(外购原纸加工除外)	吨		
洗煤	吨	8050	399
铁矿石原矿	吨		
焦炭	吨	21920	32252
生铁	吨		
钢材	吨	114837	218070
棒材	吨	57086	205642
钢筋	吨	21052	39068
线材（盘条）	吨	34702	36349
混合饲料	吨	331	485
塑料制品	吨	76	16
纱	吨	253	246
烧碱（折 100%）	吨	1283	691
碳化钙（电石，折 300 升／千克	吨		
初级形态的塑料	吨	6975	11110
布	万米		
棉布	万米		
农用氮、磷、钾化学肥料总计（折纯）	吨	2145	1570
氮肥（折含 N100%）	吨		
磷肥（折五氧化二磷 100%）	吨	2145	1570
铝材	吨	902	1592
平板玻璃	重量箱	36718	37884
合成氨（无水氨）	吨		
乳制品	吨	321	1023
服装	万件		

指 标	企业单位数	亏损企业	资产	流动资产合计	应收帐款	存货	产成品
总 计	241	18	1188.39	456.96	73.54	137.78	43.19
一、按登记注册类型分组:							
内资企业	235	18	1018.64	384.53	54.8	124.34	37.79
国有企业	3		137.38	15.7	1.22	0.09	
中央企业	1		109.91	14.92	1.04	0.07	
地方企业	2		27.48	0.77	0.17	0.02	
集体企业	2		0.88	0.58	0.22	0.01	0.01
有限责任公司	151	17	708.25	287.25	37.13	101.67	29.31
国有独资公司	3	2	149.72	85.31	4.49	46.87	4.96
其他有限责任公司	148	15	558.53	201.93	32.64	54.79	24.35
股份有限公司	9	1	53.28	20.32	4.14	4.88	2.55
私营企业	70		118.85	60.68	12.09	17.7	5.92
私营独资企业	6		1.96	0.95	0.11	0.08	0.05
私营合伙企业	2		1.81	0.92	0.03	0.01	0.01
私营有限责任公司	55		106.14	56.22	11.13	17.33	5.7
私营股份有限公司	7		8.93	2.59	0.81	0.28	0.16
港、澳、台商投资企业	2		132.93	54.19	14.76	9.7	4.2
合资经营企业(港或澳、台资)	2		132.93	54.19	14.76	9.7	4.2
港澳台商独资经营企业							
外商投资企业	4		36.82	18.25	3.99	3.74	1.21
中外合资经营企业	3		34.92	16.86	3.6	3.6	1.15
中外合作经营企业	1		1.9	1.39	0.39	0.14	0.06
二、按经济组织类型分组							
独资企业	11		140.23	17.23	1.55	0.18	0.06
国有企业	3		137.38	15.7	1.22	0.09	
集体企业	2		0.88	0.58	0.22	0.01	0.01
私营独资企业	6		1.96	0.95	0.11	0.08	0.05
港澳台商独资经营企业							
合作、合伙企业	3		3.71	2.31	0.42	0.15	0.07
私营合伙企业	2		1.81	0.92	0.03	0.01	0.01
中外合作经营企业	1		1.9	1.39	0.39	0.14	0.06
股份有限公司	16	1	62.21	22.91	4.95	5.16	2.71
股份有限公司(内资)	9	1	53.28	20.32	4.14	4.88	2.55
私营股份有限公司	7		8.93	2.59	0.81	0.28	0.16
有限责任公司	211	17	982.24	414.51	66.62	132.29	40.36
国有独资公司	3	2	149.72	85.31	4.49	46.87	4.96
私营有限责任公司	55		106.14	56.22	11.13	17.33	5.7
合资经营企业(港或澳、台资)	2		132.93	54.19	14.76	9.7	4.2
中外合资经营企业	3		34.92	16.86	3.6	3.6	1.15
其他有限责任公司	148	15	558.53	201.93	32.64	54.79	24.35
三、在总计中:亏损企业	18	18	96.36	47.21	7.85	8.27	4.31
在总计中:国有控股企业	13	4	482.3	136.54	18.64	54.38	6.28
在总计中:农村工业	15		66.4	46.77	3.19	17.48	2.46
在总计中:轻工业	29	1	166	63.78	16.98	12.82	6.27
重工业	71	5	455.61	110.51	21.88	15.56	4.66
在总计中:大型企业	14	2	729.33	315.98	42.59	115.14	31.45
中型企业	29	4	94.11	38.38	7.84	8.27	3.95
小型企业	188	12	330.74	99.03	21.96	13.92	7.46

企业主要经济指标

单位：亿元、个

固定资产合计	固定资产原价	累计折旧	在建工程	负债合计	流动负债合计	应付账款	非流动负债合计	所有者权益合计	实收资本	国家资本
551.46	777.35	291.49	77.12	671.4	547.73	150.58	108.34	506.37	187.76	12.61
511.96	726.61	273.32	38.18	574.53	453.54	91.34	106.12	433.49	135.49	10.14
119.16	192.68	83.83	8.73	30.81	16.09	6.92	9.1	106.58	1.48	1.48
94.98	156.2	66.92	4.54	9.37	3.13	1.39	0.62	100.53	0.47	0.47
24.18	36.47	16.91	4.19	21.43	12.96	5.53	8.47	6.05	1.01	1.01
0.3	0.41	0.11		0.15	0.15	0.12		0.73	0.73	
329.25	453.19	162.28	25.03	463.98	365.66	74.05	91.63	241.44	93.97	8.66
41.32	71.93	40.09	9.49	124.01	94.52	12.47	29.49	25.71	5.12	4.91
287.92	381.26	122.19	15.54	339.97	271.14	61.58	62.14	215.73	88.85	3.75
24.04	26.85	8.61	3.68	21.89	17.91	4.8	3.99	31.27	11.78	
39.2	53.48	18.49	0.74	57.7	53.74	5.45	1.41	53.47	27.53	
0.71	0.82	0.26	0.02	0.47	0.22	0.12	0.07	1.28	1.04	
0.87	0.8	0.1		0.8	0.79		0.01	1.01	0.44	
33.91	43.01	12.78	0.52	55.22	51.94	5.09	1.13	44.14	22.38	
3.71	8.84	5.36	0.2	1.21	0.79	0.24	0.2	7.04	3.66	
25.6	26.15	7.44	38.82	74.56	73.28	56.21	1.28	58.36	42.02	0.03
25.6	26.15	7.44	38.82	74.56	73.28	56.21	1.28	58.36	42.02	0.03
13.91	24.58	10.73	0.11	22.3	20.9	3.02	0.94	14.52	10.25	2.44
13.39	23.67	10.33	0.11	21.13	19.74	3.02	0.94	13.78	9.61	2.44
0.51	0.91	0.4		1.17	1.17			0.74	0.64	
120.17	193.91	84.2	8.75	31.42	16.46	7.16	9.17	108.59	3.24	1.48
119.16	192.68	83.83	8.73	30.81	16.09	6.92	9.1	106.58	1.48	1.48
0.3	0.41	0.11		0.15	0.15	0.12		0.73	0.73	
0.71	0.82	0.26	0.02	0.47	0.22	0.12	0.07	1.28	1.04	
1.39	1.72	0.5		1.96	1.95		0.01	1.74	1.08	
0.87	0.8	0.1		0.8	0.79		0.01	1.01	0.44	
0.51	0.91	0.4		1.17	1.17			0.74	0.64	
27.75	35.69	13.97	3.88	23.11	18.7	5.04	4.18	38.31	15.45	
24.04	26.85	8.61	3.68	21.89	17.91	4.8	3.99	31.27	11.78	
3.71	8.84	5.36	0.2	1.21	0.79	0.24	0.2	7.04	3.66	
402.15	546.03	192.83	64.49	614.9	510.61	138.38	94.98	357.73	167.99	11.13
41.32	71.93	40.09	9.49	124.01	94.52	12.47	29.49	25.71	5.12	4.91
33.91	43.01	12.78	0.52	55.22	51.94	5.09	1.13	44.14	22.38	
25.6	26.15	7.44	38.82	74.56	73.28	56.21	1.28	58.36	42.02	0.03
13.39	23.67	10.33	0.11	21.13	19.74	3.02	0.94	13.78	9.61	2.44
287.92	381.26	122.19	15.54	339.97	271.14	61.58	62.14	215.73	88.85	3.75
31.08	39.02	12.84	7.2	58.06	51.09	10.26	6.25	38.31	13.89	2.99
315.29	456.9	177.65	24.09	277.17	186.58	30.21	84.98	205.13	48.15	9.49
17.19	22.75	10.62	-0.02	50.21	49.05	22.35	1.04	16.18	10.5	
42.17	45.83	13.69	39.95	87.25	84.36	59.16	1.79	78.59	53.83	0.09
317.28	453.57	167.12	12.77	221.79	157.35	21.33	55.56	231.79	68.58	6.25
294.33	408.5	155.61	61.91	503.38	416.73	123.22	86.19	225.95	111.11	6.79
46.1	62.16	21.45	2.35	50.83	46.99	8.92	3.78	43.28	19.44	1.51
186.94	270.58	97.81	8.66	93	71.04	12.8	9.96	231.26	56.27	3.38

指标	集体资本	法人资本	个人资本	港澳台资本	外商资本	主营业务收入
总　计	1.29	85.69	41.35	3.19	43.63	1391.98
一、按登记注册类型分组：						
内资企业	1.29	83.05	40.6	0.08	0.32	1244.18
国有企业						40.7
中央企业						8.09
地方企业						32.61
集体企业	0.03	0.18	0.53			2.53
有限责任公司	1.23	63.45	20.23	0.08	0.32	880.9
国有独资公司		0.21				204.92
其他有限责任公司	1.23	63.24	20.23	0.08	0.32	675.98
股份有限公司	0.04	6.86	4.88			47.84
私营企业		12.56	14.96			272.22
私营独资企业		0.89	0.15			6.7
私营合伙企业			0.44			2.46
私营有限责任公司		8.39	13.99			247.06
私营股份有限公司		3.28	0.38			15.99
港、澳、台商投资企业				0.37	41.62	87.96
合资经营企业（港或澳、台资）				0.37	41.62	87.96
港澳台商独资经营企业						
外商投资企业		2.64	0.74	2.74	1.69	59.84
中外合资经营企业		2.64	0.11	2.74	1.69	57.73
中外合作经营企业			0.64			2.1
二、按经济组织类型分组						
独资企业	0.03	1.06	0.67			49.93
国有企业						40.7
集体企业	0.03	0.18	0.53			2.53
私营独资企业		0.89	0.15			6.7
港澳台商独资经营企业						
合作、合伙企业			1.08			4.57
私营合伙企业			0.44			2.46
中外合作经营企业			0.64			2.1
股份有限公司	0.04	10.15	5.26			63.83
股份有限公司（内资）	0.04	6.86	4.88			47.84
私营股份有限公司		3.28	0.38			15.99
有限责任公司	1.23	74.48	34.33	3.19	43.63	1273.65
国有独资公司		0.21				204.92
私营有限责任公司		8.39	13.99			247.06
合资经营企业（港或澳、台资）				0.37	41.62	87.96
中外合资经营企业		2.64	0.11	2.74	1.69	57.73
其他有限责任公司	1.23	63.24	20.23	0.08	0.32	675.98
三、在总计中：亏损企业		8.38	2.52			42.59
在总计中：国有控股企业		37.46	1.1		0.1	339.66
在总计中：农村工业	0.36	1.4	8.74			160.06
在总计中：轻工业	0.18	9.78	2.06		41.72	159.38
重工业	0.65	46.76	9.89	3.11	1.91	333.31
在总计中：大型企业		49.51	8.55	2.74	43.53	854.61
中型企业		6.67	11.17	0.08		130.14
小型企业	1.29	29.5	21.62	0.37	0.1	363.46

续表 1

单位：亿元、个

主营业务成本	主营业务税金及附加	其他业务收入	其他业务利润	销售费用	管理费用	税金	财务费用	利息支出	营业利润	投资收益
1251.5	4.79	16.49	9.56	14.5	29.26	2.01	23.51	20.67	71.5	2.38
1120.63	4.61	14.74	9.56	13.4	23.79	1.79	22.44	19.69	60.37	1.67
38.79	0.19	0.35	0.03	0.03	0.94	0.03	0.65	0.86	0.38	-0.02
7.19	0.13	0.25			0.85	0.02	0.05	0.24	0.11	
31.59	0.05	0.1	0.03	0.03	0.09		0.6	0.62	0.27	-0.02
1.99	0.02			0.05	0.23	0.02			0.24	
792.47	3.44	13.23	9.48	9.53	16.58	1.22	18.75	16.64	40.94	1.49
194.01	0.65	2.86	2.58	0.44	2.66	0.33	5.77	5.37	1.27	1.06
598.46	2.79	10.37	6.9	9.09	13.92	0.89	12.98	11.28	39.67	0.42
40.53	0.16	0.65	0.05	1.57	2.3	0.21	0.46	0.21	2.85	0.07
246.85	0.8	0.51		2.21	3.76	0.31	2.58	1.97	15.97	0.13
6.03	0.16			0.04	0.06	0.01	0.03	0.03	0.37	
2.18	0.01			0.04	0.04				0.19	
224.61	0.57	0.51		2.04	3.47	0.29	2.51	1.9	13.81	0.13
14.03	0.06			0.1	0.18	0.02	0.04	0.03	1.6	
76.3	0.02	1.74		0.76	4.56	0.06	-0.07	0.02	7.69	
76.3	0.02	1.74		0.76	4.56	0.06	-0.07	0.02	7.69	
54.57	0.16			0.34	0.91	0.16	1.14	0.96	3.45	0.72
53.22	0.13			0.29	0.87	0.13	1.1	0.92	2.86	0.72
1.35	0.03			0.05	0.04	0.03	0.04	0.04	0.58	
46.81	0.37	0.35	0.03	0.12	1.22	0.05	0.69	0.89	0.99	-0.02
38.79	0.19	0.35	0.03	0.03	0.94	0.03	0.65	0.86	0.38	-0.02
1.99	0.02			0.05	0.23	0.02			0.24	
6.03	0.16			0.04	0.06	0.01	0.03	0.03	0.37	
3.53	0.04			0.09	0.09	0.03	0.05	0.04	0.77	
2.18	0.01			0.04	0.04				0.19	
1.35	0.03			0.05	0.04	0.03	0.04	0.04	0.58	
54.56	0.22	0.65	0.05	1.67	2.48	0.23	0.49	0.24	4.45	0.07
40.53	0.16	0.65	0.05	1.57	2.3	0.21	0.46	0.21	2.85	0.07
14.03	0.06			0.1	0.18	0.02	0.04	0.03	1.6	
1146.6	4.16	15.49	9.48	12.62	25.48	1.7	22.28	19.48	65.3	2.33
194.01	0.65	2.86	2.58	0.44	2.66	0.33	5.77	5.37	1.27	1.06
224.61	0.57	0.51		2.04	3.47	0.29	2.51	1.9	13.81	0.13
76.3	0.02	1.74		0.76	4.56	0.06	-0.07	0.02	7.69	
53.22	0.13			0.29	0.87	0.13	1.1	0.92	2.86	0.72
598.46	2.79	10.37	6.9	9.09	13.92	0.89	12.98	11.28	39.67	0.42
38.45	0.24	1.4	0.15	0.8	4.26	0.24	1.41	1.15	-2.2	0.08
299.57	1.53	3.88	2.66	0.97	6.16	0.47	12.19	11.64	19.37	1.14
148.6	0.2			1.02	2.54	0.13	1.58	1.34	6.17	
139.47	0.21	3.97	0.04	3.29	6.18	0.2	0.39	0.2	11.17	
280.2	1.89	1.31	0.38	4.12	7.5	0.41	9.24	8.94	31.61	0.76
780.74	2.17	14.78	9.4	5.51	17.57	1.19	18.54	16.32	33.49	2.46
112.8	0.52	0.48	0.12	3.41	4.14	0.35	1.83	1.44	7.36	0.03
316.67	1.99	1.17	0.03	5.45	7.41	0.46	2.45	2.19	29.29	-0.09

指 标	补贴收入	营业外收入	营业外支出	利润总额	应交所得税	亏损企业亏损总额	利税总额
总 计	1.96	4.64	4.21	71.93	18.85	1.79	107.07
一、按登记注册类型分组：							
内资企业	1.92	4.33	4.07	60.64	16.53	1.79	93.84
国有企业	0.73	1.12	0.03	1.47	0.37		3.91
中央企业	0.73	0.74	0.02	0.83	0.33		2.25
地方企业		0.38	0.01	0.64	0.04		1.66
集体企业				0.24	0.09		0.36
有限责任公司	1.18	2.91	4.00	39.85	13.93	1.57	63.59
国有独资公司	0.94	1.13	0.48	1.92	0.14	0.23	5.14
其他有限责任公司	0.25	1.78	3.53	37.93	13.79	1.34	58.45
股份有限公司	0.01	0.28		3.13	0.72	0.22	4.34
私营企业		0.01	0.03	15.96	1.42		21.64
私营独资企业				0.37	0.02		0.61
私营合伙企业				0.19	0.05		0.28
私营有限责任公司		0.01	0.03	13.79	1.08		18.76
私营股份有限公司				1.60	0.27		2.00
港、澳、台商投资企业		0.24		7.93	1.98		8.02
合资经营企业（港或澳、台资）		0.24		7.93	1.98		8.02
港澳台商独资经营企业							
外商投资企业	0.04	0.07	0.15	3.37	0.34		5.20
中外合资经营企业	0.04	0.07	0.15	2.79	0.34		4.35
中外合作经营企业				0.58			0.85
二、按经济组织类型分组							
独资企业	0.73	1.12	0.03	2.08	0.48		4.87
国有企业	0.73	1.12	0.03	1.47	0.37		3.91
集体企业				0.24	0.09		0.36
私营独资企业				0.37	0.02		0.61
港澳台商独资经营企业							
合作、合伙企业				0.77	0.05		1.13
私营合伙企业				0.19	0.05		0.28
中外合作经营企业				0.58			0.85
股份有限公司	0.01	0.28		4.72	0.99	0.22	6.35
股份有限公司（内资）	0.01	0.28		3.13	0.72	0.22	4.34
私营股份有限公司				1.60	0.27		2.00
有限责任公司	1.23	3.24	4.18	64.36	17.34	1.57	94.73
国有独资公司	0.94	1.13	0.48	1.92	0.14	0.23	5.14
私营有限责任公司		0.01	0.03	13.79	1.08		18.76
合资经营企业（港或澳、台资）		0.24		7.93	1.98		8.02
中外合资经营企业	0.04	0.07	0.15	2.79	0.34		4.35
其他有限责任公司	0.25	1.78	3.53	37.93	13.79	1.34	58.45
三、在总计中：亏损企业	0.25	0.43	0.02	-1.79	0.14	1.79	-0.22
在总计中：国有控股企业	1.76	2.47	2.88	18.95	11.03	0.49	31.88
在总计中：农村工业	0.13	0.14	0.10	6.21	0.72		8.93
在总计中：轻工业		0.43	0.01	11.58	2.72	0.01	13.27
重工业	0.95	1.53	2.62	30.52	12.77	0.15	46.89
在总计中：大型企业	0.94	2.37	3.18	32.68	13.93	0.24	49.45
中型企业	0.03	0.10	0.07	7.39	1.50	1.00	11.85
小型企业	0.99	1.79	0.96	30.12	3.39	0.55	42.61

续表 2

单位：亿元、个

应付工资总额	应交增值税	全部从业人员年平均人数（万人）	总资产贡献率（%）	资产负债率（%）	流动资产周转率（次/年）	成本费用利润率（%）	产品销售率(%)
56.16	30.34	9.93	10.66	56.50	3.08	5.40	97.05
30.82	28.58	7.04	11.04	56.40	3.27	5.08	97.79
2.32	2.25	0.15	3.38	22.42	2.62	3.62	99.45
0.57	1.29	0.05	2.18	8.53	0.56	10.23	98.65
1.76	0.96	0.10	8.21	78.00	42.37	1.97	99.66
0.06	0.10	0.03	40.74	17.03	4.37	10.40	100.00
20.87	20.30	5.08	11.20	65.51	3.11	4.69	97.79
2.42	2.57	0.64	7.02	82.83	2.44	0.93	99.15
18.45	17.73	4.44	12.32	60.87	3.40	5.89	97.39
3.27	1.04	0.62	8.48	41.09	2.39	6.88	97.15
4.29	4.89	1.17	19.84	48.55	4.49	6.23	97.65
0.27	0.07	0.04	32.22	23.89	7.03	6.08	93.21
0.07	0.07	0.03	15.36	44.23	2.67	8.49	98.96
3.68	4.39	1.01	19.44	52.03	4.40	5.92	98.02
0.27	0.35	0.09	22.82	13.59	6.18	11.12	93.10
23.93	0.08	2.67	6.03	56.09	1.66	9.66	86.41
23.93	0.08	2.67	6.03	56.09	1.66	9.66	86.41
1.41	1.67	0.22	16.83	60.56	3.28	5.92	99.06
1.35	1.43	0.20	15.18	60.52	3.43	5.03	98.93
0.06	0.24	0.02	47.05	61.31	1.51	38.91	103.13
2.65	2.42	0.22	4.02	22.41	2.92	4.25	98.74
2.32	2.25	0.15	3.38	22.42	2.62	3.62	99.45
0.06	0.10	0.03	40.74	17.03	4.37	10.40	100.00
0.27	0.07	0.04	32.22	23.89	7.03	6.08	93.21
0.13	0.31	0.04	31.60	52.99	1.98	20.61	100.78
0.07	0.07	0.03	15.36	44.23	2.67	8.49	98.96
0.06	0.24	0.02	47.05	61.31	1.51	38.91	103.13
3.54	1.40	0.71	10.54	37.14	2.81	7.89	96.26
3.27	1.04	0.62	8.48	41.09	2.39	6.88	97.15
0.27	0.35	0.09	22.82	13.59	6.18	11.12	93.10
49.83	26.21	8.96	11.53	62.60	3.11	5.27	97.03
2.42	2.57	0.64	7.02	82.83	2.44	0.93	99.15
3.68	4.39	1.01	19.44	52.03	4.40	5.92	98.02
23.93	0.08	2.67	6.03	56.09	1.66	9.66	86.41
1.35	1.43	0.20	15.18	60.52	3.43	5.03	98.93
18.45	17.73	4.44	12.32	60.87	3.40	5.89	97.39
5.18	1.33	1.16	0.91	60.25	0.93	-3.87	87.03
9.46	11.39	1.39	8.98	57.47	2.52	5.88	98.72
1.91	2.51	0.54	15.26	75.62	3.42	4.04	99.64
26.76	1.48	3.40	8.11	52.56	2.56	7.62	90.43
11.77	14.48	1.92	12.18	48.68	3.03	10.12	97.56
40.18	14.59	6.39	8.91	69.02	2.75	3.91	97.17
5.68	3.94	1.35	14.08	54.01	3.40	6.01	98.13
8.65	10.48	2.11	13.46	28.12	3.68	9.05	96.22

13-7 规模以上工业企

指标	企业单位数	亏损企业	资产	流动资产合计	应收帐款	存货	产成品
总计	**241**	**18**	**1188.39**	**456.96**	**73.54**	**137.78**	**43.19**
煤炭开采和洗选业	6	1	31.86	16.76	1.32	1.37	1.02
黑色金属矿采选业	11		7.03	3.13	0.33	0.08	0.04
有色金属矿采选业	4		3.73	1.76	0.22	0.16	0.14
农副食品加工业	6		10.25	2.31	0.12	0.97	0.82
食品制造业	3		5.51	2.46	0.52	0.29	0.26
酒、饮料和精制茶制造业	9	1	13.31	3.8	1.13	1.54	0.68
纺织业	2		2.16	0.82	0.06	0.1	0.09
木材加工和木、竹、藤、棕、草制品业	1		3.22	0.2	0.05	0.08	0.08
印刷和记录媒介复制业	3		2.63	0.51	0.09	0.03	0.03
文教、工美、体育和娱乐用品制造业	1		0.28	0.16	0.02	0.08	0.07
石油加工、炼焦和核燃料加工业	2		40.51	18.1	3.82	3.7	1.25
化学原料和化学制品制造业	14	2	46.2	24.06	2.53	4.02	0.83
医药制造业	2		2.23	1.01	0.23	0.52	0.25
化学纤维制造业	1		0.09	0.01			
橡胶和塑料制品业	4		4.06	1.62	0.24	0.26	0.12
非金属矿物制品业	44	5	70.91	19.05	5.12	4.35	2.75
黑色金属冶炼和压延加工业	12	2	147.27	59.05	6.45	18.73	14.43
有色金属冶炼和压延加工业	22	1	260.45	168.54	14.43	79.69	11.76
金属制品业	20		21.96	6.15	1.82	0.76	0.42
通用设备制造业	11		10.52	2.53	1.05	0.72	0.54
专用设备制造业	11		11.43	6.4	1.82	1.23	0.62
汽车制造业	2	2	4.97	2.6	0.51	0.72	0.37
铁路、船舶、航空航天和其他运输设备制造业	3		1.81	0.55	0.09	0.03	0.02
电气机械和器材制造业	31	3	56.69	25.15	5.98	4.18	2.02
计算机、通信和其他电子设备制造业	2		128.81	52.86	14.66	9.63	4.24
仪器仪表制造业	4		2.92	1.17	0.25	0.32	0.28
其他制造业	2		1.23	0.56	0.1	0.16	0.02
废弃资源综合利用业	1		1.52	0.66		0.1	0.04
电力、热力生产和供应业	5	1	289.9	33.22	10.31	3.85	
燃气生产和供应业	1		4.53	1.65	0.18	0.13	
水的生产和供应业	1		0.4	0.12	0.08		

业分行业主要经济指标

单位：亿元、个

固定资产合计	固定资产原价	累计折旧	在建工程	负债合计	流动负债合计	应付账款	非流动负债合计	所有者权益合计	实收资本	国家资本
551.46	**777.35**	**291.49**	**77.12**	**671.4**	**547.73**	**150.58**	**108.34**	**506.37**	**187.76**	**12.61**
10.23	15.27	6.29	0.02	17.21	17.07	1.21	0.08	13.91	5.24	
3.7	5.49	2	0.01	2.87	2.51	0.13		3.82	1.83	
1.83	2.48	1.28	0.01	0.74	0.55	0.29	0.2	2.82	1.33	
2.64	3.54	1.8		5.86	5.55	0.32	0.01	4.38	2.31	
3.05	2.56	1.03		2.13	1.14	0.19	0.19	3.38	1.55	
7.23	9.22	2.05	1.28	6.35	4.75	3.38	1.6	6.85	4.89	
1.34	2.43	1.11		0.81	0.81	0.05		1.35	1.2	
3.01	3.38	0.36		0.08	0.05		0.03	3.14	0.1	
2.12	2.58	0.5		0.11	0.08		0.03	2.52	1.03	
0.13	0.04		0.09	0.07	0.07	0.01		0.22	0.2	
18.53	28.51	11.38	0.11	23.72	21.39	3.87	1.88	16.8	12.19	2.44
15.24	22.77	11.79	1.94	31.57	29.73	0.99	1.29	14.54	5	0.53
1.22	1.23	0.35	0.23	1.24	1.24	0.37		0.99	0.79	
0.05	0.06	0.01		0.01				0.05	0.05	
1.43	1.62	0.37		1.25	0.95	0.13	0.1	2.81	0.71	
27.76	33.34	7.42	2.73	28.05	20.87	4.91	4.87	37.8	13.01	1.8
67.27	97.6	36.37	10.06	87.24	72.88	22.53	14.26	60.65	13.7	
57.89	96.88	53.21	9.55	213	181.2	35.08	29.84	46.77	21.82	4.35
10.88	16.95	6.4	0.13	5.1	4.01	0.67	0.67	16.67	6.13	
5.18	6.11	0.98	0.21	2.98	2.12	0.54	0.6	7.12	0.92	
2.47	3.48	1.05		4.47	3.4	0.35	0.06	6.31	4.21	
2.3	2.16	0.36	0.5	2.69	2.44	1.48	0.25	2.28	0.31	
0.71	0.91	0.27		0.4	0.4	0.04		1.41	1.4	
23.82	27.98	5.67	1.33	23.5	22.02	3.75	0.66	30.44	9.41	0.12
23.46	23.61	7.02	38.36	72.14	72.14	55.93		56.66	41.82	
0.45	0.63	0.19		0.79	0.71	0.19	0.08	2.13	0.87	
0.2	0.23	0.04		0.22	0.19	0.19		1.01	0.09	
0.81	0.74	0.39		0.63	0.56	0.14		0.89	0.5	
254.1	362.3	130.95	10.1	133.52	77.61	13.5	50.29	156.38	34.67	3.26
2.21	2.77	0.56	0.47	2.46	1.18	0.31	1.28	2.07	0.4	0.03
0.21	0.5	0.28		0.18	0.11	0.01	0.07	0.22	0.09	0.09

指 标	集体资本	法人资本	个人资本	港澳台资本	外商资本	主营业务收入
总计	**1.29**	**85.69**	**41.35**	**3.19**	**43.63**	**1391.98**
煤炭开采和洗选业		3.46	1.78			31.58
黑色金属矿采选业		1.4	0.43			21.98
有色金属矿采选业		1.02	0.31			11
农副食品加工业		2.08	0.23			24.33
食品制造业		1.41	0.14			10.56
酒、饮料和精制茶制造业		4.14	0.76			23.67
纺织业		1.2				7.9
木材加工和木、竹、藤、棕、草制品业			0.1			3.46
印刷和记录媒介复制业		0.42	0.6			5.51
文教、工美、体育和娱乐用品制造业	0.18	0.02				0.92
石油加工、炼焦和核燃料加工业		3.24	2.19	2.74	1.59	59.85
化学原料和化学制品制造业	0.23	2.64	1.29		0.32	42.97
医药制造业		0.44	0.35			4.05
化学纤维制造业		0.05				2.1
橡胶和塑料制品业		0.55	0.16			5.14
非金属矿物制品业	0.07	5.13	5.94	0.08		79.24
黑色金属冶炼和压延加工业		11.34	2.36			190.18
有色金属冶炼和压延加工业	0.39	4.03	13.05			489.83
金属制品业		4.45	1.68			42.78
通用设备制造业		0.76	0.16			15.49
专用设备制造业	0.42	2.09	1.7			21.97
汽车制造业		0.31				1.68
铁路、船舶、航空航天和其他运输设备制造业		0.09	1.31			2.93
电气机械和器材制造业		3.2	6.09			75.17
计算机、通信和其他电子设备制造业		0.1			41.72	84.48
仪器仪表制造业		0.66	0.21			3.22
其他制造业		0.07	0.02			3.64
废弃资源综合利用业			0.5			4.48
电力、热力生产和供应业		31.42				117.85
燃气生产和供应业				0.37		3.71
水的生产和供应业						0.27

续表 1

单位：亿元、个

主营业务成本	主营业务税金及附加	其他业务收入	其他业务利润	销售费用	管理费用	税金	财务费用	利息支出	营业利润	投资收益
1251.5	**4.79**	**16.49**	**9.56**	**14.5**	**29.26**	**2.01**	**23.51**	**20.67**	**71.5**	**2.38**
27.56	0.26	0.28		0.17	1.93	0.06	0.61	0.58	1.07	
19.57	0.26			0.23	0.23	0.01	0.09	0.09	1.6	
9.38	0.12			0.26	0.12		0.09	0.05	0.96	
22.01	0.04			0.63	0.32	0.04	0.22	0.02	1.1	
9.24	0.03			0.09	0.1		0.05	0.01	1.06	
20.12	0.04	2.18	0.01	1.76	0.85	0.06	0.11	0.1	0.8	
7.24	0.03			0.23	0.07		0.04	0.04	0.29	
3.21	0.01			0.01	0.01		0.01	0.01	0.2	
4.55	0.03			0.17	0.27	0.05			0.48	
0.83					0.01		0.01	0.01	0.08	
54.14	0.16			0.61	0.92	0.14	1.16	0.93	3.59	0.72
37.06	0.13	0.57	0.33	2.19	1.36	0.11	0.99	1.12	1.5	0.04
3.3	0.02			0.35	0.22		0.02	0.02	0.14	
1.87	0.03			0.08	0.02		0.03	0.02	0.08	
4.25	0.02			0.12	0.14	0.02	0.06	0.06	0.55	
68.46	0.5	0.41	0.08	1.11	1.33	0.21	0.94	0.9	6.88	
179.13	0.59	7.09	6.51	1.56	4.78	0.35	2.71	1.84	2.37	0.5
462.48	1	3.33	2.56	1.01	5.51	0.49	9.36	8.28	10.32	1.19
37.77	0.12	0.09		0.37	0.63	0.03	0.12	0.11	3.69	-0.07
13.64	0.06	0.01		0.15	0.17		0.11	0.08	1.3	
18.8	0.06	0.01	0.01	0.28	0.4	0.01	0.14	0.12	2.33	
1.7		0.02	-0.01	0.04	0.14	0.01	0.02	0.02	-0.22	
2.35	0.01			0.09	0.23	0.02			0.25	
64.66	0.35	0.35		1.89	2.85	0.25	0.57	0.28	4.75	
73.64		1.74		0.72	4.48	0.06	-0.07		7	
2.5	0.01			0.11	0.13	0.02	0.04	0.04	0.35	-0.01
3.11	0.09			0.17	0.07	0.05	0.03	0.02	0.17	
4.38					0.04		0.01	0.01	0.06	
91.6	0.8	0.36	0.03		1.74	0.02	6.04	5.9	18	0.01
2.82	0.02			0.05	0.12	0.01	-0.01	0.02	0.72	
0.14		0.05	0.03	0.03	0.09				0.03	

指 标	补贴收入	营业外收入	营业外支出	利润总额	应交所得税
总计	**1.96**	**4.64**	**4.21**	**71.93**	**18.85**
煤炭开采和洗选业		0.02	0.03	1.06	0.19
黑色金属矿采选业				1.6	0.18
有色金属矿采选业				0.96	0.18
农副食品加工业		0.15		1.25	0.25
食品制造业				1.06	0.26
酒、饮料和精制茶制造业		0.06	0.01	0.84	0.2
纺织业				0.29	0.04
木材加工和木、竹、藤、棕、草制品业				0.2	0.03
印刷和记录媒介复制业				0.48	0.11
文教、工美、体育和娱乐用品制造业				0.08	
石油加工、炼焦和核燃料加工业	0.04	0.07	0.15	3.51	0.71
化学原料和化学制品制造业	0.01	0.12	0.03	1.59	0.3
医药制造业				0.14	0.03
化学纤维制造业				0.08	
橡胶和塑料制品业				0.55	0.06
非金属矿物制品业	0.07	0.07	0.16	6.79	0.83
黑色金属冶炼和压延加工业	0.02	1.37	0.72	3.02	0.54
有色金属冶炼和压延加工业	0.9	1.1	0.59	10.83	0.69
金属制品业		0.08	0.08	3.69	0.3
通用设备制造业				1.3	0.07
专用设备制造业		0.02	0.02	2.33	0.08
汽车制造业	0.02	0.03	0.01	-0.19	0.01
铁路、船舶、航空航天和其他运输设备制造业				0.25	0.04
电气机械和器材制造业		0.04	0.03	4.76	0.94
计算机、通信和其他电子设备制造业		0.22		7.22	1.8
仪器仪表制造业				0.35	
其他制造业				0.17	
废弃资源综合利用业				0.06	
电力、热力生产和供应业	0.89	1.28	2.4	16.88	10.81
燃气生产和供应业		0.02		0.73	0.19
水的生产和供应业				0.04	0.01

续表 2

单位：亿元、个

亏损企业亏损总额	利税总额	应付工资总额	应交增值税	总资产贡献率（%）	资产负债率（%）	成本费用利润率（%）	全部从业人员年平均人数（万人）	产品销售率（%）
1.79	**107.07**	**56.16**	**30.34**	**10.66**	**56.5**	**5.4**	**9.93**	**97.05**
0.02	2.78	2.67	1.46	10.57	54	3.5	0.58	87.32
	2.33	0.43	0.48	34.39	40.79	7.94	0.1	96.87
	1.55	0.17	0.47	42.93	19.9	9.75	0.06	98.89
	1.44	0.93	0.16	14.25	57.2	5.39	0.21	96.22
	1.57	0.31	0.48	28.67	38.62	11.2	0.09	100.67
0.01	1.19	1.12	0.31	9.7	47.7	3.36	0.24	98.53
	0.51	0.24	0.19	25.5	37.59	3.88	0.09	98.56
	0.28	0.08	0.07	8.98	2.48	6.11	0.02	97.92
	0.76	0.14	0.25	29.16	4.25	9.7	0.05	100
	0.08			29.09	24.08	8.98	0.01	100
	5.26	1.41	1.59	15.38	58.54	6.18	0.21	99.07
0.03	2.48	1.46	0.76	7.35	68.34	3.8	0.31	100.3
	0.32	0.21	0.16	15.54	55.62	3.57	0.06	68.02
	0.14	0.02	0.02	170.44	11.67	4.22		99.03
	0.79	0.13	0.22	20.82	30.78	11.98	0.04	97.53
0.7	9.95	2.18	2.64	15.27	39.56	9.4	0.81	96.13
0.23	6.22	5.58	2.61	5.1	59.24	1.55	1.36	98.1
0.04	17.21	4.98	5.38	9.73	81.78	2.25	1.33	98.73
	4.83	0.81	1.02	22.53	23.21	9.48	0.22	98.82
	1.78	0.48	0.42	17.69	28.32	9.26	0.09	91.44
	3.21	0.44	0.82	29.07	39.14	11.87	0.13	96.31
0.19	-0.19	0.32		-3.54	54.07	-10.11	0.07	87.46
	0.36	0.11	0.09	19.94	22.21	9.43	0.03	100
0.52	7.36	2.8	2.24	13.43	41.45	6.75	0.72	98.68
	7.23	23.89	0.01	5.61	56.01	9.11	2.67	85.94
	0.46	0.31	0.09	16.87	27.15	12.69	0.06	93.74
	0.31	0.03	0.05	27.1	17.95	5.09	0.02	90.03
	0.06	0.51		4.34	41.32	1.27	0.01	99.56
0.05	25.92	4.2	8.24	10.92	46.06	16.98	0.3	99.33
	0.83	0.12	0.08	18.22	54.33	24.6	0.02	100
	0.05	0.11	0.01	13.04	44.59	12.7	0.03	71.69

13-8 各种经济类型按

指标	企业单位数	亏损企业	资产	流动资产合计	应收帐款	存货	产成品
国有控股	13	4	482.3	136.54	18.64	54.38	6.28
煤炭开采和洗选业	1		1.57	0.24	0.09	0.07	
化学原料和化学制品制造业	1		2	0.43	0.07	0.05	0.01
非金属矿物制品业	1	1	7.18	1.48	0.02	0.12	0.02
黑色金属冶炼和压延加工业	1	1	31.79	15.62	3.52	3.36	1.25
有色金属冶炼和压延加工业	1		144.29	82.71	3.95	46.19	4.6
汽车制造业	1	1	4.75	2.4	0.51	0.69	0.36
计算机、通信和其他电子设备制造业	1		0.41	0.32	0.08	0.06	0.04
电力、热力生产和供应业	5	1	289.9	33.22	10.31	3.85	
水的生产和供应业	1		0.4	0.12	0.08		
集体控股	2		0.88	0.58	0.22	0.01	0.01
非金属矿物制品业	1		0.29	0.26	0.16	0.01	0.01
电气机械和器材制造业	1		0.59	0.32	0.06		
私营企业	70		118.85	60.68	12.09	17.7	5.92
煤炭开采和洗选业	1		0.95	0.65	0.08	0.02	0.01
黑色金属矿采选业	6		1.12	0.61	0.01		
有色金属矿采选业	3		2.75	1.25	0.15	0.11	0.1
食品制造业	1		2.65	1.1	0.47	0.09	0.09
酒、饮料和精制茶制造业	1		0.44	0.11	0.04	0.02	0.01
木材加工和木、竹、藤、棕、草制品业	1		3.22	0.2	0.05	0.08	0.08
印刷和记录媒介复制业	3		2.63	0.51	0.09	0.03	0.03
化学原料和化学制品制造业	3		1.47	0.63	0.13	0.05	0.01
橡胶和塑料制品业	1		0.52	0.13	0.01		
非金属矿物制品业	16		17.92	4.37	1.4	0.48	0.38
黑色金属冶炼和压延加工业	3		3.95	1.24	0.4	0.36	0.24
有色金属冶炼和压延加工业	9		57.59	42.11	7.72	15.76	4.53
金属制品业	4		5.34	1.51	0.73	0.19	0.12
通用设备制造业	3		1.78	0.47	0.18	0.13	0.1
专用设备制造业	4		2.04	0.83	0.13	0.05	0.03
电气机械和器材制造业	9		12.86	4.42	0.38	0.32	0.2
仪器仪表制造业	1		1.53	0.49	0.12	0.02	0.02
其他制造业	1		0.1	0.05	0.01		
外商和港澳台商控股	6		169.75	72.43	18.75	13.44	5.4
石油加工、炼焦和核燃料加工业	1		33.41	16.39	3.45	3.49	1.06
非金属矿物制品业	1		1.9	1.39	0.39	0.14	0.06
专用设备制造业	1		1.09	0.15	0.07	0.05	0.05
计算机、通信和其他电子设备制造业	2		128.81	52.86	14.66	9.63	4.24
燃气生产和供应业	1		4.53	1.65	0.18	0.13	
大中型工业企业	43	6	823.44	354.36	50.43	123.41	35.41
煤炭开采和洗选业	2	1	25.69	15.13	1.04	1.24	0.98
农副食品加工业	1		8.41	1.07		0.82	0.8
食品制造业	1		2.65	1.1	0.47	0.09	0.09
酒、饮料和精制茶制造业	2		9.41	2.47	1.07	1.08	0.37
纺织业	1		1.7	0.77	0.04	0.1	0.09
印刷和记录媒介复制业	1		2.13	0.39	0.03	0.03	0.02
石油加工、炼焦和核燃料加工业	2		40.51	18.1	3.82	3.7	1.25
化学原料和化学制品制造业	3		38.13	20.57	1.41	3.36	0.62
医药制造业	1		1	0.24	0.13	0.05	0.03
非金属矿物制品业	7	1	15.61	4.06	0.74	1.43	0.89
黑色金属冶炼和压延加工业	5	1	139.7	56.17	5.88	18.32	14.25
有色金属冶炼和压延加工业	4		221.33	145.1	7.11	75.5	9.91
专用设备制造业	1		2.94	2.16	0.56	0.62	0.23
汽车制造业	1	1	4.75	2.4	0.51	0.69	0.36
电气机械和器材制造业	6	2	26.93	14.06	3.73	3.04	1.3
计算机、通信和其他电子设备制造业	1		128.4	52.53	14.58	9.57	4.2
仪器仪表制造业	1		1.53	0.49	0.12	0.02	0.02
电力、热力生产和供应业	2		152.24	17.44	9.14	3.77	
水的生产和供应业	1		0.4	0.12	0.08		

行业分组主要经济指标

单位：亿元、个

固定资产合计	固定资产原价	累计折旧	在建工程	负债合计	流动负债合计	应付账款	非流动负债合计	所有者权益合计	实收资本	国家资本
315.29	456.9	177.65	24.09	277.17	186.58	30.21	84.98	205.13	48.15	9.49
1.33	1.5	0.27		0.58	0.58	0.08		0.99	0.9	
1.51	2.17	0.66		0.55	0.35	0.01	0.2	1.45	0.9	
4.21	4.33	0.12	0.83	5.45	3.25	0.73	2.21	1.73	1.8	1.8
12.99	14.55	5.26	3.67	13.22	10.51	3.53	2.71	18.57	5.03	
38.56	69.18	39.61	8.99	121.07	91.82	10.98	29.24	23.22	4.35	4.35
2.29	2.16	0.36	0.49	2.55	2.3	1.34	0.25	2.2	0.21	
0.08	0.22	0.14		0.04	0.04	0.03		0.37	0.2	
254.1	362.3	130.95	10.1	133.52	77.61	13.5	50.29	156.38	34.67	3.26
0.21	0.5	0.28		0.18	0.11	0.01	0.07	0.22	0.09	0.09
0.3	0.41	0.11		0.15	0.15	0.12		0.73	0.73	
0.02	0.02			0.09	0.09	0.05		0.2	0.2	
0.28	0.39	0.11		0.06	0.06	0.06		0.53	0.53	
39.2	53.48	18.49	0.74	57.7	53.74	5.45	1.41	53.47	27.53	
0.3	0.42	0.12		0.4	0.4	0.09		0.55	0.3	
0.38	1.14	0.94	0.01	0.2	0.2			0.85	0.59	
1.4	1.89	1	0.01	0.61	0.49	0.24	0.12	1.98	1.12	
1.55	1.43	0.66		0.29	0.09	0.06	0.19	2.36	1.39	
0.33	0.58	0.25	0.43	0.11	0.11			0.33	0.08	
3.01	3.38	0.36		0.08	0.05		0.03	3.14	0.1	
2.12	2.58	0.5		0.11	0.08		0.03	2.52	1.03	
0.8	1.04	0.27		0.87	0.87	0.01		0.6	0.48	
0.38	0.35	0.04		0.03	0.03	0.01		0.49	0.07	
6.3	6.69	0.92		3.81	2.9	0.99	0.3	9.61	3.92	
2.71	3.58	1.07		0.93	0.84	0.27	0.09	3.02	0.78	
10.47	15.32	5.99	0.05	44.28	43.24	3.08	0.43	12.63	11.03	
1.58	6.28	4.7	0.03	0.7	0.23	0.19	0.1	4.64	3.46	
0.31	0.52	0.27	0.21	0.23	0.22	0.07	0.01	1.55	0.47	
0.66	0.84	0.2		0.85	0.52	0.12	0.03	0.54	0.42	
6.71	7.07	1.01		3.81	3.1	0.22	0.07	7.43	2.01	
0.14	0.31	0.16		0.37	0.37	0.09		1.16	0.21	
0.05	0.07	0.02		0.03				0.07	0.07	
39.5	50.74	18.17	38.94	96.86	94.18	59.24	2.22	72.88	52.27	2.47
13.15	23.17	10.09	0.11	21.02	19.62	2.99	0.94	12.4	9.4	2.44
0.51	0.91	0.4		1.17	1.17			0.74	0.64	
0.17	0.27	0.1		0.07	0.07			1.02	0.01	
23.46	23.61	7.02	38.36	72.14	72.14	55.93		56.66	41.82	
2.21	2.77	0.56	0.47	2.46	1.18	0.31	1.28	2.07	0.4	0.03
340.42	470.67	177.06	64.26	554.21	463.72	132.14	89.98	269.23	130.55	8.3
6.21	9.68	3.59	0.02	16.51	16.51	1.01		9.18	1.4	
2.09	2.69	1.36		4.94	4.94	0.18		3.47	2	
1.55	1.43	0.66		0.29	0.09	0.06	0.19	2.36	1.39	
5.81	7.1	1.29	0.04	4.47	3.45	3.23	1.02	4.94	4.02	
0.93	1.92	0.99		0.53	0.53			1.17	1.02	
1.74	2.22	0.48		0.07	0.06		0.01	2.06	0.6	
18.53	28.51	11.38	0.11	23.72	21.39	3.87	1.88	16.8	12.19	2.44
11.65	18.2	10.75	1.96	27.4	26.7	0.56	0.7	10.73	2.01	
0.76	0.91	0.17		0.36	0.36	0.08		0.64	0.55	
7.67	10.99	3.7	1.66	6.52	5.88	1.22	0.59	9.09	2.34	
65.35	95.23	35.81	9.98	84.72	70.62	22.36	14.09	54.98	9.38	
48.87	84.95	48.86	9	191.44	162.07	33.32	29.37	29.89	13.48	4.35
0.43	0.73	0.3		1.75	1.72	0.07	0.03	1.19	1.02	
2.29	2.16	0.36	0.49	2.55	2.3	1.34	0.25	2.2	0.21	
8.12	10.26	2.77	1.29	13.8	13.28	2.41	0.51	13.13	4.31	0.12
23.38	23.38	6.88	38.36	72.1	72.1	55.9		56.3	41.62	
0.14	0.31	0.16		0.37	0.37	0.09		1.16	0.21	
134.68	169.52	47.28	1.37	102.5	61.24	6.44	41.26	49.73	32.72	1.31
0.21	0.5	0.28		0.18	0.11	0.01	0.07	0.22	0.09	0.09

指 标	集体资本	法人资本	个人资本	港澳台资本	外商资本	主营业务收入
国有控股		37.46	1.1		0.1	339.66
煤炭开采和洗选业		0.9				1.25
化学原料和化学制品制造业		0.9				2.04
非金属矿物制品业						2.17
黑色金属冶炼和压延加工业		3.93	1.1			11.23
有色金属冶炼和压延加工业						203.2
汽车制造业		0.21				1.42
计算机、通信和其他电子设备制造业		0.1			0.1	0.24
电力、热力生产和供应业		31.42				117.85
水的生产和供应业						0.27
集体控股	0.03	0.18	0.53			2.53
非金属矿物制品业	0.03	0.18				0.61
电气机械和器材制造业			0.53			1.93
私营企业		12.56	14.96			272.22
煤炭开采和洗选业		0.3				1.3
黑色金属矿采选业		0.58	0.01			9.98
有色金属矿采选业		0.89	0.22			7.57
食品制造业		1.39				8.78
酒、饮料和精制茶制造业		0.08				2.13
木材加工和木、竹、藤、棕、草制品业			0.1			3.46
印刷和记录媒介复制业		0.42	0.6			5.51
化学原料和化学制品制造业		0.08	0.4			2.43
橡胶和塑料制品业		0.07				1.91
非金属矿物制品业		1.57	2.35			26.66
黑色金属冶炼和压延加工业		0.11	0.67			11.33
有色金属冶炼和压延加工业		3.18	7.86			150.17
金属制品业		2.97	0.49			14.27
通用设备制造业		0.41	0.06			6.88
专用设备制造业		0.04	0.38			2.55
电气机械和器材制造业		0.4	1.61			13.64
仪器仪表制造业			0.21			1.4
其他制造业		0.07				2.25
外商和港澳台商控股		2.64	0.74	3.11	43.31	147.79
石油加工、炼焦和核燃料加工业		2.54	0.1	2.74	1.59	50.25
非金属矿物制品业			0.64			2.1
专用设备制造业			0.01			7.24
计算机、通信和其他电子设备制造业		0.1			41.72	84.48
燃气生产和供应业				0.37		3.71
大中型工业企业		56.18	19.72	2.82	43.53	984.75
煤炭开采和洗选业		1.4				18.22
农副食品加工业		2				15.9
食品制造业		1.39				8.78
酒、饮料和精制茶制造业		4	0.02			17.25
纺织业		1.02				5.69
印刷和记录媒介复制业			0.6			3.93
石油加工、炼焦和核燃料加工业		3.24	2.19	2.74	1.59	59.85
化学原料和化学制品制造业		0.96	0.72		0.32	31.72
医药制造业		0.2	0.35			2.53
非金属矿物制品业		0.94	1.32	0.08		26.65
黑色金属冶炼和压延加工业		7.89	1.5			175.98
有色金属冶炼和压延加工业			9.13			425.18
专用设备制造业			1.02			1.75
汽车制造业		0.21				1.42
电气机械和器材制造业		1.52	2.66			26.88
计算机、通信和其他电子设备制造业					41.62	84.24
仪器仪表制造业			0.21			1.4
电力、热力生产和供应业		31.42				77.12
水的生产和供应业						0.27

续表 1

单位：亿元、个

主营业务成本	主营业务税金及附加	其他业务收入	其他业务利润	销售费用	管理费用	税金	财务费用	利息支出	营业利润	投资收益
299.57	1.53	3.88	2.66	0.97	6.16	0.47	12.19	11.64	19.37	1.14
0.91	0.04	0.01			0.05		0.03		0.04	
1.71	0.01			0.01	0.03		0.04	0.04	0.24	
1.89				0.08	0.12	0.01	0.18	0.18	-0.11	
9.59	0.02	0.63	0.05	0.39	1.51	0.09	0.14	0.15	-0.35	0.07
192.13	0.65	2.82	2.56	0.41	2.46	0.32	5.75	5.35	1.68	1.06
1.43		0.02	-0.01	0.04	0.12	0.01	0.02	0.02	-0.2	
0.17				0.01	0.04				0.03	
91.6	0.8	0.36	0.03		1.74	0.02	6.04	5.9	18	0.01
0.14		0.05	0.03	0.03	0.09				0.03	
1.99	0.02			0.05	0.23	0.02			0.24	
0.49				0.02	0.02				0.07	
1.5	0.02			0.04	0.21	0.02			0.16	
246.85	0.8	0.51		2.21	3.76	0.31	2.58	1.97	15.97	0.13
0.82	0.01			0.09	0.18		0.06	0.06	0.07	
9.2	0.19			0.03	0.04		0.02	0.02	0.49	
6.47	0.1			0.23	0.08		0.06	0.04	0.55	
7.69	0.02			0.05	0.04		0.04	0.01	0.93	
1.79				0.15	0.14		0.01		0.03	
3.21	0.01			0.01	0.01		0.01	0.01	0.2	
4.55	0.03			0.17	0.27	0.05			0.48	
1.85	0.01			0.07	0.21		0.01	0.01	0.28	
1.81	0.01			0.01	0.01	0.01			0.07	
23.09	0.07			0.3	0.26	0.06	0.06	0.05	2.86	
9.9	0.04			0.18	0.33		0.03	0.03	0.85	
141.12	0.15	0.51		0.33	1.39	0.11	2.03	1.55	5.27	0.13
12.48	0.02			0.03	0.05	0.02	0.02	0.02	1.68	
6.04	0.02			0.07	0.05		0.02	0.01	0.68	
2.1	0.01			0.06	0.15		0.01	0.01	0.23	
11.55	0.08			0.3	0.48	0.04	0.13	0.1	1.08	
1.14	0.01			0.03	0.05	0.02	0.03	0.03	0.15	
2.02	0.01			0.1	0.02		0.03	0.02	0.06	
130.87	0.18	1.75		1.1	5.47	0.22	1.07	0.98	11.13	0.72
46.7	0.12			0.22	0.81	0.13	1.07	0.89	2.04	0.72
1.35	0.03			0.05	0.04	0.03	0.04	0.04	0.58	
6.35	0.01			0.06	0.02		0.03	0.02	0.8	
73.64		1.74		0.72	4.48	0.06	-0.07		7	
2.82	0.02			0.05	0.12	0.01	-0.01	0.02	0.72	
893.54	2.69	15.26	9.52	8.92	21.71	1.54	20.37	17.76	40.85	2.49
15.69	0.2	0.28		0.05	1.72	0.06	0.53	0.5	0.01	
14.24	0.02			0.5	0.21	0.03	0.2		0.73	
7.69	0.02			0.05	0.04		0.04	0.01	0.93	
15	0.02	2.08	0.01	1.23	0.53	0.04			0.48	
5.29	0.02			0.09	0.04		0.02	0.01	0.24	
3.07	0.02			0.17	0.27	0.05			0.39	
54.14	0.16			0.61	0.92	0.14	1.16	0.93	3.59	0.72
27.24	0.06	0.46	0.33	2.01	0.98	0.08	0.88	1.03	0.81	0.04
2.16	0.02			0.1	0.12		0.01	0.01	0.13	
23.65	0.07	0.36	0.08	0.3	0.54	0.08	0.26	0.25	1.9	
166	0.57	7.09	6.51	1.41	4.56	0.34	2.59	1.72	1.76	0.5
406.04	0.77	2.82	2.56	0.55	4.62	0.45	8.87	8.01	4.36	1.19
1.43	0.01	0.01	0.01	0.07	0.13	0.01	0.08	0.08	0.03	
1.43		0.02	-0.01	0.04	0.12	0.01	0.02	0.02	-0.2	
23.2	0.11	0.34		0.97	1.53	0.17	0.36	0.13	0.69	0.01
73.47		1.74		0.71	4.45	0.06	-0.07		6.97	
1.14	0.01			0.03	0.05	0.02	0.03	0.03	0.15	
52.5	0.61	0.03			0.81		5.39	5.03	17.86	0.03
0.14		0.05	0.03	0.03	0.09				0.03	

指 标	补贴收入	营业外收入	营业外支出	利润总额	应交所得税
国有控股	1.76	2.47	2.88	18.95	11.03
煤炭开采和洗选业				0.04	
化学原料和化学制品制造业				0.25	0.06
非金属矿物制品业	0.07	0.07		-0.04	
黑色金属冶炼和压延加工业	0.01	0.13		-0.22	
有色金属冶炼和压延加工业	0.77	0.94	0.47	2.15	0.13
汽车制造业	0.02	0.03	0.01	-0.18	0.01
计算机、通信和其他电子设备制造业				0.03	0.01
电力、热力生产和供应业	0.89	1.28	2.4	16.88	10.81
水的生产和供应业				0.04	0.01
集体控股				0.24	0.09
非金属矿物制品业				0.07	0.02
电气机械和器材制造业				0.16	0.07
私营企业		0.01	0.03	15.96	1.42
煤炭开采和洗选业				0.07	0.01
黑色金属矿采选业				0.49	0.03
有色金属矿采选业				0.55	0.08
食品制造业				0.93	0.23
酒、饮料和精制茶制造业				0.03	0.02
木材加工和木、竹、藤、棕、草制品业				0.2	0.03
印刷和记录媒介复制业				0.48	0.11
化学原料和化学制品制造业				0.28	
橡胶和塑料制品业				0.07	0.02
非金属矿物制品业				2.86	0.18
黑色金属冶炼和压延加工业				0.85	0.21
有色金属冶炼和压延加工业		0.01	0.02	5.26	0.26
金属制品业				1.68	0.11
通用设备制造业				0.68	0.03
专用设备制造业				0.23	
电气机械和器材制造业				1.08	0.11
仪器仪表制造业				0.15	
其他制造业				0.06	
外商和港澳台商控股	0.04	0.31	0.15	11.3	2.33
石油加工、炼焦和核燃料加工业	0.04	0.07	0.15	1.97	0.32
非金属矿物制品业				0.58	
专用设备制造业				0.8	0.02
计算机、通信和其他电子设备制造业		0.22		7.22	1.8
燃气生产和供应业		0.02		0.73	0.19
大中型工业企业	0.97	2.47	3.24	40.07	15.44
煤炭开采和洗选业		0.02	0.01	0.02	0.13
农副食品加工业		0.15		0.88	0.15
食品制造业				0.93	0.23
酒、饮料和精制茶制造业		0.06		0.53	0.15
纺织业				0.24	0.04
印刷和记录媒介复制业				0.39	0.1
石油加工、炼焦和核燃料加工业	0.04	0.07	0.15	3.51	0.71
化学原料和化学制品制造业	0.01	0.1	0.03	0.88	0.21
医药制造业				0.13	0.03
非金属矿物制品业				1.9	0.4
黑色金属冶炼和压延加工业	0.01	0.67	0.04	2.39	0.53
有色金属冶炼和压延加工业	0.88	1.07	0.59	4.84	0.16
专用设备制造业		0.02	0.02	0.02	0.01
汽车制造业	0.02	0.03	0.01	-0.18	0.01
电气机械和器材制造业		0.03	0.03	0.7	0.31
计算机、通信和其他电子设备制造业		0.22		7.19	1.8
仪器仪表制造业				0.15	
电力、热力生产和供应业	0.01	0.02	2.36	15.51	10.45
水的生产和供应业				0.04	0.01

续表 2

单位：亿元、个

亏损企业亏损总额	利税总额	应付工资总额	应交增值税	全部从业人员年平均人数（万人）	产品销售率（%）
0.49	31.88	9.46	11.39	1.39	98.72
	0.1	0.31	0.03	0.05	106.99
	0.36	0.06	0.1	0.01	99.95
0.04	0.18	0.17	0.21	0.02	62.43
0.22	0.03	2.12	0.22	0.32	95.3
	5.37	2.09	2.57	0.57	99.15
0.18	-0.18	0.32		0.06	99.61
	0.04	0.08	0.01	0.02	101.54
0.05	25.92	4.2	8.24	0.3	99.33
	0.05	0.11	0.01	0.03	71.69
	0.36	0.06	0.1	0.03	100
	0.09		0.01	0.01	100
	0.27	0.06	0.08	0.02	100
	21.64	4.29	4.89	1.17	97.65
	0.13	0.04	0.05	0.01	67.61
	0.74	0.28	0.06	0.05	94.19
	0.92	0.12	0.27	0.04	98.42
	1.36	0.21	0.41	0.06	100
	0.1	0.05	0.07	0.01	98.9
	0.28	0.08	0.07	0.02	97.92
	0.76	0.14	0.25	0.05	100
	0.34	0.1	0.05	0.03	99.79
	0.16	0.01	0.08		100
	3.65	0.61	0.72	0.2	95.14
	1.14	0.36	0.26	0.08	97.69
	6.67	1.48	1.25	0.35	98.71
	2.13	0.13	0.43	0.03	99.6
	0.99	0.11	0.29	0.04	85.07
	0.33	0.06	0.09	0.02	99.39
	1.6	0.37	0.44	0.13	98.2
	0.24	0.15	0.08	0.03	93.89
	0.1	0.01	0.03	0.01	98.47
	13.23	25.34	1.76	2.89	91.19
	3.23	1.24	1.14	0.16	98.91
	0.85	0.06	0.24	0.02	103.13
	1.09	0.03	0.28	0.02	99
	7.23	23.89	0.01	2.67	85.94
	0.83	0.12	0.08	0.02	100
1.24	61.3	45.86	18.53	7.74	97.3
0.02	1.01	2.09	0.78	0.54	82.54
	1.02	0.74	0.12	0.17	94.12
	1.36	0.21	0.41	0.06	100
	0.69	0.89	0.14	0.17	99.08
	0.42	0.19	0.17	0.08	98.51
	0.61	0.11	0.19	0.04	100
	5.26	1.41	1.59	0.21	99.07
	1.42	1.25	0.48	0.22	100.48
	0.24	0.18	0.1	0.03	95.73
0.39	2.95	0.85	0.97	0.41	97.49
0.22	5.47	5.27	2.51	1.29	97.89
	9.8	4.3	4.19	1.13	99.49
	0.13	0.21	0.1	0.05	100.64
0.18	-0.18	0.32		0.06	99.61
0.43	1.49	1.81	0.69	0.4	100.01
	7.19	23.81		2.65	85.9
	0.24	0.15	0.08	0.03	93.89
	22.12	1.98	6	0.17	99.14
	0.05	0.11	0.01	0.03	71.69

13-9 分镇、街道办事处工业主要经济指标

单位：个、万元、%

镇、街道	企业单位数	增加值		主营业务收入		利润总额		税金总额	
		本期	增长	本期	增长	本期	增长	本期	增长
总　　计	**190**	**1449642**	**13.6**	**6781607**	**6.5**	**418183**	**-6.2**	**172777**	**-6.2**
沁园街道办事处	9	16084	10.3	72228	5.5	4215	1.8	2618	-14.2
济水街道办事处	10	52582	13.8	248231	14.7	20290	5.0	10379	-4.8
北海街道办事处	12	53507	15.4	240350	8.7	21879	7.5	11049	7.5
天坛街道办事处	20	114478	15.8	610237	26.4	37861	-8.8	7548	-11.4
玉泉街道办事处	13	78156	8.7	227998	-6.3	13923	-3.8	7189	1.8
克　井　镇	14	176977	15.1	501884	-10.2	36183	-21.7	23323	-20.9
五 龙 口 镇	13	42395	15.3	249269	54.5	11335	-2.7	4514	9.9
轵　城　镇	18	142278	15.7	793683	38.5	82244	34.8	30929	25.2
承　留　镇	31	310310	9.2	1475189	-3.9	78722	-13.3	18336	-16.4
邵　原　镇	5	21399	12.8	87417	8.1	13483	3.0	8622	5.6
坡　头　镇	5	17688	14.3	95958	33.0	3623	22.1	1826	18.3
梨　林　镇	7	32533	8.4	111439	-3.7	4417	-9.2	4097	-14.4
大　峪　镇	6	30593	15.6	105375	7.2	5684	33.7	4457	3.2
思　礼　镇	13	260260	12.3	1527389	1.0	36980	-41.2	16766	-36.0
王　屋　镇	6	21050	15.2	87863	17.0	4377	-31.8	3035	133.1
下　冶　镇	8	79352	13.5	347099	-1.8	42968	2.8	18090	1.2

13-10　规模以下工业企业主要经济指标

单位：个、万元、人

指 标	单位数	工业总产值	工业增加值	期末从业人数
总　计	**653**	**332113**	**82032**	**8142**
按控股情况分组				
公有制	7	10624	1872	466
非公有制控股经济	646	321489	80160	7676
按登记注册类型分组				
集体企业	10	6473	1223	217
私营企业	493	268866	61959	5601
股份制企业	150	56775	18850	2324
按轻重工业分组				
轻工业				
重工业				
按国民经济行业分组				
黑色金属矿采选业	10	6101	2158	97
农副食品加工业	107	65333	13537	1242
纺织业	9	6315	1277	130
木材加工及木、竹、藤、棕、草制品业	31	733	3371	222
造纸及纸制品业	1	1705	377	36
石油加工、炼焦及核燃料加工业	9			
化学原料及化学制品制造业	27	2810	2187	91
化学纤维制造业	22	7969	1804	282
塑料制品业	25	13526	4328	617
非金属矿物制品业	260	159474	36513	3544
有色金属冶炼及压延加工业	5			
金属制品业	52			
通用设备制造业	32	29402	5651	511
专用设备制造业	26	12146	4428	408
电气机械及器材制造业	28	22449	5147	712
通信设备、计算机及其他电子设备制造业	9			
电力、热力的生产和供应业	1	1773	168	71
水的生产和供应业	1	2379	1086	180

主要统计指标解释

工业 指从事自然资源的开采，对采掘品和农产品进行加工和再加工的物质生产部门。具体包括：(1)对自然资源的开采，如采矿、晒盐、森林采伐等（不包括禽兽捕猎和水产捕捞）；(2)对农副产品的加工、再加工，如粮油加工、食品加工、轧花、缫丝、纺织、制革等；(3)对采掘品的加工、再加工，如炼铁、炼钢、化工生产、石油加工、机器制造、木材加工等，以及电力、自来水、煤气的生产和供应等；(4)对工业品的修理、翻新，如机器设备的修理、交通运输工具（包括小卧车的修理等。1984 年以前农村的村及村以下办工业归属农业，1984 年以后划归工业。

本年鉴中涉及的企业登记注册类型：

(1)**国有企业** 指企业全部资产归国家所有，并按《中华人民共和国企业法人登记管理条例》规定登记注册的非公司制的经济组织。不包括有限责任公司中的国有独资公司。

(2)**集体企业** 指企业资产归集体所有，并按《中华人民共和国企业法人登记管理条例》规定登记注册的经济组织。

(3)**股份合作企业** 指以合作制为基础，由企业职工共同出资入股，吸收一定比例的社会资产投资组建，实行自主经营，自负盈亏，共同劳动，民主管理，按劳分配与按股份红相结合的一种集体经济组织。

(4)**联营企业** 指两个及两个以上相同或不同所有制性质的企业法人或事业单位法人，按自愿、平等、互利的原则，共同投资组成的经济组织。联营企业包括国有联营企业、集体联营企业、国有与集体联营企业和其他联营企业。

(5)**有限责任公司** 指根据《中华人民共和国公司登记管理条例》规定登记注册，由两个以上、五十个以下的股东共同出资，每个股东以其所认缴的出资额对公司承担有限责任，公司以其全部资产对其债务承担责任的经济组织。有限责任公司包括国有独资公司以及其他有限责任公司。

(6)**股份有限公司** 指根据《中华人民共和国公司登记管理条例》规定登记注册，其全部注册资本由等额股份构成并通过发行股票筹集资本，股东以其认购的股份对公司承担有限责任，公司以其全部资产对其债务承担责任的经济组织。

(7)**私营企业** 指由自然人投资设立或由自然人控股，以雇佣劳动为基础的营利性经济组织。包括按照《公司法》、《合伙企业法》、《私营企业暂行条例》以及《个人独资企业法》规定登记注册的私营有限责任公司、私营股份有限公司、私营合伙企业和私营独资企业。

(8)**其他内资企业** 指上述第 1 条至第 7 条之外的其他内资经济组织。

(9)**与港澳台商合资经营企业** 指港澳台地区投资者与内地企业依照《中华人民共和国中外合资经营企业法》及有关法律的规定，按合同规定的比例投资设立、分享利润和分担风险的企业。

(10)**与港澳台商合作经营企业** 指港澳台地区投资者与内地企业依照《中华人民共和国中外合作经营企业法》及有关法律的规定，依照合作合同的约定进行投资或提供条件设立、分配利润和分担风险的企业。

(11)**港澳台商独资经营企业** 指依照《中华人民共和国外资企业法》及有关法律的规定，在内地由港澳台地区投资者全额投资设立的企业。

(12)**港澳台商投资股份有限公司** 指根据国家有关规定，经原外经贸部依法批准设立，其中港、澳、台商的股本占公司注册资本的比例达 25% 以上的股份有限公司。凡其中港、澳、台商的股本占公司注册资本的比例小于 25% 的，属于内资企业中的股份有限公司。

(13)**中外合资经营企业** 指外国企业或外国人与中国内地企业依照《中华人民共和国中外合资经营企业法》及有关法律的规定，按合同规定的比例投资设立、分享利润和分担风险的企业。

(14)**中外合作经营企业** 指外国企业或外国人与中国内地企业依照《中华人民共和国中外合作经营企业法》及有关法律的规定，依照合作合同的约定进行投资或提供条件设立、分配利润和分担风险的企业。

(15)**外资企业** 指依照《中华人民共和国外资企业法》及有关法律的规定，在中国内地由外国投资者全额投资设立的企业。

(16)**外商投资股份有限公司** 指根据国家有关规定，经原外经贸部依法批准设立，其中外资的股本占公司注册资本的比例达 25% 以上的股份有限公司。凡其中外资股本占公司注册资本的比例小于 25% 的，属于内资企业中的股份有限公司。

国有控股企业 是对混合所有制经济的企业进行的"国有控股"分类。它是指这些企业的全部资产中国有资产（股份）相对其他所有者中的任何一个所有者占资（股）最多的企业。该分组反映了国有经济控股情况。

轻工业 指主要提供生活消费品和制作手工工具的工业。

重工业 指为国民经济各部门提供物质技术基础的主要生产资料的工业。

工业增加值 指工业行业在报告期内以货币表现的工业生产活动的最终成果。

实收资本 指企业实际收到的投资人投入的资本。按投资主体可分为国家资本、集体资本、法人资本、个人资本、港澳台资本和外商资本等。

资产合计 指企业拥有或控制的能以货币计量的经济资源。包括各种财产、债权和其他权利。资产按其流动性划分为流动资产、长期投资、固定资产、无形及递延资产和其他资产。

（1）**流动资产** 指企业可以在一年内或者超过一年的一个生产周期内变现或耗用的资产合计。包括现金及各种存款、短期投资、应收及预付款项、存货等。

（2）**固定资产** 指企业固定资产净值、固定资产清理、在建工程、待处理固定资产损失所占用的资金合计。

（3）**无形资产** 指企业长期使用而没有实物形态的资产。包括专利权、非专利技术、商标权、著作权、土地使用权、商誉等。

负债合计 指企业承担的能以货币计量，将以资产或劳务偿付的债务。负债一般按偿还期长短分为流动负债和长期负债、递延税项等。

（1）**流动负债** 指企业在一年内或者超过一年的一个营业周期内需要偿还的债务合计，其中包括短期借款、应付及预收款项、应付工资、应交税金和应交利润等。

（2）**长期负债** 指企业在一年以上或者超过一年的一个营业周期以上需要偿还的债务合计，其中包括长期借款、应付债务、长期应付款项等。

所有者权益 指企业投资人对企业净资产的所有权。企业净资产等于企业全部资产减去全部负债后的余额，其中包括投资者对企业的最初投入，以及资本公积金、盈余公积金和未分配利润，对股份制企业即为股东权益。

固定资产原价 指企业在建造、购置、安装、改建、扩建、技术改造某项固定资产时所支出的全部货币总额。它一般包括买价、包装费、运杂费和安装费等。

固定资产净值 指固定资产原价减去历年已提折旧额后的净额。

流动资产 指可以在一年或者超过一年的一个营业周期内变现或者耗用的资产，包括现金及各种存款、短期投资、应收及预付货款、存货等。

产品销售收入 指企业销售产品和提供劳务等主要经营业务取得的收入总额。

产品销售成本 指企业销售产品和提供劳务等主要经营业务的实际成本。

产品销售税金及附加 指企业销售产品和提供工业性劳务等主要经营业务应负担的城市维护建设税、消费税、资源税和教育费附加。

应交增值税 指企业在报告期内应交纳的增值税额。

总资产贡献率 反映企业全部资产的获利能力，是企业经营业绩和管理水平的集中体现，是评价和考核企业盈利能力的核心指标。计算公式为：

总资产贡献率 =(利润总额 + 税金总额 + 利息支出)/ 平均资产总额 *100%

资产负债率 该指标既反映企业经营风险的大小，也反映企业利用债权人提供的资金从事经营活动的能力。计算公式为：

资产负债率 = 负债总额 / 资产总额 *100%

工业成本费用利润率 指在一定时期内实现的利润与成本费用之比，是反映工业生产成本及费用投入的经济效益指标，同时也是反映降低成本的经济效益的指标。计算公式为：

工业成本费用利润率 (%)= 利润总额 / 成本及费用总额 *100%

工业增加值率 指在一定时期内工业增加值占同期工业总产值的比重，反映降低中间消耗的经济效益。计算公式为：

工业增加值率 (%)= 工业增加值 (现价)/ 工业总产值 *100%

流动资产周转次数 指在一定时期内流动资产完成的周转次数，反映流动资产的周转速度。计算公式为：

流动资产周转次数 = 产品销售收入 / 全部流动资产平均余额

产品销售率 指报告期工业销售产值与同期全部工业总产值之比，是反映工业产品已实现销售的程度，分析工业产销衔接情况，研究工业产品满足社会需求程度的指标。计算公式为：

产品销售率 (%)= 工业销售产值 / 工业总产值 (现价)*100%

全员劳动生产率 指根据产品的价值量指标计算的平均每一个就业人员在单位时间内的产品生产量。是考核企业经济活动的重要指标，是企业生产技术水平、经营管理水平、职工技术熟练程度和劳动积极性的综合表现。目前我国的全员劳动生产率是将工业企业的工业增加值除以同一时期全部就业人员的平均人数来计算的。计算公式为:

全员劳动生产率 (%)= 工业增加值 / 全部就业人员平均人数 *100%

企业集团 指以资本为主要纽带的母子公司为主体，以集团章程为共同行为规范的母公司、子公司、参股公司及其他成员企业或机构共同组成的具有一定规模的企业法人联合体。企业集不具有企业法人资格。企业集团由母公司、子公司、参股公司以及其他成员单位组建而成。事业位法人、社会团体法人也可以成为企业集团成员。

十四、建筑业

资料整理：菅 玮

简要说明

一、主要内容

本篇包括建筑业企业的生产情况，财务状况等相关资料。

二、统计范围

辖区内具有建筑业资质的总承包和专业承包独立核算建筑业企业。

三、资料来源

建筑业资料采取全面调查的方法，由市统计局固定资产投资科编辑整理。

14–1 建 筑 业

指标名称	企业个数			合同情况（千元）		
	建筑业企业个数（个）	有工作量的建筑业企业个数（个）	亏损企业个数（个）	签订的合同额	上年结转合同额	本年新签合同额
总计	**87**	**87**	**15**	**5305401**	**2086599**	**3218802**
其中：国有及国有控股企业	4	4	2	274934	8080	266854
一、按登记注册类型分组						
内资企业	87	87	15	5305401	2086599	3218802
国有企业	4	4	2	274934	8080	266854
集体企业	1	1		3000	300	2700
有限责任公司	63	63	9	3567993	1379521	2188472
国有独资公司	1	1	1	619	0	619
其他有限责任公司	62	62	8	3567374	1379521	2187853
股份有限公司	5	5	1	1211615	642013	569602
私营企业	14	14	3	247859	56685	191174
私营有限责任公司	14	14	3	247859	56685	191174
二、按国民经济行业分组						
房屋建筑业	25	25	4	3493037	1490062	2002975
土木工程建筑业	26	26	6	1406142	537909	868233
铁路、道路、隧道和桥梁工程建筑	12	12	3	715267	91855	623412
铁路工程建筑	1	1		12536	0	12536
公路工程建筑	5	5	1	460146	33979	426167
市政道路工程建筑	6	6	2	242585	57876	184709
水利和内河港口工程建筑	1	1		13100	680	12420
水源及供水设施工程建筑	1	1		13100	680	12420
工矿工程建筑	4	4		143297	15761	127536
架线和管道工程建筑	3	3	2	213654	164720	48934
架线及设备工程建筑	1	1	1	157150	156300	850
管道工程建筑	2	2	1	56504	8420	48084
其他土木工程建筑	6	6	1	320824	264893	55931
建筑安装业	13	13	2	259119	34641	224478
电气安装	2	2	1	161143	0	161143
管道和设备安装	2	2		4280	50	4230
其他建筑安装业	9	9	1	93696	34591	59105
建筑装饰和其他建筑业	23	23	3	147103	23987	123116
建筑装饰业	18	18	1	122628	23684	98944
工程准备活动	2	2		20935	300	20635
其他工程准备活动	2	2		20935	300	20635
提供施工设备服务	1	1	1	2600	0	2600
其他未列明建筑业	2	2	1	940	3	937
三、按隶属关系分组						
省（自治区、直辖市）	3	3		19434	0	19434
地区（州、盟、省辖市）	15	15	2	867005	238674	628331
县（区、市、旗）	16	16	3	1678056	702698	975358
街道	2	2		9240	3000	6240
村委会	1	1		3000	300	2700
其他	50	50	10	2728666	1141927	1586739
四、按企业资质等级分组						
施工总承包	41	41	9	4965481	2004669	2960812
一级	1	1		1040082	548444	491638
二级	13	13	1	2362752	769955	1592797
三级及以下	27	27	8	1562647	686270	876377
专业承包	46	46	6	339920	81930	257990
二级	7	7		69129	15821	53308
三级及以下	39	39	6	270791	66109	204682
五、按地区分						
济源市	87	87	15	5305401	2086599	3218802
六、按营业状态分						
营业	87	87	15	5305401	2086599	3218802
七、按控股情况分						
国有控股	4	4	2	274934	8080	266854
集体控股	2	2	1	5486	300	5186
私人控股	70	70	10	4556903	1894350	2662553
其他	11	11	2	468078	183869	284209

承包工程完成情况（千元）				建筑业总产值（千元）				
直接从建设单位承揽工程完成的产值	自行完成施工产值	分包出去工程的产值	从建设单位以外承揽工程完成的产值	三、建筑业总产值（千元）	其中：装饰装修产值	其中：在外省完成的产值	建筑工程产值	安装工程产值
3622697	3605081	17616	67314	3672395	146550	33540	3113172	324449
227550	227550	0	0	227550	31500	0	198580	8970
3622697	3605081	17616	67314	3672395	146550	33540	3113172	324449
227550	227550	0	0	227550	31500	0	198580	8970
2950	2850	100	50	2900	0	0	2900	0
2564318	2546802	17516	45311	2592113	87513	32840	2090918	290157
1051	1051	0	0	1051	1051	0	1051	0
2563267	2545751	17516	45311	2591062	86462	32840	2089867	290157
627748	627748	0	3953	631701	20101	0	614179	17282
200131	200131	0	18000	218131	7436	700	206595	8040
200131	200131	0	18000	218131	7436	700	206595	8040
2191721	2181505	10216	10340	2191845	39629	0	2080168	57189
1074173	1071473	2700	20700	1092173	31500	6590	911612	22540
594793	594793	0	18000	612793	31500	0	592793	0
12536	12536	0	0	12536	0	0	12536	0
373116	373116	0	18000	391116	0	0	391116	0
209141	209141	0	0	209141	31500	0	189141	0
8073	8073	0	0	8073	0	0	8073	0
8073	8073	0	0	8073	0	0	8073	0
74525	74525	0	0	74525	0	700	8222	7020
101756	101756	0	0	101756	0	0	16534	8970
76252	76252	0	0	76252	0	0	0	0
25504	25504	0	0	25504	0	0	16534	8970
295026	292326	2700	2700	295026	0	5890	285990	6550
241448	236948	4500	29966	266914	13569	26950	40227	225628
161143	161143	0	0	161143	0	0	0	161143
4130	4130	0	0	4130	0	0	0	4130
76175	71675	4500	29966	101641	13569	26950	40227	60355
115355	115155	200	6308	121463	61852	0	81165	19092
90940	90840	100	6258	97098	61852	0	56800	19092
20885	20785	100	50	20835	0	0	20835	0
20885	20785	100	50	20835	0	0	20835	0
2600	2600	0	0	2600	0	0	2600	0
930	930	0	0	930	0	0	930	0
14864	14864	0	4570	19434	5552	8950	11252	3830
684807	684181	626	5427	689608	50227	0	596612	38508
945581	945581	0	0	945581	33082	18000	885769	33171
6240	6240	0	0	6240	350	5890	6240	0
2950	2850	100	50	2900	0	0	2900	0
1968255	1951365	16890	57267	2008632	57339	700	1610399	248940
3358086	3345796	12290	11566	3357362	69940	0	2920943	229612
476574	476574	0	0	476574	0	0	476574	0
1804135	1804135	0	0	1804135	23560	0	1560322	171145
1077377	1065087	12290	11566	1076653	46380	0	884047	58467
264611	259285	5326	55748	315033	76610	33540	192229	94837
52125	52125	0	0	52125	36217	0	33181	14352
212486	207160	5326	55748	262908	40393	33540	159048	80485
3622697	3605081	17616	67314	3672395	146550	33540	3113172	324449
3622697	3605081	17616	67314	3672395	146550	33540	3113172	324449
227550	227550	0	0	227550	31500	0	198580	8970
5436	5336	100	50	5386	0	0	2900	0
3077301	3072075	5226	60611	3132686	99715	33540	2693237	293980
312410	300120	12290	6653	306773	15335	0	218455	21499

指标名称	其他产值	竣工产值	房屋建筑施工面积（平方米）		
			四、房屋建筑施工面积	其中：本年新开工面积	其中：实行投标承包面积
总计	**234774**	**2470224**	**2854573**	**1679441**	**1926522**
其中：国有及国有控股企业	20000	191050			
一、按登记注册类型分组					
内资企业	234774	2470224	2854573	1679441	1926522
国有企业	20000	191050			
集体企业					
有限责任公司	211038	1685950	1910952	1076889	1407740
国有独资公司					
其他有限责任公司	211038	1685950	1910952	1076889	1407740
股份有限公司	240	421616	821671	504648	397682
私营企业	3496	171608	121950	97904	121100
私营有限责任公司	3496	171608	121950	97904	121100
二、按国民经济行业分组					
房屋建筑业	54488	1527881	2551437	1621626	1685336
土木工程建筑业	158021	642746	277986	37665	241186
铁路、道路、隧道和桥梁工程建筑	20000	545941	10986	10986	10986
铁路工程建筑		12536			
公路工程建筑		382764			
市政道路工程建筑	20000	150641	10986	10986	10986
水利和内河港口工程建筑		4427			
水源及供水设施工程建筑		4427			
工矿工程建筑	59283	48318	6779	6779	6779
架线和管道工程建筑	76252	8970			
架线及设备工程建筑	76252				
管道工程建筑		8970			
其他土木工程建筑	2486	35090	260221	19900	223421
建筑安装业	1059	215843	25000	20000	
电气安装		164067			
管道和设备安装					
其他建筑安装业	1059	51776	25000	20000	
建筑装饰和其他建筑业	21206	83754	150	150	
建筑装饰业	21206	62469			
工程准备活动		17935			
其他工程准备活动		17935			
提供施工设备服务		2600			
其他未列明建筑业		750	150	150	
三、按隶属关系分组					
省（自治区、直辖市）	4352	15604			
地区（州、盟、省辖市）	54488	603584	420947	263270	133564
县（区、市、旗）	26641	579867	853956	546945	523288
街道		350	20	20	
村委会					
其他	149293	1270819	1579650	869206	1269670
四、按企业资质等级分组					
施工总承包	206807	2256045	2713274	1544942	1874493
一级		273168	668193	397682	397682
二级	72668	1333108	1432642	771243	1202792
三级及以下	134139	649769	612439	376017	274019
专业承包	27967	214179	141299	134499	52029
二级	4592	22358			
三级及以下	23375	191821	141299	134499	52029
五、按地区分					
济源市	234774	2470224	2854573	1679441	1926522
六、按营业状态分					
营业	234774	2470224	2854573	1679441	1926522
七、按控股情况分					
国有控股	20000	191050			
集体控股	2486				
私人控股	145469	2156345	2569647	1470625	1722901
其他	66819	122829	284926	208816	203621

续 表 1

	从业人员情况（人）		房屋建筑竣工面积（平方米）			
其中：本年新开工	从业人员平均人数	年末从业人数	合　计	住宅房屋	商业及服务用房屋	其他商业及服务用房屋（居民服务业用房）
1293163	**14151**	**14631**	**1209702**	**770907**	**26079**	**26079**
	858	864				
1293163	14151	14631	1209702	770907	26079	26079
	858	864				
	81	82				
798427	8454	8392	795966	434906	26079	26079
	102	97				
798427	8352	8295	795966	434906	26079	26079
397682	3984	4395	304156	244701		
97054	774	898	109580	91300		
97054	774	898	109580	91300		
1275398	9261	9697	1166650	737855	26079	26079
17765	3123	3185	33052	33052		
10986	1954	1969	10986	10986		
	60	60				
	1298	1304				
10986	596	605	10986	10986		
	20	20				
	20	20				
6779	403	395				
	492	526				
	399	431				
	93	95				
	254	275	22066	22066		
	963	931	10000			
	325	280				
	22	22				
	616	629	10000			
	804	818				
	593	601				
	141	147				
	141	147				
	25	25				
	45	45				
	157	157				
70062	2285	2453	202175	162562	2092	2092
510775	5270	5493	297790	188785	23987	23987
	74	74				
	81	82				
712326	6284	6372	709737	419560		
1241634	11889	12352	1149173	770907	26079	26079
397682	3469	3694	231983	187876		
655243	4387	4322	623489	393841		
188709	4033	4336	293701	189190	26079	26079
51529	2262	2279	60529			
	302	309				
51529	1960	1970	60529			
1293163	14151	14631	1209702	770907	26079	26079
1293163	14151	14631	1209702	770907	26079	26079
	858	864				
	96	97				
1170852	11655	12141	1176912	738117	26079	26079
122311	1542	1529	32790	32790		

指标名称	办公用房屋	科研、教育、医疗用房屋	科学研究用房屋	教育用房屋	医疗用房屋（卫生医疗用房）
总计	24536	59067	15348	29103	14616
其中：国有及国有控股企业					
一、按登记注册类型分组					
内资企业	24536	59067	15348	29103	14616
国有企业					
集体企业					
有限责任公司	6256	34566		19950	14616
国有独资公司					
其他有限责任公司	6256	34566		19950	14616
股份有限公司		24501	15348	9153	
私营企业	18280				
私营有限责任公司	18280				
二、按国民经济行业分组					
房屋建筑业	24536	59067	15348	29103	14616
土木工程建筑业					
铁路、道路、隧道和桥梁工程建筑					
铁路工程建筑					
公路工程建筑					
市政道路工程建筑					
水利和内河港口工程建筑					
水源及供水设施工程建筑					
工矿工程建筑					
架线和管道工程建筑					
架线及设备工程建筑					
管道工程建筑					
其他土木工程建筑					
建筑安装业					
电气安装					
管道和设备安装					
其他建筑安装业					
建筑装饰和其他建筑业					
建筑装饰业					
工程准备活动					
其他工程准备活动					
提供施工设备服务					
其他未列明建筑业					
三、按隶属关系分组					
省（自治区、直辖市）					
地区（州、盟、省辖市）		33270	15348	7362	10560
县（区、市、旗）	6256	17847		13791	4056
街道					
村委会					
其他	18280	7950		7950	
四、按企业资质等级分组					
施工总承包	24536	59067	15348	29103	14616
一级		9153		9153	
二级	18280	7950		7950	
三级及以下	6256	41964	15348	12000	14616
专业承包					
二级					
三级及以下					
五、按地区分					
济源市	24536	59067	15348	29103	14616
六、按营业状态分					
营业	24536	59067	15348	29103	14616
七、按控股情况分					
国有控股					
集体控股					
私人控股	24536	59067	15348	29103	14616
其他					

续 表2

文化、体育、娱乐用房屋	厂房及建筑物	厂房	其他未列明的房屋建筑物 *	合　计	住宅房屋	商业及服务用房屋
3000	281238	258685	44875	1432201	920893	26161
3000	281238	258685	44875	1432201	920893	26161
3000	277751	255198	13408	941347	518282	26161
3000	277751	255198	13408	941347	518282	26161
	3487	3487	31467	381428	309485	
				109426	93126	
				109426	93126	
3000	271238	258685	44875	1383283	876975	26161
				43918	43918	
				14128	14128	
				14128	14128	
				29790	29790	
	10000			5000		
	10000			5000		
	4251	4251		289956	225919	2613
	16040	3487	44875	353072	225247	23548
3000	260947	250947		789173	469727	
3000	220709	208156	44875	1403977	920893	26161
	3487	3487	31467	273168	224247	
3000	200418	200418		729108	437886	
	16804	4251	13408	401701	258760	26161
	60529	50529		28224		
	60529	50529		28224		
3000	281238	258685	44875	1432201	920893	26161
3000	281238	258685	44875	1432201	920893	26161
3000	281238	258685	44875	1396131	884823	26161
				36070	36070	

指标名称	竣工房屋价值（千元）			
	其他商业及服务用房屋（居民服务业用房）	办公用房屋	科研、教育、医疗用房屋	科学研究用房屋
总计	26161	25010	86369	23022
其中：国有及国有控股企业				
一、按登记注册类型分组				
内资企业	26161	25010	86369	23022
国有企业				
集体企业				
有限责任公司	26161	8710	51906	
国有独资公司				
其他有限责任公司	26161	8710	51906	
股份有限公司			34463	23022
私营企业		16300		
私营有限责任公司		16300		
二、按国民经济行业分组				
房屋建筑业	26161	25010	86369	23022
土木工程建筑业				
铁路、道路、隧道和桥梁工程建筑				
铁路工程建筑				
公路工程建筑				
市政道路工程建筑				
水利和内河港口工程建筑				
水源及供水设施工程建筑				
工矿工程建筑				
架线和管道工程建筑				
架线及设备工程建筑				
管道工程建筑				
其他土木工程建筑				
建筑安装业				
电气安装				
管道和设备安装				
其他建筑安装业				
建筑装饰和其他建筑业				
建筑装饰业				
工程准备活动				
其他工程准备活动				
提供施工设备服务				
其他未列明建筑业				
三、按隶属关系分组				
省（自治区、直辖市）				
地区（州、盟、省辖市）	2613		56259	23022
县（区、市、旗）	23548	8710	22560	
街道				
村委会				
其他		16300	7550	
四、按企业资质等级分组				
施工总承包	26161	25010	86369	23022
一级			11441	
二级		16300	7550	
三级及以下	26161	8710	67378	23022
专业承包				
二级				
三级及以下				
五、按地区分				
济源市	26161	25010	86369	23022
六、按营业状态分				
营业	26161	25010	86369	23022
七、按控股情况分				
国有控股				
集体控股				
私人控股	26161	25010	86369	23022
其他				

续 表3

教育用房屋	医疗用房屋(卫生医疗用房)	文化、体育、娱乐用房屋	厂房及建筑物	厂房	其他未列明的房屋建筑物 *
33567	29780	2820	317126	295556	53822
33567	29780	2820	317126	295556	53822
22126	29780	2820	314511	292941	18957
22126	29780	2820	314511	292941	18957
11441			2615	2615	34865
33567	29780	2820	312126	295556	53822
			5000		
			5000		
8938	24299		5165	5165	
17079	5481		19185	2615	53822
7550		2820	292776	287776	
33567	29780	2820	288902	272332	53822
11441			2615	2615	34865
7550		2820	264552	264552	
14576	29780		21735	5165	18957
			28224	23224	
			28224	23224	
33567	29780	2820	317126	295556	53822
33567	29780	2820	317126	295556	53822
33567	29780	2820	317126	295556	53822

指标名称	一、年初存货	流动资产合计	应收工程款	其中：存 货	固定资产合计
总计	**548879**	**3118360**	**1006600**	**581978**	**775582**
其中：国有及国有控股企业	35384	342408	115944	32234	38759
一、按登记注册类型分组					
内资企业	548879	3118360	1006600	581978	775582
国有企业	35384	342408	115944	32234	38759
集体企业	150	3961	2184	560	3425
有限责任公司	355208	2256475	698921	415541	604786
其他有限责任公司	355208	2256475	698921	415541	604786
股份有限公司	117284	319753	85853	110746	78524
私营企业	40853	195763	103698	22897	50088
私营有限责任公司	40853	195763	103698	22897	50088
二、按国民经济行业分组					
房屋建筑业	328523	1456646	414241	350410	214852
土木工程建筑业	124071	1197291	355202	126487	447962
铁路、道路、隧道和桥梁工程建筑	51793	746344	247249	38196	390430
铁路工程建筑	13520	9050	5230		2380
公路工程建筑		324350	149871	5003	126568
市政道路工程建筑	38273	412944	92148	33193	261482
水利和内河港口工程建筑		6171	4347		8522
水源及供水设施工程建筑		6171	4347		8522
工矿工程建筑	19868	60146	14570	24107	10922
架线和管道工程建筑	21855	99197	47526	25948	13843
架线及设备工程建筑	20455	64120	35120	21500	
管道工程建筑	1400	35077	12406	4448	13843
其他土木工程建筑	30555	285433	41510	38236	24245
建筑安装业	55353	284651	154822	64648	50881
电气安装	40266	179855	104631	46899	23609
管道和设备安装	1535	5583	1457	1734	3148
其他建筑安装业	13552	99213	48734	16015	24124
建筑装饰和其他建筑业	40932	179772	82335	40433	61887
建筑装饰业	37398	158056	73943	36283	44543
工程准备活动	3053	13382	8002	2700	6947
其他工程准备活动	3053	13382	8002	2700	6947
提供施工设备服务		2491			4326
其他未列明建筑业	481	5843	390	1450	6071
三、按隶属关系分组					
省（自治区、直辖市）	7626	17940	5323	8694	4699
地区（州、盟、省辖市）	93508	640960	181361	85935	86700
县（区、市、旗）	97626	555390	109689	98643	377109
街道		4000	510		6118
村委会	150	3961	2184	560	3425
其他	349969	1896109	707533	388146	297531
四、按企业资质等级分组					
施工总承包	465452	2722792	823923	505558	607479
一级	28558	72034	5331	29158	48620
二级	257764	1651597	523234	302709	249126
三级以下	179130	999161	295358	173691	309733
专业承包	83427	395568	182677	76420	168103
二级	26434	107540	53913	23178	36338
三级以下	56993	288028	128764	53242	131765
五、按地区分					
济源市	548879	3118360	1006600	581978	775582
六、按营业状态分					
营业	548879	3118360	1006600	581978	775582
七、按控股情况分					
国有控股	35384	342408	115944	32234	38759
集体控股	150	12950	2223	560	6135
私人控股	446594	2448569	713710	490971	691434
其他	66751	314433	174723	58213	39254

业主要财务指标

二、年末资产负债（千元）						
固定资产减值准备	固定资产原价	累计折旧	其中：本年折旧	在建工程	资产合计	流动负债合计
30632	**699526**	**249726**	**36489**	**51334**	**4117236**	**1676296**
20331	50733	25592	2096	5691	386526	173594
30632	699526	249726	36489	51334	4117236	1676296
20331	50733	25592	2096	5691	386526	173594
	4752	1327	102		7386	2411
10301	490663	174991	25139	23241	3072337	1179239
10301	490663	174991	25139	23241	3072337	1179239
	103731	29642	2374	4391	403573	214009
	49647	18174	6778	18011	247414	107043
	49647	18174	6778	18011	247414	107043
9916	318511	117612	12719	519	1715381	872274
20716	235126	73849	15266	38252	1712000	510576
20716	186076	59560	10486	24249	1157517	235161
	2980	600	180		12480	5500
20331	148978	44641	6116	18000	466061	174548
385	34118	14319	4190	6249	678976	55113
	350	140	70	8312	14693	670
	350	140	70	8312	14693	670
	12823	3235	1421		71352	21469
	12910	4758	2604	5691	157870	38108
					108940	21620
	12910	4758	2604	5691	48930	16488
	22967	6156	685		310568	215168
	84101	41139	4842		442275	227929
	49989	26380	3169		285430	194226
	380	135	52		8732	692
	33732	14624	1621		148113	33011
	61788	17126	3662	12563	247580	65517
	39783	10935	2728	11733	205704	47404
	11807	4860	500		20566	11343
	11807	4860	500		20566	11343
	5307	981	295		6818	3680
	4891	350	139	830	14492	3090
	3510	1715	35		23222	2856
30247	120499	54995	6927	8362	732959	395457
	187258	57623	3370	5693	948739	189653
	6620	709	374		11008	
	4752	1327	102		7386	2411
385	376887	133357	25681	37279	2393922	1085919
30612	515925	184936	27153	20719	3503319	1505111
	51532	2912	254		120654	57603
30592	355736	132745	16841	6554	2018550	1019191
20	108657	49279	10058	14165	1364115	428317
20	183601	64790	9336	30615	613917	171185
	30483	8690	2009	11733	143899	31788
20	153118	56100	7327	18882	470018	139397
30632	699526	249726	36489	51334	4117236	1676296
30632	699526	249726	36489	51334	4117236	1676296
20331	50733	25592	2096	5691	386526	173594
	8384	2249	102		19085	9762
10301	553534	171473	31702	44660	3342149	1291189
	86875	50412	2589	983	369476	201751

指标名称	应付账款	非流动负债合计	负债合计	所有者权益合计	其中：实收资本
总计	473675	61974	1974029	2143207	1368161
其中：国有及国有控股企业	31185	2183	175777	210749	78631
一、按登记注册类型分组					
内资企业	473675	61974	1974029	2143207	1368161
国有企业	31185	2183	175777	210749	78631
集体企业	2411		2411	4975	3366
有限责任公司	324043	55674	1448624	1623713	997675
其他有限责任公司	324043	55674	1448624	1623713	997675
股份有限公司	60327		236057	167516	163978
私营企业	55709	4117	111160	136254	124511
私营有限责任公司	55709	4117	111160	136254	124511
二、按国民经济行业分组					
房屋建筑业	235128	683	892368	823013	618688
土木工程建筑业	94980	58013	771888	940112	481283
铁路、道路、隧道和桥梁工程建筑	88232	25013	454059	703458	278098
铁路工程建筑	4230	3980	9480	3000	3000
公路工程建筑	46985	18850	224933	241128	144377
市政道路工程建筑	37017	2183	219646	459330	130721
水利和内河港口工程建筑	670		8347	6346	6200
水源及供水设施工程建筑	670		8347	6346	6200
工矿工程建筑	5968		23206	48146	34247
架线和管道工程建筑	26694	33000	71108	86762	91241
架线及设备工程建筑	21620	33000	54620	54320	54320
管道工程建筑	5074		16488	32442	36921
其他土木工程建筑	-26584		215168	95400	71497
建筑安装业	119000	809	238728	203547	122470
电气安装	108551		194226	91204	74356
管道和设备安装	220	137	829	7903	3700
其他建筑安装业	10229	672	43673	104440	44414
建筑装饰和其他建筑业	24567	2469	71045	176535	145720
建筑装饰业	17196	2342	52384	153320	125294
工程准备活动	3121		11343	9223	6366
其他工程准备活动	3121		11343	9223	6366
提供施工设备服务	2180		3680	3138	3000
其他未列明建筑业	2070	127	3638	10854	11060
三、按隶属关系分组					
省（自治区、直辖市）	1528	345	3201	20021	10557
地区（州、盟、省辖市）	116903	18500	421635	311324	193570
县（区、市、旗）	34251	2860	376010	572729	233184
街道				11008	8800
村委会	2411		2411	4975	3366
其他	318582	40269	1170772	1223150	918684
四、按企业资质等级分组					
施工总承包	413413	54716	1729856	1773463	1101185
一级	4588		57603	63051	60250
二级	193211	19533	1038725	979825	653866
三级以下	215614	35183	633528	730587	387069
专业承包	60262	7258	244173	369744	266976
二级	6419		34426	109473	89194
三级以下	53843	7258	209747	260271	177782
五、按地区分					
济源市	473675	61974	1974029	2143207	1368161
六、按营业状态分					
营业	473675	61974	1974029	2143207	1368161
七、按控股情况分					
国有控股	31185	2183	175777	210749	78631
集体控股	3054		9762	9323	3378
私人控股	363278	57311	1564849	1777300	1194756
其他	76158	2480	223641	145835	91396

续 表 1

其中：国家资本	其中：集体资本	其中：法人资本	其中：个人资本	营业收入	主营业务收入	营业成本
179862	77569	532505	578225	3607799	3598667	3134565
78631				357462	357412	302115
179862	77569	532505	578225	3607799	3598667	3134565
78631				357462	357412	302115
	3366			4475	4475	3972
70020	73603	375327	478725	2406610	2398460	2057782
70020	73603	375327	478725	2406610	2398460	2057782
	600	81828	81550	633578	632646	599135
31211		75350	17950	205674	205674	171561
31211		75350	17950	205674	205674	171561
	8535	323804	286349	2039318	2034308	1880126
179862	15312	134055	152054	1135248	1135157	913704
88621	15300	103630	70547	739452	739402	588690
			3000	12800	12800	11500
35000		43330	66047	537279	537279	431670
53621	15300	60300	1500	189373	189323	145520
			6200	1278	1278	1022
			6200	1278	1278	1022
		17250	16997	67898	67898	48852
91241				69584	69584	66443
54320				47260	47260	45720
36921				22324	22324	20723
	12	13175	58310	257036	256995	208697
	50356	15952	56162	257437	254680	205025
	50356		24000	155061	152304	126361
		3100	600	9094	9094	7223
		12852	31562	93282	93282	71441
	3366	58694	83660	175796	174522	135710
		58694	66600	148436	147163	111672
	3366		3000	22410	22410	19602
	3366		3000	22410	22410	19602
			3000	4000	4000	3646
			11060	950	949	790
		3100	7457	12466	12466	10332
35000		111814	46756	652311	652096	573796
59331	23835	33860	116158	964203	963812	853588
		500	8300	6383	6383	4947
	3366			4475	4475	3972
85531	50368	383231	399554	1967961	1959435	1687930
179862	73603	433984	413736	3212644	3205001	2823236
			60250	440736	440736	422640
56080	50356	277660	269770	2020500	2017693	1731945
123782	23247	156324	83716	751408	746572	668651
	3966	98521	164489	395155	393666	311329
		52894	36300	101389	100457	76059
	3966	45627	128189	293766	293209	235270
179862	77569	532505	578225	3607799	3598667	3134565
179862	77569	532505	578225	3607799	3598667	3134565
78631				357462	357412	302115
	3378			6961	6920	4528
101231	73591	474635	545299	2958318	2954414	2579516
	600	57870	32926	285058	279921	248406

指标名称	三、损益及分配（千元）				
	主营业务成本	营业税金及附加	主营业务税金及附加	其他业务利润	销售费用
总计	**3122833**	**112238**	**103803**	**2697**	**18793**
其中：国有及国有控股企业	302115	13056	13056		6
一、按登记注册类型分组					
内资企业	3122833	112238	103803	2697	18793
国有企业	302115	13056	13056		6
集体企业	3972	246	246		11
有限责任公司	2046050	75918	67483	1765	12141
其他有限责任公司	2046050	75918	67483	1765	12141
股份有限公司	599135	15343	15343	932	1771
私营企业	171561	7675	7675		4864
私营有限责任公司	171561	7675	7675		4864
二、按国民经济行业分组					
房屋建筑业	1871262	59971	51536	33	7063
土木工程建筑业	913704	38964	38964	39	8001
铁路、道路、隧道和桥梁工程建筑	588690	25451	25451		7762
铁路工程建筑	11500	450	450		60
公路工程建筑	431670	18124	18124		3040
市政道路工程建筑	145520	6877	6877		4662
水利和内河港口工程建筑	1022	68	68		
水源及供水设施工程建筑	1022	68	68		
工矿工程建筑	48852	2631	2631		36
架线和管道工程建筑	66443	1770	1770		110
架线及设备工程建筑	45720	952	952		98
管道工程建筑	20723	818	818		12
其他土木工程建筑	208697	9044	9044	39	93
建筑安装业	202267	5505	5505	1692	1333
电气安装	123603	2894	2894	1692	1
管道和设备安装	7223	319	319		76
其他建筑安装业	71441	2292	2292		1256
建筑装饰和其他建筑业	135600	7798	7798	933	2396
建筑装饰业	111672	6803	6803	932	2336
工程准备活动	19602	844	844		11
其他工程准备活动	19602	844	844		11
提供施工设备服务	3646	118	118		48
其他未列明建筑业	680	33	33	1	1
三、按隶属关系分组					
省（自治区、直辖市）	10332	416	416		205
地区（州、盟、省辖市）	573676	21566	21566		4373
县（区、市、旗）	853588	27818	25336		274
街道	4947	564	564		8
村委会	3972	246	246		11
其他	1676318	61628	55675	2697	13922
四、按企业资质等级分组					
施工总承包	2811734	96689	88254	1764	14660
一级	422640	9447	9447		
二级	1729187	65880	60340	1692	3649
三级以下	659907	21362	18467	72	11011
专业承包	311099	15549	15549	933	4133
二级	76059	4308	4308	932	1664
三级以下	235040	11241	11241	1	2469
五、按地区分					
济源市	3122833	112238	103803	2697	18793
六、按营业状态分					
营业	3122833	112238	103803	2697	18793
七、按控股情况分					
国有控股	302115	13056	13056		6
集体控股	4528	329	329	39	11
私人控股	2576638	90455	82433	2624	13427
其他	239552	8398	7985	34	5349

续 表2

管理费用	其中：税 金	财务费用	利息收入	其中：利息支出	资产减值损失	公允价值变动收益
125484	22912	28505	2157	27017	1208	20
17487	9457	1386	8	1363		
125484	22912	28505	2157	27017	1208	20
17487	9457	1386	8	1363		
112	28	7	5			
85123	7493	22283	1220	22222	1208	20
85123	7493	22283	1220	22222	1208	20
9112	779	3154	906	2249		
13650	5155	1675	18	1183		
13650	5155	1675	18	1183		
32320	1628	11366	671	11240		
49927	17346	11868	514	11638	50	20
31736	16590	2172	130	1944	50	20
100	2	2	1	1		
19159	14027	1732	2	1675		
12477	2561	438	127	268	50	20
118	1	7		1		
118	1	7		1		
6118	55	1257	19	1238		
5604	543	2073	322	2184		
1210	68	1200	320	1520		
4394	475	873	2	664		
6351	157	6359	43	6271		
30250	2797	609	51	503	1158	
21230	801	214	42	206	1158	
790	3	3	4	1		
8230	1993	392	5	296		
12987	1141	4662	921	3636		
11269	1078	4653	917	3633		
1030	57	7	5			
1030	57	7	5			
248	1	-2	-2			
440	5	4	1	3		
896	1	114	-6	35		
18812	12091	2371	11	2220		
23934	1110	3089	252	2946		
784	18	5	-3	3		
112	28	7	5			
80946	9664	22919	1898	21813	1208	20
91810	16941	22192	1204	21911	1208	20
3132	25					
55880	13318	17526	625	17430	1208	20
32798	3598	4666	579	4481		
33674	5971	6313	953	5106		
5521	872	4172	905	3249		
28153	5099	2141	48	1857		
125484	22912	28505	2157	27017	1208	20
125484	22912	28505	2157	27017	1208	20
17487	9457	1386	8	1363		
2925	84	1	11			
91191	13208	26132	2125	24796	1208	20
13881	163	986	13	858		

指标名称	投资收益	营业利润	营业外收入	补贴收入	营业外支出
总计	**264**	**167617**	**7568**	**562**	**1826**
其中：国有及国有控股企业		23420	539		200
一、按登记注册类型分组					
内资企业	264	167617	7568	562	1826
国有企业		23420	539		200
集体企业		127			
有限责任公司	264	127190	6099		1209
其他有限责任公司	264	127190	6099		1209
股份有限公司		6947	562	562	
私营企业		9933	368		417
私营有限责任公司		9933	368		417
二、按国民经济行业分组					
房屋建筑业		58958	86		42
土木工程建筑业	20	80229	2605		1467
铁路、道路、隧道和桥梁工程建筑	20	47819	2296		1450
铁路工程建筑		688			
公路工程建筑		27728			68
市政道路工程建筑	20	19403	2296		1382
水利和内河港口工程建筑					10
水源及供水设施工程建筑					10
工矿工程建筑		9003			
架线和管道工程建筑		-3163	297		
架线及设备工程建筑		-1920			
管道工程建筑		-1243	297		
其他土木工程建筑		26570	12		7
建筑安装业	244	15777	3675		144
电气安装	244	5172	3463		32
管道和设备安装		681	8		5
其他建筑安装业		9924	204		107
建筑装饰和其他建筑业		12653	1202	562	173
建筑装饰业		12113	1201	562	2
工程准备活动		916			166
其他工程准备活动		916			166
提供施工设备服务		-58			
其他未列明建筑业		-318	1		5
三、按隶属关系分组					
省（自治区、直辖市）		753	8		
地区（州、盟、省辖市）		33201	15		81
县（区、市、旗）		19581	2281		1190
街道		243			
村委会		127			
其他	264	113712	5264	562	555
四、按企业资质等级分组					
施工总承包	264	142542	6142		1539
一级		5517			
二级	264	110553	3474		204
三级以下		26472	2668		1335
专业承包		25075	1426	562	287
二级		9650	1201	562	2
三级以下		15425	225		285
五、按地区分					
济源市	264	167617	7568	562	1826
六、按营业状态分					
营业	264	167617	7568	562	1826
七、按控股情况分					
国有控股		23420	539		200
集体控股		-833	12		
私人控股	264	126659	7009	562	1609
其他		18371	8		17

续 表3

利润总额	应交所得税	应付职工薪酬（本年贷方累计发生额）	建筑业企业在境外完成的营业收入	建筑业增加值加值	利税总额	亏损企业个数	亏损金额
170150	**42635**	**413690**	**9656**	**744511**	**305300**	**15**	**-14451**
23758	5969	20892		68921	46271	2	-4403
170150	42635	413690	9656	744511	305300	15	-14451
23758	5969	20892		68921	46271	2	-4403
127	28	1805		2308	401		
132114	28796	266038		493343	215525	8	-6861
132114	28796	266038		493343	215525	8	-6861
7509	5663	105924		131367	23631	2	-1720
6642	2179	19031	9656	48572	19472	3	-1467
6642	2179	19031	9656	48572	19472	3	-1467
58997	19357	283860	8956	408701	120596	4	-2563
78164	17939	78268	700	230073	134474	6	-11158
48684	11725	44044		144390	90725	3	-3895
688	250	660		1980	1140		
27659	9805	26643		92638	59810	1	-2500
20337	1670	16741		49772	29775	2	-1395
52	26	420		559	121		
52	26	420		559	121		
9003	880	12787	700	25897	11689		
-6108	341	15555		17309	-3795	2	-6315
-1920		13220		12320	-900	1	-1920
-4188	341	2335		4989	-2895	1	-4395
26533	4967	5462		41918	35734	1	-948
19307	3751	30335		59256	27609	2	-349
8603	2538	11336		23372	12298	1	-314
684	181	144		1199	1006		
10020	1032	18855		34685	14305	1	-35
13682	1588	21227		46481	22621	3	-381
13312	1216	15548		38270	21193	1	-1
750	362	3857		6174	1651		
750	362	3857		6174	1651		
-58		970		1326	61	1	-58
-322	10	852		711	-284	1	-322
761	249	5102		6307	1178		
33196	8612	80418		154203	66853	2	-1456
20667	10754	125568		174965	49595	3	-5431
111	25	2130		3329	693		
127	28	1805		2308	401		
115288	22967	198667	9656	403399	186580	10	-7564
144069	38338	352917	8956	627807	257699	9	-10507
5517	4248	69187		84430	14989		
113932	26162	156315	8956	357367	193130	1	-8
24620	7928	127415		186010	49580	8	-10499
26081	4297	60773	700	116704	47601	6	-3944
10849	599	7737		24576	16029		
15232	3698	53036	700	92128	31572	6	-3944
170150	42635	413690	9656	744511	305300	15	-14451
170150	42635	413690	9656	744511	305300	15	-14451
23758	5969	20892		68921	46271	2	-4403
-821	28	2405		2087	-408	1	-948
128851	32713	346141	9656	600143	232514	10	-7750
18362	3925	44252		73360	26923	2	-1350

主要统计指标解释

建筑业统计单位 指从事房屋、构筑物建造和设备安装活动的法人企业。建筑业法人企业应同时具备的条件是：①依法成立，有自己的名称、组织机构和场所，能够承担民事责任；②独立拥有和使用资产，承担负债，有权与其他单位签订合同；③独立核算盈亏，能够编制资产负债表。

房屋建筑施工面积 指在报告期内施工的全部房屋建筑面积，包括本期新开工的房屋面积、上期施工跨入本期继续施工的房屋面积、上期停缓建在本期恢复施工的房屋面积、本期竣工的房屋面积及本期施工后又停缓建的房屋面积。

房屋建筑竣工面积 指在报告期内房屋建筑按照设计要求全部完工，达到了住人和使用条件，经验收鉴定合格，正式移交使用单位的房屋建筑面积。

自有机械设备年末总台数 指归本企业所有，属于本企业固定资产的生产性机械设备年末总台数。包括施工机械、生产设备、运输设备以及其他设备。

自有机械设备年末总功率 指本企业自有施工机械、生产设备、运输设备以及其他设备等列为在册固定资产的生产性机械设备年末总功率，按设定能力或查定能力计算。包括机械本身的动力和为该机械服务的单独动力设备，如电动机等。计算单位用千瓦，动力换算可按 1 马力 = 0.735 千瓦折合成千瓦数。电焊机、变压器、锅炉不计算动力。

工程结算收入 指企业承包工程实现的工程价款结算收入，以及向发包单位收取的除工程价款以外的按规定列作营业收入的各种款项，如临时设施费、劳动保险费、施工机械调迁费等以及向发包单位收取的各种索赔款。

工程结算利润 指已结算工程实现的利润，如亏损以"－"号表示。计算公式为：

工程结算利润 = 工程结算收入 − 工程结算成本 − 工程结算税金及附加。

十五、交通运输、邮政通信业

资料整理：马艳芝　翟鹏博

简要说明

一、主要内容

本篇包括公路交通运输业、邮政、通信业资料。其中交通运输业资料主要包括：民用车辆拥有量、公路货物运输量和旅客运输量。邮电通信业资料主要包括：全市邮政局（所）及邮路情况、邮电业务总量、通信业务总量等资料。

二、统计范围

民用车辆拥有量包括辖区内全部登记注册民用车辆。公路里程包括全市范围内所有国道、省道、县道、乡道（含村道）、专用公路。公路客货运输量包括从事公路运输的全部企事业单位、私人（包括个体联户）完成的运输量。邮电通讯包括市邮政局、从事邮电通信运营的企业。

三、资料来源

交通运输业资料由济源市交通局提供，邮电资料由济源市邮政局提供，通信业资料由市移动、联通、电信等部门提供。本篇资料由市统计局综合核算科编辑整理。

15-1 民用车辆拥有量

单位：辆

指 标	总计	营运	非营运	校车	总计中 进口	个人	新注册	报废
合 计	**181364**	**26416**	**154948**	**78**	**2269**	**144782**	**18205**	**1219**
汽车	110588	12875	97635	78	2263	98778	17399	936
载客汽车	93079	1509	91492	78	2256	85947	16110	349
其中：大型	609	387	163	59	1	37	129	98
中型	180	22	139	19	12	76	5	56
小型	90023	1098	88925		2239	83610	15917	192
微型	2267	2	2265		4	2224	59	3
其中：轿车								
载货汽车	12242	7617	4625		6	7930	1100	519
其中：重型	4540	4482	58			1433	375	284
中型	893	867	26			778	19	69
轻型	6772	2263	4509		6	5683	706	165
微型	37	5	32			36		1
其中：普通载货								
其它汽车	4696	3653	1043		1	4901	189	68
其中：三轮汽车	3197	2203	994			3177	150	16
低速货车	1499	1450	49			1405	7	38
电车								
无轨								
有轨								
摩托车	46080	42	46038		6	45824	514	227
普通	45283	39	45244		6	45028	508	225
轻便	797	3	794			796	6	2
拖拉机（农机部门数据）	21523							
大中型（农机部门数据）	3545							
小型方向盘式（农机部门数据）	17978							
挂车	3173	3169	4			180	292	47
其它类型车								

注：数据来源：公安局车管所。补充资料：机动车驾驶员 204678 人，其中：汽车驾驶员 197591 人。

15-2 邮政业务量

指 标	单 位	2014 年	2013 年	增长 %
邮政业务总量	**万元**	**4452.27**	**4582.25**	**-2.84**
函件业务				
国内平常函件	件	113510	82385	37.78
# 国内平常信件	件	42189	62688	-32.70
国内平常印刷品	件	71320	19697	262.09
义务兵免费平常函件	件	0	0	
盲人读物	件	1	0	
国内给据函件	件	18284	19448	-5.99
# 国内挂号信件	件	16176	18379	-11.99
国内挂号印刷品	件	602	1069	-43.69
国内小包	件	1506	0	
国际及港澳台函件	件	242	258	-6.20
# 国际及港澳台平常函件	件	0	4	
国际及港澳台给据函件	件	242	254	-4.72
无名址函件	件	386120	1481895	-73.94
包裹业务				
国内普通包裹	件	18769	11658	61.00
机要件	件	1378	954	44.44
报刊业务				
订销报纸累计	万份	1220.05	1732.16	-29.56
订销杂志累计	万份	59.91	88.31	-32.16
集邮业务				
集邮邮票数	枚	621580	1232246	-49.56
代理电信和信息业务				
短信户数	户	105360	52264	101.59
短信条数	条	464	978	-52.56
代理网点金融业务（含二类）				
储蓄平均余额	亿元	15.22	14.56	4.53
储蓄期末余额	亿元	15.85	13.99	13.30
代理保险				
代理保费金额	万元	21337.56	16324.74	30.71
代理保费笔数	笔	9182	8092	13.47
代理速递业务				
业务量合计	件	36836	40998	-10.15
# 国内异地特快专递	件	35689	39945	-10.65
国内同城特快专递	件	1078	969	11.25
国际及港澳台特快专递	件	69	84	-17.86
代理包裹业务				
国内快递包裹	件	5728	11446	-49.96
国际及港澳台包裹	件	84	99	-15.15
分销业务				
销售额	万元	910.19	1241.75	-26.70
其他业务				
邮政其他业务量	万元	587.9	525.37	11.90
国内函件业务量	件	131794	101833	29.42

15-3 邮政局（所）、房屋、服务点

指 标	单 位	2014 年	2013 年
营销网点			
邮政支局所总数	处	25	25
# 邮政支局	处	18	18
自办邮政所	处	7	7
总数中：设在农村的局所	处	16	15
电子化局所	处	25	25
专业服务网点		899	216
报刊零售网点	处	58	62
电子商务网点	处	567	45
其中：便民服务站	处	542	20
邮政分销网点	处	273	108
集邮专业网点	处	1	1
二类及邮政代理储蓄点	处	19	19
服务设施			
邮政信报箱群	处	0	0
邮政信筒信箱	个	50	50
邮政用户信箱	个	0	0
信报箱格口数	个	7156	7014
服务机构			
邮政局	处	1	1
机要局	处	0	0
二类及邮政代理储蓄联网网点	处	19	19
房屋			
自有房屋建筑面积	平方米	22126	22979
# 邮政生产用房	平方米	4092	12593
其他生产用房	平方米	7396	0
非生产用房	平方米	10638	10386

15-4 通信业务情况

指 标	单位	2014 年	2013 年
邮电业务总量	亿元	6.69	6.10
# 电信业务总量	亿元	6.51	5.44
# 联通	亿元	2.49	2.30
移动	亿元	3.41	2.78
电信	万元	6085	3555
固定电话用户	万户	11.2	11.6
计算机互联网络用户	万户	13.9	12.9

15-5 公路客货运输量及周转量

指标	单位	2014 年	2013 年	增长 %
客运量	万人	801	3095	-74.1
旅客周转量	万人公里	57465	81401	-29.4
货运量	万吨	3906	4772	-18.1
货物周转量	万吨公里	1012852	496149	104.1

15-6 邮路

指标	单位	数量
邮路条数	条	6
邮路总长度(单程)	公里	420
# 自办汽车邮路	公里	420
投递道段(路线)总数	条	60
# 城市投递道段总数	条	24
农村投递路线总数	条	36
投递道段(路线)长度	公里	3226
# 城市投递道段长度(单程)	公里	793
农村投递路线长度(单程)	公里	2433

主要统计指标解释

货（客）运量 指在一定时期内，各种运输工具实际运送的货物（旅客）数量。它是反映运输业为国民经济和人民生活服务的数量指标，也是制定和检查运输生产计划、研究运输发展规模和速度的重要指标。货运按吨计算，客运按人计算。货物不论运输距离长短、货物类别，均按实际重量统计。旅客不论行程远近或票价多少，均按一人一次客运量统计；半价票、小孩票也按一人统计。

货物（旅客）周转量 指在一定时期内，由各种运输工具运送的货物（旅客）数量与其相应运输距离的乘积之总和。它是反映运输业生产总成果的重要指标，也是编制和检查运输生产计划，计算运输效率、劳动生产率以及核算运输单位成本的主要基础资料。计算货物周转量通常按发出站与到达站之间的最短距离，也就是计费距离计算。计算公式为：

货物（旅客）周转量 = ∑货物（旅客）运输量　运输距离

民用汽车拥有量 指报告期末，在公安交通管理部门按照《机动车注册登记工作规范》，已注册登记领有民用车辆牌照的全部汽车数量。汽车拥有量统计的主要分类：根据汽车结构分为载客汽车、载货汽车以及其他汽车；根据汽车所有者的不同分为个人（私人）汽车、单位汽车；根据汽车的使用性质分为营运汽车、非营运汽车和特种汽车；根据汽车大小规格不同载客汽车分为大型、中型、小型和微型，载客汽车分为重型、中型、轻型和微型。

邮电业务总量 指以价值量形式表现的邮电通信企业为社会提供各类邮电通信服务的总数量。邮电业务量按专业分类包括函件、包件、汇票、报刊发行、邮政快件、特快专递、邮政储蓄、集邮、公众电报、用户电报、传真、长途电话、出租电路、无线寻呼、移动电话、分组交换数据通信、出租代维等。计算方法为各类产品乘以相应的平均单价（不变价）之和，再加上出租电路和设备、代用户维护电话交换机和线路等的服务收入。它综合反映了一定时期邮电业务发展的总成果，是研究邮电业务量构成和发展趋势的重要指标。计算公式为：

邮电业务总量 = ∑（各类邮电业务量　不变单价）+ 出租代维及其他业务收入

十六、国内贸易

资料整理：李晓东 部 强 刘 静

简要说明

一、主要内容

本篇包括商品市场状况和批发零售业、住宿餐饮业经营情况以及主要财务状况等资料。

二、统计范围

社会消费品零售总额不包括农业生产资料、居民购买住房；不包括各种经济类型的制造业法人企业、产业活动单位和个体工业直接售给城乡居民（包括本企业职工）和社会集团的商品；不包括农民在田间地头出售的农产品。限额以上批发和零售业、住宿和餐饮业企业统计限额标准：批发业，年销售额2000万元及以上；零售业，年销售额500万元及以上；住宿业，有星级标志的宾馆、饭店；餐饮业，年营业额200万元及以上。

三、资料来源

限额以上批发和零售业、住宿和餐饮业企业采用全面调查的方法取得资料；限额以下批发零售和餐饮企业采用抽样调查方法取得资料，限额以下住宿业企业采用全面调查方法取得资料；批发零售和住宿餐饮业个体经营户资料采用抽样调查和推算方法取得。本篇资料由市统计局贸易科编辑整理。

16-1　社会消费品零售总额

单位：万元

指　标	本年	上年	增长％
总　计	**1199549**	**1063264**	**12.8**
按销售单位所在地分			
城镇	1164419	1032158	12.8
其中：城区	876283	717500	22.1
乡村	35130	31106	12.9
批发业	123456	115506	6.9
限上企业（单位）	53781	52255	2.9
其中：大个体			
限下企业	5694	4732	20.3
个体	63981	58519	9.3
零售业	845592	743811	13.7
限上企业（单位）	244400	195324	25.1
其中：大个体	11176	9326	19.8
限下企业	44655	38384	16.3
个体	556537	510103	9.1
住宿业	11600	11890	-2.4
限上企业（单位）	7161	8029	-10.8
其中：大个体			
限下企业	4439	3861	15.0
个体			
餐饮业	218901	192057	14.0
限上企业（单位）	11730	10524	11.5
其中：大个体	6943	5829	19.1
限下企业	3623	3085	17.4
个体	203548	178448	14.1

16-2 限额以上批发零售法

指 标	法人企业数（个）	从业人员期末人数（人）	商品购进额
总 计	**68**	**5054**	**826118.9**
批发业	**26**	**1157**	**595278.5**
按批发行业小类分			
食品、饮料及烟草制品批发	1	212	37872.0
烟草制品批发	1	212	37872.0
纺织、服装及家庭用品批发	1	36	9824.4
纺织品、针织品及原料批发	1	36	9824.4
医药及医疗器材批发	1	142	40984.0
西药批发	1	142	40984.0
矿产品、建材及化工产品批发	22	753	504020.3
煤炭及制品批发	13	276	261782.1
石油及制品批发	3	374	131285.3
金属及金属矿批发	4	73	90967.9
建材批发	1	30	19985.0
其他批发业	1	14	2577.8
其他未列明批发业	1	14	2577.8
按登记注册类型分			
内资企业	26	1157	595278.5
国有企业	3	386	181486.6
集体企业	1	13	8643.2
有限责任公司	16	543	294663.3
国有独资公司	1	293	89358.8
其他有限责任公司	15	250	205304.5
股份有限公司	1	68	33283.3
私营企业	5	147	77202.1
私营有限责任公司	5	147	77202.1
按控股情况分			
国有控股	7	788	356982.0
集体控股	1	13	8643.2
私人控股	13	288	137899.3
其他	5	68	91754.0
按经营形式分			
独立门店	7	118	42911.6
其他	19	1039	552366.9
按单位规模分			
大型	2	505	127230.8
中型	10	463	323886.0
小型	14	189	144161.7
零售业	**42**	**3897**	**230840.4**
按零售行业小类分			
综合零售	7	2420	83904.1
百货零售	4	814	59119.3
超级市场零售	2	1570	19649.9
其他综合零售	1	36	5134.9
食品、饮料及烟草制品专门零售	2	50	6500.0
肉、禽、蛋、奶及水产品零售	1	25	1150.0
其他食品零售	1	25	5350.0
纺织、服装及日用品专门零售	1	57	1285.0
纺织品及针织品零售	1	57	1285.0
文化、体育用品及器材专门零售	1	69	3928.2

人企业商品购进、销售和库存

单位：万元

商品销售额	批发额	零售额	期末商品库存额	年末零售营业面积（平方米）
890253.9	**531086.0**	**359167.9**	**45124.1**	**193342**
636888.4	**520320.7**	**116567.7**	**21256.3**	**37845**
67790.0	67790.0		5695.0	5600
67790.0	67790.0		5695.0	5600
10052.2	10052.2		405.8	200
10052.2	10052.2		405.8	200
41131.1		41131.1	689.2	1300
41131.1		41131.1	689.2	1300
514356.1	442478.5	71877.6	14466.2	30245
268150.7	245072.8	23077.9	6439.1	15895
127930.9	79131.2	48799.7	6717.9	11300
97994.5	97994.5		1304.2	3050
20280.0	20280.0		5.0	
3559.0		3559.0	0.1	500
3559.0		3559.0	0.1	500
636888.4	520320.7	116567.7	21256.3	37845
213321.2	172190.1	41131.1	8622.4	6900
6452.3	6106.1	346.2	2264.3	300
303223.5	235540.5	67683.0	6839.9	25145
87397.9	46351.8	41046.1	4037.6	5500
215825.6	189188.7	26636.9	2802.3	19645
34080.7	26673.3	7407.4	416.0	5500
79810.7	79810.7		3113.7	
79810.7	79810.7		3113.7	
394007.9	304423.3	89584.6	13177.8	20900
6452.3	6106.1	346.2	2264.3	300
144522.5	122097.4	22425.1	5508.6	16100
91905.7	87693.9	4211.8	305.6	545
43269.6	39364.4	3905.2	5506.8	14100
593618.8	480956.3	112662.5	15749.5	23745
155187.9	114141.8	41046.1	9732.6	11100
333485.5	266080.9	67404.6	5605.7	10000
148215.0	140098.0	8117	5918.0	16745
253365.5	**10765.3**	**242600.2**	**23867.8**	**155497**
102752.5	2678.2	100074.3	8221.0	44900
71844.7	2678.2	69166.5	4247.1	13200
25381.5		25381.5	3817.3	11700
5526.3		5526.3	156.6	20000
6568.1		6568.1	93.3	6100
998.1		998.1	24.3	500
5570.0		5570.0	69.0	5600
1470.0		1470.0	47.0	4700
1470.0		1470.0	47.0	4700
3429.9		3429.9	1421.1	800

指 标	法人企业数（个）	从业人员期末人数（人）	商品购进额
图书、报刊零售	1	69	3928.2
医药及医疗器材专门零售	1	150	2018.9
药品零售	1	150	2018.9
汽车、摩托车、燃料及零配件专门零售	22	876	114814.0
汽车零售	21	860	113149.8
机动车燃料零售	1	16	1664.2
家用电器及电子产品专门零售	5	163	15015.0
家用视听设备零售	3	122	13024.1
计算机、软件及辅助设备零售	1	16	1234.9
通信设备零售	1	25	756.0
五金、家具及室内装饰材料专门零售	2	69	2750.2
五金零售	1	15	1496.6
家具零售	1	54	1253.6
货摊、无店铺及其他零售业	1	43	625.0
生活用燃料零售	1	43	625.0
按登记注册类型分			
内资企业	42	3897	230840.4
国有企业	5	282	32539.5
集体企业	1	36	5134.9
有限责任公司	31	3376	175800.1
其他有限责任公司	31	3376	175800.1
股份有限公司	1	57	1285.0
私营企业	4	146	16080.9
私营有限责任公司	4	146	16080.9
按控股情况分			
国有控股	6	351	36467.7
集体控股	1	36	5134.9
私人控股	23	1681	103037.1
其他	12	1829	86200.7
按经营形式分			
独立门店	23	2372	110925.9
连锁总店	1	150	2018.9
连锁门店	3	146	19128.0
其他	15	1229	98767.6
按单位规模分			
大型	1	600	32554.8
中型	17	2663	125585.6
小型	24	634	72700.0
按零售业态分			
有店铺零售	42	3897	230840.4
食杂店	1	25	5350.0
便利店	1	25	1150.0
超市	2	870	10511.0
大型超市	2	1320	47202.0
百货店	4	250	31699.4
专业店	6	338	35658.7
专卖店	22	935	93775.3
家居建材商店	1	54	1253.6
厂家直销中心	3	80	4240.4

续 表

单位：万元

商品销售额	批发额	零售额	期末商品库存额	年末零售营业面积(平方米)
3429.9		3429.9	1421.1	800
1575.3		1575.3	736.8	225
1575.3		1575.3	736.8	225
116761.8	7136.3	109625.5	12597.3	51670
114809.6	7136.3	107673.3	12597.3	49670
1952.2		1952.2		2000
16712.5	45	16667.5	461.3	22303
14911.1		14911.1	83.6	10103
1245.4		1245.4	57.7	2200
556.0	45	511.0	320.0	10000
3189.6		3189.6	287.5	23599
1507.8		1507.8	287.5	3600
1681.8		1681.8		19999
905.8	905.8		2.5	1200
905.8	905.8		2.5	1200
253365.5	10765.3	242600.2	23867.8	155497
47581.7	3584	43997.7	2002.6	14000
5526.3		5526.3	156.6	20000
182766.4	7181.3	175585.1	19613.2	111577
182766.4	7181.3	175585.1	19613.2	111577
1470.0		1470.0	47.0	4700
16021.1		16021.1	2048.4	5220
16021.1		16021.1	2048.4	5220
51011.6	3584	47427.6	3423.7	14800
5526.3		5526.3	156.6	20000
111257.7	7181.3	104076.4	12129.1	82769
85569.9		85569.9	8158.4	37928
121097.0	120	120977.0	12082.5	72969
1575.3		1575.3	736.8	225
18624.2	7061.3	11562.9	1755.6	10800
112069.0	3584	108485.0	9292.9	71503
30738.8		30738.8	2316.0	6000
145736.0	9694.5	136041.5	14281.5	69627
76890.7	1070.8	75819.9	7270.3	79870
253365.5	10765.3	242600.2	23867.8	155497
5570.0		5570.0	69.0	5600
998.1		998.1	24.3	500
18114.8		18114.8	3066.6	9800
44683.3		44683.3	3118.7	12600
46632.2	2678.2	43954.0	2087.7	27200
34831.2	7061.3	27769.9	5436.1	17120
96261.3	1025.8	95235.5	9945.1	54728
1681.8		1681.8		19999
4592.8		4592.8	120.3	7950

16-3 限额以上住宿和

指 标	法人企业数（个）	从业人员期末人数（人）	营业额	客房收入
总计	**16**	**1176**	**13126.4**	**5018.6**
住宿业	**12**	**1027**	**11038.3**	**5018.6**
按住宿业行业小类分				
旅游饭店	11	990	10602.5	4800.0
一般旅馆	1	37	435.8	218.6
按登记注册类型分				
内资企业	12	1027	11038.3	5018.6
有限责任公司	7	566	4343.4	1695.9
其他有限责任公司	7	566	4343.4	1695.9
股份有限公司	1	75	1422.7	280.8
私营企业	4	386	5272.2	3041.9
私营有限责任公司	4	386	5272.2	3041.9
按控股情况分				
国有控股	1	25	303.0	134.3
私人控股	8	792	8756.7	4128.8
其他	3	210	1978.6	755.5
按经营形式分				
独立门店	9	893	10029.2	4377.3
连锁门店	1	25	292.7	278.3
其他	2	109	716.4	363.0
按单位规模分				
小型	12	1027	11038.3	5018.6
按星级分				
四星	2	318	2940.2	1366.6
三星	3	227	3726.3	2043.7
其他	7	482	4371.8	1608.3
餐饮业	**4**	**149**	**2088.1**	
按餐饮业行业小类分				
正餐服务	4	149	2088.1	
按登记注册类型分				
内资企业	4	149	2088.1	
有限责任公司	2	85	1188.8	
其他有限责任公司	2	85	1188.8	
私营企业	2	64	899.3	
私营有限责任公司	2	64	899.3	
按控股情况分				
私人控股	3	114	1448.1	
其他	1	35	640.0	
按经营形式分				
独立门店	4	149	2088.1	
按单位规模分				
小型	4	149	2088.1	

餐饮业法人经营情况

单位：万元

餐费收入	商品销售收入	其他收入	客房数（间）	床位数（个）	餐位数（位）	年末餐饮营业面积（平方米）
7604.1		**503.7**	**1300**	**2227**	**8388**	**56900**
5674.4		**345.3**	**1300**	**2227**	**5308**	**44100**
5457.2		345.3	1240	2107	4307	40300
217.2			60	120	1001	3800
5674.4		345.3	1300	2227	5308	44100
2305.1		342.4	762	1331	3510	21700
2305.1		342.4	762	1331	3510	21700
1141.9			45	50	600	5200
2227.4		2.9	493	846	1198	17200
2227.4		2.9	493	846	1198	17200
		168.7	35	57		
4608.8		19.1	1003	1695	3507	31500
1065.6		157.5	262	475	1801	12600
5322.8		329.1	1040	1785	4147	38100
14.4			122	172	40	200
337.2		16.2	138	270	1121	5800
5674.4		345.3	1300	2227	5308	44100
1421.0		152.6	227	417	650	9800
1675.5		7.1	363	642	1160	16100
2577.9		185.6	710	1168	3498	18200
1929.7		**158.4**			**3080**	**12800**
1929.7		158.4			3080	12800
1929.7		158.4			3080	12800
1030.4		158.4			2700	10800
1030.4		158.4			2700	10800
899.3					380	2000
899.3					380	2000
1289.7		158.4			2880	12000
640.0					200	800
1929.7		158.4			3080	12800
1929.7		158.4			3080	12800

指 标	法人企业数（个）	执行《2006 年企业会计准则》企业数（个）	一、年初存货	流动资产合计	应收账款
总 计	**68**	**60**	**52230.2**	**235197.1**	**34070.4**
批发业	**26**	**23**	**27501.4**	**126964.6**	**29437.7**
按批发行业小类分					
食品、饮料及烟草制品批发	1	1	7894.0	12414.0	1.0
烟草制品批发	1	1	7894.0	12414.0	1.0
纺织、服装及家庭用品批发	1	1	633.6	4000.2	
纺织品、针织品及原料批发	1	1	633.6	4000.2	
医药及医疗器材批发	1	1	725.6	7250.4	
西药批发	1	1	725.6	7250.4	
矿产品、建材及化工产品批发	22	19	18248.2	99014.8	29322.2
煤炭及制品批发	14	11	10762.3	60867.2	18072.6
石油及制品批发	3	3	2500.9	2413.4	-838.5
金属及金属矿批发	4	4	4984.0	35704.2	12088.1
建材批发	1	1	1.0	30.0	
其他批发业	1	1		4285.2	114.5
其他未列明批发业	1	1		4285.2	114.5
按登记注册类型分					
内资企业	26	23	27501.4	126964.6	29437.7
国有企业	3	3	11015.9	33112.0	4376.5
集体企业	1	1		32.7	
有限责任公司	16	13	11832.0	77753.8	19850.5
国有独资公司	1	1	2076.7	2790.9	
其他有限责任公司	15	12	9755.3	74962.9	19850.5
股份有限公司	1	1	424.2	-410.2	-838.5
私营企业	5	5	4229.3	16476.3	6049.2
私营有限责任公司	5	5	4229.3	16476.3	6049.2
按控股情况分					
国有控股	7	7	13579.6	60071.9	13168.0
集体控股	1	1		32.7	
私人控股	13	11	13541.6	50881.0	14470.5
其他	5	4	380.2	15979.0	1799.2
按经营形式分					
独立门店	7	6	4053.8	21322.1	5452.2
其他	19	17	23447.6	105642.5	23985.5
按单位规模分					
大型	2	2	9970.7	15204.9	1.0
中型	10	10	11945.1	44847.7	13550.9
小型	14	11	5585.6	66912.0	15885.8
零售业	**42**	**37**	**24728.8**	**108232.5**	**4632.7**
按零售行业小类分					
综合零售	7	7	11614.9	65754.4	26.2
百货零售	4	4	1453.5	30956.3	26.2
超级市场零售	2	2	10033.1	34613.9	
其他综合零售	1	1	128.3	184.2	
食品、饮料及烟草制品专门零售	2	2	24.6	229.0	1.5
肉、禽、蛋、奶及水产品零售	1	1	24.3	27.6	
其他食品零售	1	1	0.3	201.4	1.5
纺织、服装及日用品专门零售	1	1	48.0	228.0	117
纺织品及针织品零售	1	1	48.0	228.0	117
文化、体育用品及器材专门零售	1		309.4	1838.3	292.3

法人企业财务状况综合表

单位：万元

二、期末资产负债								
存货	固定资产合计	固定资产原价	累计折旧	本年折旧	在建工程	资产总计	流动负债合计	应付账款
52104.1	**30278.3**	**49533.4**	**19104.6**	**2900.0**	**1718.0**	**292383.9**	**191777.8**	**14572.2**
30778.4	**14464.9**	**25324.3**	**10694.6**	**1131.1**	**1415.8**	**161760.0**	**78631.1**	**11280.9**
5887.0	2833.0	5906.0	3073.0	315.0	11.0	15512.0	1307.0	207.0
5887.0	2833.0	5906.0	3073.0	315.0	11.0	15512.0	1307.0	207.0
900.0	118.3	122.1	3.8			4118.5	1791.3	
900.0	118.3	122.1	3.8			4118.5	1791.3	
2379.1	1295.2	3597.1	2301.9	82.5		9203.4	10120.6	
2379.1	1295.2	3597.1	2301.9	82.5		9203.4	10120.6	
21612.3	10217.5	15651.0	5268.7	733.6	1404.8	128640.0	62066.9	10740.7
6659.9	7760.4	11608.2	3847.7	488.0	1349.8	82335.4	48824.9	8382.9
3070.9	1980.0	3516.8	1372.1	221.0	55	10074.7	3630.9	35.9
11880.5	277.1	316.0	38.9	14.6		35999.9	9561.1	2321.9
1.0	200.0	210.0	10.0	10.0		230.0	50.0	
	0.9	48.1	47.2			4286.1	3345.3	333.2
	0.9	48.1	47.2			4286.1	3345.3	333.2
30778.4	14464.9	25324.3	10694.6	1131.1	1415.8	161760.0	78631.1	11280.9
10504.3	5364.6	11819.6	6455.0	403.5	45.6	39434.1	26456.9	1312.5
23.4	568.3	648.2	79.9	32.4		601.0	46.8	12.9
18760.7	6573.1	7404.9	831.7	198.1	1370.2	103440.8	41363.5	8359.7
2638.9					55	8472.2	2700.6	6.2
16121.8	6573.1	7404.9	831.7	198.1	1315.2	94968.6	38662.9	8353.5
408.6	1411.7	2868.6	1292.2	188.6		1001.5	883.5	16.8
1081.4	547.2	2583.0	2035.8	308.5		17282.6	9880.4	1579.0
1081.4	547.2	2583.0	2035.8	308.5		17282.6	9880.4	1579.0
25429.7	7008.4	14939.6	7766.5	598.3	100.6	73719.1	30645.9	1399.9
23.4	568.3	648.2	79.9	32.4		601.0	46.8	12.9
4712.7	5619.0	8036.3	2417.2	372.5		68472.2	32576.3	8766.3
612.6	1269.2	1700.2	431.0	127.9	1315.2	18967.7	15362.1	1101.8
1752.5	952.9	1452.0	499.0	80.9		22534.1	12401.2	2322.1
29025.9	13512.0	23872.3	10195.6	1050.2	1415.8	139225.9	66229.9	8958.8
8525.9	2833.0	5906.0	3073.0	315.0	66.0	23984.2	4007.6	213.2
8777.3	5216.2	11857.7	6476.8	582.1	34.6	54415.6	36033.3	7570.7
13475.2	6415.7	7560.6	1144.8	234.0	1315.2	83360.2	38590.2	3497.0
21325.7	**15813.4**	**24209.1**	**8410.0**	**1768.9**	**302.2**	**130623.9**	**113146.7**	**3291.3**
6651.7	6325.9	11387.9	5076.3	718.4		73193.5	72205.7	233.8
1007.9	1329.1	4289.1	2960.0	249.2		32829.8	40476.4	233.8
5487.2	4966.0	7068.0	2102.0	469.2		40003.7	31111.7	
156.6	30.8	30.8	14.3			360.0	617.6	
24.6	1095.6	1319.4	223.8	209.5		1337.2	1184.7	143.0
24.3	8.8	30.3	21.5	7.2		49.0	58.0	46.9
0.3	1086.8	1289.1	202.3	202.3		1288.2	1126.7	96.1
47.0	168.8	199.2	30.4	5.8		700.2	552.5	66.6
47.0	168.8	199.2	30.4	5.8		700.2	552.5	66.6
289.3	387.3	706.0	318.7	25.0	23.4	3138.3	873.1	23.2

指 标	二、期末资产负债				
	非流动负债合计	负债合计	所有者权益合计	实收资本	国家资本
总 计	**2938.4**	**194709.7**	**97674.2**	**70248.4**	**7862.6**
批发业	**1632.5**	**80263.6**	**81496.4**	**52772.8**	**6405.1**
按批发行业小类分					
食品、饮料及烟草制品批发		1307.0	14205.0	1150.0	
烟草制品批发		1307.0	14205.0	1150.0	
纺织、服装及家庭用品批发	1202.7	2994.0	1124.5	1000.0	
纺织品、针织品及原料批发	1202.7	2994.0	1124.5	1000.0	
医药及医疗器材批发		10120.6	-917.2	515.5	515.5
西药批发		10120.6	-917.2	515.5	515.5
矿产品、建材及化工产品批发	429.8	62496.7	66143.3	49607.3	5889.6
煤炭及制品批发	266.8	49091.7	33243.7	20333.5	
石油及制品批发		3630.9	6443.8	6443.8	5889.6
金属及金属矿批发	13.0	9574.1	26425.8	22800.0	
建材批发	150.0	200.0	30.0	30.0	
其他批发业		3345.3	940.8	500.0	
其他未列明批发业		3345.3	940.8	500.0	
按登记注册类型分					
内资企业	1632.5	80263.6	81496.4	52772.8	6405.1
国有企业		26456.9	12977.2	1665.5	515.5
集体企业		46.8	554.2	554.2	
有限责任公司	1224.4	42587.9	60852.9	46263.6	5771.6
国有独资公司		2700.6	5771.6	5771.6	5771.6
其他有限责任公司	1224.4	39887.3	55081.3	40492.0	
股份有限公司		883.5	118.0	118.0	118.0
私营企业	408.1	10288.5	6994.1	4171.5	
私营有限责任公司	408.1	10288.5	6994.1	4171.5	
按控股情况分					
国有控股	13	30658.9	43060.2	29555.1	6405.1
集体控股		46.8	554.2	554.2	
私人控股	1610.8	34187.1	34285.1	19633.5	
其他	8.7	15370.8	3596.9	3030.0	
按经营形式分					
独立门店	258.1	12659.3	9874.8	5645.7	
其他	1374.4	67604.3	71621.6	47127.1	6405.1
按单位规模分					
大型		4007.6	19976.6	6921.6	5771.6
中型	1361.4	37394.7	17020.9	13882.5	633.5
小型	271.1	38861.3	44498.9	31968.7	
零售业	**1305.9**	**114446.1**	**16177.8**	**17475.6**	**1457.5**
按零售行业小类分					
综合零售	717.6	72923.3	270.2	1401.6	833.8
百货零售	418.6	40895.0	-8065.2	833.8	833.8
超级市场零售	50.0	31161.7	8842.0	500.0	
其他综合零售	249.0	866.6	-506.6	67.8	
食品、饮料及烟草制品专门零售	12.0	1196.7	140.5	194.9	44.9
肉、禽、蛋、奶及水产品零售		58.0	-9.0	150.0	
其他食品零售	12.0	1138.7	149.5	44.9	44.9
纺织、服装及日用品专门零售	116.7	669.2	31.0	30	
纺织品及针织品零售	116.7	669.2	31.0	30	
文化、体育用品及器材专门零售		873.1	2265.2	500.0	500.0

续 表 1

单位：万元

			三、损益及分配						
集体资本	法人资本	个人资本	营业收入	主营业务收入	营业成本	主营业务成本	营业税金及附加	主营业务税金及附加	其他业务利润
1622.0	**35195.0**	**25568.8**	**852550.1**	**850782.8**	**777160.3**	**775651.5**	**5985.1**	**5983.0**	**2380.0**
1554.2	**27680.0**	**17133.5**	**617889.3**	**616903.1**	**566635.3**	**565912.1**	**4664.2**	**4663.0**	**951.5**
	1150.0		58892.0	58826.0	43670.0	43628.0	3290.0	3290.0	24.0
	1150.0		58892.0	58826.0	43670.0	43628.0	3290.0	3290.0	24.0
		1000	10052.2	10052.2	9892.3	9892.3	0.7	0.7	
		1000	10052.2	10052.2	9892.3	9892.3	0.7	0.7	
			37995.4	37995.4	36725.0	36725.0	25.0	25.0	
			37995.4	37995.4	36725.0	36725.0	25.0	25.0	
1554.2	26030.0	16133.5	508234.7	507314.5	473770.2	473089.0	1339.7	1338.5	83.6
1000	4030.0	15303.5	270057.5	269466.4	252756.5	252373.8	597.0	596.0	53.1
554.2			116352.1	116023.0	110805.6	110507.1	127.7	127.5	30.5
	22000.0	800.0	101540.1	101540.1	93723.1	93723.1	535.0	535.0	
		30.0	20285.0	20285.0	16485.0	16485.0	80.0	80.0	
	500		2715.0	2715.0	2577.8	2577.8	8.8	8.8	843.9
	500		2715.0	2715.0	2577.8	2577.8	8.8	8.8	843.9
1554.2	27680.0	17133.5	617889.3	616903.1	566635.3	565912.1	4664.2	4663.0	951.5
	1150.0		201287.5	201221.5	183183.8	183141.8	3342.4	3342.4	24.0
554.2			6452.3	6452.3	6067.1	6067.1	21.6	21.6	
1000	24530.0	14962.0	293181.1	293181.1	272046.5	272046.5	861.9	861.9	897
			75490.0	75490.0	70826.1	70826.1	83.3	83.3	
1000	24530.0	14962.0	217691.1	217691.1	201220.4	201220.4	778.6	778.6	897
			34409.8	34080.7	33912.4	33613.9	22.8	22.6	30.5
	2000.0	2171.5	82558.6	81967.5	71425.5	71042.8	415.5	414.5	
	2000.0	2171.5	82558.6	81967.5	71425.5	71042.8	415.5	414.5	
	23150.0		370148.0	369752.9	340168.4	339827.9	3829.6	3829.4	54.5
554.2			6452.3	6452.3	6067.1	6067.1	21.6	21.6	
	3000.0	16633.5	149133.0	148541.9	135736.1	135353.4	704.2	703.2	897.0
1000	1530.0	500.0	92156.0	92156.0	84663.7	84663.7	108.8	108.8	
554.2	2500.0	2591.5	42898.9	42307.8	38699.6	38316.9	423.9	422.9	843.9
1000	25180.0	14542.0	574990.4	574595.3	527935.7	527595.2	4240.3	4240.1	107.6
	1150.0		134382.0	134316.0	114496.1	114454.1	3373.3	3373.3	24.0
	4100.0	9149.0	335401.9	335072.8	318452.4	318153.9	1131.8	1131.6	30.5
1554.2	22430.0	7984.5	148105.4	147514.3	133686.8	133304.1	159.1	158.1	897.0
67.8	**7515.0**	**8435.3**	**234660.8**	**233879.7**	**210525.0**	**209739.4**	**1320.9**	**1320.0**	**1428.5**
67.8		500.0	93445.5	93156.9	82076.3	81874.1	737.3	737.3	1210.5
			64614.4	64325.8	60123.4	59921.2	101.9	101.9	1210.5
		500.0	23304.8	23304.8	16818.0	16818.0	549.4	549.4	
67.8			5526.3	5526.3	5134.9	5134.9	86.0	86.0	
	150.0		6568.1	6568.1	6305.6	6305.6	15.5	15.5	
	150.0		998.1	998.1	865.6	865.6	2.0	2.0	
			5570.0	5570.0	5440.0	5440.0	13.5	13.5	
		30	1470.0	1470.0	1159.7	1159.7	215.0	215.0	
		30	1470.0	1470.0	1159.7	1159.7	215.0	215.0	
			2824.1	2824.1	2277.0	2277.0	14.3	14.3	69.6

指 标	三、损益损益及分配					
	销售费用	管理费用	税金	财务费用	利息收入	利息支出
总 计	**19542.1**	**19392.6**	**470.9**	**5391.8**	**612.7**	**2288.1**
批发业	**10516.1**	**9706.5**	**303.1**	**2974.0**	**158.2**	**1177.2**
按批发行业小类分						
食品、饮料及烟草制品批发	1972.0	4231.0	136.0	-131.0	141.0	
烟草制品批发	1972.0	4231.0	136.0	-131.0	141.0	
纺织、服装及家庭用品批发		109.9		56.4		
纺织品、针织品及原料批发		109.9		56.4		
医药及医疗器材批发	438.7	524.3	1.6	242.5		
西药批发	438.7	524.3	1.6	242.5		
矿产品、建材及化工产品批发	7428.4	4596.7	165.5	2726.2	17.2	1177.2
煤炭及制品批发	1960.2	2387.4	106.3	1949.0	10.9	1054.5
石油及制品批发	4374.5	1103.1	27.8	100.7	0.1	41.8
金属及金属矿批发	493.7	701.2	30.4	671.5	2.2	79.9
建材批发	600.0	405.0	1.0	5.0	4.0	1.0
其他批发业	677.0	244.6		79.9		
其他未列明批发业	677.0	244.6		79.9		
按登记注册类型分						
内资企业	10516.1	9706.5	303.1	2974.0	158.2	1177.2
国有企业	2974.7	5679.5	182.2	109.8	141.0	
集体企业	18.6	8.6	2.3	4.6		4.6
有限责任公司	4855.6	2775.5	74.1	2041.6	4.1	632.1
国有独资公司	3530.4	991.2		59.0		
其他有限责任公司	1325.2	1784.3	74.1	1982.6	4.1	632.1
股份有限公司	825.5	103.3	25.5	37.1	0.1	37.2
私营企业	1841.7	1139.6	19.0	780.9	13.0	503.3
私营有限责任公司	1841.7	1139.6	19.0	780.9	13.0	503.3
按控股情况分						
国有控股	7824.3	7344.9	227.9	236.8	141.1	68.1
集体控股	18.6	8.6	2.3	4.6		4.6
私人控股	2569.9	1893.8	34.1	2295.4	16.1	1037.4
其他	103.3	459.2	38.8	437.2	1	67.1
按经营形式分						
独立门店	1671.7	1121.0	21.3	432.8	9.0	88.3
其他	8844.4	8585.5	281.8	2541.2	149.2	1088.9
按单位规模分						
大型	5502.4	5222.2	136.0	-72.0	141.0	
中型	3364.1	2966.3	96.7	1448.4	5.3	557.7
小型	1649.6	1518.0	70.4	1597.6	11.9	619.5
零售业	**9026.0**	**9686.1**	**167.8**	**2417.8**	**454.5**	**1110.9**
按零售行业小类分						
综合零售	4087.6	5342.8	93.6	1149.9		
百货零售	1884.5	2634.0	3.7	546.6		
超级市场零售	2203.1	2409.2	89.9	603.3		
其他综合零售		299.6				
食品、饮料及烟草制品专门零售	114.1	124.2	1.1	2.5		
肉、禽、蛋、奶及水产品零售	114.1	12.3	1.1	0.2		
其他食品零售		111.9		2.3		
纺织、服装及日用品专门零售	38.0	50.3	8.7	5.2		5.2
纺织品及针织品零售	38.0	50.3	8.7	5.2		5.2
文化、体育用品及器材专门零售	240.8	236.7	16.9	6.4		

续 表2

单位：万元

								四、人工成本及增值税		五、从事批发和零售业活动的从业人员平均人数（人）
资产减值损失	公允价值变动收益	投资收益	营业利润	营业外收入	补贴收入	利润总额	应交所得税	应付职工薪酬（本年贷方累计发生额）	应交增值税	
16.9	**5.5**	**2772.0**	**30103.5**	**87.7**	**3.0**	**31055.5**	**4027.2**	**16785.0**	**6969.0**	**5226.0**
4.4	**5.3**	**2674.0**	**26433.9**	**30.5**	**1.0**	**28689.8**	**3408.7**	**6637.0**	**5439.0**	**1414.0**
			5860.0	1.0	1.0	5846.0	1488.0	2612.0	2809.0	172.0
			5860.0	1.0	1.0	5846.0	1488.0	2612.0	2809.0	172.0
			-7.1			-7.1		86.0	1.0	36.0
			-7.1			-7.1		86.0	1.0	36.0
			39.9			39.9	30.0	253.0	147.0	141.0
			39.9			39.9	30.0	253.0	147.0	141.0
4.4	5.3	2674.0	21414.2	29.5		22840.1	1890.7	3647.0	2456.0	1051.0
4.4	5.3	2674.0	13085.2	16.6		13375.2	1165.3	1256.0	1093.0	603.0
			203.4	12.9		177.3	36.4	2051.0	287.0	374.0
			5415.6			6577.6	689.0	270.0	892.0	69.0
			2710.0			2710.0		70.0	185.0	5.0
			-873.1			-29.1		39.0	26.0	14.0
			-873.1			-29.1		39.0	26.0	14.0
4.4	5.3	2674.0	26433.9	30.5	1.0	28689.8	3408.7	6637.0	5439.0	1414.0
			5997.3	1.0	1.0	5968.1	1521.9	3319.0	3164.0	346.0
			331.8			331.8	21.6	45.0	13.0	13.0
1.2	5.3	2674.0	13643.9	27.9		15641.2	1259.1	2470.0	1871.0	873.0
			362.9	11.3		337.9	14.8	1672.0	85.0	293.0
1.2	5.3	2674.0	13281.0	16.6		15303.3	1244.3	798.0	1786.0	580.0
			-491.3	1.6		-492.4		334.0	190.0	68.0
3.2			6952.2			7241.1	606.1	469.0	201.0	114.0
3.2			6952.2			7241.1	606.1	469.0	201.0	114.0
			11106.9	13.9	1.0	12213.6	2147.5	5514.0	3488.0	745.0
			331.8			331.8	21.6	45.0	13.0	13.0
3.2		2674.0	8607.3	14.6		9754.7	702.2	865.0	1262.0	589.0
1.2	5.3		6387.9	2		6389.7	537.4	213.0	677.0	67.0
3.2			546.6	3.8		1883.7	130.6	435.0	113.0	115.0
1.2	5.3	2674.0	25887.3	26.7	1.0	26806.1	3278.1	6201.0	5326.0	1299.0
			6222.9	12.3	1.0	6183.9	1502.8	4284.0	2894.0	465.0
			8041.9	1.6		10148.9	1331.8	1735.0	1873.0	761.0
4.4	5.3	2674.0	12169.1	16.6		12357.0	574.1	618.0	672.0	188.0
12.5	**0.2**	**98**	**3669.6**	**57.2**	**2.0**	**2365.7**	**618.5**	**10148.0**	**1530.0**	**3812.0**
			1290.5	3.3		157.8	146.9	5105.0	735.0	2349.0
			562.9	3.3		-569.8		3171.0	297.0	776.0
			721.8			721.8	145.6	1922.0	438.0	1537.0
			5.8			5.8	1.3	12.0		36
			6.3			4.0		207.0	190.0	50.0
			4.0			4.0		135.0	190.0	25.0
			2.3					73.0		25.0
			1.8			1.8	0.2	90.0		57.0
			1.8			1.8	0.2	90.0		57.0
12.0			106.5			105.2		485.0		69.0

指 标	法人企业数（个）	执行《2006年企业会计准则》企业数（个）	一、年初存货	流动资产合计	应收账款
图书、报刊零售	1		309.4	1838.3	292.3
医药及医疗器材专门零售	1	1	910.2	1287.4	470.7
药品零售	1	1	910.2	1287.4	470.7
汽车、摩托车、燃料及零配件专门零售	22	19	10335.0	35725.9	3569.4
汽车零售	21	18	10305.8	34941.6	3568.9
机动车燃料零售	1	1	29.2	784.3	0.5
家用电器及电子产品专门零售	5	5	394.3	1222.6	133
家用视听设备零售	3	3	128.1	480.2	118.6
计算机、软件及辅助设备零售	1	1	68.2	544.4	14.4
通信设备零售	1	1	198.0	198.0	
五金、家具及室内装饰材料专门零售	2	2	666.8	1335.8	20.5
五金零售	1	1	666.8	490.6	
家具零售	1	1		845.2	20.5
货摊、无店铺及其他零售业	1		425.6	611.1	2.1
生活用燃料零售	1		425.6	611.1	2.1
按登记注册类型分					
内资企业	42	37	24728.8	108232.5	4632.7
国有企业	5	4	436.5	1359.3	29.8
集体企业	1	1	128.3	184.2	
有限责任公司	31	27	22538.7	100872.5	3809.1
其他有限责任公司	31	27	22538.7	100872.5	3809.1
股份有限公司	1	1	48.0	228.0	117
私营企业	4	4	1577.3	5588.5	676.8
私营有限责任公司	4	4	1577.3	5588.5	676.8
按控股情况分					
国有控股	6	4	745.9	3197.6	322.1
集体控股	1	1	128.3	184.2	
私人控股	23	21	17448.1	41259.0	3309.3
其他	12	11	6406.5	63591.7	1001.3
按经营形式分					
独立门店	23	19	16154.1	61801.8	2973.1
连锁总店	1	1	910.2	1287.4	470.7
连锁门店	3	3	1394.2	3245.1	455.2
其他	15	14	6270.3	41898.2	733.7
按单位规模分					
大型	1	1	1442.9	30409.5	
中型	17	16	16710.3	54679.7	2188.8
小型	24	20	6575.6	23143.3	2443.9
按零售业态分					
有店铺零售	42	37	24728.8	108232.5	4632.7
食杂店	1	1	0.3	201.4	1.5
便利店	1	1	24.3	27.6	
超市	2	2	9466.9	9959.0	118.6
大型超市	2	2	2027.1	55218.0	
百货店	4	4	138.9	731.0	26.2
专业店	6	5	3933.9	9162.6	931.8
专卖店	22	19	8852.3	31301.9	3262.3
家居建材商店	1	1		845.2	20.5
厂家直销中心	3	2	285.1	785.8	271.8

续 表 3

单位：万元

二、期末资产负债

存货	固定资产合计	固定资产原价	累计折旧	本年折旧	在建工程	资产总计	流动负债合计	应付账款
289.3	387.3	706.0	318.7	25.0	23.4	3138.3	873.1	23.2
751.2	90.3	105.2	14.9	2.1		1848.4	1722.8	622.9
751.2	90.3	105.2	14.9	2.1		1848.4	1722.8	622.9
12892.8	6403.5	8701.8	2298.3	703.1	263.2	45738.3	32573.3	2204.4
12896.0	4498.6	6393.3	1894.7	552.8	220.7	41950.9	31290.8	2204.4
-3.2	1904.9	2308.5	403.6	150.3	42.5	3787.4	1282.5	
138.0	255.2	304.8	49.6	5.5		1604.9	1632.6	-79.8
45.3	250.7	267.4	16.7	3.0		855.2	1541.1	-89.7
57.7	3.9	32.9	29.0	1.6		550.7	6.5	0.4
35.0	0.6	4.5	3.9	0.9		199.0	85.0	9.5
65.4	897.9	1281.3	383.4	84.9		2233.7	1479.5	41.9
65.4	57.8	234.8	177.0	8.0		548.4	660.4	
	840.1	1046.5	206.4	76.9		1685.3	819.1	41.9
465.7	188.9	203.5	14.6	14.6	15.6	829.4	922.5	35.3
465.7	188.9	203.5	14.6	14.6	15.6	829.4	922.5	35.3
21325.7	15813.4	24209.1	8410.0	1768.9	302.2	130623.9	113146.7	3291.3
471.5	2500.0	5305.4	2805.4	375.8	15.6	4237.2	12087.2	365.2
156.6	30.8	30.8	14.3			360.0	617.6	
18602.3	12295.5	17772.5	5477.0	1321.3	283	118441.0	95192.5	2432.8
18602.3	12295.5	17772.5	5477.0	1321.3	283.0	118441.0	95192.5	2432.8
47.0	168.8	199.2	30.4	5.8		700.2	552.5	66.6
2048.3	818.3	901.2	82.9	66.0	3.6	6885.5	4696.9	426.7
2048.3	818.3	901.2	82.9	66.0	3.6	6885.5	4696.9	426.7
760.8	2887.3	6011.4	3124.1	400.8	39.0	7375.5	12960.3	388.4
156.6	30.8	30.8	14.3			360.0	617.6	
12130.5	11974.1	16403.4	4429.3	1168.2	263.2	56275.2	35212.1	2131.5
8277.8	921.2	1763.5	842.3	199.9		66613.2	64356.7	771.4
12753.3	12397.0	18575.4	6178.4	1157.4	286.6	77978.6	60602.4	1699.6
751.2	90.3	105.2	14.9	2.1		1848.4	1722.8	622.9
1900.6	464.8	674.5	209.7	159.9		4400.4	3595.0	193.4
5920.6	2861.3	4854.0	2007.0	449.5	15.6	46396.5	47226.5	775.4
1002.4	104.8	476.3	371.5	90.3		30710.2	30438.4	
13436.4	10198.4	16366.2	6167.8	1116.2	23.4	68364.2	61374.9	1515.4
6886.9	5510.2	7366.6	1870.7	562.4	278.8	31549.5	21333.4	1775.9
21325.7	15813.4	24209.1	8410.0	1768.9	302.2	130623.9	113146.7	3291.3
0.3	1086.8	1289.1	202.3	202.3		1288.2	1126.7	96.1
24.3	8.8	30.3	21.5	7.2		49.0	58.0	46.9
3049.6	5154.8	7220.0	2065.2	453.5		15113.8	6518.8	109.0
3475.0	158.0	574.3	416.3	109.0		55995.7	55140.3	
162.1	1255.1	3843.6	2602.8	158.9		2479.6	10655.6	233.8
4460.5	1354.5	2114.9	760.4	249.6	23.4	12188.4	8274.5	518.1
10033.7	5727.3	7774.2	2046.9	498.3	278.8	40506.5	29935.6	2178.9
	840.1	1046.5	206.4	76.9		1685.3	819.1	41.9
120.2	228.0	316.2	88.2	13.2		1317.4	618.1	66.6

指 标	二、期末资产负债				
	非流动负债合计	负债合计	所有者权益合计	实收资本	国家资本
图书、报刊零售		873.1	2265.2	500.0	500.0
医药及医疗器材专门零售		1722.8	125.6	100.0	
药品零售		1722.8	125.6	100.0	
汽车、摩托车、燃料及零配件专门零售	473.4	33046.7	12691.6	13176.2	
汽车零售	473.4	31764.2	10186.7	10176.2	
机动车燃料零售		1282.5	2504.9	3000.0	
家用电器及电子产品专门零售	-34.7	1591.4	13.5	1361.6	
家用视听设备零售	-34.7	1506.4	-651.2	756.6	
计算机、软件及辅助设备零售			550.7	500.0	
通信设备零售		85.0	114.0	105.0	
五金、家具及室内装饰材料专门零售		1479.5	754.2	632.5	
五金零售		660.4	-112.0	32.5	
家具零售		819.1	866.2	600.0	
货摊、无店铺及其他零售业	20.9	943.4	-114.0	78.8	78.8
生活用燃料零售	20.9	943.4	-114	78.8	78.8
按登记注册类型分					
内资企业	1305.9	114446.1	16177.8	17475.6	1457.5
国有企业	451.5	12538.7	-8301.5	957.5	957.5
集体企业	249.0	866.6	-506.6	67.8	
有限责任公司	226.9	95412.9	23028.1	14214.3	500.0
其他有限责任公司	226.9	95412.9	23028.1	14214.3	500
股份有限公司	116.7	669.2	31.0	30	
私营企业	261.8	4958.7	1926.8	2206.0	
私营有限责任公司	261.8	4958.7	1926.8	2206.0	
按控股情况分					
国有控股	451.5	13411.8	-6036.3	1457.5	1457.5
集体控股	249.0	866.6	-506.6	67.8	
私人控股	543.4	35755.5	20519.7	13370.3	
其他	62.0	64412.2	2201.0	2580.0	
按经营形式分					
独立门店	491.2	61087.1	16891.5	12988.2	922.2
连锁总店		1722.8	125.6	100.0	
连锁门店		3595.0	805.4	1105.0	
其他	814.7	48041.2	-1644.7	3282.4	535.3
按单位规模分					
大型		30438.4	271.8		
中型	585.3	61960.2	6404.0	6463.8	1333.8
小型	720.6	22047.5	9502.0	11011.8	123.7
按零售业态分					
有店铺零售	1305.9	114446.1	16177.8	17475.6	1457.5
食杂店	12.0	1138.7	149.5	44.9	44.9
便利店		58.0	-9.0	150.0	
超市	80.0	6598.8	8515.0	756.6	
大型超市		55140.3	855.4		
百货店	667.6	11323.2	-8843.6	901.6	833.8
专业店		8274.5	3913.9	2311.0	500.0
专卖店	429.6	30358.7	10147.8	11881.5	78.8
家居建材商店		819.1	866.2	600.0	
厂家直销中心	116.7	734.8	582.6	830	

续 表 4

单位：万元

			三、损益及分配						
集体资本	法人资本	个人资本	营业收入	主营业务收入	营业成本	主营业务成本	营业税金及附加	主营业务税金及附加	其他业务利润
			2824.1	2824.1	2277.0	2277.0	14.3	14.3	69.6
	60.0	40	1554.5	1554.5	1095.1	1095.1	1.9	1.9	
	60.0	40	1554.5	1554.5	1095.1	1095.1	1.9	1.9	
	5600.0	7576.2	108016.7	107524.2	100322.8	99739.4	111.5	110.6	146.6
	5600.0	4576.2	106064.5	105572.0	98626.1	98042.7	99.8	98.9	146.6
		3000.0	1952.2	1952.2	1696.7	1696.7	11.7	11.7	
	1105.0	256.6	16905.8	16905.8	14301.6	14301.6	129.4	129.4	
	500	256.6	14911.1	14911.1	12500.2	12500.2	126.9	126.9	
	500.0		1305.7	1305.7	1245.4	1245.4	1.6	1.6	
	105.0		689.0	689.0	556.0	556.0	0.9	0.9	
	600	32.5	2970.3	2970.3	2361.9	2361.9	93.4	93.4	1.8
		32.5	1288.5	1288.5	1177.8	1177.8	0.8	0.8	1.8
	600		1681.8	1681.8	1184.1	1184.1	92.6	92.6	
			905.8	905.8	625.0	625.0	2.6	2.6	
			905.8	905.8	625	625	2.6	2.6	
67.8	7515	8435.3	234660.8	233879.7	210525.0	209739.4	1320.9	1320.0	1428.5
			47870.3	47581.7	46863.3	46661.1	16.1	16.1	173.8
67.8			5526.3	5526.3	5134.9	5134.9	86.0	86.0	
	7015.0	6699.3	164723.3	164330.5	143282.2	142744.0	993.2	992.3	1247.5
	7015.0	6699.3	164723.3	164330.5	143282.2	142744.0	993.2	992.3	1247.5
		30	1470.0	1470.0	1159.7	1159.7	215.0	215.0	
	500.0	1706.0	15070.9	14971.2	14084.9	14039.7	10.6	10.6	7.2
	500.0	1706.0	15070.9	14971.2	14084.9	14039.7	10.6	10.6	7.2
			50694.4	50405.8	49140.3	48938.1	30.4	30.4	243.4
67.8			5526.3	5526.3	5134.9	5134.9	86.0	86.0	
	5005.0	8365.3	105379.4	105074.3	93820.9	93238.5	779.6	779.6	148.4
	2510.0	70.0	73060.7	72873.3	62428.9	62427.9	424.9	424.0	1036.7
	5050.0	7016.0	113456.4	113356.7	99264.8	99219.6	725.1	725.1	216.2
	60.0	40.0	1554.5	1554.5	1095.1	1095.1	1.9	1.9	
	1105.0		16007.8	15904.7	15436.7	14899.5	4.0	4.0	
67.8	1300.0	1379.3	103642.1	103063.8	94728.4	94525.2	589.9	589.0	1212.3
			23219.9	23219.9	19325.1	19325.1	101.9	101.9	1036.7
	3060.0	2070.0	134660.7	133979.3	121597.8	120857.4	956.0	956.0	243.4
67.8	4455.0	6365.3	76780.2	76680.5	69602.1	69556.9	263.0	262.1	148.4
67.8	7515.0	8435.3	234660.8	233879.7	210525.0	209739.4	1320.9	1320.0	1428.5
			5570.0	5570.0	5440.0	5440.0	13.5	13.5	
	150.0		998.1	998.1	865.6	865.6	2.0	2.0	
		756.6	18114.8	18114.8	13403.6	13403.6	609.8	609.8	
			35087.7	35087.7	28549.1	28549.1	145.0	145.0	1036.7
67.8			46920.8	46632.2	45933.2	45731.0	86.0	86.0	173.8
	1605.0	206.0	31245.5	30903.1	28912.8	28374.5	46.9	46.9	69.6
	4360.0	7442.7	90399.8	90249.7	82048.0	82002.9	107.3	106.4	9.0
	600.0		1681.8	1681.8	1184.1	1184.1	92.6	92.6	
	800	30	4642.3	4642.3	4188.6	4188.6	217.8	217.8	139.4

指 标	三、损益损益及分配					
	销售费用	管理费用	税金	财务费用	利息收入	利息支出
图书、报刊零售	240.8	236.7	16.9	6.4		
医药及医疗器材专门零售	419.9	0.9	0.8	0.5	-0.1	0.4
药品零售	419.9	0.9	0.8	0.5	-0.1	0.4
汽车、摩托车、燃料及零配件专门零售	2642.8	3213.3	41.5	1189.0	81.4	703.9
汽车零售	2602.9	2993.8	41.5	1175.4	81.4	703.9
机动车燃料零售	39.9	219.5		13.6		
家用电器及电子产品专门零售	1376.6	284.6	4.8	28.6	373.1	373
家用视听设备零售	1375.6	239.0	3.8	26.5	373.1	372.9
计算机、软件及辅助设备零售		43.1	0.5	0.1		0.1
通信设备零售	1.0	2.5	0.5	2.0		
五金、家具及室内装饰材料专门零售	44.1	203.9		13.6		6.5
五金零售	23.8	22.3				
家具零售	20.3	181.6		13.6		6.5
货摊、无店铺及其他零售业	62.1	229.4	0.4	22.1	0.1	21.9
生活用燃料零售	62.1	229.4	0.4	22.1	0.1	21.9
按登记注册类型分						
内资企业	9026.0	9686.1	167.8	2417.8	454.5	1110.9
国有企业	223.3	1055.8	0.4	566.5	0.1	21.9
集体企业		299.6				
有限责任公司	8318.0	7815.0	151.2	1575.7	446.9	859.5
其他有限责任公司	8318.0	7815.0	151.2	1575.7	446.9	859.5
股份有限公司	38.0	50.3	8.7	5.2		5.2
私营企业	446.7	465.4	7.5	270.4	7.5	224.3
私营有限责任公司	446.7	465.4	7.5	270.4	7.5	224.3
按控股情况分						
国有控股	464.1	1292.5	17.3	572.9	0.1	21.9
集体控股		299.6				
私人控股	3120.0	4509.8	115.1	1309.4	432.3	990.8
其他	5441.9	3584.2	35.4	535.5	22.1	98.2
按经营形式分						
独立门店	4025.4	5746.7	138.4	2083.7	27.9	476.1
连锁总店	419.9	0.9	0.8	0.5	-0.1	0.4
连锁门店	701.4	342.5	1.8	29.5	3.3	12.6
其他	3879.3	3596.0	26.8	304.1	423.4	621.8
按单位规模分						
大型	1723.3	1919.5	3.7	4.5		
中型	5494.5	5061.2	142.4	1776.8	56.9	464.1
小型	1808.2	2705.4	21.7	636.5	397.6	646.8
按零售业态分						
有店铺零售	9026.0	9686.1	167.8	2417.8	454.5	1110.9
食杂店		111.9		2.3		
便利店	114.1	12.3	1.1	0.2		
超市	1189.3	1490.7	84.6	239.4	372.9	372.9
大型超市	3060.9	2903.0	12.0	371.4		
百货店	161.2	1014.1		542.1		
专业店	1404.9	1052.4	28.6	247.2	7.3	198.6
专卖店	2990.8	2759.3	31.6	996.1	74.3	527.6
家居建材商店	20.3	181.6		13.6		6.5
厂家直销中心	84.5	160.8	9.9	5.5		5.3

续 表5

单位：万元

								四、人工成本及增值税		五、从事批发和零售业活动的从业人员平均人数（人）
资产减值损失	公允价值变动收益	投资收益	营业利润	营业外收入	补贴收入	利润总额	应交所得税	应付职工薪酬（本年贷方累计发生额）	应交增值税	
12.0			106.5			105.2		485.0		69.0
			36.2	5.0		41.2	15.6	360.0	1.0	146.0
			36.2	5.0		41.2	15.6	360.0	1.0	146.0
		97.9	1241.0	48.8	2	1181.4	122.7	2930.0	270.0	866.0
		97.9	1270.2	48.8	2	1210.6	122.7	2887.0	270.0	850.0
			-29.2			-29.2		43.0		16.0
0.5	0.2	0.1	769.3	0.1		656.3	99	445.0	184.0	163.0
			642.9	0.1		640.8	95.1	361.0	166.0	122.0
						15.5	3.9	39.0	18.0	16.0
0.5	0.2	0.1	126.4					45.0		25.0
			253.4			253.4	31.0	350.0	124.0	69.0
			63.8			63.8		24.0	2.0	15.0
			189.6			189.6	31	326.0	123.0	54.0
			-35.4			-35.4	203.1	177.0	26.0	43.0
			-35.4			-35.4	203.1	177	26	43
12.5	0.2	98	3669.6	57.2	2	2365.7	618.5	10148.0	1530.0	3812.0
			-652.5	3.3		-652.5	203.1	1265.0	37	244
			5.8			5.8	1.3	12.0		36.0
12.5	0.2	98	4521.6	7.5		3173.2	413.7	8480.0	1474.0	3352.0
12.5	0.2	98	4521.6	7.5		3173.2	413.7	8480.0	1474.0	3352.0
			1.8			1.8	0.2	90.0		57.0
			-207.1	46.4	2.0	-162.6	0.2	302.0	19.0	123.0
			-207.1	46.4	2.0	-162.6	0.2	302.0	19.0	123.0
12.0			-546.0	3.3		-547.3	203.1	1750.0	37.0	313.0
			5.8			5.8	1.3	12.0		36
0.5	0.2	0.1	2445.3	48.8	2.0	2265.6	394.4	2785.0	622.0	1661.0
		97.9	1764.5	5.1		641.6	19.7	5602.0	872.0	1802.0
12.0			1653.0	48.4	2.0	1707.4	303.2	4659.0	859.0	2319.0
			36.2	5.0		41.2	15.6	360.0	1.0	146.0
0.5	0.2	0.1	99.2	0.4		-126.9		666.0	9.0	151.0
		97.9	1881.2	3.4		744.0	299.7	4463.0	662.0	1196.0
			1182.3			47.3		2156.0	286.0	600.0
12.0			639.9	8.8		544.0	198.2	6262.0	863.0	2591.0
0.5	0.2	98	1847.4	48.4	2	1774.4	420.3	1730.0	381.0	621.0
12.5	0.2	98	3669.6	57.2	2.0	2365.7	618.5	10148.0	1530.0	3812.0
			2.3					73.0		25.0
			4.0			4.0		135.0	190.0	25.0
			1182.0			1182.0	240.7	242.0	406.0	862.0
			1095.0			-40.0		3884.0	367.0	1295.0
			-613.6	3.3		-611.3	1.3	1028.0	11.0	212.0
12.5	0.2	0.1	244.4	7.9		24.5	0.2	1664.0	148.0	344.0
		97.9	1580.7	46.0	2	1631.7	345.1	2646.0	261.0	914.0
			189.6			189.6	31.0	326.0	123.0	54.0
			-14.8			-14.8	0.2	153.0	26.0	81.0

指　标	法人企业数（个）	执行2006年企业会计准则企业数（个）	一、年初存货	流动资产合计	应收账款
总　计	16	13	2019.4	13575.8	2057.8
住宿业	12	10	1927.3	12425.5	2015.1
按住宿业行业小类分					
旅游饭店	11	9	1907.2	12032.4	1963.1
一般旅馆	1	1	20.1	393.1	52.0
按登记注册类型分					
内资企业	12	10	1927.3	12425.5	2015.1
有限责任公司	7	6	1406.8	6227.7	1615.6
国有独资					
其他有限责任公司	7	6	1406.8	6227.7	1615.6
股份有限公司	1	1	31.2	400.2	
私营企业	4	3	489.3	5797.6	399.5
私营有限责任公司	4	3	489.3	5797.6	399.5
按控股情况分					
国有控股	1	1	3.2	50.0	2.3
私人控股	8	6	1599.5	10855.3	1848.1
其他	3	3	324.6	1520.2	164.7
按经营形式分					
独立门店	9	8	1594.0	11502.6	1962.2
连锁门店	1	1	226.2	61.6	0.2
其他	2	1	107.1	861.3	52.7
按单位规模分					
小型	12	10	1927.3	12425.5	2015.1
按星级分					
四星	2	2	315.4	915.8	225.3
三星	3	3	1077.5	7444.2	1441.1
其他	7	5	534.4	4065.5	348.7
餐饮业	4	3	92.1	1150.3	42.7
按餐饮业行业小类分					
正餐服务	4	3	92.1	1150.3	42.7
按登记注册类型分					
内资企业	4	3	92.1	1150.3	42.7
有限责任公司	2	1	34.6	179.5	
其他有限责任公司	2	1	34.6	179.5	
私营企业	2	2	57.5	970.8	42.7
私营有限责任公司	2	2	57.5	970.8	42.7
按控股情况分					
私人控股	3	2	87.1	1020.3	42.7
其他	1	1	5.0	130.0	
按经营形式分					
独立门店	4	3	92.1	1150.3	42.7
按单位规模分					
小型	4	3	92.1	1150.3	42.7

业法人企业财务状况综合表

单位：万元

二、期末资产负债								
存货	固定资产合计	固定资产原价	累计折旧	本年折旧	在建工程	资产总计	流动负债合计	应付账款
1664.6	12769.2	22946.6	10583.2	1685.1	592.0	34565.6	18701.3	3265.8
1564.6	12061.3	21968.0	10312.5	1545.2	592.0	32707.4	16958.8	3222.7
1560.7	11886.6	21568.5	10087.7	1523.4	592.0	32131.2	16720.6	3096.5
3.9	174.7	399.5	224.8	21.8		576.2	238.2	126.2
1564.6	12061.3	21968.0	10312.5	1545.2	592.0	32707.4	16958.8	3222.7
1309.5	6707.6	12680.0	6378.2	670.2	592.0	16316.7	13081.8	2052.2
1309.5	6707.6	12680.0	6378.2	670.2	592.0	16316.7	13081.8	2052.2
31.2	143.0	685.0	542.0	92.0		643.8	150.0	29.0
223.9	5210.7	8603.0	3392.3	783.0		15746.9	3727.0	1141.5
223.9	5210.7	8603.0	3392.3	783.0		15746.9	3727.0	1141.5
3.1	1525.7	1713.0	187.3	107.9	186.2	1913.5	1663.7	182.7
1348.4	8633.4	13773.6	5140.2	1106.4		26535.6	11054.5	2764.6
213.1	1902.2	6481.4	4985.0	330.9	405.8	4258.3	4240.6	275.4
1437.6	8971.6	18299.5	9733.7	1211.5	592.0	28680.8	14141.4	1775.5
19.0	806.3	977.2	170.9	162.5		867.9	877.0	875.6
108.0	2283.4	2691.3	407.9	171.2		3158.7	1940.4	571.6
1564.6	12061.3	21968.0	10312.5	1545.2	592.0	32707.4	16958.8	3222.7
296.4	2755.8	8801.7	6451.7	484.6	405.8	4599.6	5571.3	346.7
920.6	3961.3	5405.7	1444.4	485.1		17340.4	5347.7	1130.9
347.6	5344.2	7760.6	2416.4	575.5	186.2	10767.4	6039.8	1745.1
100.0	707.9	978.6	270.7	139.9		1858.2	1742.5	43.1
100.0	707.9	978.6	270.7	139.9		1858.2	1742.5	43.1
100.0	707.9	978.6	270.7	139.9		1858.2	1742.5	43.1
41.0	630.7	758.2	127.5	95.3		810.2	610.5	
41.0	630.7	758.2	127.5	95.3		810.2	610.5	
59.0	77.2	220.4	143.2	44.6		1048.0	1132.0	43.1
59.0	77.2	220.4	143.2	44.6		1048.0	1132.0	43.1
94.0	87.9	278.6	190.7	59.9		1108.2	1152.5	43.1
6.0	620.0	700.0	80.0	80.0		750.0	590.0	
100.0	707.9	978.6	270.7	139.9		1858.2	1742.5	43.1
100.0	707.9	978.6	270.7	139.9		1858.2	1742.5	43.1

指 标	非流动负债合计	负债合计	所有者权益合计	实收资本	集体资本
总 计	**2517.4**	**21218.7**	**13346.9**	**6680.0**	**120.0**
住宿业	**2505.3**	**19464.1**	**13243.3**	**6393.0**	**120.0**
按住宿业行业小类分					
旅游饭店	2505.3	19225.9	12905.3	6338.0	120.0
一般旅馆		238.2	338.0	55.0	
按登记注册类型分					
内资企业	2505.3	19464.1	13243.3	6393.0	120.0
有限责任公司	377.6	13459.4	2857.3	4545.0	120.0
国有独资					
其他有限责任公司	377.6	13459.4	2857.3	4545.0	120.0
股份有限公司	22	172.0	471.8	48.0	
私营企业	2105.7	5832.7	9914.2	1800.0	
私营有限责任公司	2105.7	5832.7	9914.2	1800.0	
按控股情况分					
国有控股		1663.7	249.8	520.0	
私人控股	2505.3	13559.8	12975.8	4698.0	
其他		4240.6	17.7	1175	120
按经营形式分					
独立门店	2505.3	16646.7	12034.1	6188.0	120.0
连锁门店		877.0	-9.1	100.0	
其他		1940.4	1218.3	105	
按单位规模分					
小型	2505.3	19464.1	13243.3	6393.0	120.0
按星级分					
四星	1038.6	6609.9	-2010.3	1200.0	
三星	472.6	5820.3	11520.1	1420.0	120.0
其他	994.1	7033.9	3733.5	3773.0	
餐饮业	**12.1**	**1754.6**	**103.6**	**287.0**	
按餐饮业行业小类分					
正餐服务	12.1	1754.6	103.6	287.0	
按登记注册类型分					
内资企业	12.1	1754.6	103.6	287.0	
有限责任公司	12.1	622.6	187.6	185.0	
其他有限责任公司	12.1	622.6	187.6	185.0	
私营企业		1132.0	-84.0	102.0	
私营有限责任公司		1132.0	-84.0	102.0	
按控股情况分					
私人控股	12.1	1164.6	-56.4	127.0	
其他		590.0	160.0	160.0	
按经营形式分					
独立门店	12.1	1754.6	103.6	287.0	
按单位规模分					
小型	12.1	1754.6	103.6	287.0	

续表 1

单位：万元

		三、损益						
法人资本	个人资本	营业收入	主营业务收入	营业成本	主营业务成本	营业税金及附加	主营业务税金及附加	其他业务利润
4773.0	**1787.0**	**13113.9**	**12911.3**	**6857.4**	**6809.7**	**658.9**	**658.8**	**561.8**
4607.0	**1666.0**	**11025.8**	**10823.2**	**6207.7**	**6160.0**	**554.3**	**554.2**	**561.8**
4569.0	1649.0	10590.0	10387.4	5926.3	5878.6	517.9	517.8	561.8
38.0	17	435.8	435.8	281.4	281.4	36.4	36.4	
4607.0	1666.0	11025.8	10823.2	6207.7	6160.0	554.3	554.2	561.8
4358.0	67	4343.4	4143.0	2664.0	2616.3	255.3	255.2	559.6
4358.0	67	4343.4	4143.0	2664.0	2616.3	255.3	255.2	559.6
	48.0	1410.2	1410.2	668.7	668.7	90.6	90.6	
249.0	1551.0	5272.2	5270.0	2875.0	2875.0	208.4	208.4	2.2
249.0	1551.0	5272.2	5270.0	2875.0	2875.0	208.4	208.4	2.2
520.0		303.0	253.0	79.0	79.0	16.8	16.7	50.0
3049.0	1649.0	8744.2	8742.0	4817.5	4817.5	415.4	415.4	409.2
1038	17	1978.6	1828.2	1311.2	1263.5	122.1	122.1	102.6
4520.0	1548.0	10016.7	9814.1	5370.4	5322.7	485.8	485.7	561.8
49.0	51.0	292.7	292.7	29.3	29.3	16.3	16.3	
38	67	716.4	716.4	808.0	808.0	52.2	52.2	
4607.0	1666.0	11025.8	10823.2	6207.7	6160.0	554.3	554.2	561.8
1200.0		2940.2	2787.6	1345.3	1297.6	164.5	164.5	104.8
800.0	500.0	3726.3	3726.3	2340.3	2340.3	120.5	120.5	391.0
2607.0	1166.0	4359.3	4309.3	2522.1	2522.1	269.3	269.2	66.0
166	**121.0**	**2088.1**	**2088.1**	**649.7**	**649.7**	**104.6**	**104.6**	
166	121.0	2088.1	2088.1	649.7	649.7	104.6	104.6	
166	121.0	2088.1	2088.1	649.7	649.7	104.6	104.6	
96	89.0	1188.8	1188.8	357.7	357.7	44.5	44.5	
96	89.0	1188.8	1188.8	357.7	357.7	44.5	44.5	
70	32.0	899.3	899.3	292.0	292.0	60.1	60.1	
70	32.0	899.3	899.3	292.0	292.0	60.1	60.1	
70	57.0	1448.1	1448.1	299.7	299.7	72.6	72.6	
96	64.0	640.0	640.0	350.0	350.0	32.0	32.0	
166	121.0	2088.1	2088.1	649.7	649.7	104.6	104.6	
166	121.0	2088.1	2088.1	649.7	649.7	104.6	104.6	

指 标	三、损益及分配				
	销售费用	管理费用	税金	财务费用	利息收入
总 计	**3981.7**	**2293.7**	**131.2**	**152.4**	**1.7**
住宿业	**3674.7**	**1595.6**	**95.6**	**134.7**	**1.7**
按住宿业行业小类分					
旅游饭店	3671.2	1489.8	95.3	133.7	1.4
一般旅馆	3.5	105.8	0.3	1.0	0.3
按登记注册类型分					
内资企业	3674.7	1595.6	95.6	134.7	1.7
有限责任公司	1193.1	1168.5	72.6	43.0	1.7
国有独资					
其他有限责任公司	1193.1	1168.5	72.6	43.0	1.7
股份有限公司	532.0	1.0		7.6	
私营企业	1949.6	426.1	23.0	84.1	
私营有限责任公司	1949.6	426.1	23.0	84.1	
按控股情况分					
国有控股	20.0	156.6	16.1	1.1	0.1
私人控股	3235.2	1050.9	58.0	126.3	0.3
其他	419.5	388.1	21.5	7.3	1.3
按经营形式分					
独立门店	3237.7	1396.8	76.7	104.5	1.1
连锁门店	433.0	0.9		27.3	
其他	4.0	197.9	18.9	2.9	0.6
按单位规模分					
小型	3674.7	1595.6	95.6	134.7	1.7
按星级分					
四星	1625.4	453.9	21.2	11.9	
三星	406.9	241.2	16.4	30.3	1
其他	1642.4	900.5	58.0	92.5	0.7
餐饮业	**307.0**	**698.1**	**35.6**	**17.7**	
按餐饮业行业小类分					
正餐服务	307.0	698.1	35.6	17.7	
按登记注册类型分					
内资企业	307.0	698.1	35.6	17.7	
有限责任公司	15.0	297.0		2.8	
其他有限责任公司	15.0	297.0		2.8	
私营企业	292.0	401.1	35.6	14.9	
私营有限责任公司	292.0	401.1	35.6	14.9	
按控股情况分					
私人控股	292.0	671.1	35.6	14.9	
其他	15.0	27.0		2.8	
按经营形式分					
独立门店	307.0	698.1	35.6	17.7	
按单位规模分					
小型	307.0	698.1	35.6	17.7	

续表 2

单位：万元

						四、人工成本	五、从事住宿和餐饮业活动的从业人员平均人数（人）
利息支出	投资收益	营业利润	营业外收入	利润总额	应交所得税	应付职工薪酬（本年贷方累计发生额）	
42.4	**-14.3**	**-821.5**	**15.1**	**-429.0**	**74.9**	**3332.2**	**1185.0**
29.9	**-14.3**	**-1157.5**	**15.1**	**-785.0**	**11.8**	**2920.3**	**1036.0**
29.4	-14.3	-1165.2	15.1	-792.7	9.3	2826.5	999.0
0.5		7.7		7.7	2.5	93.8	37.0
29.9	-14.3	-1157.5	15.1	-785.0	11.8	2920.3	1036.0
29.9	-14.3	-994.7	11.8	-993.4	9.8	1436.8	576.0
29.9	-14.3	-994.7	11.8	-993.4	9.8	1436.8	576.0
		110.3		110.3		222.6	75.0
		-273.1	3.3	98.1	2	1260.9	385.0
		-273.1	3.3	98.1	2	1260.9	385.0
1.2		29.5		24.0		62.9	25.0
26.3		-903.2	3.3	-532.4	8.4	2319.7	789.0
2.4	-14.3	-283.8	11.8	-276.6	3.4	537.7	222.0
29.4	-14.3	-594.8	15.1	-221.9	2.9	2538.4	904.0
		-214.1		-214.1		79.6	25.0
0.5		-348.6		-349.0	8.9	302.3	107.0
29.9	-14.3	-1157.5	15.1	-785.0	11.8	2920.3	1036.0
		-662.9	11.5	-287.9	2	1078.1	315.0
28.2	-14.3	572.8	0.3	573.0	0.9	545.2	241.0
1.7		-1067.4	3.3	-1070.1	8.9	1297.0	480.0
12.5		**336.0**		**356.0**	**63.1**	**411.9**	**149.0**
12.5		336.0		356.0	63.1	411.9	149.0
12.5		336.0		356.0	63.1	411.9	149.0
		471.8		471.8	53.3	249.8	85.0
		471.8		471.8	53.3	249.8	85.0
12.5		-135.8		-115.8	9.8	162.1	64.0
12.5		-135.8		-115.8	9.8	162.1	64.0
12.5		122.8		142.8	9.8	331.9	114.0
		213.2		213.2	53.3	80.0	35.0
12.5		336.0		356.0	63.1	411.9	149.0
12.5		336.0		356.0	63.1	411.9	149.0

主要统计指标解释

社会消费品零售总额 指批发和零售业、住宿和餐饮业、新闻出版业、邮政业和其他服务业等，售予城乡居民用于生活消费的商品和社会集团用于公共消费的商品之总量。社会消费品零售总额包括：

一、批发和零售业企业（单位）：

1. 售予城乡居民的各种生活消费品；

2. 售予入境旅游的外国人、华侨、港澳台同胞的各类商品；

3. 售予行政事业单位、社会团体、军队和武警等机构的商品，以及以零售方式售予各类企业的商品。具体包括：用于非生产和社会交往的办公用品，如通讯设备、计算器具和设备、电讯网络设备、文印设备、音像视听器材和设备、纸张、本册、文具及装订文印材料、家具、日用电器、针纺织品、清洁卫生用品、文体用品、奖品、纪念品、礼品等；供内部人员乘坐的交通工具和燃料；用于办公设施修缮的各类配件、材料、工具等；用于取暖和防暑降温的设备、燃料、材料及食品等；专用于教学的用品和设备；非营利医疗机构的中、西药品、中药材和医疗设备器材；非专用的劳动保护用品；不对外营业的内部食堂用的餐具、炊具、设备、清洁卫生工具和食品、燃料等;军队、武警用于其人员生活的衣着品和个人用品;其他各类非生产性设备和用品。

二、住宿和餐饮业出售的主食、菜肴、烟酒饮料和其他商品。

三、新闻出版业、邮政业售予城乡居民、企事业单位、军队和武警等机构的书报杂志、音像制品、邮品等。

四、其他服务业出售的食品、烟酒饮料、服装鞋帽、日常生活用品、医药保健用品、艺术品、工艺美术品、玩具、殡葬用品以及其他消费品。

批发和零售业商品购、销、存总额 指各种登记注册类型的批发、零售业企业（单位）以本企业（单位）为总体的，从国内、国外市场购进的商品总量，销售和出口的商品总量、库存商品总量等情况。该指标可以反映商品流转过程中商品的购进、销售、库存之间的比例关系和存在的问题。

商品购进总额 指从本企业（单位）以外的单位和个人购进（包括从境外直接进口）作为转卖或加工后转卖的商品总额。它反映批发和零售业从国内、国外市场上购进商品的总量。商品购进总额包括：

(1) 从工农业生产者购进的商品；

(2) 从出版社、报社的出版发行部门购进的图书、杂志和报纸；

(3) 从各种登记注册类型的批发和零售企业（单位）购进的商品；

(4) 从其他单位购进的商品，如从机关、团体、企业等单位购进的剩余物资，从餐饮业、服务业购进的商品，从海关、市场管理部门购进的缉私和没收的商品，从居民手中收购的废旧商品等；

(5) 从国（境）外直接进口的商品。不包括企业（单位）为自身经营用和未通过买卖行为而收入的商品以及销售退回、商品升溢等。

商品销售总额 指对本企业（单位）以外的单位和个人出售（包括对境外直接出口）的商品总额。它反映批发和零售业在国内市场上销售商品以及出口商品的总量。商品销售总额包括：

(1) 售给城乡居民和社会集团消费用的商品；

(2) 售给工业、农业、建筑业、运输邮电业、批发和零售业、住宿和餐饮业、服务业等作为生产、经营使用的商品；

(3) 售给批发和零售业作为转卖或加工后转卖的商品；

(4) 对国（境）外直接出口的商品。不包括出售本企业（单位）自用的废旧包装用品；未通过买卖行为付出的商品；经本单位介绍，由买卖双方直接结算，本单位只收取手续费的业务；购货退出的商品以及商品损耗和损失等。

年末库存总额 指报告期末各种登记注册类型的批发和零售企业（单位）已取得所有权的商品。它反映批发和零售企业（单位）的商品库存情况和对市场商品供应的保证程度。期末库存包括：

(1) 存放在批发和零售业经营单位（如门市部、批发站、经营处）仓库、货场、货柜和货架中的商品；

(2) 挑选、整理、包装中的商品；

(3) 已记入购进而尚未运到本单位的商品，即发货单或银行承兑凭证已到而货未到的部分；

(4) 寄放他处的商品，如因购货方拒绝承付而暂时存放在购货方的商品和已办完加工成品收回手续而未提回的商品；

(5) 委托其他单位代销（未作销售或调出）尚未售出的商品；

(6) 代其他单位购进尚未交付的商品。不包括所有权不属于本单位的商品、拨付除批发和零售业以外的其他行业所属独立核算加工厂等加工生产尚未收回成品的商品、代国家物资储备部门保管的商品等。

库存总额采用的计算价格是：农副产品采购单位按购进价计算；批发单位按进货价计算；零售单位按核算价格计算，即按什么价格核算就按什么价格计算。

住宿和餐饮业经营情况

1. 营业额：指住宿和餐饮业法人企业、产业活动单位在经营活动中，因提供服务或销售商品等取得的收入。包括：客房收入、餐费收入、商品销售收入和其他收入。

2. 客房收入：指住宿和餐饮法人企业、产业活动单位在经营活动中因提供住宿服务取得的客房收入。

3. 餐费收入：指住宿和餐饮法人企业、产业活动单位因为顾客提供就餐服务取得的餐费收入。包括：经烹饪、调制加工后出售的各种食品，如主食、炒菜、凉拌菜等的收入。

4. 商品销售收入：指住宿和餐饮法人企业、产业活动单位伴随服务而出售商品所取得的收入。

5. 其他收入：指营业收入中除客房收入、餐费收入、商品销售收入以外的其他收入。包括娱乐、健身和商务服务等。

十七、对外经济贸易及旅游

资料整理：李晓东 郜 强 刘 静

简要说明

一、主要内容

本篇包括对外贸易、利用外资和旅游等资料。

二、统计范围

对外贸易统计的范围是全市各进、出口贸易公司和有进出口经营权的生产企业、外商及港澳台商投资企业、科研机构等辖区内全部有进出口经营权的企业；利用外资统计的范围是辖区内全部外商投资企业、港澳台商投资企业和有外商其他投资的单位；对外经济合作统计范围是经各级商务部门批准的从事对外承包和劳务合作业务并具有法人地位的对外承包劳务企业。对外直接投资统计范围是境内投资主体通过直接投资在境外设立的各类公司型企业和非公司型企业。

三、资料来源

对外贸易统计、外商投资企业的登记注册情况、对外经济合作和对外直接投资资料采用全面调查方法。国际、国内旅游收入和国内出游人数等指标采取抽样调查方法，其余指标均为全面调查统计取得。实际利用外资情况、进出口总值和各企业进出口完成情况由济源市商务局提供。旅游资料由济源市旅游局等有关部门提供。本篇资料由济源市统计局贸易科编辑整理。

17-1　实际利用外资情况

单位：万美元

指标	外商实际投资额
总计	28125
独资经营	1016
中外合资经营	27109
按行业分	
制造业	27325
服务业	800
按国别分	
香港	27109
新加坡	
维尔京群岛	800
美国	216
台湾	
澳大利亚	

17-2　进出口总值

单位：万美元

指标	2014年	2013年	增长（%）
进出口总值	**172750**	**145673**	**18.6**
进口总值	149794	113261	32.3
出口总值	22956	32412	-29.2

注：本表进出口总值为海关统计数。

17-3 各企业进出口完成情况

单位：万美元

指 标	出口			进口		
	2014 年	2013 年	同比 %	2014 年	2013 年	同比 %
合 计	**22956**	**32412**	**-29.2**	**149794**	**113330**	**32.2**
中原特钢股份有限公司	3281	2960	10.8	1559	288	441.1
河南济源钢铁（集团）有限公司	3097	7512	-58.8	44598	43049	3.6
河南豫光金铅股份有限公司	3075	3760	-18.2	43796	8162	436.6
河南兴华机械制造有限公司	72.4	86.7	-16.5			
河南豫光锌业有限公司				7177	5549	29.3
济源石晶光电频率技术有限公司	154.4	94.4	63.6			
河南神龙石油钻具有限公司	492	376	30.9			
富泰华精密电子（济源）有限公司	343			27241	16083	69.4
济源市万洋冶炼（集团）有限公司				4229	4934	-14.3
河南清水源科技股份有限公司	3200	2563	24.9	7.6	3.8	102.8
济源市义信勇裘皮有限公司	129	226	-42.9	144	132	8.9
河南金利金铅有限公司	3071	10997	-72.1	20845	34852	-40.2
河南鑫辰进出口有限公司	24	25	-4.0			
济源市小浪底无纺布有限公司	2.7	7.6	-64.5			
济源市耐火炉业有限公司	42.6	1.6	2562.5			
河南省济源白云实业有限公司	742	95.4	677.8			
河南中原重型锻压有限公司	876	808	8.4			
河南王屋山金属矿业有限公司	671	783	-14.3			
济源华新石油机械有限公司	382	281	35.9			
济源巨康新兴陶瓷有限公司	88	160	-45.0			
河南中原辊轴有限公司	915	841	8.8			
济源市正园磁电有限公司	3.6	5.5	-34.5			
济源市谊达园艺制品有限公司	99	52	90.4			
河南优克电子材料有限公司	46	38	21.1			
济源市嘉兴贸易有限公司	140	93	50.5			
济源市金源重型机械制造有限责任公司	3.3					
济源市朗邦进出口贸易有限公司	103	78.5				
济源市坤源锻造有限公司	15.3	0.6				
济源市丰远管业有限公司	0.6					
河南华森进出口贸易有限公司	321	208				
济源市中孚机械制造有限公司	3.8	4.7				
济源市天合特钢锻压有限公司	19.6	49.3				
济源市鑫华重工机械有限公司	45.5	6				
济源泰信贸易有限公司				165	75	118.4
济源市恒瑞实业有限公司				8.1		
济源市神州实业有限公司	46.3					
济源市宇航商贸有限公司	510					
河南羽佳进出口贸易有限公司	5.6					
济源市金海实业有限公司	810					
河南锦瑞石油机械设备有限公司	39.5					
济源市嘉阳贸易有限公司	17					
济源市丰顺贸易有限公司	38					
河南东胜环保有限公司	29					

17-4 旅游接待情况

项　　目	数 量
旅游收入（亿元）	34.6
接待游客（万人次）	767.1
国内旅游者（万人次）	765.9
入境旅游者（万人次）	1.2
台湾同胞（人）	1952
澳门同胞（人）	1689
香港同胞（人）	1700
外国人（人）	6647

主要统计指标解释

进出口总额 海关进出口总额指实际进出我国国境的货物总金额。包括对外贸易实际进出口货物，来料加工装配进出口货物，国家间、联合国及国际组织无偿援助物资和赠送品，华侨、港澳台同胞和外籍华人捐赠品，租赁期满归承租人所有的租赁货物，进料加工进出口货物，边境地方贸易及边境地区小额贸易进出口货物（边民互市贸易除外），中外合资企业、中外合作经营企业、外商独资经营企业进出口货物和公用物品，到、离岸价格在规定限额以上的进出口货样和广告品（无商业价值、无使用价值和免费提供出口的除外），从保税仓库提取在中国境内销售的进口货物，以及其他进出口货物。进出口总额用以观察一个国家在对外贸易方面的总规模。我国规定出口货物按离岸价格统计，进口货物按到岸价格统计。

利用外资 指我国各级政府、部门、企业和其他经济组织通过对外借款、吸收外商直接投资以及用其他方式筹措的境外现汇、设备、技术等。

外商直接投资 指外国企业和经济组织或个人（包括华侨、港澳台胞以及我国在境外注册的企业）按我国有关政策、法规，用现汇、实物、技术等在我国境内开办外商独资企业、与我国境内的企业或经济组织共同举办中外合资经营企业、合作经营企业或合作开发资源的投资（包括外商投资收益的再投资），以及经政府有关部门批准的项目投资总额内企业从境外借入的资金。

外商其他投资 指除对外借款和外商直接投资以外的各种利用外资的形式。包括企业在境内外股票市场公开发行的以外币计价的股票（目前主要是在香港证券市场发行的H股和在境内证券市场发行的B股）发行价总额，国际租赁进口设备的应付款，补偿贸易中外商提供的进口设备、技术、物料的价款，加工装配贸易中外商提供的进口设备、物料的价款。

对外承包工程 指各对外承包公司以招标议标承包方式承揽的下列业务：

⑴承包国外工程建设项目；

⑵承包我国对外经援项目；

⑶承包我国驻外机构的工程建设项目；

⑷承包我国境内利用外资进行建设的工程项目；

⑸与外国承包公司合营或联合承包工程项目时我国公司分包部分；

⑹对外承包兼营的房屋开发业务。对外承包工程的营业额是以货币表现的本期内完成的对外承包工程的工作量，包括以前年度签订的合同和本年度新签订的合同在报告期内完成的工作量。

对外劳务合作 指以收取工资的形式向业主或承包商提供技术和劳动服务的活动。我国对外承包公司在境外开办的合营企业，中国公司同时又提供劳务的，其劳务部分也纳入劳务合作统计。劳务合作营业额按报告期内向雇主提交的结算数（包括工资、加班费和奖金等）统计。

旅游人数 包括入境国际旅游者人数、出境居民人数和国内旅游者人数。

⑴入境国际旅游者人数 指来中国参观、访问、旅行、探亲、访友、休养、考察、参加会议和从事经济、科技、文化、教育、宗教等活动的外国人、华侨、港澳同胞和台湾同胞的人数。不包括外国在我国的常驻机构，如使领馆、通讯社、企业办事处的工作人员；来我国常住的外国专家、留学生以及在岸逗留不过夜人员。

⑵出境居民人数 指大陆居民因公务活动或私人事务短期出境的人数。公务活动出境居民人数包括在国际交通工具上的中国服务员工，因私出境居民人数不包括在国际交通工具上的中国服务员工。

⑶国内旅游者人数 指我国大陆居民和在我国常住1年以上的外国人、华侨、港澳台同胞离开常住地在境内其他地方的旅游设施内至少停留一夜，最长不超过6个月的人数。

国际旅游（外汇）收入 指入境旅游的外国人、华侨、港澳同胞和台湾同胞在中国大陆旅游过程中发生的一切旅游支出，对于国家来说就是国际旅游（外汇）收入。

涉外饭店 指经有关部门批准，允许接待外国人、华侨、港澳同胞和台湾同胞的饭店。

十八、金融业

资料整理：马艳芝　彭　松　翟鹏博

简要说明

一、主要内容

本篇包括金融和保险业等资料。

二、资料来源

金融机构和农村商业银行人民币信贷收支情况的资料由中国人民银行济源支行提供。保险业务情况的资料由济源市保险行业协会提供。本篇资料由市统计局综合核算科编辑整理。

18-1　金融机构人民币信贷收支情况

单位：万元

资金来源项目	金额	资金运用项目	金额
一、各项存款	2912172	一、各项贷款	2097495
1. 单位存款	1104208	（一）境内贷款	2097495
其中：活期存款	496001	1. 短期贷款	1355064
定期存款	220725	（1）个人贷款及透支	426271
通知存款	118286	其中：个人消费贷款	69963
保证金存款	220121	（2）单位普通贷款及透支	778268
2. 个人存款	1776933	其中：经营贷款	778268
储蓄存款	1753877	（3）贸易融资	150525
保证金存款	162	2. 中长期贷款	731389
结构性存款	22893	（1）个人贷款	378633
3. 财政性存款	27187	其中：个人消费贷款	336803
4. 临时性存款	1797	（2）单位普通贷款	343656
5. 委托存款		其中：经营贷款	17562
6. 其他	2048	固定资产贷款	326094
二、金融债券		（3）普通并购贷款	9100
三、中长期借款		3. 票据融资	7403
四、应付及暂收款	64413	其中：贴现	7403
其中：应付利息	36083	（二）境外贷款	
五、同业往来（来源方）	4034	二、有价证券	14077
六、外汇买卖（来源方）	74437	三、股权及其他投资	24025
其中：结售汇	74437	四、应收及预付款	14683
七、各项准备	65163	其中：应收利息	5866
其中：贷款损失准备金	64995	五、系统内资金往来（运用方）	398178
八、所有者权益	158026	六、外汇买卖（运用方）	74312
其中：实收资本	24355	其中：结售汇	74312
九、其他	-594965	七、固定资产	27456
		八、库存现金	33054
资金来源总计	**2683280**	**资金运用总计**	**2683280**

18-2　农村商业银行人民币信贷收支情况

单位：万元

资金来源项目	金额	资金运用项目	金额
一、各项存款	1028425	一、各项贷款	670696
1. 单位存款	185760	（一）境内贷款	670696
其中：活期存款	135150	1. 短期贷款	621696
定期存款	17258	（1）个人贷款及透支	317192
通知存款		其中：个人消费贷款	
保证金存款	33352	（2）单位普通贷款及透支	304504
2. 个人存款	842009	其中：经营贷款	304504
储蓄存款	842009	2. 中长期贷款	49000
保证金存款		（1）个人贷款	33038
结构性存款		其中：个人消费贷款	24504
3. 临时性存款	656	（2）单位普通贷款	15962
4. 其他		其中：经营贷款	15962
二、代理财政性存款	4868	3. 票据融资	
三、应付及暂收款	26927	其中：贴现	
其中：应付利息	18930	（二）境外贷款	
四、卖出回购资产	22540	二、有价证券	114774
五、向中央银行借款	30000	三、股权及其他投资	24025
六、委托存款及委托投资基金（净）		四、应收及预付款	2981
1. 委托存款及委托投资基金	3400	其中：应收利息	2302
2. 减：委托贷款及委托投资	3400	五、买入返售资产	148410
七、各项准备	42330	六、存放中央准备金存款	237368
其中：贷款损失准备金	42230	七、同业往来	13375
八、所有者权益	109627	其中：存放同业	13375
其中：实收资本	16355	八、库存现金	14825
九、其他	-38263		
资金来源总计	**1226454**	**资金运用总计**	**1226454**

主要统计指标解释

信贷资金 指金融机构以信用方式积聚和分配的货币资金。金融机构信贷资金的来源有各项存款、对国际金融机构负债、流通中货币、银行自有资金及当年结益等；信贷资金的运用有各项贷款、黄金占款、外汇占款、财政借款及在国际金融机构中的资产等。

存款 指企业、机关、团体或居民根据资金必须收回的原则，把货币资金存入银行或其他信用机构保管并取得一定利息的一种信用活动形式。根据存款对象的不同可划分为企业存款、财政存款、机关团体存款、基本建设存款、城镇储蓄存款、农村存款等科目。它是银行信贷资金的主要来源。

贷款 指银行或其他信用机构根据资金必须归还的原则，按一定利率，为企业、个人等提供资金的一种信用活动形式。我国银行贷款分为流动资金贷款、固定资产贷款、城乡个体工商户贷款以及农业贷款等科目。

证券 由债券购买者承购的或因销售产品而拥有的，可在金融市场上交易并代表一定债权的书面证明。包括政府债券、金融债券、企业债券、商业票据、股票、支付固定收入但不提供法人企业残余价值分享权的优先股等。

股票 指股票购买者及直接投资者对其投资企业净资产所拥有的权益。股票是股份公司签发的证明股东投资并按其所持股份享有权益和承担义务的权益性证券。

保费 指投保人为取得保险人在约定范围内所承担赔偿责任而支付给保险人的费用。

赔款 指保险人根据保险合同的规定，向被保险人支付的赔偿保险责任损失的金额。

给付 包括死伤医疗给付和满期给付。死伤医疗给付是指保险人根据人寿保险及长期健康保险合同的规定，因被保险人在保险期内发生保险责任范围内的保险事故支付给被保险人（或受益人）的金额。满期给付是指被保险人生存期满，保险人按人寿保险合同规定支付给被保险人的满期保险金额。

十九、房地产业

资料整理：魏　哲

简要说明

一、主要内容

本篇包括房地产开发与经营活动的规模、结构及资金来源等资料。

二、统计范围

房地产开发统计包括：各种登记注册类型的房地产开发公司、商品房建设公司及其他房地产开发单位统一开发（包括统代建、拆迁还建）的各种房屋建筑物和配套的服务设施、土地开发工程，如道路、给水、排水、供电、供热、通讯、平整场地等基础设施工程，还包括实际从事房地产开发或经营活动的附营房地产开发单位。凡从事房地产开发与经营活动的单位，均按单位进行统计。

三、资料来源

采取全面统计报表的方法。本篇资料由市统计局固定资产投资科编辑整理。

19-1 房地产开发、销售情况

指 标	单位	2014年	2013年	增长（%）
一、本年完成投资	万元	255771	319355	-19.9
按工程用途分				
住宅	万元	187328	215079	-12.9
办公楼	万元	10486	17434	-39.9
商业营业用房	万元	46305	67858	-31.8
其他	万元	11700	18984	-38.4
二、本年资金来源小计	万元	337213	380374	-11.3
国内贷款	万元	10200	13078	-22
利用外资	万元			
自筹资金	万元	151862	194614	-22
其中：自有资金	万元	50310	61159	-17.7
其他资金来源	万元	173473	172682	0.4
其中：定金及预收款	万元	94466	94266	0.2
三、土地开发面积				
1.本年土地购置面积	平方米	59630	165553	-64
2.待开发土地面积	平方米	327774	188846	73.6
四、商品房面积				
1、施工面积	平方米	4973204	4556908	9.1
#住宅	平方米	3882497	3431459	13.1
其中：新开工面积	平方米	889163	1145568	-22.4
#住宅	平方米	704897	736456	-4.3
2、竣工面积	平方米	1288858	391620	229.1
#住宅	平方米	1018941	236107	331.6
3、销售面积	平方米	524871	911247	-42.4
#住宅	平方米	493126	795983	-38.0
其中：现房销售面积	平方米	126416	223673	-43.5
其中：住宅	平方米	113416	131227	-13.6
其中：期房销售面积	平方米	398560	687574	-42.0
其中：住宅	平方米	379810	664756	-42.9
4、待售面积	平方米	383026	158781	141.2
#住宅	平方米	209716	86900	141.3
五、商品房销售额	万元	201328	316927	-36.5
#住宅	万元	178025	286844	-37.9
其中：现房销售额	万元	42290	53917	-21.6
其中：住宅	万元	32526	37978	-14.3
其中：期房销售额	万元	159168	263010	-39.5
其中：住宅	万元	145586	248866	-41.5

19-2　房地产开发企业财务状况

单位：万元

指　　标	数值
全部从业人员平均人数（人）	
实收资本	211439
资产总计	1158630
固定资产累计折旧	12137
本年折旧	1730
负债合计	869549
主营业务收入	185925
土地转让收入	9485
商品房屋销售收入	175859
房屋出租收入	451
其他收入	129
主营业务成本	134986
主营业务税金及附加	18562
营业外收入	2089
利润总额	16300

主要统计指标解释

房地产开发投资 指房地产开发公司、商品房建设公司及其他房地产开发法人单位和附属于其他法人单位实际从事房地产开发或经营的活动单位统一开发的包括统代建、拆迁还建的住宅、厂房、仓库、饭店、宾馆、度假村、写字楼、办公楼等房屋建筑物和配套的服务设施，土地开发工程（如道路、给水、排水、供电、供热、通讯、平整场地等基础设施工程）的投资；不包括单纯的土地交易活动。

房屋建筑面积 指从房屋外墙线算起的各层平面面积的总和，包括可供使用的有效面积和房屋结构（如柱、墙）占用的面积。多层建筑按各层（包括地下室）面积总和计算。

住宅建筑面积 指施工和竣工房屋建筑面积中供居住用的施工和竣工房屋建筑面积。

施工面积 指报告期内施工的全部房屋建筑面积。包括本期新开工的面积、上期跨入本期继续施工的房屋面积、上期停缓建在本期恢复施工的房屋面积、本期竣工的房屋面积及本期施工后又停缓建的房屋面积。

竣工面积 指在报告期内房屋建筑按照设计要求已全部完工，达到住人和使用条件，经验收鉴定合格，正式移交使用单位的建筑面积。

新增固定资产 指通过投资活动所形成的新的固定资产价值，包括已经建成投入生产或交付使用的工程价值和达到固定资产标准的设备、工具、器具的价值及有关应摊入的费用。它是以价值形式表示的固定资产投资成果的综合性指标，可以综合反映不同时期、不同部门、不同地区的固定资产投资成果。

别墅、高档公寓指建筑造价和销售价格明显高于一般商品住宅的商品住宅。别墅一般指地处郊区，独立成栋的商品住宅；高档公寓一般指地处市内高尚社区，高层或多层的商品住宅。别墅、高档公寓的确定标准：一是经有房地产投资计划审批权的主管部门审批建设的别墅、高档公寓开发项目；二是销售价格高于当地同等地段商品住宅平均销售价格一倍以上的别墅、公寓开发项目。该指标可以分析房地产投资结构，反映高收入家庭商品住宅的供求平衡情况。

经济适用房 指根据国家经济适用房计划安排建设的政策性住宅。经济是指房屋建筑造价和销售价格低于一般商品住宅；适用是指适合中低收入家庭购买使用。经济适用房主要是由国家统一下达投资计划，房地产公司开发，对外销售；用地一般采用行政划拨或招标投标方式，免收土地出让金；对各种经批准的收费减半征收，开发利润不超过3%；销售价格实行政府指导价。该指标可以分析房地产投资结构，反映中低收入家庭商品住宅的供求平衡情况。

实际销售房屋面积 指已签订房屋销售合同并在报告期正式交付购房者使用的商品房屋面积，即报告期现房销售面积。不包括已签订预售合同尚在建设过程中的商品房屋面积，但包括报告期或报告期以前签订了预售合同，在报告期又竣工并交付使用的商品房屋面积。

（1）现房销售面积 指在报告期内正式签订买卖合同、已经竣工达到入住条件的商品房屋建筑面积。包括以一次性付款方式和分期付款方式销售的现房建筑面积。

（2）期房销售面积 指在报告期内正式签订买卖合同、正在建设尚未竣工交付使用的商品房屋建筑面积。包括以一次性付款方式和分期付款方式销售的商品房屋建筑面积。期房销售建筑面积竣工后不再结转为现房销售建筑面积。

商品房建设投资额 指房地产开发企业（单位）开发建设的供出售、出租用的住宅、厂房、仓库、饭店、度假村、写字楼、办公楼等房屋工程及其配套的服务设施所完成的投资额。完成开发土地面积指报告期内对土地进行开发并已完成七通一平等前期开发工程，具备进行房屋建筑物施工或达到出让条件的土地面积。

本年购置土地面积 指在本年内通过各种方式获得土地使用权的土地面积。

二十、文化

资料整理：马艳芝　翟鹏博

简要说明

一、主要内容

本篇包括文化、文物机构，广播、电视等资料。

二、资料来源

群众艺术馆，文化站，艺术表演场所、团体，公共图书馆、博物馆等资料，由济源市文化广电新闻出版局提供。广播、电视资料由济源市广播电视台提供。本篇资料由市统计局综合核算科编辑整理。

20-1 群众艺术馆、文化艺术学校基本情况

项　目	单位	数量	项　目	单位	数量
一、群众艺术馆基本情况			二、文化艺术学校基本情况		
（一）从业人员	人	15	（一）从业人员	人	22
（二）举办展览个数	个	20	（二）毕业生数	人	50
（三）组织文艺活动次数	次	50	（三）招生数	人	40
（四）举办训练班班次	班次	36	（四）在校生数	人	89
培训人次	人次	2800	（五）本年收入合计	千元	1542
（五）总收入	千元	1940	（六）本年支出合计	千元	1542
（六）总支出	千元	1940	（七）固定资产原值	千元	1980
（七）公用房屋建筑面积	平方米	8000	（八）公用房屋建筑面积	平方米	3000

20-2 文化站管理机构基本情况

项目	单位	数量
文化站基本情况		
（一）机构数	个	16
乡镇文化站	个	11
（二）从业人员	人	72
（三）举办展览个数	个	37
（四）组织文艺活动次数	次	287
（五）举办培训班		131
班次	次	131
结业人次	人次	7180
（六）本站指导文化户个数	个	
（七）藏书	册	147830
（八）总收入	千元	207
（九）总支出	千元	207
（十）固定资产原价	千元	6940
（十一）公用房屋建筑面积	平方米	18036

20-3 艺术表演场所、团体基本情况

项 目	单位	数量	项 目	单位	数量
一、艺术表演场所			二、艺术表演团体		
（一）从业人员	人	16	（一）全部职工人数	人	87
（二）座席数	个	1138	（二）演出场次	场	284
（三）演（映）出场次	场	36	国内演出场次	场	284
艺术演出场次	场	30	农村演出场次	场	260
电影放映场资	场	6	（三）国内观众人次	千人次	568000
（四）观众人次	千人次	30000	（四）总收入	千元	9078
（五）总收入	千元	1128	演出收入	千元	442
（六）总支出	千元	1227	（五）总支出	千元	9207
（七）固定资产原值	千元	1867	（六）固定资产原值	千元	3078
（八）公用房屋建筑面积	平方米	1739	（七）公用房屋建筑面积	平方米	355
演（映）业务用房	平方米	1379	排练练功用房	平方米	315

20-4 公共图书馆、博物馆基本情况

项 目	单位	数量	项 目	单位	数量
一、公共图书馆情况			（九）阅览室座席数	个	1500
（一）从业人员	人	30	少儿阅览室座席	个	96
（二）总藏量	册	468814	（十）累计发放有效借书证数	个	29500
1. 图书	册	402289	（十二）书刊外借册数	千册次	320
2. 古籍	册	1003	（十三）计算机台数	台	240
3. 报刊	册	56686	二、博物馆情况		
4. 视听文献	册	8836	（一）从业人员	人	27
5. 电子图书	种	384000	（二）文物藏品	件	14830
（三）总流通人次	人次	600000	一级品	件	21
书刊文献外借人次	人次	190000	二级品	件	187
（四）总收入	千元	3963	三级品	件	3090
（五）总支出	千元	4075	（三）本年修复文物数	件/套	25
（六）本年新购藏量	册·件	38611	（六）总收入	千元	4190
新购图书	册	18611	（七）总支出	千元	1190
（七）固定资产原值	千元	7573	（八）固定资产原值	千元	4452
（八）公用房屋建筑面积	平方米	11400	（九）公用房屋建筑面积	平方米	3770
书库	平方米	6840	展览用房	平方米	1400
阅览室	平方米	3080	文物库房	平方米	1000

20-5 广播、电视基本情况

项 目	单位	数值	项 目	单位	数值
一、从业人员	人	164	三、电视台（无线台）	座	
二、调频转播发射台	座	1	电视发射及转播台（千瓦以上）	座	1
调频发射机	座	1	电视节目套数	套	1
广播节目套数	套	1	全年公共电视节目播出时间	小时：分	5586:00:00
全年公共广播节目播出时间	小时：分	6415:45	按节目类型分		
按节目类型分			新闻资讯类节目	小时：分	458:00
新闻资讯类节目	小时：分	728:00	专题服务类节目	小时：分	486:00
专题服务类节目	小时：分	820:30	综艺益智类节目	小时：分	485:00
综艺类节目	小时：分	1880:00	影视剧类节目	小时：分	2556:00
广播剧类节目	小时：分	750:00	广告类节目	小时：分	980:00
广告类节目	小时：分	1243:15	其他类节目	小时：分	62:00
其他类节目	小时：分	994:00	电视综合人口覆盖率	%	98.99
广播综合人口覆盖率	%	98.07	四、卫星收转站	座	

主要统计指标解释

文化事业机构 指从事专业文化工作和为专业文化工作服务的独立建制的单位。不包括这些单位另外举办独立核算的其他机构和各部门的业余文化组织。

艺术表演团体 指从事戏曲、音乐、舞蹈、杂技等专业艺术表演，有独立帐户的单位，不包括半工半艺、半农半艺和民间职业剧团。

电影放映单位 指具有放映机器设备、固定或不固定的放映场所与专职或兼职的放映技术人员，经有关部门登记批准，经常为一定的观众对象放映电影的机构。包括经批准对外开放进行营业，并与电影发行放映管理机构分帐的专用放映单位和军委系统租片单位。

艺术表演观众人数（人次） 指售票、包场演出或民族地区免费演出的艺术表演观众人次数，不包括彩排审查和内部观摩演出的观看人次数。

二十一、科技

资料整理：李 鲲

简要说明

一、主要内容

本篇包括规模以上工业企业科技活动情况、高新技术产业基本情况等资料。

二、资料来源

本章高新技术产业基本情况由济源市科技局提供。规模以上工业企业科技活动情况由市统计局社会科整理提供。

21-1 全部规模以

指 标	企业数（个）	# 有 R&D 活动	# 有科技机构	从业人员期末人数（人）	从业人员平均人数（人）	工业总产值（万元）
总计	**240**	**26**	**21**	**106709**	**98826**	**14626369.7**
一、按企业规模分组						
大型	14	8	6	71853	63940	9033801.3
中型	29	6	4	13329	13507	1348434.5
小型	187	12	11	20776	20533	4143711.5
微型	10			751	846	100422.4
二、按隶属关系分组						
中央	3	2	1	4159	4127	167467.0
地（区、市、州、盟）	24	2	2	6988	6877	392684.2
县（区、市、旗）	18	4	4	22941	22714	4776413.5
街道	18	2	1	2232	2296	272187.5
镇	31	4	5	5113	5059	823677.1
乡	8	1	1	4251	4203	1345628.3
居委会	1			50	50	15172.6
村委会	7	1	1	1271	1242	295813.4
其他	130	10	6	59704	52258	6537326.1
三、按登记注册类型分组						
内资企业	234	24	20	70480	69966	12956076.1
国有企业	2			1063	1040	3759.3
集体企业	2			253	251	45303.0
有限责任公司	151	17	17	51306	50812	9258561.4
国有独资公司	3	2	1	6400	6382	2093235.7
其他有限责任公司	148	15	16	44906	44430	7165325.7
股份有限公司	9	1	1	6276	6173	609489.9
私营企业	70	6	2	11582	11690	3038962.5
私营独资企业	6			437	441	61880.9
私营合伙企业	2			273	271	25824.8
私营有限责任公司	55	6	2	9946	10080	2779074.3
私营股份有限公司	7			926	898	172182.5
其他企业						
港、澳、台商投资企业	2			34067	26701	1038116.4
合资经营企业（港或澳、台资）	2			34067	26701	1038116.4
外商投资企业	4	2	1	2162	2159	632177.2
中外合资经营企业	3	2	1	1994	1991	612302.4
中外合作经营企业	1			168	168	19874.8
四、按国民经济行业大类分组						
采矿业	21			7424	7330	752968.2
煤炭开采和洗选业	6			5903	5792	397338.9
黑色金属矿采选业	11			945	957	240948.3
有色金属矿采选业	4			576	581	114681.0
制造业	213	26	21	96198	88491	13054396.6
农副食品加工业	6			2120	2143	260616.7

上工业企业基本情况

主营业务收入（万元）	利润总额（万元）	主营业务税金及附加（万元）	管理费用中的税金（万元）	应交增值税（万元）	资产总计（万元）	出口交货值（万元）
13515441.2	**705001.5**	**46065.1**	**19845.1**	**277671.1**	**10514016.7**	**750590.3**
8546148.8	326829.9	21703.5	11885.2	144192.8	7293297.7	718852.9
1301369.3	73861.2	5208.7	3471.6	39413.3	941076.2	25937.6
3553665.6	292937.2	18609.4	4398.5	90289.7	2208358.2	5799.8
114257.5	11373.2	543.5	89.8	3775.3	71284.6	
148157.9	-4331.9	247.0	1159.9	4324.0	437201.3	26467.0
319849.3	6926.1	3480.0	938.4	10875.8	453652.6	961.1
4529570.4	62023.0	14034.8	8698.3	66779.1	3557256.4	19835.2
261726.3	16580.7	1078.3	507.6	4691.4	176786.4	
686912.6	48641.2	3738.7	1206.9	15378.2	413535.9	24300.9
1327446.5	41926.2	1197.7	562.5	17718.0	581608.4	
6618	926.5	39.7	33.1	19.9	10496.5	
273156.7	20209.9	791.5	763.2	7429.8	82436.9	
5962003.5	512099.8	21457.4	5975.2	150454.9	4801042.3	679026.1
12037502.5	592036.0	44304.6	17640.1	260099.4	8816541.6	72239.8
2694.9	355.1	29.3	43.2	148.7	4003.5	
25308.9	2360.9	238.5	192.2	954.6	8782.1	
8808976.9	398474.2	34430.4	12196.1	199672.0	7082469.9	45772.8
2049168.4	19187.7	6536.0	3275.5	25697.8	1497217.2	19835.2
6759808.5	379286.5	27894.4	8920.6	173974.2	5585252.7	25937.6
478357.8	31287.4	1639.7	2084.6	10427.7	532805.6	26467
2722164.0	159558.4	7966.7	3124.0	48896.4	1188480.5	
66993.7	3743.3	1606.5	58.2	701.5	19640.6	
24628.9	1918.6	124.5	9.3	711.0	18073.1	
2470636.2	137946.0	5680.3	2875.8	43942.2	1061423.1	
159905.2	15950.5	555.4	180.7	3541.7	89343.7	
879567.0	79250.8	169.5	621.3	829.4	1329291.7	672550.7
879567.0	79250.8	169.5	621.3	829.4	1329291.7	672550.7
598371.7	33714.7	1591.0	1583.7	16742.3	368183.4	5799.8
577347.4	27900.9	1320.9	1331.2	14307.8	349173.3	5799.8
21024.3	5813.8	270.1	252.5	2434.5	19010.1	
645588.9	36210.1	6416.3	677.9	24073.3	426205.0	
315756.1	10636.7	2614.7	607.0	14582.4	318588.2	
219826.8	15967.0	2603.0	68.7	4757.9	70323.1	
110006.0	9606.4	1198.6	2.2	4733.0	37293.7	
12055815.6	506576.0	33326.3	19056.1	192616.6	8509311.2	750590.3
243286.4	12487.8	376.1	425.9	1564.0	102505.3	

指 标	企业数(个)	# 有 R&D 活动	# 有科技机构	从业人员期末人数(人)	从业人员平均人数(人)	工业总产值(万元)
食品制造业	3			895	890	105654.6
酒、饮料和精制茶制造业	9		1	2542	2358	247120.8
纺织业	2			885	883	81020.8
木材加工和木、竹、藤、棕、草制品业	1			235	234	34787.3
印刷和记录媒介复制业	3			501	498	61744.6
文教、工美、体育和娱乐用品制造业	1			93	93	8183.7
石油加工、炼焦和核燃料加工业	2			2105	2107	632798.8
化学原料和化学制品制造业	14	3	2	3076	3066	456758.8
医药制造业	2	2	2	619	566	66971.7
化学纤维制造业	1			43	43	23228.1
橡胶和塑料制品业	4			398	393	52509.9
非金属矿物制品业	44	2	2	7867	8073	979882.5
黑色金属冶炼和压延加工业	12	2	2	13800	13607	2035431.2
有色金属冶炼和压延加工业	22	5	4	13527	13316	5232091.9
金属制品业	20	2	1	2165	2182	433649.9
通用设备制造业	11	1	1	931	908	170559.7
专用设备制造业	11	1	1	1304	1345	225059.1
汽车制造业	2	1		658	743	17348.4
铁路、船舶、航空航天和其他运输设备制造业	3			293	291	31260.8
电气机械和器材制造业	31	6	5	7167	7160	756945.1
计算机、通信和其他电子设备制造业	2	1		34073	26710	1003339.5
仪器仪表制造业	4			663	647	40460.7
其他制造业	2			173	170	51972.0
废弃资源综合利用业	1			65	65	45000.0
金属制品、机械和设备修理业						
电力、热力、燃气及水生产和供应业	6			3087	3005	819004.9
电力、热力生产和供应业	4			2575	2529	778092.6
燃气生产和供应业	1			184	178	37153.0
水的生产和供应业	1			328	298	3759.3
五、按经济成分分组						
公有经济	23	5	3	21587	21288	3696451.3
非公有经济	217	21	18	85122	77538	10929918.4
六、按企业控股情况分组						
国有控股	12	4	2	13616	13408	3063403.4
集体控股	11	1	1	7971	7880	633047.9
私人控股	187	17	13	42035	42004	8717664.7
港澳台商控股	2			34067	26701	1038116.4
外商控股	3	1	2	2404	2355	642455.1
其他	25	3	3	6616	6478	531682.2
七、按全国地区分组						
济源市	240	26	21	106709	98826	14626369.7

续 表

主营业务收入（万元）	利润总额（万元）	主营业务税金及附加（万元）	管理费用中的税金（万元）	应交增值税（万元）	资产总计（万元）	出口交货值（万元）
105640.9	10608.4	305.1	22.3	4751.2	55078.8	
236732.6	8401.9	413.0	566.5	1396.5	133077.4	
78996.6	2939.5	294.8	3.6	1914.2	21571.4	
34591.8	1985.1	71.0		721.8	32152.6	
55109.8	4845.6	313.1	506.8	2467.0	26297.6	
9183.7	757.1		6.3	1.4	2846.6	
598538.6	35140.4	1604.7	1408.7	15877.1	405123.8	
429728.7	15914.6	1267.4	1139.9	7584.2	461986.9	19462.2
40542.2	1389.7	238.8		1612.1	22332.9	
21005.6	839.4	292.7	3.5	228.4	900.0	
51432.1	5483.4	185.6	173.4	2208.8	40640.8	
792399.7	67934.4	5046.6	2075.1	26428.1	709117.9	6475.4
1901847.9	30184.1	5887	3460.5	24802.6	1472701.8	26467
4898316.1	108253.3	10028.8	4854.2	53496.1	2604548.9	19835.2
427779.9	36905.2	1175.5	329.2	10207	219555.4	
154907.6	13034.9	561.5		4197.3	105155.9	
219686.0	23288.5	589.5	79.6	8201.7	114316.6	4838.7
16837.2	-1930.3	1.0	107.6	5.0	49658.2	
29348.0	2517.8	125.6	179.7	944.1	18065.6	
751715.6	47604.6	3515.3	2482.5	22435.2	566886.1	
844831.2	72189.7	30.0	565.6	110.7	1288077.9	673511.8
32162.5	3520	139.3	166.6	913.6	29247	
36394.9	1720.9	858.7	498.6	505.5	12265.8	
44800.0	560.0	5.2		43.0	15200.0	
814036.7	162215.4	6322.5	111.1	60981.2	1578500.5	
774193.2	154524.9	6123.7	0.6	60003.1	1529195.8	
37148.6	7335.4	169.5	67.3	829.4	45301.2	
2694.9	355.1	29.3	43.2	148.7	4003.5	
3517740.8	192882.2	16046.0	6383.4	103869.5	3901000.0	47263.3
9997700.4	512119.3	30019.1	13461.7	173801.6	6613016.7	703327.0
2992328.7	175200.9	13456.9	4448.8	91570.0	3453121.0	47263.3
525412.1	17681.3	2589.1	1934.6	12299.5	447879.0	
8016909.1	390763.9	26456.7	10238.1	152713.6	4463165.9	19462.2
879567.0	79250.8	169.5	621.3	829.4	1329291.7	672550.7
607138.1	31168.9	1352.2	1319.6	15436.9	356434.4	4838.7
494086.2	10935.7	2040.7	1282.7	4821.7	464124.7	6475.4
13515441.2	705001.5	46065.1	19845.1	277671.1	10514016.7	750590.3

21-2 全部规模以上工

指 标	R&D 人员合计（人）	#1. 参加项目人员	2. 管理和服务人员	# 女性	# 研究人员
总计	**2657**	**2416**	**241**	**526**	**932**
一、按企业规模分组					
大型	2166	1995	171	422	724
中型	193	169	24	53	53
小型	298	252	46	51	155
微型					
二、按隶属关系分组					
中央	516	488	28	102	308
地(区、市、州、盟)	43	39	4	11	10
县(区、市、旗)	1153	1037	116	220	381
街道	73	65	8	22	18
镇	266	253	13	96	54
乡	80	71	9	11	16
村委会	13	12	1		8
其他	513	451	62	64	137
三、按登记注册类型分组					
内资企业	2597	2359	238	514	904
有限责任公司	1692	1507	185	368	494
国有独资公司	198	195	3	14	82
其他有限责任公司	1494	1312	182	354	412
股份有限公司	501	476	25	100	300
私营企业	404	376	28	46	110
私营有限责任公司	404	376	28	46	110
外商投资企业	60	57	3	12	28
中外合资经营企业	60	57	3	12	28
四、按国民经济行业大类分组					
制造业	2657	2416	241	526	932
化学原料和化学制品制造业	87	87		15	33
医药制造业	38	25	13	12	29
化学纤维制造业					
橡胶和塑料制品业					
非金属矿物制品业	63	49	14	17	9
黑色金属冶炼和压延加工业	1430	1300	130	298	576
有色金属冶炼和压延加工业	566	528	38	62	152
金属制品业	74	64	10	7	43
通用设备制造业	20	18	2	1	6
专用设备制造业	40	37	3	12	20
汽车制造业	15	12	3	2	8
铁路、船舶、航空航天和其他运输设备制造业					
电气机械和器材制造业	304	276	28	100	48
计算机、通信和其他电子设备制造业	20	20			8
五、按经济成分分组					
公有经济	733	696	37	116	396
非公有经济	1924	1720	204	410	536
六、按企业控股情况分组					
国有控股	719	691	28	114	390
集体控股	14	5	9	2	6
私人控股	1657	1481	176	314	501
港澳台商控股					
外商控股	40	37	3	12	20
其他	227	202	25	84	15
七、按全国地区分组					
济源市	2657	2416	241	526	932

业企业 R&D 人员情况

#1. 全时人员	2. 非全时人员	R&D 人员折合全时当量合计（人年）	# 研究人员	#1. 基础研究人员	2. 应用研究人员	3. 试验发展人员
1346	**1311**	**1887.1**	**727.0**			**1887.1**
1055	1111	1524.1	565.3			1524.1
132	61	138.5	42.6			138.5
159	139	224.5	119.1			224.5
463	53	498.3	297.4			498.3
24	19	38.8	9.6			38.8
298	855	727.0	246.2			727.0
60	13	38.9	9.8			38.9
232	34	138.0	46.4			138.0
25	55	34.1	6.8			34.1
	13	13	8			13
244	269	399.0	102.6			399.0
1318	1279	1837.5	704.1			1837.5
657	1035	1035.2	330.8			1035.2
192	6	153.7	64.1			153.7
465	1029	881.5	266.7			881.5
453	48	483.3	289.4			483.3
208	196	318.9	83.9			318.9
208	196	318.9	83.9			318.9
28	32	49.6	22.8			49.6
28	32	49.6	22.8			49.6
1346	1311	1887.1	727			1887.1
87		68.2	25.5			68.2
30	8	33.1	24.8			33.1
16	47	58.8	8.6			58.8
534	896	1041.7	455.3			1041.7
346	220	423.5	113.8			423.5
45	29	49.0	28.3			49.0
5	15	11.1	3.3			11.1
8	32	29.6	14.8			29.6
10	5	15.0	8.0			15.0
245	59	137	36.5			137
20		20.0	8.0			20.0
668	65	664.8	364.8			664.8
678	1246	1222.3	362.2			1222.3
665	54	657.0	361.5			657.0
3	11	7.8	3.3			7.8
494	1163	1105.3	339.1			1105.3
8	32	29.6	14.8			29.6
176	51	87.4	8.2			87.4
1346	1311	1887.1	727.0			1887.1

指 标	R&D 经费内部支出合计	（一）按活动类型分组			（二）按支出	
		1. 基础研究支出	2. 应用研究支出	3. 试验发展支出	1. 经常费支出	# 人员劳务费
总计	**82990.8**			**82990.8**	**77251.7**	**9714.8**
一、按企业规模分组						
大型	78045.3			78045.3	73408.2	8514.4
中型	1740.8			1740.8	1615.8	407.9
小型	3204.7			3204.7	2227.7	792.5
微型						
二、按隶属关系分组						
中央	3367.3			3367.3	3116.6	1712.6
地（区、市、州、盟）	510.3			510.3	371.1	142.9
县（区、市、旗）	66880.3			66880.3	62595.4	5227.0
街道	395.8			395.8	352.9	225.7
镇	2904.9			2904.9	2831.5	547.4
乡	414.8			414.8	408.6	92.5
村委会	12.9			12.9	12.9	7.0
其他	8504.5			8504.5	7562.7	1759.7
三、按登记注册类型分组						
内资企业	82507.6			82507.6	76835.3	9500.3
有限责任公司	71449.6			71449.6	66815.4	6136.2
国有独资公司	18753.0			18753.0	17465.1	1584.0
其他有限责任公司	52696.6			52696.6	49350.3	4552.2
股份有限公司	3319.0			3319.0	3071.9	1709.8
私营企业	7739.0			7739.0	6948.0	1654.3
私营有限责任公司	7739.0			7739.0	6948.0	1654.3
外商投资企业	483.2			483.2	416.4	214.5
中外合资经营企业	483.2			483.2	416.4	214.5
四、按国民经济行业大类分组						
制造业	82990.8			82990.8	77251.7	9714.8
化学原料和化学制品制造业	1288.0			1288.0	1139.8	230.3
医药制造业	364.2			364.2	250.1	129.5
化学纤维制造业						
橡胶和塑料制品业						
非金属矿物制品业	501.5			501.5	328.4	89.6
黑色金属冶炼和压延加工业	51142.0			51142.0	48006.6	5229.0
有色金属冶炼和压延加工业	26043.4			26043.4	24519.9	3142.7
金属制品业	1123.3			1123.3	619.9	199.5
通用设备制造业	63.0			63.0	29.0	12.0
专用设备制造业	322.9			322.9	283.7	131.2
汽车制造业	48.3			48.3	44.7	2.8
电气机械和器材制造业	1933.9			1933.9	1896.9	464.9
计算机、通信和其他电子设备制造业	160.3			160.3	132.7	83.3
五、按经济成分分组						
公有经济	22677.1			22677.1	21064.8	3412.2
非公有经济	60313.7			60313.7	56186.9	6302.6
六、按企业控股情况分组						
国有控股	22232.3			22232.3	20669.7	3377.1
集体控股	444.8			444.8	395.1	35.1
私人控股	58160.9			58160.9	54208.7	5871.3
外商控股	322.9			322.9	283.7	131.2
其他	1829.9			1829.9	1694.5	300.1
七、按全国地区分组						
济源市	82990.8			82990.8	77251.7	9714.8

业企业R&D经费情况

用途分组			（三）按资金来源分组			R&D经费外部支出	对境内研究机构支出	对境内高等学校支出
2. 资产性支出	#①土建工程支出	②仪器设备	1. 政府资金	2. 企业资金	3. 境外资金			
5739.1	**87.1**	**5652.0**	**502.1**	**82473.9**	**14.8**	**342.7**	**79.8**	**232.6**
4637.1	44.9	4592.2	346.9	77698.4		104.7	42.3	43.9
125.0	7.2	117.8	44.2	1696.6		212.6	31.8	171.6
977.0	35.0	942.0	111.0	3078.9	14.8	25.4	5.7	17.1
250.7		250.7	10.0	3357.3		33.9		33.9
139.2		139.2	50	460.3				
4284.9	48.0	4236.9	285.2	66595.1		65.1	48	17.1
42.9	1.6	41.3	45	350.8		9.2		
73.4		73.4	10.4	2879.7	14.8	171.6		171.6
6.2		6.2	51.7	363.1				
				12.9				
941.8	37.5	904.3	49.8	8454.7		62.9	31.8	10
5672.3	87.1	5585.2	492.1	82015.5		342.7	79.8	232.6
4634.2	79.5	4554.7	448.7	71000.9		277.7	79.8	188.7
1287.9		1287.9	265.2	18487.8				
3346.3	79.5	3266.8	183.5	52513.1		277.7	79.8	188.7
247.1		247.1	10	3309		33.9		33.9
791.0	7.6	783.4	33.4	7705.6		31.1		10
791.0	7.6	783.4	33.4	7705.6		31.1		10.0
66.8		66.8	10	458.4	14.8			
66.8		66.8	10.0	458.4	14.8			
5739.1	87.1	5652.0	502.1	82473.9	14.8	342.7	79.8	232.6
148.2	0.4	147.8	0.4	1287.6		183.9	2.3	181.6
114.1	5.5	108.6	16.4	347.8		44.6	37.5	7.1
173.1	1.5	171.6	60	441.5				
3135.4	43.0	3092.4	20.0	51122.0		83.9	40.0	43.9
1523.5	22.2	1501.3	344.3	25699.1		18.5		
503.4	6.8	496.6	35.0	1088.3				
34.0		34.0		63				
39.2		39.2	10.0	298.1	14.8			
3.6		3.6		48.3				
37.0	7.7	29.3	16	1917.9		11.8		
27.6		27.6		160.3				
1612.3	21.7	1590.6	275.2	22401.9		33.9		33.9
4126.8	65.4	4061.4	226.9	60072	14.8	308.8	79.8	198.7
1562.6		1562.6	275.2	21957.1		33.9		33.9
49.7	21.7	28.0		444.8				
3952.2	59.6	3892.6	166.9	57994		308.8	79.8	198.7
39.2		39.2	10.0	298.1	14.8			
135.4	5.8	129.6	50.0	1779.9				
5739.1	87.1	5652.0	502.1	82473.9	14.8	342.7	79.8	232.6

21-4　全部规模以上工业企业办科技机构情况

指 标	机构数（个）	机构人员合计（人）	#博士毕业	硕士毕业	本科毕业	机构经费支出（万元）	仪器和设备原价（万元）	进口
总计	**24**	**1843**	**37**	**114**	**696**	**43379.4**	**14396.0**	**1246.5**
一、按企业规模分组								
大型	9	1487	24	73	512	39755.7	11826.4	1125.5
中型	4	156	4	25	91	1754.5	876.6	
小型	11	200	9	16	93	1869.2	1693.0	121.0
微型								
二、按隶属关系分组								
中央	1	323		15	153	5106.5	2765.6	780.5
地（区、市、州、盟）	2	25	1	2	10	273.6	165.9	
县（区、市、旗）	6	1027	15	40	315	26667.7	2891.5	466
街道	1	12	2	1	9	61.4	8.9	
镇	5	139	5	14	67	2230.9	1395.9	
乡	1	126	6	10	36	2546.5	3931.3	
村委会	1	6	1	1	4	3.3	130.0	
其他	7	185	7	31	102	6489.5	3106.9	
三、按登记注册类型分组								
内资企业	23	1828	37	114	684	43063.0	13824.5	1246.5
有限责任公司	19	1415	30	83	485	32136.5	8546.9	466
国有独资公司	1	33	2	11	20	1887.0	1962.4	
其他有限责任公司	18	1382	28	72	465	30249.5	6584.5	466
股份有限公司	1	323		15	153	5106.5	2765.6	780.5
私营企业	3	90	7	16	46	5820.0	2512.0	
私营有限责任公司	3	90	7	16	46	5820	2512	
外商投资企业	1	15			12	316.4	571.5	
中外合资经营企业	1	15			12	316.4	571.5	
四、按国民经济行业大类分组								
制造业	24	1843	37	114	696	43379.4	14396.0	1246.5
酒、饮料和精制茶制造业	1	32			6	439.8	106.1	
化学原料和化学制品制造业	2	71	2	14	38	1310.2	549.7	
医药制造业	2	96	4	20	53	629.2	442.0	121.0
非金属矿物制品业	2	32	2	1	11	130.0	141.6	
黑色金属冶炼和压延加工业	4	1248	9	35	413	29617.0	3531.6	1125.5
有色金属冶炼和压延加工业	5	245	15	40	99	10333.5	8458.9	
金属制品业	1	12	2	1	9	61.4	8.9	
通用设备制造业	1	16			6	120.0	112.0	
专用设备制造业	1	15			12	316.4	571.5	
电气机械和器材制造业	5	76	3	3	49	421.9	473.7	
公有经济	3	368	2	29	176	7193.5	4893.2	780.5
非公有经济	21	1475	35	85	520	36185.9	9502.8	466.0
六、按企业控股情况分组								
国有控股	2	356	2	26	173	6993.5	4728.0	780.5
集体控股	1	12		3	3	200	165.2	
私人控股	16	1377	32	83	463	35510.6	8717.4	466.0
外商控股	2	30	2		18	326.4	601.5	
其他	3	68	1	2	39	348.9	183.9	
七、按全国地区分组								
济源市	24	1843	37	114	696	43379.4	14396.0	1246.5

21-5 全部规模以上工业企业自主知识产权保护情况

指 标	专利申请数（件）	发明专利	有效发明专利数（件）	境外授权	已被实施	发表科技论文（篇）	拥有注册商标数（件）	境外注册	形成国家或行业标准数（项）
总计	**201**	**60**	**94**		**57**	**112**	**252**	**2**	**8**
一、按企业规模分组									
大型	107	39	59		34	111	176	2	4
中型	13	2	10		9		12		3
小型	81	19	25		14	1	64		1
微型									
二、按隶属关系分组									
中央	46	15	17				30		1
地（区、市、州、盟）	3	3	3		3		1		1
县（区、市、旗）	29	12	48		42	104	79	2	3
街道	2	1	1		1				
镇	87	15	6		6		14		3
乡	2	1	4			2	113		
其他	32	13	15		5	6	14		
三、按登记注册类型分组									
内资企业	197	60	91		54	112	251	2	8
有限责任公司	135	35	69		53	106	218	2	7
国有独资公司	28	9	34		34	33	28	2	3
其他有限责任公司	107	26	35		19	73	190		4
股份有限公司	38	15	17				30		1
私营企业	24	10	5		1	6	3		
私营有限责任公司	24	10	5		1	6	3		
外商投资企业	4		3		3		1		
中外合资经营企业	4		3		3		1		
四、按国民经济行业大类分组									
制造业	201	60	94		57	112	252	2	8
酒、饮料和精制茶制造业	57	10					12		
化学原料和化学制品制造业	1	1	3		3	2	4		3
医药制造业	3	1	16		12	1	59		
非金属矿物制品业	4	3	3		3		1		1
黑色金属冶炼和压延加工业	43	16	19			68	31		1
有色金属冶炼和压延加工业	44	20	42		35	41	143	2	3
金属制品业	3	3	2						
通用设备制造业	2								
专用设备制造业	4		3		3		1		
汽车制造业	8								
电气机械和器材制造业	32	6	6		1		1		
五、按经济成分分组									
公有经济	68	26	52		34	33	58	2	4
非公有经济	133	34	42		23	79	194		4
六、按企业控股情况分组									
国有控股	66	24	51		34	33	58	2	4
集体控股	2	2	1						
私人控股	101	25	35		17	79	192		3
外商控股	5		3		3		1		
其他	27	9	4		3		1		1
七、按全国地区分组									
济源市	201	60	94		57	112	252	2	8

21-6 全部规模以上工业企业新产品开发、生产及销售情况

指 标	新产品开发项目数（项）	新产品开发经费支出（万元）	新产品产值（万元）	新产品销售收入（万元）	出口
总计	**197**	**73495.9**	**1445696.5**	**1430002.8**	**99261.5**
一、按企业规模分组					
大型	125	66989.8	1364258.0	1349054.0	74169.7
中型	25	2271.7	46640.8	49692.7	14988.5
小型	47	4234.4	34797.7	31256.1	10103.3
微型					
二、按隶属关系分组					
中央	18	4075.9	51404.0	50473.2	10404.0
地（区、市、州、盟）	8	570.9	2000.0	1200.0	
县（区、市、旗）	106	59405.7	1158379.0	1146793.9	3212
街道	4	395.8	9117.6	8205.9	
镇	26	3381.8	49868.5	49651.1	19387.7
乡	1	87.2			
村委会	1	12.9	86	1200	
其他	33	5565.7	174841.4	172478.7	66257.8
三、按登记注册类型分组					
内资企业	187	73038.9	1439405.3	1423711.6	94416
有限责任公司	151	64746.8	1220283.1	1210519.7	18200.5
国有独资公司	16	11049.6	181504.0	182459.7	446.3
其他有限责任公司	135	53697.2	1038779.1	1028060.0	17754.2
股份有限公司	16	4027.6	51404.0	45887.4	9957.7
私营企业	20	4264.5	167718.2	167304.5	66257.8
私营有限责任公司	20	4264.5	167718.2	167304.5	66257.8
外商投资企业	10	457	6291.2	6291.2	4845.5
中外合资经营企业	10	457.0	6291.2	6291.2	4845.5
四、按国民经济行业大类分组					
制造业	197	73495.9	1445696.5	1430002.8	99261.5
酒、饮料和精制茶制造业	1	439.8	6156.3	6156.3	
化学原料和化学制品制造业	9	1376.0	36100.0	36046.8	14542.2
医药制造业	7	784.8	5843.0	3139.0	
非金属矿物制品业	14	684.1	2000	1200	
黑色金属冶炼和压延加工业	102	51791.7	1023754.0	1012437.4	13169.7
有色金属冶炼和压延加工业	19	14364.7	340704.0	336816.6	61000.0
金属制品业	7	1123.3	8184.2	8023.8	5257.8
通用设备制造业	2	183.0	434.0	418.0	
专用设备制造业	6	296.7	6291.2	6291.2	4845.5
汽车制造业	2	48.3		4585.8	446.3
电气机械和器材制造业	24	2243.2	16229.8	14887.9	
计算机、通信和其他电子设备制造业	4	160.3			
五、按经济成分分组					
公有经济	37	15682.3	233108	228547.1	10404
非公有经济	160	57813.6	1212588.5	1201455.7	88857.5
六、按企业控股情况分组					
国有控股	36	15237.5	232908.0	228347.1	10404.0
集体控股	1	444.8	200.0	200.0	
私人控股	137	55497.0	1204092.1	1193759.3	84012
外商控股	9	426.1	6291.2	6291.2	4845.5
其他	14	1890.5	2205.2	1405.2	
七、按全国地区分组					
济源市	197	73495.9	1445696.5	1430002.8	99261.5

21-7 全部规模以上工业企业政府相关政策落实情况

指 标	来自政府部门的科技活动资金	研究开发费用加计扣除减免税	高新技术企业减免税
总计	**964.9**	**1482.3**	**471.7**
一、按企业规模分组			
大型	644.8	1072.5	
中型	92.9	98.5	359.6
小型	227.2	311.3	112.1
微型			
二、按隶属关系分组			
中央	10.0	70.5	
地(区、市、州、盟)	95.0		11.0
县(区、市、旗)	285.2	672.0	
街道	45		
镇	60.5	141.6	407.6
乡	349.6		
其他	119.6	598.2	53.1
三、按登记注册类型分组			
内资企业	954.9	1439.2	423.7
有限责任公司	900.3	770.5	370.6
国有独资公司	265.2	94	
其他有限责任公司	635.1	676.5	370.6
股份有限公司	10.0	70.5	
私营企业	44.6	598.2	53.1
私营有限责任公司	44.6	598.2	53.1
外商投资企业	10	43.1	48
中外合资经营企业	10.0	43.1	48.0
四、按国民经济行业大类分组			
制造业	964.9	1482.3	471.7
酒、饮料和精制茶制造业	50		
化学原料和化学制品制造业	0.5	98.5	359.6
医药制造业	65.0		
非金属矿物制品业	96.2		11
黑色金属冶炼和压延加工业	20	648.5	
有色金属冶炼和压延加工业	642.2	424.0	
金属制品业	35.0	268.2	40.3
通用设备制造业	10.0		12.8
专用设备制造业	10.0	43.1	48
电气机械和器材制造业	36.0		
五、按经济成分分组			
公有经济	275.2	164.5	
非公有经济	689.7	1317.8	471.7
六、按企业控股情况分组			
国有控股	275.2	164.5	
私人控股	619.7	1274.7	412.7
外商控股	10.0	43.1	48
其他	60.0		11
七、按全国地区分组			
济源市	964.9	1482.3	471.7

21-8 全部规模以上工业企业技术获取和技术改造情况

单位：万元

指 标	引进技术经费支出	消化吸收经费支出	购买国内技术经费支出	技术改造经费支出
总计	**350.0**	**34.5**	**300.0**	**9644.8**
一、按企业规模分组				
大型	350.0	34.5	250.0	8850.3
中型				11.3
小型			50	783.2
微型				
二、按隶属关系分组				
县（区、市、旗）	350	34.5	250.0	5567.4
乡				3310.4
其他			50	767
三、按登记注册类型分组				
内资企业	350.0	34.5	300.0	9644.8
有限责任公司	350	34.5	250	8889.1
国有独资公司				739.9
其他有限责任公司	350.0	34.5	250	8149.2
私营企业			50	755.7
私营有限责任公司			50	755.7
四、按国民经济行业大类分组				
制造业	350	34.5	300	9644.8
化学原料和化学制品制造业			50	100.0
医药制造业				27.5
黑色金属冶炼和压延加工业	350.0	34.5	250.0	4800.0
有色金属冶炼和压延加工业				4050.3
金属制品业				655.7
电气机械和器材制造业				11.3
五、按经济成分分组				
公有经济				739.9
非公有经济	350	34.5	300	8904.9
六、按企业控股情况分组				
国有控股				739.9
私人控股	350	34.5	300	8893.6
其他				11.3
七、按全国地区分组				
济源市	350	34.5	300.0	9644.8

21-9 全部规模以上工业企业 R&D 项目情况

指 标	项目数（项）	参加项目人员（人）	项目人员折合全时当量（人年）	全部项目经费内部支出（万元）
总计	**204**	**2416**	**1723.1**	**79826.5**
一、按企业规模分组				
大型	153	1995	1409.1	75627.7
中型	18	169	121.1	1638.9
小型	33	252	192.9	2559.9
微型				
二、按隶属关系分组				
中央	18	488	471.2	3367.3
地（区、市、州、盟）	7	39	35.5	510.3
县（区、市、旗）	124	1037	654.6	64666.3
街道	4	65	34.4	326.0
镇	22	253	131.6	2850.6
乡	7	71	30.3	404.4
村委会	1	12	12	10.9
其他	21	451	353.6	7690.7
三、按登记注册类型分组				
内资企业	194	2359	1675.7	79362.9
有限责任公司	165	1507	919.2	68987.1
国有独资公司	27	195	150.7	18198.5
其他有限责任公司	138	1312	768.5	50788.6
股份有限公司	16	476	459.2	3319.0
私营企业	13	376	297.3	7056.8
私营有限责任公司	13	376	297.3	7056.8
外商投资企业	10	57	47.4	463.6
中外合资经营企业	10	57	47.4	463.6
四、按国民经济行业大类分组				
制造业	204	2416	1723.1	79826.5
化学原料和化学制品制造业	8	87	68.2	1171.0
医药制造业	4	25	21.9	320.3
非金属矿物制品业	4	49	45.5	430.0
黑色金属冶炼和压延加工业	111	1300	954.5	49511.0
有色金属冶炼和压延加工业	37	528	397.4	25278.3
金属制品业	7	64	43.2	643.5
通用设备制造业	1	18	10.0	63.0
专用设备制造业	6	37	27.4	303.3
汽车制造业	2	12	12.0	48.3
电气机械和器材制造业	20	276	123.0	1897.5
计算机、通信和其他电子设备制造业	4	20	20	160.3
五、按经济成分分组				
公有经济	48	696	632.6	22100.9
非公有经济	156	1720	1090.5	57725.6
六、按企业控股情况分组				
国有控股	47	691	629.9	21677.8
集体控股	1	5	2.8	423.1
私人控股	137	1481	988.0	55615.1
外商控股	6	37	27.4	303.3
其他	13	202	75.1	1807.2
七、按全国地区分组				
济源市	204	2416	1723.1	79826.5

21-10　全部规模以上工业企业限额以上 R&D 项目情况

指 标	项目数合计（项）	参加项目人（人）	项目经费内部支出（万元）	政府资金
总计	**161**	**2195**	**76947.1**	**448.6**
一、按项目来源分组				
地方科技项目	4	47	366.3	52.4
本企业自选科技项目	156	2142	76562.8	396.2
来自境外的科技项目	1	6	18.0	
二、按项目合作形式分组				
与境内高校合作	14	127	3177.6	403.6
与境内独立研究院所合作	2	24	97.4	15
与境内注册的其他企业合作	3	37	111.0	10.0
独立研究	142	2007	73561.1	20
三、按项目活动类型分组				
试验发展	161	2195	76947.1	448.6
四、按项目成果形式分组				
自主研制的新产品原型或样机、样件、样品、配方、新装置	91	1175	52748.6	56.0
自主开发的新技术或新工艺、新工法	67	993	21743.3	100.0
发明专利	3	27	2455.2	292.6
五、按项目技术经济目标分组				
技术原理的研究	1	5	172.6	
开发全新产品	82	1100	54394.4	146.0
增加产品功能或提高性能	43	594	5038.7	37.4
提高劳动生产率	5	124	1126.5	
减少能源消耗或提高能源使用效率	10	228	4918.9	
节约原材料	10	65	8361.2	265.2
减少环境污染	10	79	2934.8	
六、按企业规模分组				
大型	110	1814	72749.1	295.2
中型	18	159	1638.1	42.4
小型	33	222	2559.9	111.0
微型				
七、按隶属关系分组				
中央	18	488	3367.3	10
地（区、市、州、盟）	7	37	510.3	50.0
县（区、市、旗）	81	856	64310.0	285.2
街道	4	65	326.0	45
镇	22	253	2850.6	10
乡	7	71	404.4	

21-10 续表

指 标	项目数合计（项）	参加项目人（人）	项目经费内部支出（万元）	政府资金
村委会	1	12	10.9	
其他	21	413	5167.6	48.4
八、按登记注册类型分组				
内资企业	151	2138	76483.5	438.6
有限责任公司	122	1314	68630.0	395.2
国有独资公司	26	190	18191.7	265.2
其他有限责任公司	96	1124	50438.3	130
股份有限公司	16	476	3319.0	10.0
私营企业	13	348	4534.5	33.4
私营有限责任公司	13	348	4534.5	33.4
外商投资企业	10	57	463.6	10
中外合资经营企业	10	57	463.6	10
九、按国民经济行业大类分组				
制造业	161	2195	76947.1	448.6
化学原料和化学制品制造业	8	87	1171.0	
医药制造业	4	24	319.5	15.0
非金属矿物制品业	4	47	430.0	60.0
黑色金属冶炼和压延加工业	69	1124	49161.5	20
有色金属冶炼和压延加工业	36	523	22749.2	292.6
金属制品业	7	36	643.5	35.0
通用设备制造业	1	18	63.0	
专用设备制造业	6	37	303.3	10
汽车制造业	2	12	48.3	
电气机械和器材制造业	20	267	1897.5	16
计算机、通信和其他电子设备制造业	4	20	160.3	
十、按经济成分分组				
公有经济	47	691	22094.1	275.2
非公有经济	114	1504	54853.0	173.4
十一、按企业控股情况分组				
国有控股	46	686	21671.0	275.2
集体控股	1	5	423.1	
私人控股	95	1276	52742.5	113.4
外商控股	6	37	303.3	10.0
其他	13	191	1807.2	50.0
十二、按全国地区分组				
济源市	161	2195	76947.1	448.6

21-11 高新技术

	2008年		2010年	
	绝对值	增长%	绝对值	增长%
工业总产值（亿元）			1000.30	
工业增加值（亿元）	202.82	33.44	246.00	
工业产品出口创汇总额（万美元）	38265.00	-18.80	25655.00	9.00
高新技术产业总产值（亿元）	178.60	43.00	227.38	16.00
高新技术产业增加值（亿元）	51.09	39.70	66.91	17.00
占当地工业增加值的比例（%）	25.20		27.20	
高新技术产业销售总收入（亿元）	175.40	44.10	220.02	18.70
高新技术产品出口创汇总额（万美元）	37500.00	-10.30	23600.00	-15.40
占当地工业产品出口的比重（%）	98.00		92.00	
高新技术利润总额（亿元）	7.50	65.20	9.63	7.80
高新技术交税总额（亿元）	10.17	44.30	10.96	4.10

产业发展状况表

2011年		2012年		2013年		2014年	
绝对值	增长%	绝对值	增长%	绝对值	增长%	绝对值	增长%
1223.30		1451.00		1502.34		1583.00	12.30
298.40		317.20		324.60		335.26	11.20
45174.00	76.10	25299.00	-43.90				
276.40	21.56	317.00	14.70			321.79	28.60
82.65	23.52	89.76	8.60	77.47	29.80	91.76	24.80
27.70		28.30				27.40	
267.50	21.58	310.60	16.10				
29680.00	25.76	14563.00	-50.90				
65.70		57.00					
10.20	5.90	57.60	9.00				
10.39	-0.50	11.11	6.90				

主要统计指标解释

科技活动 指在自然科学、农业科学、医药科学、工程与技术科学、人文与社会科学领域（简称科学技术领域）中，与科技知识的产生、发展、传播和应用密切相关的有组织的活动。可分为研究与试验发展（R&D）、研究与试验发展成果应用及相关的科技服务三类活动。

科技活动人员 指直接从事科技活动、以及专门从事科技活动管理和为科技活动提供直接服务的人员。累计从事科技活动的实际工作时间占全年制度工作时间 10% 及以上的人员。

（1）直接从事科技活动的人员包括：在独立核算的科学研究与技术开发机构、高等学校、各类企业及其他事业单位内设的研究室、实验室、技术开发中心及中试车间（基地）等机构中从事科技活动的研究人员、工程技术人员、技术工人及其它人员；虽不在上述机构工作，但编入科技活动项目（课题）组的人员；科技信息与文献机构中的专业技术人员；从事论文设计的研究生等。

（2）专门从事科技活动管理和为科技活动提供直接服务的人员包括：独立核算的科学研究与技术开发机构、科技信息与文献机构、高等学校、各类企业及其他事业单位主管科技工作的负责人，专门从事科技活动的计划、行政、人事、财务、物资供应、设备维护、图书资料管理等工作的各类人员，但不包括保卫、医疗保健人员、司机、食堂人员、茶炉工、水暖工、清洁工等为科技活动提供间接服务的人员。

科学家与工程师 指科技活动人员中具有高、中级技术职称（职务）的人员和不具有高、中级技术职称（职务）的大学本科及以上学历人员。

研究与试验发展（R&D） 指在科学技术领域，为增加知识总量、以及运用这些知识去创造新的应用而进行的系统的创造性的活动，包括基础研究、应用研究、试验发展三类活动。

基础研究 指为了获得关于现象和可观察事实的基本原理的新知识（揭示客观事物的本质、运动规律，获得新发现、新学说）而进行的实验性或理论性研究，它不以任何专门或特定的应用或使用为目的。其成果以科学论文和科学著作为主要形式。

应用研究 指为获得新知识而进行的创造性研究，主要针对某一特定的目的或目标。应用研究是为了确定基础研究成果可能的用途，或是为达到预定的目标探索应采取的新方法（原理性）或新途径。其成果形式以科学论文、专著、原理性模型或发明专利为主。

试验发展 指利用从基础研究、应用研究和实际经验所获得的现有知识，为产生新的产品、材料和装置，建立新的工艺、系统和服务，以及对已产生和建立的上述各项作实质性的改进而进行的系统性工作。其成果形式主要是专利、专有技术、具有新产品基本特征的产品原型或具有新装置基本特征的原始样机等。在社会科学领域，试验发展是指把通过基础研究、应用研究获得的知识转变成可以实施的计划（包括为进行检验和评估实施示范项目）的过程。人文科学领域没有对应的试验发展活动。

研究与试验发展人员 指参与研究与试验发展项目研究、管理和辅助工作的人员，包括项目（课题）组人员，企业科技行政管理人员和直接为项目（课题）活动提供服务的辅助人员。

研究与试验发展人员全时当量 指全时人员数加非全时人员按工作量折算为全时人员数的总和。例如：有两个全时人员和三个非全时人员（工作时间分别为 20%、30% 和 70%），则全时当量为 2+0.2+0.3+0.7=3.2 人年。

科技活动经费筹集 指从各种渠道筹集到的计划用于科技活动的经费，包括政府资金、企业资金、事业单位资金、金融机构贷款、国外资金和其他资金等。

政府资金 指从各级政府部门获得的计划用于科技活动的经费，包括科学事业费、科技三项费、科研基建费、科学基金、教育等部门事业费中计划用于科技活动的经费以及政府部门预算外资金中计划用于科技活动的经费等。

企业资金 指从自有资金中提取或接受其他企业委托的、科研院所和高校等事业单位接受企业委托获得的，计划用于科研和技术开发的经费。不包括来自政府、金融机构及国外的计划用于科技活动的资金。

金融机构贷款 指从各类金融机构获得的用于科技活动的贷款。

科技活动经费内部支出 指报告年内用于科技活动的实际支出包括劳务费、科研业务费、科研管理费，非基建投资购建的固定资产、科研基建支出以及其他用于科技活动的支出。不包括生产性活动支出、归还贷款支出及转拨外单位支出。

劳务费 指以货币或实物形式直接或间接支付给从事科技活动人员的劳动报酬及各种费用。包括各种形式的工资、津贴、奖金、奖金、福利、离退休人员费用、人民助学金等。

固定资产购建费 指报告年内使用非基建投资购建的固定资产和用于科研基建投资的实际支出额，即固定资产实际支出和科研基建投资实际完成额之和。固定资产是指长期使用而不改变原有实物形态的主要物资设备、图书资料、实验材料和标本以及其他设备和家具、房屋、建筑物。

新产品 指采用新技术原理、新设计构思研制、生产的全新产品，或在结构、材质、工艺等某一方面比原有产品有明显改进，从而显著提高了产品性能或扩大了使用功能的产品。既包括政府有关部门认定并在有效期内的新产品，也包括企业自行研制开发，未经政府有关部门认定，从投产之日起一年之内的新产品。

专利 是专利权的简称，是对发明人的发明创造经审查合格后，由专利局依据专利法授予发明人和设计人对该项发明创造享有的专有权。包括发明、实用新型和外观设计。

高技术 是建立在现代科学发现基础上发明的技术，是能形成产业的新技术或尖端技术。

二十二、教育

资料整理：马艳芝　翟鹏博

简要说明

一、主要内容

本篇包括中等教育（高中阶段教育和初中阶段教育）、初等教育（小学）、学前教育、特殊教育（盲聋哑和弱智儿童学校等）的学校数、在校学生数、招生数、毕业生数、教职工数和专任教师数等资料。

二、资料来源

本篇资料由济源市教育局提供。由市统计局综合核算科编辑整理。

指标	学校数（所、处）	学生数			
		毕业生数	招生数	在校生数	预计毕业生数
总计	**328**	**39270**	**44923**	**139481**	**26003**
一、高等教育	2	3603	3157	8814	3094
（一）研究生 *					
1. 高等学校 *					
2. 科研机构 *					
（二）普通本专科教育	2	3446	3084	8641	2994
1. 普通高等学校	2	3446	3084	8641	2994
本科院校	1		960	1320	
大学					
学院					
独立学院					
专科院校	1	3446	2124	7321	2994
高等专科学校					
高等职业学校	1	3446	2124	7321	2994
其他机构：分校、大专班 *					
2. 成人高校普通专科班 *					
（三）成人本专科教育	1	157	73	173	100
1. 职工高校					
2. 农民高校					
3. 管理干部学院					
4. 教育学院					
5. 独立函授学院					
6. 广播电视大学					
7. 其他机构 *					
8. 普通高等学校成人班 *	1	157	73	173	100
（四）民办的其他高教机构					
二、中等职业教育	5	3359	4168	10300	1623
（一）中等职业教育学校	3	1763	2364	5982	1623
1. 调整后中等职业教育学校					
2. 普通中等专业学校	2	962	1419	3512	916
中等技术学校	2	962	1419	3512	916
中等师范学校					

单位：人

教职工数		学校占地面积（m²）	校舍建筑面积（m²）	危房面积（m²）	图书（册）	固定资产（万元）	仪器设备（万元）
合计	其中：专任教师						
10785	**8539**	**4443522**	**1809008**	**4020**	**2939131**	**122034.58**	**18068.65**
864	676	808109	367322		574600	31874.13	8770.37
864	676	808109	367322		574600	31874.13	8770.37
864	676	808109	367322		574600	31874.13	8770.37
105	52						
759	624	808109	367322		574600	31874.13	8770.37
759	624	808109	367322		574600	31874.13	8770.37
821	616	147141	103833		75727	5466.85	1768
551	425	147141	103833		75727	5466.85	1768
443	338	120527	90607		64682	5121.85	1726
443	338	120527	90607		64682	5121.85	1726

指 标	学校数（所、处）	学生数			
		毕业生数	招生数	在校生数	预计毕业生数
3. 成人中等专业学校	1	208	180	529	198
4. 职业高中		72			
5. 其他机构 *		12			
6. 附设中职班 *	（1）	509	765	1941	509
（二）技工学校	2	1596	1804	4318	
三、基础教育	321	32308	37598	120367	21286
（一）普通中学	38	13071	13132	40643	13640
1. 普通高中	7	5237	4760	15169	5180
完全中学					
高级中学	6	5072	4760	15169	5180
十二年一贯制学校	1	165			
附设普通高中班 *					
2. 普通初中	31	7834	8372	25474	8460
初级中学	25	6975	7019	21881	7371
九年一贯制学校	6	709	1308	3348	994
附设普通初中班 *					
十二年一贯制（初中部）*	（1）	150	45	245	95
完全中学（初中部）*					
（二）职业初中					
（三）小学	91	8334	9068	48913	7646
小学	91	7270	7879	43412	6896
其中：小学教学点 *	27	215	255	583	17
复式班 *					
九年一贯制（小学部）*	（6）	687	923	4839	717
十二年一贯制（小学部）*	（1）	162	11	79	16
（四）幼儿教育	191	10894	15369	30605	
幼儿园	191	8907	13486	28303	
附设幼儿班 *	（39）	1987	1883	2302	
（五）特殊教育	1	9	29	206	
特殊教育学校	1	9	29	206	
附设特教班 *					
另有：随班就读 *	（27）	（17）	（2）	（92）	

续表

教职工数		学校占地面积（m²）	校舍建筑面积（m²）	危房面积（m²）	图书（册）	固定资产（万元）	仪器设备（万元）
合计	其中：专任教师						
108	87	26614	13226		11045	345	42
270	191						
9100	7247	3488272	1337853	4020	2288804	84693.6	7530.28
3625	3243	1765173	735965	156	1182046	51258.7	4742.1
1280	1120	651566	327033	156	331365	28673	2049.3
1251	1099	639566	323753	156	330565	27893	1869.3
29	21	12000	3280		800	780	180
2345	2123	1113607	408932		850681	22585.7	2692.8
1758	1621	794840	264581		698160	20381	1901.4
587	502	318767	144351		152521	2204.7	791.4
2529	2453	1253083	405058	1864	973953	33434.9	2788.18
2442	2370	1086642	364258	1864	940293	31449	2666.2
87	83	166441	40800		33660	1985.9	121.98
2892	1501	454166	189775	2000	129695		
2892	1501	454166	189775	2000	129695		
54	50	15850	7055		3110		
54	50	15850	7055		3110		

主要统计指标解释

普通中等学校 通常称普通中学，分为普通高级中学和普通初级中学两个阶段。

普通初级中学 指独立设置的招收小学毕业的适龄人口进行初级中等基础教育的机构；

普通高级中学 指独立设置的招收初中毕业的适龄人口进行高级中等基础教育的机构；完全中学是指普通初、高中合设的教育机构；一贯制学校是指在一所学校连续实施中小学教育的机构。其中包括实施九年义务教育的九年一贯制学校和实施高中教育的十二年一贯制学校。（说明：一贯制学校的办学条件如能划分为小学、初中、高中，则分开填报；如不能划分清楚，可按就高不就低的方法填入初中、高中报表中，不能重复填写。）

普通小学 指由区或区以上教育行政部门批准，招收学龄儿童实施初等教育的教学机构。

幼儿园 指招收三周岁以上（含三周岁）学龄前幼儿，对其进行保育和教育的单位。

特殊教育学校 指本市独立设置的招收盲聋哑和智残儿童，以及其他特殊需要的儿童、青少年进行普通或职业初、中等教育的教学机构。

小学学龄儿童入学率 指调查范围内已入小学学习的学龄儿童占校内外学龄儿童总数（包括弱智儿童，不包括盲聋哑儿童）的比重。计算公式为：

小学学龄儿童入学率 = 已入学的小学学龄儿童数 / 校内外小学学龄儿童总数　100%

二十三、卫 生

资料整理：马艳芝 翟鹏博

简要说明

一、主要内容

本篇包括卫生事业资料，主要有卫生机构、人员、床位数、医院诊疗人次及入院人数等资料。

二、资料来源

本篇资料由济源市卫生局提供。由市统计局综合核算科编辑整理。

	本年编制人数	在岗职工数	卫生技术人员	执业医师	中医类别
济源市卫生学校附属医院	143	143	104	46	5
济源市卫河医院	15	20	16	5	1
济源市中医院	118	135	108	36	15
济源市第三人民医院	199	271	235	60	8
济源市肿瘤医院	337	527	402	108	53
济源市第二人民医院	424	424	337	136	23
济源钢铁(集团)有限公司职工医院	95	70	56	14	2
济源市妇幼保健院	184	289	240	67	4
济源市人民医院		126	112	38	7
济源市职工医院	644	1257	1100	342	7
济源市邵原卫生院	56	39	31	7	
济源市下冶卫生院	46	32	25	8	4
济源市梨林卫生院	55	49	38	11	4
济源市承留卫生院	55	54	40	5	
济源市坡头卫生院	46	37	29	13	1
济源市五龙口卫生院	62	45	30	14	
济源市思礼卫生院	42	34	24	7	3
济源市大峪卫生院	48	43	35	16	3
济源市克井卫生院	71	64	64	18	4
济源市轵城卫生院	87	73	55	9	1
济源市玉泉卫生院	55	49	31	8	
济源市王屋卫生院	43	37	26	11	2
济源市卫生监督所	41	41	26		
济源市疾病预防控制中心	83	83	54	29	2
济源市中心血站	44	73	45	6	1

构人员数

单位：人

执业助理医师	中医类别	注册护士	助产士	药师（士）	西药师（士）	中药师（士）
10		34		3	3	
		9	1			
4	1	47		10	8	2
8	2	120		6	3	3
19	6	160	3	26	10	16
9	1	153	9	15	12	3
10		15		11	9	2
8		117	1	8	5	3
13	1	36	1	5	4	1
7		602	12	41	29	12
5		4		3	2	1
9		6				
4		9		3	1	2
7		10		4	3	1
5	1	6		3	2	1
5		9		1	1	
6		5		3	2	1
1		4		1	1	
6		14		5	3	2
7		15		3	1	2
6		13		3	1	2
5	2	6		1	1	
3		4		1	1	
4		13				

	检验技师	影像技师（士）	其他卫生技术人员	见习医师	内：中医
济源市卫生学校附属医院	5	6			
济源市卫河医院	1	1			
济源市中医院	8	3			
济源市第三人民医院	8	2	31	10	
济源市肿瘤医院	18	10	61	49	3
济源市第二人民医院	10	5	9	5	1
济源钢铁（集团）有限公司职工医院	2	1	3		
济源市妇幼保健院	14	2	24	6	
济源市人民医院	5	1	14		
济源市职工医院	28	57	23		
济源市邵原卫生院			12	5	
济源市下冶卫生院	1	1			
济源市梨林卫生院	2	3	6	2	
济源市承留卫生院	2	4	8		
济源市坡头卫生院	1	1			
济源市五龙口卫生院		1			
济源市思礼卫生院	1		2	1	
济源市大峪卫生院	2	1	10		
济源市克井卫生院	3	1	17		
济源市轵城卫生院	5	2	14	6	
济源市玉泉卫生院	1				
济源市王屋卫生院	1	2			
济源市卫生监督所			26		
济源市疾病预防控制中心	11		6		
济源市中心血站	18	2	2		

续 表

单位：人

其他技术	管理人员	工勤技能人员	离退休人员	年内退休人员	年内培训情况	
					参加政府举办的岗位培训人次数	进修半年以上人数
11	4	24	44	3		2
2	2				4	
	7	20	4	4	19	2
23	4	9	5	5	93	3
41	6	78	106	8		9
13	23	51	41	2		4
	3	11	33		1	
7	25	17	49	5	9	2
	3	11			8	3
19	47	91	191	14	182	57
		8	1	1	103	13
7			14			
1		10	19	1		
3	4	7	12	2		
		8	18	1	123	3
4		11	16			
1		9	11		4	3
1		7				
			22			2
12	3	3				
2		16	24			2
1	2	8	10		3	3
	6	9	9			
6	4	19	4			
3	1	24	6	1		

	总诊疗人次数	其中：门诊人次数	急诊人次数	家庭卫生服务人次数
济源市卫生学校附属医院	75268	74194	1074	
济源市卫河医院	8423	7568		
济源市中医院	29673	29225	448	
济源市第三人民医院	133233	128116	2885	232
济源市肿瘤医院	137494	125773	2876	
济源市第二人民医院	205629	193417	12212	
济源钢铁（集团）有限公司职工医院	9728	9416	312	
济源市妇幼保健院	145602	140705	4897	
济源市人民医院	68830	67109	1721	
济源市职工医院	342694	315617	27077	
济源市邵原卫生院	37565	36235	1330	
济源市下冶卫生院	32403	32189	214	
济源市梨林卫生院	90499	89067	1432	
济源市承留卫生院	54947	54595		
济源市坡头卫生院	38352	35997	2355	
济源市五龙口卫生院	47573	47360	213	
济源市思礼卫生院	32951	31697	1254	
济源市大峪卫生院	15947	15123	130	
济源市克井卫生院	38420	38170	250	
济源市轵城卫生院	87325	84352	2973	
济源市玉泉卫生院	60872	60872		
济源市王屋卫生院	32726	32666	60	
济源市卫生监督所				
济源市疾病预防控制中心				
济源市中心血站				

门 诊 服 务 情 况

单位：人、次、例

总诊疗人次中：网上预约诊疗人次数	观察室留观病例数	健康检查人次数	入院人数	出院人数	住院病人手术人次数	门诊处方总数
			3939	3949	2069	143673
			495	467		4720
		2134	1583	1619	245	17792
	729	2000	4062	4073	1037	244266
		14651	8718	8845	1554	
		15600	8758	8553	1941	235511
150	30	260	750	716	216	
		29459	6220	6209	1631	145602
		12000	2513	2527	427	93471
849	1776	21916	31956	32272	6396	
			863	872		53289
			1086	1056		32403
			1413	1396		90499
			336	352		
			1114	1114		67852
	27		498	496		47573
		436	656	649		41836
		6080	694	693		15243
			1409	1373		38420
			933	921		84998
			284	299		75439
		9015	1060	1036		36726

23-3 医疗机构病床使用情况

	编制床位（张）	实有床位（张）	实际开放总床日数	实际占用总床日数	出院者占用总床日数	观察床数（张）	全年开设家庭病床总数（张）
济源市卫生学校附属医院	120	148	54020	37135	36104	3	
济源市卫河医院	30	32	11680	5938	4572		
济源市中医院	175	120	43800	20266	18599		
济源市第三人民医院	120	195	71175	50246	48708	12	
济源市肿瘤医院	300	300	109500	101724	98877		
济源市第二人民医院	300	272	99280	87749	82593	2	
济源钢铁（集团）有限公司职工医院	60	60	21900	9786	6202	2	
济源市妇幼保健院	150	150	54750	44094	42094		
济源市人民医院	120	120	43800	27684	27560	4	
济源市职工医院	800	981	358062	327193	342036	6	
济源市邵原卫生院	30	30	10950	9856	9856		
济源市下冶卫生院	40	43	15695	5632	4589		
济源市梨林卫生院	30	50	18250	13987	10630		
济源市承留卫生院	60	40	14600	3764	3484		
济源市坡头卫生院	41	41	14760	10125	9283		
济源市五龙口卫生院	46	46	16790	4051	4031	1	
济源市思礼卫生院	30	30	10950	5176	5166	2	
济源市大峪卫生院	60	60	21900	6246	6237		
济源市克井卫生院	100	100	36500	11799	11749		
济源市轵城卫生院	69	49	17885	8531	7138		
济源市玉泉卫生院	50	50	18250	15358	12680		
济源市王屋卫生院	50	50	10950	7765	7673		
济源市卫生监督所							
济源市疾病预防控制中心							
济源市中心血站							

主要统计指标解释

医院 指设有固定床位，能收容病人住院并能为病人提供医疗、护理服务的医疗机构，包括县及县以上医院、农村乡卫生院和其他医院三部分。医院按所属性质不同分为卫生部门、工业及其他部门和集体经济单位三类。县及县以上医院按业务性质不同分为综合医院和专科医院。

卫生技术人员 指卫生事业机构支付工资的全部职工中现任职务为卫生技术工作的专业人员，包括中医师、西医师、中西医结合高级医师、护师、中药师、西药师、检验师、其他技师、中医士、西医士、护士、助产士、中药剂士、西药剂士、检验士、其他技士、其他中医、护理员、中药剂员、西药剂员、检验员和其他初级卫生技术人员。

二十四、社会保障

资料整理：马艳芝　翟鹏博

简要说明

一、主要内容

本篇包括劳动保障等资料。主要有城镇登记失业率，城镇基本养老保险人数，城镇失业保险人数，城镇基本医疗保险人数，城镇（农村）居民最低生活保障等资料。

二、资料来源

本篇资料由济源市人力资源和社会保障局提供。由市统计局综合核算科编辑整理。

24-1 社会保障情况

年份＼指标	城镇登记失业率（%）	城镇基本养老保险人数(人)	城镇失业保险人数(人)	城镇基本医疗保险人数(人)	城镇居民最低生活保障		农村居民最低生活保障	
					资金(万元)	人数(人)	资金(万元)	人数(人)
1999	2.3	59878			23.9	345	28.3	2025
2000	2.1	62599			32.1	509	46.2	2105
2001	3.5	75135	70021	48060	152.0	8152	52.0	2184
2002	3.2	76648	70604	48060	620.7	12154	20.8	2184
2003	3.6	78885	68198	50005	875.1	12189	19.7	2281
2004	3.6	83222	68792	50028	976.6	11867	45.8	2247
2005	2.7	87258	69566	58228	881.4	11352	313.3	9532
2006	2.3	92628	73082	63891	1023.9	9186	509.0	12239
2007	2.9	74521	50011	70003	1105.3	9806	687.3	15643
2008	3.0	79384	68632	75883	1474.5	10295	964.0	17219
2009	3.2	84562	68452	85233	1612.5	7357	1344.6	15878
2010	3.5	109238	68586	91107	1732.8	8827	1500.9	17954
2011	3.5	117570	68299	99584	1840.2	4339	1918.1	12479
2012	2.8	134095	70846	104383	1375.4	5963	2237.3	17015
2013	2.8	145278	95697	117985	1646.7	5485	3057.1	18530
2014	2.9	183223	110920	140357	1361.3	5197	3204.1	18782

主要统计指标解释

基本养老保险（参保）职工人数 指报告期末按照国家法律、法规和有关政策规定参加基本养老保险并在社保经办机构已建立缴费记录档案的职工人数，包括中断缴费但未终止养老保险关系的职工人数，不包括只登记未建立缴费记录档案的人数。

基本医疗保险参保人数 指报告期末按国家有关规定参加基本医疗保险的人数。包括参加保险的职工人数和退休人员人数。

失业保险参保人数 指报告期末按照国家法律、法规和有关政策规定参加了失业保险的城镇企业事业单位的职工及地方政府规定参加失业保险的其他人员的人数。

居民最低生活保障人数 指报告期末在建立居民最低生活保障制度的地区，得到当地政府给予最低生活保障的人口数。

城镇低保人数 指在城镇建立居民最低生活保障制度的地区，得到当地政府给予最低生活保障的非农业人口数，包括"三无"对象和新增对象。

农村低保人数 指在建立农村居民最低生活保障制度的地区，得到当地政府给予最低生活保障的农业人口数。

二十五、环境保护

资料整理：马艳芝 翟鹏博

简要说明

一、主要内容

本篇包括各行业污染排放及处理情况。主要有工业污染排放及处理利用情况、农业污染排放及处理情况、城镇生活污染排放及处理情况、机动车污染排放情况等资料。

二、资料来源

本篇资料由济源市环境保护局提供。由市统计局综合核算科编辑整理。

25-1 工业污染排放及处理利用情况

指 标	单 位	数 量	指 标	单 位	数 量
企业基本情况			废水汞排放量	千克	3.92
工业企业数	个	66	废水总铬产生量	千克	369.5
工业总产值（当年价格）	亿元	771.88	废水总铬排放量	千克	25.00
工业用水量	万吨	287604.95	**工业废气**		
其中：取水量	万吨	7168.36	工业废气排放量	亿立方米	2129.567214
重复用水量	万吨	280436.59	废气治理设施数	套	377
煤炭消耗量	万吨	1377.965161	废气治理设施处理能力	万立方米/时	5963.99
其中：燃料煤消耗量	万吨	996.485761	废气治理设施运行费用	万元	79616.80
燃料煤平均含硫量	%	0.87	脱硫设施数	套	34
燃料煤平均灰分	%	22.13	脱硫设施处理能力	千克/时	32628.00
燃料煤平均干燥无灰基挥发分	%	20.87	脱硫设施运行费用	万元	39901.00
燃料油消耗量（不含车船用）	万吨	0.159296	脱硝设施数	套	6
燃料油平均含硫量	%	0.51	脱硝设施处理能力	千克/时	6000.00
焦炭消耗量	万吨	135.69	脱硝设施运行费用	万元	22000.00
焦炭平均含硫量	%	0.60	除尘设施数	套	315
焦炭平均灰分	%	12.9	除尘设施处理能力	千克/时	622806.00
天然气消耗量	亿立方米	0.725811	除尘设施运行费用	万元	12496.80
其他燃料消耗量	万吨标准煤	93.837341	二氧化硫产生量	吨	179910.82
用电量	亿千瓦时	65.013605	二氧化硫排放量	吨	29370.28
工业锅炉数	台/蒸吨	61/15434	氮氧化物产生量	吨	48066.90
工业窑炉数	座	172	氮氧化物排放量	吨	27592.86
工业废水			烟（粉）尘产生量	吨	2390286.61
废水治理设施数	套	112	烟（粉）尘排放量	吨	42627.48
废水治理设施处理能力	万吨/日	51.132	废气铅产生量	千克	36855.00
废水治理设施运行费用	万元	10435.60	废气铅排放量	千克	12310.60
工业废水处理量	万吨	13230.58878	**工业固体废物**		
工业废水排放量	万吨	1701.03116	一般工业固体废物产生量	万吨	494.85
其中：直接排入环境的	万吨	1454.32316	一般工业固体废物综合利用量	万吨	494.23
排入污水处理厂的	万吨	246.708	其中：综合利用往年贮存量	万吨	0.00
化学需氧量产生量	吨	17905.9397	一般工业固体废物处置量	万吨	0.62
化学需氧量排放量	吨	1108.153	其中：处置往年贮存量	万吨	0.00
氨氮产生量	吨	1009.68	一般工业固体废物贮存量	万吨	0.00
氨氮排放量	吨	52.244	一般工业固体废物倾倒丢弃量	万吨	0.00
石油类产生量	吨	799.268	危险废物产生量	万吨	10.95
石油类排放量	吨	28.7961	危险废物综合利用量	万吨	8.66
挥发酚产生量	吨	489680.7	其中：综合利用往年贮存量	万吨	0.00
挥发酚排放量	吨	65.05	送外单位综合利用量	万吨	0.00
氰化物产生量	吨	13911.4	其中：送持证单位综合利用量	万吨	0.00
氰化物排放量	吨	65.03	危险废物处置量	万吨	2.30
废水砷产生量	千克	48741.8621	其中：处置往年贮存量	万吨	0.02
废水砷排放量	千克	76.73	送外单位处置量	万吨	0.43
废水铅产生量	千克	153598.2564	其中：送持证单位处置量	万吨	0.43
废水铅排放量	千克	159.36	危险废物贮存量	万吨	0.008
废水镉产生量	千克	106305.5209	危险废物倾倒丢弃量	万吨	0.00
废水镉排放量	千克	45.84	危险废物内部年综合利用/处置能力	万吨	12.01
废水汞产生量	千克	715.9405			

25-2　农业污染排放及处理情况

指 标	单 位	数 量					
		合计	生猪	奶牛	肉牛	蛋鸡	肉鸡
规模化养殖场 / 小区							
饲养量	--	83.64	0.74	0.06	109.37	29	29.00
污染物产生量							
化学需氧量	42336.78	30110.40	7881.00	427.20	3631.08	287.10	287.10
总氮	4484.33	3094.68	782.92	42.48	546.85	17.40	17.40
总磷	734.61	468.38	123.80	5.38	131.24	5.80	5.80
氨氮	1643.29	1505.52	21.09	1.51	109.37	5.80	5.80
污染物排放量							
化学需氧量	5180.61	4228.50	582.64	55.00	293.16	21.30	21.30
总氮	2406.71	1899.86	396.82	27.83	79.33	2.88	6.26
总磷	386.1881	292.08	70.80	3.52	18.83	0.96	2.09
氨氮	758.19	724.42	4.88	0.77	26.65	1.46	1.46
养殖专业户							
饲养量		21.06	0.05	0.22	54.63	34.08	34.08
污染物产生量							
化学需氧量	11831.61	7581.60	532.50	1566.40	1813.72	337.39	337.39
总氮	1281.48	779.22	52.90	155.76	273.15	20.45	20.45
总磷	218.39	117.94	8.37	19.71	65.56	6.82	6.82
氨氮	447.50	379.08	1.43	5.54	54.63	6.82	6.82
污染物排放量							
化学需氧量	2699.59	1958.36	115.25	224.89	332.92	68.17	68.17
总氮	554.69	448.81	22.22	42.06	34.42	7.19	7.19
总磷	57.10	41.28	1.67	2.76	8.52	2.86	2.86
氨氮	190.11	177.01	0.90	0.80	10.04	1.36	1.36
种植业							
总氮流失量	576.52						
总磷流失量	35.59						
氨氮流失量	23.29						
水产养殖							
减排核定减少水产围网养殖面积	0.00						
化学需氧量排放量	45.19						
总氮流失量	29.19						
总磷流失量	5.29						
氨氮流失量	9.40						

25-3 城镇生活污染排放及处理情况

指标	单位	数量
城镇人口	万人	40.88
煤炭消费总量	万吨	1103.93
其中：生活煤炭消费量	万吨	8.00
生活天然气消费量	万立方米	2681.00
生活燃煤平均含硫量	%	0.30
生活燃煤平均灰分	%	17.00
生活用水总量	万吨	2988.00
其中：居民家庭用水总量	万吨	2712.00
公共服务用水总量	万吨	276.00
城镇生活污水排放系数	升/人·日	198.00
城镇生活污水排放量	万吨	2954.00
生活污水处理量	万吨	2924.00
生活化学需氧量产生量	吨	8953.00
其中：核定新增生活化学需氧量产生量	吨	373.33
生活化学需氧量排放量	吨	1435.80
生活氨氮产生量	吨	1149.00
其中：核定新增生活氨氮产生量	吨	47.91
生活氨氮排放量	吨	83.37
总氮产生量	吨	1462.28
总磷产生量	吨	102.96
油类（含动植物油）产生量	吨	208.90
二氧化硫排放量	吨	680.07
氮氧化物排放量	吨	220.00
烟尘排放量	吨	920.00

25-4　机动车污染排放情况

单位：辆、万吨

类型	机动车保有量	总颗粒物	氮氧化物	一氧化碳	碳氢化合物
合　计	**1969990**	**0.0699**	**0.7024**	**3.1675**	**0.3872**
载客汽车	94366	0.0043	0.0959	1.3287	0.1210
微型汽车	1202	0.0000	0.0010	0.0159	0.0013
小型汽车	92145	0.0011	0.0475	1.2026	0.1032
中型汽车	316	0.0002	0.0050	0.0220	0.0031
大型汽车	703	0.0030	0.0425	0.0883	0.0134
载货汽车	19136	0.0627	0.5506	0.2487	0.1836
微型汽车	164	0.0000	0.0003	0.0036	0.0002
轻型汽车	10329	0.0040	0.0231	0.1975	0.0208
中型汽车	2193	0.0039	0.0633	0.1014	0.0196
重型汽车	6450	0.0548	0.4639	0.9463	0.1429
低速载货汽车	7237	0.0029	0.0496	0.0167	0.0183
三轮汽车	5041	0.0018	0.0305	0.0102	0.0109
低速货车	2196	0.0011	0.0191	0.0065	0.0074
摩托车	76251	0.0000	0.0062	0.5733	0.0644
普通摩托车	75117	0.0000	0.0062	0.5665	0.0609
轻便摩托车	1134	0.0000	0.0000	0.0068	0.0035

主要统计指标解释

废水排放总量 为工业废水排放量、城镇生活污水排放量和集中式治理设施污水排放量之和。

工业废水排放量 指报告期内经过企业厂区所有排放口排到企业外部的工业废水量。包括生产废水、外排的直接冷却水、超标排放的矿井地下水和与工业废水混排的厂区生活污水，不包括外排的间接冷却水（清污不分流的间接冷却水应计算在废水排放量内）。

城镇生活污水排放量 指报告期内城镇居民排放生活污水的量。城镇生活包括 住宿业与餐饮业、居民服务和其他服务业、医院和独立燃烧设施以及城镇生活污染源 。

集中式治理设施污水排放量 指报告期内集中式治理设施的渗滤液排放量。集中式治理设施包括垃圾处理场（厂）和危险废物（医疗废物）集中处置厂。

化学需氧量 (COD) 排放量 为工业、农业、城镇生活和集中式治理设施排放的废水中 COD 排放量之和。

氨氮排放量 为工业、农业、城镇生活和集中式治理设施排放的废水中氨氮排放量之和。

二氧化硫排放量 指报告期内工业、城镇生活和集中式治理设施 SO2 排放量之和。

工业 SO2 排放量 指报告期内企业在燃料燃烧和生产工艺过程中排入大气的 SO2 总量。

烟（粉）尘排放量 指报告期内工业、城镇生活、机动车和集中式治理设施烟（粉）尘排放量之和。

工业烟（粉）尘排放量 指报告期内企业在燃料燃烧和生产工艺过程中排入大气的烟尘及工业粉尘的总质量之和。烟尘或工业粉尘排放量可以通过除尘系统的排风量和除尘设备出口烟尘浓度相乘求得。

一般工业固体废物产生量 指未被列入《国家危险废物名录》或者根据国家规定的危险废物鉴别标准、固体废物浸出毒性浸出方法及固体废物浸出毒性测定方法鉴别方法判定不具有危险特性的工业固体废物。计算公式为：

一般工业固体废物产生量 =（一般工业固体废物综合利用量 - 其中：综合利用往年贮存量）+ 一般工业固体废物贮存量 +（一般工业固体废物处置量 - 其中：处置往年贮存量）+ 一般工业固体废物倾倒丢弃量

一般工业固体废物综合利用量 指报告期内企业通过回收、加工、循环、交换等方式，从固体废物中提取或者使其转化为可以利用的资源、能源和其他原材料的固体废物量（包括当年利用的往年工业固体废物累计贮存量）。如用作农业肥料、生产建筑材料、筑路等。

一般工业固体废物综合利用率 指一般工业固体废物综合利用量占一般工业固体废物产生量与综合利用往年贮存量之和的百分率。计算公式为：

一般工业固体废物综合利用率 = 一般工业固体废物综合利用量 / 一般工业固体废物产生量 + 综合利用往年贮存量 100%

一般工业固体废物处置量 指报告期内企业将工业固体废物焚烧和用其他改变工业固体废物的物理、化学、生物特性的方法，达到减少或者消除其危险成分的活动，或者将工业固体废物最终置于符合环境保护规定要求的填埋场的活动中，所消纳固体废物的量。

一般工业固体废物处置率 指一般工业固体废物处置量占一般工业固体废物产生量与处置往年贮存量之和的百分率。计算公式为：

一般工业固体废物处置率 = 一般工业固体废物处置量 / 一般工业固体废物产生量 + 处置往年贮存量 100%

环境污染治理投资 指城市环境基础设施投资、工业企业污染防治投资和完成环保验收项目环保投资之和。

二十六、其他社会活动

资料整理：李　鲲　翟鹏博

简要说明

一、主要内容

本篇包括妇女儿童监测，婚姻登记情况，调解民间纠纷、律师、公证工作情况，交通、火灾事故情况等资料。

二、资料来源

妇女儿童监测情况由市统计局社会科提供；调解民间纠纷、律师、公证工作情况由济源市司法局提供；交通、火灾事故等情况由济源市安全生产监督管理局提供。本篇资料由市统计局综合核算科编辑整理。

26-1　妇女儿童情况表

指 标	单位	2013 年	2014 年
人均地区生产总值	元	64899	66777
城镇居民家庭人均可支配收入	元	23185	25219
农村居民家庭人均纯收入	元	11958	13166
国家财政性教育经费	亿元	11.66	11.69
医疗卫生支出	亿元	5.90	7.04
年末人口	万人	71.50	72.40
其中：女性	万人	35.59	36.04
0-4 岁人口	万人	4.31	4.33
其中：女性	万人	2.04	2.10
0-17 岁人口	万人	14.68	15.60
其中：女性	万人	7.06	7.30
育龄妇女人口（15-49 岁）	万人	19.28	20.50
人口自然增长率		5.85	6.05
出生人口性别比 (以女孩为 100)	-	110.43:100（计生部门）	105.4 : 100
婴儿死亡率		6.40	4.22
其中：城市		6.40	
农村		6.40	
5 岁以下儿童死亡率		6.90	5.00
其中：城市		6.90	
农村		6.90	
孕产妇死亡率	1/10 万	0.00	39.29
其中：城市	1/10 万	0.00	
农村	1/10 万	0.00	
卡介苗接种率	%	99.96	99.95
脊髓灰质炎疫苗接种率	%	99.11	99.01
百白破疫苗接种率	%	98.57	98.76
含麻疹成分疫苗接种率	%	98.78	98.55
乙肝疫苗接种率	%	98.72	99.37
甲肝疫苗接种率	%	96.81	97.83
乙脑疫苗接种率	%	98.89	98.7
流脑疫苗接种率	%	98.24	97.41
低出生体重发生率	%		
7 岁以下儿童保健管理率	%	93.70	88.5
住院分娩率	%	99.90	99.9
农村孕产妇住院分娩率	%	99.90	99.9
农村高危孕产妇住院分娩率	%	100.00	100.00
非住院分娩中新法接生率	%	100.00	100.00
产前检查率	%	98.50	98.9
孕产妇系统管理率	%	97.50	97.9
其中：城市	%		
农村	%		
婚前医学检查率	%	91.20	94.8
其中：城市	%		
农村	%		
当年报告艾滋病病毒感染例数	例	11	12
其中：女性	例	3	2

26-1 续表 1

指 标	单位	2013 年	2014 年
已婚育龄妇女避孕率	%	89.60	89.64
在园幼儿数	万人	29329	30605
其中：女童	万人	14098	14683
学前三年毛入园率	%	93.60	95
小学学龄儿童净入学率	%	100.00	100.00
其中：男生	%	100.00	100.00
女生	%	100.00	100.00
小学五年巩固率	%	96.18	96.63
其中：男生	%	95.08	96.54
女生	%	97.55	96.73
初中阶段毛入学率	%	100.00	100.00
其中：男生	%	100.00	100.00
女生	%	100.00	100.00
初中三年巩固率	%	104.25	96.21
其中：男生	%	105.74	96.02
女生	%	102.58	96.41
九年义务教育巩固率	%	98.90	98.5
其中：男生	%	98.50	98.2
女生	%	99.30	98.9
特殊教育在校学生数	人	343	296
其中：女生	人	151	136
高中阶段毛入学率	%	96.20	96.8
其中：男生	%		
女生	%		
平均受教育年限	年	9.84	9.85
其中：男性	年	10.10	10.11
女性	年	9.56	9.57
成人识字率	%	98.37	98.38
其中：男性	%	99.31	99.31
女性	%	97.43	97.44
青壮年文盲率 (15-50 岁)	%	0.24	0.24
其中：男性	%	0.24	0.24
女性	%	0.24	0.24
就业人员	万人	47.79	47.89
其中：女性	万人		
城镇单位就业人员	万人	21.57	21.09
其中：女性	万人	4.82	4.8
城镇登记失业人员	万人	0.71	0.75
其中：女性	万人	0.34	0.37
城镇职工基本养老保险参保人数	万人	14.53	15.88
其中：女性	万人	4.97	5.87
城乡居民社会养老保险参保人数	万人		26.48
其中：女性	万人		
城镇职工基本医疗保险参保人数	万人	11.80	14.04
其中：女性	万人	5.31	5.61
城镇居民基本医疗保险参保人数	万人	11.93	10.40
其中：女性	万人	5.13	4.47

26-1 续表 2

指 标	单位	2013 年	2014 年
失业保险参保人数	万人	9.57	11.47
其中：女性	万人	3.45	4.12
工伤保险参保人数	万人	8.34	10.36
其中：女性	万人	3.34	3.94
生育保险参保人数	万人	7.21	8.84
其中：女性	万人	3.50	4.40
城镇居民最低生活保障人数	万人	0.55	0.52
其中：女性	万人	0.23	0.24
农村居民最低生活保障人数	万人	1.85	1.88
其中：女性	万人	0.86	0.90
村民委员会成员中女性比重	%	27.30	30.00
其中：村委会主任中女性比重	%	0.50	1.00
居民委员会成员中女性比重	%	30.00	30.00
社区服务机构总数	个	55	60
便民、利民网点数	个	105	200
市人大代表数	人	273	280
其中：女性	人	69	70
市人大常委中女性比例	%	16.67	5
县（市、区）人大代表数	人		
其中：女性	人		
县（市、区）人大常委中女性比例	%		
市政协委员数	人	274	282
其中：女性	人	66	64
市政协常委中女性比例	%	26.32	15
县（市、区）政协委员数	人		
其中：女性	人		
县（市、区）政协常委中女性比例	%		
市级政府领导班子配有女干部的班子比例	%	100.00	100.00
市级政府领导班子正职中女干部比例	%	100.00	100.00
市级政府工作部门领导班子配有女干部的班子比例	%	72.73	71.00
市级政府工作部门领导班子配有正职的女干部的班子比例	%	15.15	10.00
县级政府领导班子配有女干部的班子比例	%		
县级政府领导班子正职中女干部比例	%		
县级政府工作部门领导班子配有女干部的班子比例	%		
县级政府工作部门领导班子配有正职的女干部的班子比例	%		
破获强奸案件数	起	16	19
破获拐卖妇女案件数	起	37	1
破获拐卖儿童案件数	起	0	0
破获组织、强迫、引诱、容留介绍妇女卖淫案件数	起	22	8
受暴妇女儿童救助（庇护）机构数	个	1	1
受救助（庇护）的妇女儿童人次数	人次	0	0
农村集中供水受益人口比重	%	94.87	100.00
农村自来水普及率	%	95.80	100.00
农村卫生厕所普及率	%	88.10	88.99
城市建成区绿化覆盖率	%	41.80	41.93
城市污水处理率	%	96.22	96.7
城市生活垃圾无害化处理率	%	100.00	100.00

26-2 婚姻登记情况

项 目	单位	数 量
准予登记结婚	对	8036
准予离婚	对	1906
补领登记	对	2276
出具未婚证明	人次	80

26-3 调解民间纠纷情况

项 目	调解纠纷（件）	各类纠纷所占比重（%）
总 计	**2035**	**100**
婚姻家庭纠纷	375	18.42
邻里纠纷	583	28.64
房屋宅基地纠纷	104	5.11
损害赔偿纠纷	109	5.35
合同纠纷	101	4.96
生产经营纠纷	30	1.47
劳动争议纠纷	35	1.71
村务管理纠纷	26	1.27
山村土地纠纷	46	2.26
征地拆迁纠纷	57	2.80
计划生育纠纷	6	0.29
环境保护纠纷	5	0.24
道路交通部纠纷	50	2.45
物业	84	4.12
医疗	2	0.09
其他纠纷	422	20.73

26-4 律师、公证工作基本情况

项目	单位	数量
律师工作		
律师事务所	个	7
专职律师	人	78
担任法律顾问	家	205
刑事诉讼案件	件	572
民事诉讼案件	件	1081
公证工作		
办理公证件数	件	2280
其中：国内民事	件	1425
国内经济	件	115
涉外	件	740

26-5 各类伤亡事故发生情况

项目	单位	数量
发生	**起**	**103**
工矿商贸事故	起	3
道路交通事故	起	12
消防火灾事故	起	88
死亡	**人**	**21**
工矿商贸事故	人	7
道路交通事故	人	14
消防火灾事故	人	0

主要统计指标解释

律师 指受聘参加法律顾问处工作，担任法律顾问、刑（民）事代理人、刑事辩护人，办理非诉讼事件、解答法律询问，代写法律事务文书等主要从事律师业务的专职法律工作者和兼职律师。

公证人员 指在国家公证机关依法办理公证事务的司法人员，包括公证员、助理公证员和在公证处工作的其他人员。

办理公证文书 指公证处在一定时期内办结的公证文书件数。公证文书按司法部规定或批准的格式制作，包括国内公证和涉外公证两部分。国内公证分为经济合同公证和民事法律关系公证两大类。

调解人员 指在人民调解委员会担负调解民间一般民事纠纷和轻微违法行为引起纠纷的工作人员，包括调解委员会的委员和调解小组的调解员。调

解民间纠纷 指调解委员会依照法律规定，根据自愿原则，用说服教育的方法调解民间发生的有关民事权利和义务的争执，促成当事双方达到协议和谅解，解决纠纷。包括婚姻家庭纠纷，财产权益纠纷等，不包括法院受理调解的民事案件数。

二十七、全省及各省辖市、直管县主要统计指标

27-1　全省主要统计指标

指 标	2005	2013	2014	增长（%）	
				比上年	2011-2014年均增速
生产总值（亿元）	10587	32156	34939	8.9	10.0
第一产业	1892	4059	4161	4.1	4.1
第二产业	5514	17806	17903	9.6	11.0
# 工业	4896	15961			
第三产业	3181	10290	12876	9.4	10.4
固定资产投资（亿元）	3928	25322	30012	19.2	23.4
# 房地产投资	389	3844	4376	13.8	20.8
财政总收入（亿元）	967	3687	4095	11.0	15.6
# 地方公共财政预算收入	538	2413	2738	13.4	18.7
地方公共财政预算支出（亿元）	1116	5578	6043	8.2	15.3
居民消费价格总指数（上年 =100)	102.1	102.9	101.9	1.9	
商品零售价格总指数（上年 =100)	101.7	101.9	101.0	1.0	
实际利用外商直接投资（亿美元）	12.30	134.57	149.27	10.9	24.3
粮食产量（万吨）	4582	5714	5772	1.0	1.5
规模以上工业增加值（亿元）	3200	13987	15249	11.2	14.3
规模以上工业主营业务收入（亿元）	10114	59455	66787	11.5	16.6
规模以上工业利润总额（亿元）	643	4411	4771	7.3	9.6
客运量（亿人）	9.81	22.57	14.18	-37.2	-4.1
# 铁路	0.58	1.12	1.24	11.1	10.2
公路	9.19	21.39	12.83	-40.0	-5.2
货运量（亿吨）	7.88	30.44	20.06	-34.1	-0.2
# 铁路	1.48	1.28	1.16	-9.3	-5.0
公路	6.27	28.30	17.97	-36.5	-0.5
邮电业务总量（亿元）	557	726	1011	39.3	20.1
社会消费品零售总额（亿元）	3381	12427	13836	12.7	15.1
进出口总额（亿美元）	77.36	599.51	650.33	8.5	38.3
进口额	26.35	239.59	256.49	7.0	37.1
出口额	51.01	359.92	393.84	9.4	39.1
金融机构年底存款余额（亿元）	10004	37049	41375	11.7	15.6
# 城乡居民储蓄存款年底余额	6489	20232	22417	10.8	14.9
金融机构年底贷款余额（亿元）	7435	23101	27228	17.9	14.4
城镇居民人均可支配收入（元）	8668	22398	24391	6.8	7.8
城镇居民人均消费性支出（元）	6038	14822	15726	6.1	
农民人均纯收入（元）	2871	8475	9416	9.4	10.7
农民人均生活消费支出（元）	1892	5628	6438	14.4	

注：城、乡居民收支增长速度为扣除物价以后的实际增速。

27-2　年末总人口和土地面积

单位：万人

市（县）	年末总人口					土地面积（平方公里）
	2000	2010	2012	2013	2014	
全　　省		**10437**	**10543**	**10601**	**10662**	**167000**
省 辖 市						
郑 州 市	625	732	741	751	760	7446
开 封 市	464	504	509	511	514	6444
洛 阳 市	624	681	689	692	696	15200
平顶山市	480	529	535	538	541	7882
安 阳 市	518	569	574	576	579	7413
鹤 壁 市	140	159	160	161	162	2182
新 乡 市	538	590	597	600	604	8169
焦 作 市	328	362	366	367	369	4071
濮 阳 市	348	382	386	388	390	4266
许 昌 市	440	477	483	485	487	4996
漯 河 市	245	271	274	276	277	2617
三门峡市	215	225	226	227	228	10496
南 阳 市	1049	1158	1166	1171	1177	26600
商 丘 市	796	886	895	899	905	10704
信 阳 市	766	846	855	860	865	19541
周 口 市	1039	1115	1126	1131	1136	11959
驻马店市	810	883	892	896	901	15083
济 源 市	64	68	68	69	69	1899
省直管县						
巩 义 市	79	82	82	83	83	1041
兰 考 县	74	82	83	84	84	1367
汝 州 市	94	105	106	107	107	1573
滑　　县	121	133	135	135	136	1814
长 垣 县	77	84	85	85	86	1050
邓 州 市	150	172	175	175	176	2294
永 城 市	131	151	152	153	154	1944
固 始 县	153	171	173	173	174	2946
鹿 邑 县	113	119	120	120	121	1238
新 蔡 县	101	110	111	112	112	1453

27-3 常住人口

单位：万人

市（县）	2006	2010	2012	2013	2014
全　　省		**9405.0**	**9406.0**	**9413.0**	**9436.0**
省 辖 市					
郑 州 市	724.2	866.1	903.0	919.1	937.8
开 封 市	469.3	467.7	465.3	464.6	454.9
洛 阳 市	636.0	655.4	659.0	661.5	667.8
平顶山市	483.7	490.5	492.9	495.7	496.0
安 阳 市	522.0	517.1	508.3	509.0	508.8
鹤 壁 市	144.0	157.2	158.8	160.9	159.8
新 乡 市	554.7	571.1	566.9	567.5	570.8
焦 作 市	339.7	354.3	352.0	351.4	352.3
濮 阳 市	353.4	360.0	359.8	358.4	360.1
许 昌 市	427.9	431.0	429.6	429.7	431.5
漯 河 市	249.8	254.8	255.8	257.5	260.1
三门峡市	225.5	223.4	223.2	224.1	224.7
南 阳 市	997.2	1027.2	1014.9	1009.0	998.9
商 丘 市	765.3	735.4	732.2	727.7	725.8
信 阳 市	663.1	610.1	639.8	637.7	640.8
周 口 市	993.6	893.9	880.7	878.4	880.5
驻马店市	776.6	722.6	693.7	689.5	693.3
济 源 市	67.3	67.6	70.3	71.5	72.4
省直管县					
巩 义 市	80.0	80.8	81.3	81.6	82.0
兰 考 县	73.0	67.7	66.9	66.3	62.9
汝 州 市	93.0	92.8	93.2	93.3	93.3
滑　　县	114.0	126.3	114.1	111.4	110.8
长 垣 县	79.6	81.0	75.3	74.3	75.8
邓 州 市	133.0	146.9	145.1	143.1	140.9
永 城 市	126.0	124.0	122.5	123.1	121.1
固 始 县	128.0	102.1	106.0	106.5	107.1
鹿 邑 县	107.0	90.7	88.9	88.7	88.8
新 蔡 县	94.7	85.1	83.5	83.2	84.0

27-4 城镇化率

单位：%

市（县）	2005	2010	2012	2013	2014
全　　省	**30.70**	**38.80**	**42.43**	**43.80**	**45.20**
省 辖 市					
郑 州 市	59.23	63.62	66.28	67.08	68.30
开 封 市	32.68	36.00	39.70	41.10	42.60
洛 阳 市	38.01	44.33	47.93	49.44	51.00
平顶山市	34.99	41.39	44.97	46.37	47.80
安 阳 市	32.50	38.60	42.43	43.80	45.30
鹤 壁 市	42.62	48.01	51.56	52.84	54.10
新 乡 市	33.56	41.09	44.69	46.07	47.60
焦 作 市	40.01	47.05	50.72	52.02	53.20
濮 阳 市	28.74	31.46	35.20	36.72	38.50
许 昌 市	32.00	39.10	42.83	44.21	45.70
漯 河 市	31.70	39.16	42.84	44.24	45.70
三门峡市	39.26	44.25	47.60	48.90	50.40
南 阳 市	30.02	33.00	36.81	38.27	39.60
商 丘 市	26.10	29.75	33.49	35.02	36.50
信 阳 市	27.44	34.36	38.19	39.67	41.10
周 口 市	19.00	29.73	33.44	34.78	36.20
驻马店市	18.67	29.75	33.44	34.89	36.40
济 源 市	40.01	49.44	53.44	54.81	56.40
省直管县					
巩 义 市	36.80	45.30	48.00	49.06	50.50
兰 考 县	19.53	26.03	30.02	31.48	33.10
汝 州 市	22.14	32.19	36.22	37.68	39.40
滑　　县	15.20	18.00	22.02	23.40	25.10
长 垣 县	21.28	31.77	36.17	37.95	39.80
邓 州 市	26.02	28.33	31.80	33.22	34.60
永 城 市	28.10	33.80	37.66	39.21	40.80
固 始 县	24.33	28.67	32.47	33.90	35.50
鹿 邑 县	13.00	29.13	32.80	34.17	35.90
新 蔡 县	18.13	21.86	25.51	26.90	28.40

27-5 地区生产总值

单位：亿元

市（县）	2000	2010	2012	2013	2014
全　　省		**23092.36**	**29599.31**	**32155.86**	**34939.38**
省 辖 市					
郑 州 市	738.02	4040.89	5549.79	6201.85	6782.98
开 封 市	226.24	927.16	1207.05	1363.54	1492.06
洛 阳 市	422.76	2320.25	2981.12	3140.76	3284.57
平顶山市	271.50	1310.84	1495.80	1556.88	1637.13
安 阳 市	256.01	1315.59	1566.90	1683.65	1791.89
鹤 壁 市	85.34	429.12	545.78	622.12	682.20
新 乡 市	280.85	1189.94	1619.77	1766.10	1918.00
焦 作 市	228.55	1245.93	1551.35	1707.36	1846.32
濮 阳 市	203.94	775.40	989.70	1130.48	1253.61
许 昌 市	291.35	1316.49	1716.19	1903.31	2108.00
漯 河 市	164.26	680.49	797.12	861.54	952.28
三门峡市	168.64	874.42	1127.32	1204.68	1240.13
南 阳 市	519.66	1953.36	2340.73	2498.66	2676.88
商 丘 市	287.65	1143.79	1397.28	1538.22	1697.58
信 阳 市	261.05	1091.83	1397.32	1581.16	1757.34
周 口 市	341.47	1228.30	1574.72	1790.65	1992.08
驻马店市	280.08	1053.71	1373.55	1542.02	1691.30
济 源 市	59.44	343.38	430.86	460.13	480.46
省直管县					
巩 义 市	98.24	419.31	527.80	581.22	613.56
兰 考 县	30.50	124.84	168.98	192.85	213.95
汝 州 市	60.25	258.57	320.43	331.66	347.80
滑　　县	31.28	136.71	163.83	183.03	198.70
长 垣 县	26.79	142.09	193.81	226.64	250.52
邓 州 市	63.77	234.75	283.46	307.06	329.79
永 城 市	51.28	288.71	364.44	402.44	412.29
固 始 县	41.02	175.82	212.95	236.22	255.85
鹿 邑 县	40.84	155.50	191.41	221.79	245.47
新 蔡 县	25.30	97.95	129.54	141.80	150.38

27-6 第一产业增加值

单位：亿元

市（县）	2000	2010	2012	2013	2014
全　　省		**3258.09**	**3769.54**	**4058.98**	**4153.96**
省　辖　市					
郑　州　市	42.39	124.56	142.40	146.96	147.15
开　封　市	72.49	219.31	257.66	280.40	275.69
洛　阳　市	39.30	187.62	223.76	248.89	231.99
平 顶 山 市	41.05	114.72	145.85	162.53	167.14
安　阳　市	53.22	159.07	187.32	199.16	205.21
鹤　壁　市	19.17	48.83	58.13	61.04	63.47
新　乡　市	67.03	157.15	200.34	212.29	223.29
焦　作　市	39.20	101.30	122.42	133.07	136.93
濮　阳　市	43.80	107.62	137.76	148.62	155.67
许　昌　市	61.58	149.96	177.82	184.98	184.67
漯　河　市	38.35	86.66	98.01	107.53	109.11
三 门 峡 市	22.55	70.00	90.57	99.66	111.35
南　阳　市	153.70	401.18	423.62	449.78	468.88
商　丘　市	123.66	299.51	323.22	343.17	374.78
信　阳　市	92.08	288.04	377.64	419.53	432.43
周　口　市	133.88	365.64	417.56	445.96	447.18
驻 马 店 市	95.17	290.67	365.91	393.84	397.29
济　源　市	7.31	15.98	19.55	21.51	21.73
省 直 管 县					
巩　义　市	3.22	6.91	10.15	11.08	10.98
兰　考　县	10.51	27.01	32.14	35.02	36.22
汝　州　市	9.78	27.72	35.06	38.95	37.27
滑　　　县	15.78	52.30	59.05	64.72	64.15
长　垣　县	9.06	21.63	28.43	31.73	31.75
邓　州　市	24.33	68.54	84.77	91.81	92.36
永　城　市	22.59	45.32	54.69	60.01	63.32
固　始　县	17.21	64.28	73.44	76.53	75.84
鹿　邑　县	14.85	39.54	46.58	49.31	47.83
新　蔡　县	11.23	37.68	45.24	47.66	46.39

27-7 第二产业增加值

单位：亿元

市（县）	2000	2010	2012	2013	2014
全　　省		**13226.38**	**16672.20**	**17806.39**	**18335.02**
省 辖 市					
郑 州 市	363.12	2269.91	3132.92	3470.52	3487.23
开 封 市	80.19	400.65	533.26	609.59	636.42
洛 阳 市	230.95	1396.21	1788.09	1813.43	1677.29
平顶山市	142.23	869.43	910.74	906.56	864.22
安 阳 市	122.36	809.29	900.84	961.10	939.14
鹤 壁 市	41.48	301.95	384.59	446.26	459.58
新 乡 市	116.74	686.48	925.66	999.50	996.46
焦 作 市	115.66	855.31	1046.49	1151.02	1142.11
濮 阳 市	111.26	515.33	644.53	748.11	745.07
许 昌 市	153.82	901.98	1150.13	1284.16	1290.20
漯 河 市	88.84	474.59	545.94	584.08	609.58
三门峡市	88.33	599.18	766.41	799.79	775.29
南 阳 市	237.66	1017.07	1220.99	1264.68	1244.14
商 丘 市	88.69	532.13	653.20	719.99	756.24
信 阳 市	89.45	460.87	558.34	639.60	727.63
周 口 市	126.61	557.90	749.41	893.65	948.23
驻马店市	109.60	441.28	588.21	674.98	708.90
济 源 市	33.25	259.85	325.84	344.09	327.28
省直管县					
巩 义 市	70.18	314.70	373.69	407.81	397.48
兰 考 县	10.20	54.93	79.95	92.73	98.66
汝 州 市	30.27	158.60	184.64	177.11	173.14
滑　　县	8.47	54.24	65.54	73.89	75.39
长 垣 县	6.87	76.53	103.96	124.87	131.03
邓 州 市	20.59	109.46	125.40	131.10	125.51
永 城 市	18.58	192.49	224.20	245.27	226.59
固 始 县	12.71	61.10	71.55	81.55	87.80
鹿 邑 县	14.31	75.47	93.55	115.54	121.66
新 蔡 县	9.28	33.59	48.38	54.21	57.47

27-8 第三产业增加值

单位：亿元

市（县）	2000	2010	2012	2013	2014
全　　省		**6607.89**	**9157.57**	**10290.49**	**11822.46**
省 辖 市					
郑 州 市	332.50	1646.43	2274.46	2584.37	2943.59
开 封 市	73.57	307.20	416.13	473.55	500.89
洛 阳 市	152.52	736.42	969.28	1078.43	1375.29
平顶山市	88.22	326.68	439.21	487.79	453.22
安 阳 市	80.43	347.22	478.73	523.39	589.26
鹤 壁 市	24.69	78.34	103.07	114.82	159.15
新 乡 市	97.08	346.31	493.78	554.31	612.65
焦 作 市	73.70	289.32	382.44	423.27	567.60
濮 阳 市	48.88	152.45	207.41	233.74	372.26
许 昌 市	75.95	264.55	388.24	434.17	634.36
漯 河 市	37.07	119.26	153.18	169.92	232.48
三门峡市	57.76	205.23	270.34	305.23	353.42
南 阳 市	128.30	535.11	696.11	784.21	851.94
商 丘 市	75.30	312.16	420.85	475.06	459.19
信 阳 市	79.53	342.93	461.34	522.03	509.43
周 口 市	80.99	304.77	407.75	451.04	527.69
驻马店市	75.31	321.77	419.43	473.20	548.58
济 源 市	18.88	67.54	85.47	94.53	131.45
省直管县					
巩 义 市	24.84	97.70	143.96	162.34	199.11
兰 考 县	9.79	42.90	56.90	65.09	79.06
汝 州 市	20.19	72.25	100.73	115.60	137.39
滑　　县	7.03	30.17	39.24	44.43	59.16
长 垣 县	10.85	43.93	61.42	70.04	89.05
邓 州 市	18.85	56.75	73.29	84.14	110.61
永 城 市	10.11	50.91	85.55	97.16	128.16
固 始 县	11.10	50.44	67.97	78.15	91.94
鹿 邑 县	11.68	40.48	51.28	56.94	74.65
新 蔡 县	4.79	26.69	35.91	39.93	46.53

27-9 人均生产总值

单位：元

市（县）	2000	2010	2012	2013	2014
全　　省		**24446**	**31499**	**34174**	**37073**
省 辖 市					
郑 州 市	11743	47608	62054	68073	73056
开 封 市	4876	19750	25922	29327	32454
洛 阳 市	6830	35762	45316	47569	49417
平顶山市	5680	26730	30380	31496	33015
安 阳 市	4966	25330	30624	33100	35211
鹤 壁 市	6140	28531	34456	38919	42550
新 乡 市	5245	21196	28598	31138	33699
焦 作 市	7000	35767	44029	48545	52478
濮 阳 市	5894	21787	27654	31483	34895
许 昌 市	6644	30536	39947	44297	48954
漯 河 市	6664	26974	31211	33568	36796
三门峡市	7771	39176	50406	53863	55263
南 阳 市	4963	19145	23086	24692	26663
商 丘 市	3618	15085	19029	21073	23359
信 阳 市	3392	16936	22347	24754	27490
周 口 市	3325	12944	17734	20359	22652
驻马店市	3475	14117	19592	22296	24461
济 源 市	9287	50491	62358	64899	66777
省直管县					
巩 义 市	12460	51682	65024	71338	74994
兰 考 县	4186	17429	25235	28974	33129
汝 州 市	6472	27774	34396	35569	37277
滑　　县	2616	11366	13981	16233	17885
长 垣 县	3503	17819	24986	30292	33372
邓 州 市	4286	16518	19517	21313	23226
永 城 市	3906	23036	29653	32779	33774
固 始 县	3003	15053	20457	22230	23953
鹿 邑 县	2325	15630	21429	24981	27664
新 蔡 县	3316	10987	15460	17011	17984

27-10 固定资产投资额

单位：亿元

市（县）	2005	2010	2012	2013	2014
全　　省	**3528.29**	**13338.05**	**20558.61**	**25321.52**	**30012.28**
省 辖 市					
郑 州 市	603.46	2318.32	3561.22	4400.21	5259.65
开 封 市	88.07	439.40	738.21	941.68	1135.63
洛 阳 市	394.16	1460.52	2109.05	2588.98	2981.10
平顶山市	153.22	651.85	1004.99	1231.76	1449.17
安 阳 市	180.90	688.26	1080.53	1328.62	1572.58
鹤 壁 市	65.82	270.61	415.67	512.01	588.50
新 乡 市	267.25	873.79	1271.72	1561.15	1841.93
焦 作 市	213.93	720.72	1120.21	1374.04	1623.53
濮 阳 市	119.84	454.63	738.96	941.89	1115.78
许 昌 市	162.82	706.47	1111.47	1371.11	1637.23
漯 河 市	81.89	331.00	526.79	648.29	773.30
三门峡市	154.97	598.83	925.54	1138.03	1327.57
南 阳 市	285.38	1091.34	1721.11	2121.40	2486.91
商 丘 市	172.90	651.13	1005.51	1246.79	1493.89
信 阳 市	211.18	773.31	1197.52	1472.38	1723.17
周 口 市	139.29	594.02	931.22	1151.55	1375.44
驻马店市	109.67	520.56	817.58	1014.90	1214.41
济 源 市	56.47	182.09	281.29	345.89	412.50
省直管县					
巩 义 市	68.85	200.31	304.74	372.54	404.17
兰 考 县	4.54	48.62	80.57	103.34	123.83
汝 州 市	28.98	104.22	161.21	203.46	239.90
滑　　县	16.01	55.77	85.41	107.38	125.87
长 垣 县	43.73	102.98	162.72	206.32	240.83
邓 州 市	12.27	105.11	169.77	211.90	248.46
永 城 市	42.28	107.98	168.89	214.05	260.06
固 始 县	30.22	97.38	149.80	185.43	221.32
鹿 邑 县	12.77	57.36	87.39	112.55	134.82
新 蔡 县	4.90	42.85	68.47	85.80	102.07

注：2005 年为城镇固定资产投资。

27-11 房地产开发投资额

单位：亿元

市（县）	2000	2010	2012	2013	2014
全　　省		**2114.08**	**3035.29**	**3843.76**	**4375.71**
省 辖 市					
郑 州 市	34.19	775.16	1095.14	1445.33	1743.51
开 封 市	3.09	57.69	94.88	134.80	135.98
洛 阳 市	10.53	179.90	274.51	301.97	302.61
平顶山市	3.59	54.28	109.35	120.16	155.82
安 阳 市	3.97	98.72	131.58	153.76	175.66
鹤 壁 市	0.38	24.47	37.59	50.56	64.13
新 乡 市	3.20	117.64	172.85	227.29	267.49
焦 作 市	1.17	72.29	71.09	117.00	117.25
濮 阳 市	2.17	41.60	57.90	72.68	84.77
许 昌 市	2.51	71.06	89.31	120.66	137.78
漯 河 市	2.37	28.93	37.35	46.39	38.85
三门峡市	0.85	46.60	64.78	85.72	97.87
南 阳 市	5.04	70.32	100.85	131.03	156.60
商 丘 市	0.72	89.98	140.37	189.68	211.37
信 阳 市	2.33	136.08	189.15	226.29	248.43
周 口 市	1.08	125.09	173.14	207.20	209.87
驻马店市	0.44	107.05	168.25	181.32	202.14
济 源 市	0.24	17.22	27.18	31.94	25.58
省直管县					
巩 义 市		25.03	37.22	47.81	55.07
兰 考 县		3.56	4.40	6.35	9.67
汝 州 市		3.41	7.91	11.05	5.98
滑　　县		6.76	5.65	6.13	14.34
长 垣 县		5.42	11.97	16.42	9.02
邓 州 市		4.01	11.34	12.13	8.69
永 城 市		10.95	21.59	30.53	39.04
固 始 县		16.75	17.10	19.69	24.91
鹿 邑 县		7.11	2.61	2.30	5.52
新 蔡 县		7.17	11.37	12.37	14.24

27-12　公共财政预算收入

单位：亿元

市（县）	2000	2010	2012	2013	2014
全　　省		**1381.32**	**2040.57**	**2413.0641**	**2738.47**
省 辖 市					
郑 州 市	43.63	386.80	606.65	723.43	833.88
开 封 市	8.26	37.03	61.92	80.74	96.19
洛 阳 市	21.20	142.02	205.26	234.05	260.26
平顶山市	10.84	80.58	107.36	119.74	130.72
安 阳 市	12.13	65.05	83.57	92.20	103.26
鹤 壁 市	3.25	22.15	32.66	39.64	47.11
新 乡 市	11.93	70.46	108.35	129.50	139.13
焦 作 市	10.37	63.34	85.13	97.34	105.58
濮 阳 市	8.09	30.17	48.09	60.51	70.40
许 昌 市	8.70	57.45	90.37	108.50	125.22
漯 河 市	5.68	26.13	41.61	53.98	62.86
三门峡市	8.02	49.74	68.62	81.79	92.45
南 阳 市	17.52	69.07	103.65	123.63	141.02
商 丘 市	8.51	43.00	70.19	85.84	100.75
信 阳 市	9.36	34.10	55.46	67.93	80.33
周 口 市	11.05	38.31	60.13	76.05	90.95
驻马店市	11.83	36.44	58.91	71.93	85.65
济 源 市	2.20	22.22	28.87	34.61	38.41
省直管县					
巩 义 市	2.96	18.09	26.05	30.01	31.84
兰 考 县	0.79	2.92	6.70	9.19	11.29
汝 州 市	0.89	9.06	13.69	16.84	18.32
滑　　县	0.83	3.00	4.85	6.34	8.01
长 垣 县	0.66	5.01	8.00	10.40	13.16
邓 州 市	1.76	5.00	7.44	9.30	11.07
永 城 市	1.83	13.03	23.61	27.88	31.77
固 始 县	1.30	4.36	6.24	7.75	10.01
鹿 邑 县	0.85	3.90	6.01	7.72	10.07
新 蔡 县	0.86	1.80	3.30	4.36	5.54

27-13 公共财政预算支出

单位：亿元

市（县）	2000	2010	2012	2013	2014
全　　省		**3416.14**	**5006.00**	**5578.23**	**6042.60**
省 辖 市					
郑 州 市	48.97	426.80	700.70	815.68	918.61
开 封 市	15.18	116.44	171.69	196.81	223.02
洛 阳 市	28.69	230.80	345.11	373.10	411.86
平顶山市	17.04	148.59	209.65	226.51	241.61
安 阳 市	20.81	140.65	204.81	215.63	234.74
鹤 壁 市	5.79	59.13	83.50	86.93	94.05
新 乡 市	18.39	159.53	241.50	267.89	279.36
焦 作 市	15.18	121.55	165.97	180.80	193.21
濮 阳 市	14.52	90.10	150.66	171.19	186.67
许 昌 市	13.11	117.23	178.39	202.17	221.17
漯 河 市	9.32	69.97	111.70	125.45	135.61
三门峡市	11.69	95.26	137.13	153.86	166.20
南 阳 市	27.91	247.11	386.56	426.13	451.36
商 丘 市	16.70	179.98	286.31	315.26	352.55
信 阳 市	19.99	173.76	277.11	304.26	335.37
周 口 市	20.53	193.70	323.56	358.80	387.64
驻马店市	19.35	172.30	268.98	308.52	350.20
济 源 市	3.16	33.70	47.68	57.47	58.87
省直管县					
巩 义 市	3.45	27.50	39.06	43.17	45.89
兰 考 县	1.41	14.06	25.08	28.41	35.39
汝 州 市	1.61	19.57	30.30	32.57	36.02
滑　　县	1.90	20.65	34.95	37.90	42.33
长 垣 县	1.35	15.42	26.18	29.36	38.55
邓 州 市	2.63	25.02	40.66	46.57	51.23
永 城 市	2.38	26.88	41.65	52.28	58.77
固 始 县	2.66	24.46	43.13	47.21	50.72
鹿 邑 县	1.94	18.02	32.79	35.58	41.63
新 蔡 县	1.58	14.99	29.44	33.97	44.06

27-14 城镇居民人均可支配收入

单位：元

市（县）	2000	2010	2012	2013	2014
全　　省		**15930**	**20443**	**22398**	**24391**
省辖市					
郑州市	5935	18897	24246	26615	29095
开封市	4089	13695	17545	19492	21467
洛阳市	5201	17639	22636	24820	26974
平顶山市	4790	16208	20610	22482	24393
安阳市	4502	16394	21042	23019	25172
鹤壁市	3946	15059	19284	21228	23113
新乡市	4700	15752	20159	22105	23983
焦作市	4008	15781	20136	22058	23977
濮阳市	4090	15138	19511	21571	23767
许昌市	4410	15171	19685	21717	23753
漯河市	4633	14769	19136	21174	23281
三门峡市	5245	15032	19184	20938	22739
南阳市	4430	15077	19544	21653	23711
商丘市	4077	14178	18312	20214	22274
信阳市	4037	13348	17256	19150	21060
周口市	3646	12678	16503	18046	19742
驻马店市	4407	13702	17671	19431	21320
济源市	4723	16481	21240	23185	25219
省直管县					
巩义市	5025	15893	20441	22516	24722
兰考县	3189	11430	14724	16538	18357
汝州市	3896	13556	17386	19208	20956
滑　县	3689	12527	15808	17588	19452
长垣县	3620	12697	16355	18289	20338
邓州市	4305	14340	18056	19978	21836
永城市	4228	15000	19442	21435	23686
固始县	3973	12926	16578	18442	20433
鹿邑县	3837	12516	16222	18122	20024
新蔡县	3890	11757	15344	17055	18846

27-15 农民人均纯收入

单位：元

市（县）	2000	2010	2012	2013	2014
全　　省		**5524**	**7525**	**8475**	**9416**
省辖市					
郑州市	2912	9225	12531	14010	15470
开封市	2096	5390	7414	8355	9316
洛阳市	1976	5680	7777	8756	9669
平顶山市	1967	5504	7518	8541	9489
安阳市	2129	6359	8618	9670	10680
鹤壁市	2105	6813	9388	10608	11709
新乡市	2165	6241	8647	9728	10730
焦作市	2564	7512	10113	11367	12518
濮阳市	1845	5077	6945	7904	8828
许昌市	2520	7197	9819	11007	12140
漯河市	2303	6460	8755	9876	10893
三门峡市	2161	5787	7906	8926	9979
南阳市	1889	5666	7752	8729	9741
商丘市	1815	4674	6426	7217	8025
信阳市	1916	5311	7008	7982	8868
周口市	1915	4510	6199	6950	7742
驻马店市	1905	4861	6599	7437	8270
济源市	2425	7784	10648	11958	13166
省直管县					
巩义市	3167	9514	12953	13951	15426
兰考县	1939	4429	5984	6756	7545
汝州市	2297	6443	8888	10062	11126
滑　县	1956	4998	6052	6839	7598
长垣县	2176	7263	10072	11381	12730
邓州市	1989	6141	8131	9172	10181
永城市	1863	5429	7488	8469	9471
固始县	1828	5483	7206	8121	9022
鹿邑县	1916	5036	6875	7755	8670
新蔡县	1733	4508	6287	7148	8008

27-16 粮食播种面积

单位：万亩

市（县）	2000	2010	2012	2013	2014
全　　省		**14610.3**	**14977.7**	**15122.7**	**15314.7**
省 辖 市					
郑 州 市	601.5	542.7	544.7	545.1	534.7
开 封 市	606.0	687.7	708.9	723.1	737.4
洛 阳 市	759.0	786.3	796.4	793.2	783.2
平顶山市	600.2	619.8	626.0	628.1	618.4
安 阳 市	656.2	811.8	832.9	843.8	857.5
鹤 壁 市	238.1	247.7	253.9	254.2	255.9
新 乡 市	784.5	907.7	934.6	941.7	956.9
焦 作 市	342.0	402.5	409.3	411.5	416.4
濮 阳 市	525.1	570.4	581.9	584.4	589.8
许 昌 市	628.0	644.2	653.5	656.0	662.1
漯 河 市	374.1	395.1	399.9	400.9	402.2
三门峡市	279.5	244.4	252.1	254.2	237.6
南 阳 市	1487.2	1687.2	1743.4	1766.9	1804.2
商 丘 市	1189.5	1390.2	1439.3	1471.2	1511.4
信 阳 市	1061.7	1234.1	1263.8	1265.0	1287.1
周 口 市	1503.5	1695.3	1765.7	1814.1	1857.7
驻马店市	1498.8	1740.0	1779.0	1790.7	1815.0
济 源 市	72.7	62.7	62.7	63.0	61.8
省直管县					
巩 义 市	87.1	67.2	67.7	67.6	65.4
兰 考 县	123.5	133.3	138.6	140.5	143.2
汝 州 市	128.5	141.4	143.4	143.8	142.3
滑　　县	216.0	263.5	271.2	275.3	280.4
长 垣 县	128.6	136.8	140.0	141.9	143.5
邓 州 市	211.6	285.6	301.3	307.6	315.3
永 城 市	225.8	273.0	279.6	284.7	301.5
固 始 县	190.9	231.0	233.6	234.8	235.7
鹿 邑 县	171.0	189.9	194.6	198.0	199.4
新 蔡 县	174.9	197.7	200.7	201.7	205.6

27-17 粮食产量

单位：亿斤

市（县）	2000	2010	2012	2013	2014
全　　省		**1087.4**	**1127.7**	**1142.7**	**1154.5**
省 辖 市					
郑 州 市	31.7	33.3	33.9	33.7	32.4
开 封 市	40.5	51.1	53.4	54.5	55.7
洛 阳 市	39.8	47.2	48.1	44.0	42.2
平顶山市	28.1	39.4	40.6	40.2	34.3
安 阳 市	44.1	66.8	69.9	70.9	72.8
鹤 壁 市	17.0	22.3	23.3	23.5	23.9
新 乡 市	59.1	76.2	80.4	81.2	83.2
焦 作 市	33.5	39.9	41.0	41.1	41.3
濮 阳 市	39.9	50.2	52.0	52.3	53.0
许 昌 市	49.8	55.0	56.6	56.7	56.0
漯 河 市	21.7	33.6	34.6	34.7	35.0
三门峡市	11.2	12.6	13.2	12.3	11.9
南 阳 市	75.6	116.8	122.4	123.4	125.2
商 丘 市	81.3	119.7	125.9	128.8	132.6
信 阳 市	73.2	115.0	117.1	117.1	118.4
周 口 市	106.5	144.7	154.6	158.8	161.3
驻马店市	74.0	134.1	140.5	141.7	144.4
济 源 市	4.8	4.3	4.4	4.4	4.4
省直管县					
巩 义 市	3.4	3.1	3.1	3.1	2.9
兰 考 县	8.0	9.6	10.1	10.2	10.5
汝 州 市	6.3	8.9	9.2	9.0	8.6
滑　　县	17.5	26.2	27.6	28.0	28.7
长 垣 县	8.5	11.4	12.0	12.2	12.5
邓 州 市	11.0	20.7	21.8	22.2	22.8
永 城 市	15.4	22.6	23.5	23.9	25.6
固 始 县	14.4	24.1	24.3	24.3	24.3
鹿 邑 县	12.1	17.3	18.1	18.4	18.4
新 蔡 县	9.1	15.1	15.7	15.8	16.2

27-18　规模以上工业增加值

单位：亿元

市（县）	2000	2010	2012	2013	2014
全　　省		**9901.52**	**12654.83**	**13987.00**	**15249.24**
省 辖 市					
郑 州 市	187.47	1599.90	2186.00	2473.39	2705.30
开 封 市	34.75	276.26	385.00	460.50	519.71
洛 阳 市	116.70	1013.98	1328.20	1350.00	1360.00
平顶山市	65.41	669.56	682.53	683.44	694.71
安 阳 市	79.34	648.19	716.30	772.00	799.94
鹤 壁 市	26.86	260.46	331.47	390.32	429.15
新 乡 市	67.51	533.22	731.06	797.69	869.72
焦 作 市	73.61	706.51	880.91	986.85	1072.48
濮 阳 市	75.93	426.02	542.81	643.74	729.79
许 昌 市	71.72	696.88	925.15	1060.00	1200.82
漯 河 市	50.07	394.98	450.18	488.09	555.31
三门峡市	48.78	506.96	653.00	683.62	668.96
南 阳 市	98.37	634.47	827.50	880.00	920.26
商 丘 市	35.47	369.60	480.47	539.52	587.72
信 阳 市	26.99	278.66	345.86	420.50	499.80
周 口 市	48.05	363.90	529.44	672.86	790.04
驻马店市	34.26	279.84	402.09	489.90	546.14
济 源 市	13.10	219.03	277.93	295.00	307.01
省直管县					
巩 义 市	38.91	258.91	309.77	344.91	355.75
兰 考 县	1.90	34.05	52.74	66.21	73.28
汝 州 市	4.69	88.75	109.45	104.79	105.00
滑　　县	3.43	35.27	44.73	53.00	59.09
长 垣 县	2.64	57.39	78.00	96.74	109.80
邓 州 市	6.46	64.90	75.58	81.80	86.30
永 城 市	9.70	167.15	194.33	212.81	204.33
固 始 县	2.34	31.40	37.66	47.86	54.53
鹿 邑 县	5.53	54.10	67.21	89.35	103.55
新 蔡 县	2.07	17.10	29.01	34.72	37.00

27-19　规模以上工业利税总额

单位：亿元

市（县）	2000	2010	2012	2013	2014
全　　省					
省 辖 市					
郑 州 市	67.15	1058.08	1415.14	1377.39	1291.45
开 封 市	4.89	167.27	233.46	248.88	230.99
洛 阳 市	23.04	386.95	413.94	419.08	395.24
平顶山市	14.45	236.64	229.44	248.03	238.14
安 阳 市	30.15	294.11	273.00	336.60	342.62
鹤 壁 市	4.27	87.22	103.43	125.18	131.96
新 乡 市	14.40	224.06	239.08	268.74	230.64
焦 作 市	20.86	358.88	409.69	461.09	499.18
濮 阳 市	28.74	190.59	289.78	331.14	374.69
许 昌 市	23.34	441.61	589.83	600.08	660.23
漯 河 市	16.53	260.65	289.36	334.49	344.41
三门峡市	19.05	255.47	316.52	288.94	332.79
南 阳 市	30.18	256.58	356.31	355.83	329.15
商 丘 市	7.67	154.22	176.17	194.49	150.77
信 阳 市	5.80	100.91	138.83	155.57	169.91
周 口 市	11.25	249.78	335.24	415.44	423.65
驻马店市	7.35	122.25	185.23	209.60	216.35
济 源 市	2.99	83.26	113.10	117.39	107.44
省直管县					
巩 义 市		147.85	153.78	157.70	156.03
兰 考 县		24.94	41.94	45.30	51.76
汝 州 市		26.77	22.00	23.48	19.04
滑　　县		17.51	22.48	20.94	24.13
长 垣 县		29.72	44.59	54.39	62.93
邓 州 市		27.64	26.61	28.75	23.80
永 城 市		91.89	79.66	69.42	58.54
固 始 县		13.74	15.21	17.21	18.42
鹿 邑 县		33.23	32.65	40.86	49.06
新 蔡 县		9.62	17.11	16.77	18.46

27-20　社会消费品零售总额

单位：亿元

市（县）	2000	2010	2012	2013	2014
全　　省		8004.15	10915.62	12426.60	13835.90
省辖市					
郑州市	345.63	1702.10	2322.71	2586.42	2913.61
开封市	83.82	369.56	510.33	577.81	653.05
洛阳市	156.59	816.18	1114.78	1257.73	1416.29
平顶山市	84.50	352.78	478.39	540.87	610.09
安阳市	81.63	347.51	472.07	532.69	598.46
鹤壁市	21.68	93.45	127.37	142.98	161.02
新乡市	97.88	393.69	548.07	615.19	694.23
焦作市	75.15	323.46	439.41	494.75	555.21
濮阳市	53.61	232.73	321.23	365.34	412.29
许昌市	82.52	354.01	488.85	549.19	618.90
漯河市	57.00	219.80	299.21	336.07	380.22
三门峡市	52.99	202.62	277.08	311.33	350.79
南阳市	183.11	800.97	1092.08	1216.46	1369.57
商丘市	94.56	406.24	554.65	623.42	708.08
信阳市	100.38	442.60	605.80	674.76	761.43
周口市	117.03	490.32	673.15	756.77	852.90
驻马店市	95.27	379.52	518.13	585.47	661.57
济源市	16.18	70.54	95.40	106.33	119.95
省直管县					
巩义市	30.48	123.60	171.16	191.21	216.32
兰考县	5.57	39.55	55.85	62.92	71.98
汝州市	17.56	60.20	81.19	91.73	103.52
滑　县	9.72	41.99	57.05	64.32	73.16
长垣县	8.78	32.93	45.70	51.96	59.47
邓州市	15.74	71.36	97.22	108.78	122.99
永城市	14.51	73.94	100.68	113.32	128.38
固始县	16.79	76.95	105.17	116.76	132.29
鹿邑县	13.79	54.99	75.22	85.79	97.48
新蔡县	6.84	28.07	38.58	43.54	49.31

27-21 进出口总额

单位：亿美元

市	2005	2010	2012	2013	2014
全　　省	**77.36**	**177.92**	**517.50**	**599.51**	**650.33**
郑 州 市	19.56	51.74	358.58	427.49	464.31
开 封 市	1.08	2.39	4.02	5.00	5.15
洛 阳 市	9.60	15.47	15.77	17.95	17.63
平顶山市	3.37	4.25	4.07	4.76	6.96
安 阳 市	7.26	15.77	12.56	18.67	14.92
鹤 壁 市	0.63	1.45	1.87	2.64	3.22
新 乡 市	5.28	11.34	10.52	11.27	12.18
焦 作 市	9.10	17.41	22.23	22.62	24.64
濮 阳 市	1.66	4.87	6.19	6.65	7.17
许 昌 市	4.19	12.81	20.77	21.43	22.76
漯 河 市	1.70	3.92	4.12	4.45	7.76
三门峡市	1.30	1.68	2.31	2.92	2.38
南 阳 市	3.03	9.53	13.14	17.96	19.58
商 丘 市	0.51	1.33	2.15	2.52	3.41
信 阳 市	0.90	3.55	6.93	6.82	7.56
周 口 市	2.27	3.84	5.61	7.75	8.43
驻马店市	0.70	2.32	2.72	4.04	5.00
济 源 市	5.21	14.65	23.95	14.57	17.28

27-22 出口总额

单位：亿美元

市	2005	2010	2012	2013	2014
全　　省	**51.01**	**105.34**	**296.78**	**359.92**	**393.84**
郑 州 市	13.98	34.73	202.90	250.66	266.57
开 封 市	0.68	1.88	2.87	4.11	4.31
洛 阳 市	7.23	10.52	11.89	12.93	14.38
平顶山市	2.11	2.86	2.84	3.65	5.96
安 阳 市	3.03	4.43	4.84	4.41	5.07
鹤 壁 市	0.60	1.24	1.65	2.32	2.67
新 乡 市	3.51	6.95	7.87	8.73	9.12
焦 作 市	5.76	10.55	15.12	15.10	17.12
濮 阳 市	1.57	4.14	5.47	6.05	6.45
许 昌 市	3.56	10.79	16.00	17.68	20.18
漯 河 市	0.95	1.54	2.54	2.55	5.22
三门峡市	1.15	1.04	1.94	1.84	1.19
南 阳 市	2.34	6.47	8.18	12.53	14.53
商 丘 市	0.47	1.00	1.66	2.12	2.84
信 阳 市	0.30	1.05	2.56	2.90	4.04
周 口 市	0.90	1.76	3.75	5.89	7.63
驻马店市	0.51	1.78	2.16	3.20	4.26
济 源 市	2.36	2.57	2.53	3.24	2.30

27-23 实际利用外商直接投资

单位：万美元

市（县）	2000	2010	2012	2013	2014
全　　省		**624669**	**1211777**	**1345659**	**1492688**
省 辖 市					
郑 州 市	9211	190015	342898	332178	363002
开 封 市	1094	12882	36320	43898	51698
洛 阳 市	1178	120475	199251	222272	241025
平顶山市	4209	16390	37358	45318	36493
安 阳 市	16176	14887	31573	38057	42839
鹤 壁 市	202	22481	44009	55783	66785
新 乡 市	4626	32902	63600	74009	86988
焦 作 市	1067	28832	59528	66181	72850
濮 阳 市	1851	9001	32001	38979	48717
许 昌 市	1785	21277	43977	53113	59725
漯 河 市	5929	32315	62066	70401	78897
三门峡市	1408	39849	74672	86857	95679
南 阳 市	782	20111	41702	50388	57264
商 丘 市	723	10385	24596	27649	30897
信 阳 市	966	16694	34961	42237	47822
周 口 市	818	15763	36341	44241	48490
驻马店市	1530	12550	27020	31590	35392
济 源 市	444	7860	19904	22508	28125
省直管县					
巩 义 市			19231	21800	27774
兰 考 县			1080	1525	1970
汝 州 市			18832	21314	8706
滑　　县			2880	3500	0
长 垣 县			4651	7810	10797
邓 州 市			3484	4400	5880
永 城 市			2108	2400	3113
固 始 县			4000	3864	5573
鹿 邑 县			3480	4400	3600
新 蔡 县			1099	1250	1600

27-24 城乡居民储蓄存款余额

单位：亿元

市（县）	2000	2010	2012	2013	2014
全　　省		**12883.70**	**17528.08**	**20232.12**	**22417.16**
省 辖 市					
郑 州 市	565.78	2911.00	3845.46	4475.32	4839.26
开 封 市	133.59	472.54	658.31	763.83	855.91
洛 阳 市	302.04	1111.68	1465.16	1659.84	1784.93
平顶山市	141.86	730.13	914.37	1014.52	1090.58
安 阳 市	240.75	638.60	892.16	1056.02	1208.73
鹤 壁 市	53.59	177.94	220.37	257.14	279.58
新 乡 市	218.79	718.61	928.51	1081.82	1206.60
焦 作 市	164.36	503.76	638.08	722.91	794.50
濮 阳 市	147.91	435.58	592.52	686.07	764.25
许 昌 市	132.01	543.51	743.29	866.66	959.80
漯 河 市	92.89	260.29	367.37	438.52	494.85
三门峡市	109.94	392.82	492.12	549.92	582.52
南 阳 市	229.59	955.82	1366.92	1586.56	1777.19
商 丘 市	132.15	667.28	968.91	1098.58	1233.20
信 阳 市	146.43	784.10	1104.25	1306.03	1488.43
周 口 市	186.63	760.28	1112.87	1311.63	1496.03
驻马店市	146.79	713.63	1020.39	1196.83	1381.17
济 源 市	28.47	104.22	134.58	153.99	175.39
省直管县					
巩 义 市	44.17	133.04	169.35	188.08	205.62
兰 考 县	11.58	46.25	73.24	88.88	98.89
汝 州 市	15.42	69.30	108.10	125.64	138.81
滑　　县	22.12	80.26	116.12	134.93	156.33
长 垣 县	34.04	112.55	147.92	170.19	196.77
邓 州 市	16.24	89.53	137.54	163.35	184.42
永 城 市	21.18	119.70	173.75	197.34	222.22
固 始 县	21.69	121.74	169.93	205.16	232.44
鹿 邑 县	19.29	69.23	102.23	123.74	144.42
新 蔡 县	8.77	62.48	92.70	109.97	128.65